DIZER O TESTEMUNHO

Volume II

Textos da autoria de Dom Luciano Mendes de Almeida
publicados na *Folha de S.Paulo* de
04/06/1988 a 26/12/1992

Dom Luciano Mendes de Almeida

DIZER O TESTEMUNHO

Volume II

Organização:
Edmar José da Silva
Edvaldo Antônio de Melo

Dados Internacionais de Catalogação na Publicação (CIP)
(Câmara Brasileira do Livro, SP, Brasil)

Dizer o testemunho, vol. II / Faculdade Arquidiocesana de Mariana, Dom Luciano Pedro Mendes de Almeida ; organização Edmar José da Silva, Edvaldo Antônio de Melo. – São Paulo : Paulinas, 2016. – (Coleção memória)

ISBN 978-85-356-4199-8

1. Almeida, Luciano Mendes de, 1930-2006 2. Bispos - Brasil - Biografia I. Faculdade Arquidiocesana de Mariana. II. Silva, Edmar José da. III. Melo, Edvaldo Antônio de. IV. Série.

16-05517   CDD-282.092

Índice para catálogo sistemático:
1. Arcebispos : Igreja Católica : Biografia e obra   282.092

1ª edição – 2016

Direção-geral:
Bernadete Boff

Editora responsável:
Vera Ivanise Bombonatto

Copidesque:
Mônica Elaine G. S. da Costa

Coordenação de revisão:
Marina Mendonça

Revisão:
Equipe Paulinas

Gerente de produção:
Felício Calegaro Neto

Capa e diagramação:
Jéssica Diniz Souza

Foto da capa:
Departamento de Comunicação da Arquidiocese de Mariana (MG)

Nenhuma parte desta obra poderá ser reproduzida ou transmitida por qualquer forma e/ou quaisquer meios (eletrônico ou mecânico, incluindo fotocópia e gravação) ou arquivada em qualquer sistema ou banco de dados sem permissão escrita da Editora. Direitos reservados.

Paulinas
Rua Dona Inácia Uchoa, 62
04110-020 – São Paulo – SP (Brasil)
Tel.: (11) 2125-3549 – Fax: (11) 2125-3548
http://www.paulinas.org.br – editora@paulinas.com.br
Telemarketing e SAC: 0800-7010081
© Pia Sociedade Filhas de São Paulo – São Paulo, 2016

Dados Internacionais de Catalogação na Publicação (CIP)
(Câmara Brasileira do Livro, SP, Brasil)

Dizer o testemunho vol. II/ Faculdade Arquidiocesana de Mariana Dom Luciano Pedro Mendes de Almeida. Edmar José da Silva e Edvaldo Antônio de Melo: organizadores. São Paulo: Paulinas, 2016.

ISBN: 978-856608001-8

Almeida, Luciano Pedro Mendes de, 1930-2006. 2. Bispos-Brasil-Biografia. I. Faculdade Arquidiocesana de Mariana-FAM.

CDD-282.092

Índice para catálogo sistemático:
1. Arcebispos: Igreja Católica: Biografia e Obra   282.092

Faculdade Arquidiocesana de Mariana
"Dom Luciano Pedro Mendes de Almeida"

Reitor:
Dom Geraldo Lyrio Rocha

Diretor-Geral:
Pe. Vander Sebastião Martins

Coordenação do Projeto:
Ms. Pe. Edmar José da Silva
Ms. Pe. Edvaldo Antônio de Melo

Coordenadores dos Grupos de Estudo:
Religião – Ms. Pe. José Carlos dos Santos e Ms. Pe. Wander Torres Costa
Sociedade – Ms. Pe. Edmar José da Silva
Política – Ms. Pe. Edvaldo Antônio de Melo

Organizadores:
Edmar José da Silva
Edvaldo Antônio de Melo

Revisão:
Antônia Maria Sidéia de Oliveira,
Edite Reis da Paciência e Organizadores

Ficha Catalográfica:
Amélia Ponciano Gomes Neto – FAM / MG.

Textos gentilmente cedidos por FOLHAPRESS, detentora dos direitos da "Folha de São Paulo" (1988-1992) Proibida a reprodução total ou parcial desta obra sem autorização expressa da FOLHAPRESS e da FAM/MG.

Faculdade Arquidiocesana de Mariana
"Dom Luciano Pedro Mendes de Almeida"

Rodovia dos Inconfidentes, km 108
35420-000 – Mariana – MG (Brasil)
http://www.famariana.edu.br
Tel.: (31) 3558-1439
© Faculdade Arquidiocesana de Mariana
"Dom Luciano Pedro Mendes de Almeida

Autorização

A licenciante EMPRESA FOLHA DA MANHÃ S.A., pela sua agência de notícias FOLHAPRESS (CNPJ 60.579.703/0001-48, Inscrição Estadual 108.010.423.110) através da Gerente Comercial Juliana Laurino, estabelece com a licenciada FACULDADE ARQUIDIOCESANA DE MARIANA "DOM LUCIANO PEDRO MENDES DE ALMEIDA" (CNPJ 22.390.686/0007-00) um CONTRATO PARTICULAR DE FORNECIMENTO de "textos (que) serão de uso exclusivo no livro intitulado 'Dizer o testemunho', com tiragem de 2.000 (dois mil) exemplares e organização da Faculdade Arquidiocesana de Mariana 'Dom Luciano Pedro Mendes de Almeida'." Os textos referidos no Anexo I correspondem exata e somente aos textos apresentados no sumário desta obra, provenientes da autoria de Dom Luciano Pedro Mendes de Almeida, publicados pela "Folha de S. Paulo" entre 04/06/1988 e 26/12/1992. Os textos fornecidos têm valor total ISENTO, conforme contrato firmado em abril de 2013.

A FACULDADE ARQUIDIOCESANA DE MARIANA "DOM LUCIANO PEDRO MENDES DE ALMEIDA" registra publicamente seus sinceros agradecimentos à FOLHAPRESS pelo CONTRATO PARTICULAR DE FORNECIMENTO com ela estabelecido. E compromete-se a cumprir o presente contrato em vistas de realizar um anseio da presente Faculdade de tornar público novamente o inestimável valor das reflexões daquele que é o patrono desta instituição. Particularmente, agradecemos a Juliana Laurino (Gerente Comercial) e a Raimundo Chaves Cunha Júnior (Gerente Geral da Folha da Manhã S.A.) pela atenção dispensada e pela presteza no trato a todos os contatos estabelecidos.

À FOLHAPRESS e a todas as pessoas (Funcionários da Folhapress, Professores e Estudantes da Faculdade e às revisoras Edite Reis da Paciência e Antônia Maria Sidéia de Oliveira) envolvidas nesse projeto, os sinceros agradecimentos de toda a equipe encarregada do PROJETO DE PESQUISA "DIZER O TESTEMUNHO" da Faculdade Arquidiocesana de Mariana "Dom Luciano Pedro Mendes de Almeida".

Os Organizadores

Projeto de Pesquisa
"Dizer o Testemunho"

Grupo de Estudo "Religião segundo Dom Luciano"
Coordenadores: José Carlos dos Santos e Wander Torres Costa.
Alunos: Bruno dos Santos Silva, Eliomar Rodrigues Santos, João Luiz da Silva, Júlio César B. Júnior, Leonardo Sérgio Rosa Carvalho, Márion Cézar O. de Souza, Max Júnior de Andrade, Thomas Andrade Gimenez Dias, Tiago Henrique das Dores.

Grupo de Estudo "Sociedade segundo Dom Luciano"
Coordenador: Edmar José da Silva
Alunos: Allan Júnio Ferreira, Darci Fernandes Leão, Daniel Fernandes Moreira, Fernando Paulo A. M. dos Santos, Irineu Altair da Silva, Lucas Muniz Alberto, Lucas Santos Aredes, Sidney de Paula Mendes.

Grupo de Estudo "Política segundo Dom Luciano"
Coordenador: Edvaldo Antônio de Melo
Alunos: Bruno Andrade de Souza, Euder Daniane Canuto Monteiro, Felipe Hector, José Geraldo Coura, Luís Fernando A. Cruz, Valério de Freitas Souza Júnior, Victor Caetano de Lacerda.

Prefácio

O primeiro volume da coletânea dos artigos de Dom Luciano Pedro Mendes de Almeida, divulgados em sua coluna semanal no jornal *Folha de S.Paulo*, recebeu excelente acolhida, aliás, como era de esperar. A presente publicação dá continuidade ao Projeto de Pesquisa que está sendo levado adiante por alunos do Curso de Filosofia da Faculdade Arquidiocesana de Mariana – FAM, sob a coordenação dos Professores Pe. Edmar José da Silva e Pe. Edvaldo Antônio de Melo.

Este segundo volume vem marcado pela alegria que nos trouxe a abertura do processo de beatificação e canonização do Servo de Deus Dom Luciano, instalado pela Arquidiocese de Mariana, depois de obtido o *nihil obstat* da Congregação para a Causa dos Santos.

A leitura dos artigos aqui publicados permite um conhecimento aprofundado do pensamento de Dom Luciano, que sabia abordar temas tão diversos e complexos de modo claro, conciso e objetivo, sem jamais se afastar dos ensinamentos da Igreja. Sobre tantas questões religiosas, sociais, políticas, econômicas e culturais, Dom Luciano projetava a luz que vem do Evangelho e dos ensinamentos do Magistério Eclesiástico. Como poucos, ele sabia ler os sinais dos tempos e analisar as complexas questões da realidade, na ótica da fé e dos critérios éticos e morais. Seus escritos revelam o brilho de sua inteligência, a profundidade de sua fé, o compromisso com a verdade, o sincero amor aos pobres e a corajosa defesa da vida, da justiça e dos direitos da pessoa humana. É difícil encontrar numa única pessoa tantas virtudes e tamanhas qualidades.

Agradecida, a Arquidiocese de Mariana não cessa de louvar a Deus pelo grande pastor que por dezoito anos esteve à sua frente. As marcas de seu fecundo ministério se encontram bem vivas nesta Igreja particular, primaz de Minas Gerais.

A Faculdade Arquidiocesana, que leva o nome de Dom Luciano Mendes de Almeida, muito se orgulha em resgatar o tesouro precioso dos artigos de seu patrono e fundador publicados pela *Folha de São Paulo*. Somos gratos à FOLHAPRESS por nos possibilitar a realização desse arrojado projeto.

O testemunho que nos transmite Dom Luciano seja estímulo a prosseguirmos empenhados nas causas que ele abraçou, com o mesmo espírito que o animava e que o levava frequentemente a perguntar: "Em que posso ajudar?".

Dom Geraldo Lyrio Rocha
Arcebispo de Mariana
Reitor da FAM

Apresentação

Dom Luciano Mendes...
... uma vida em favor dos menos favorecidos do Reino.

Nascido no dia 5 de outubro de 1930, no Rio de Janeiro, vindo de família católica, filho de Cândido Mendes de Almeida e de Emília Mello Vieira Mendes de Almeida, Dom Luciano Pedro Mendes de Almeida, ainda jovem, aos 16 anos, entrou para a Companhia de Jesus, ordem religiosa de Santo Inácio de Loyola, Jesuíta.

Estudou Filosofia em Nova Friburgo-RJ de 1951 a 1953 e, em Roma, fez seus estudos de Teologia de 1955 a 1958, quando, no último ano, foi ordenado padre. Terminou seus estudos na Europa com o grau de doutor em Filosofia no ano de 1965. Nomeado bispo auxiliar de São Paulo, recebeu a sagração episcopal no dia 2 de maio de 1976 por Dom Paulo Evaristo Arns.

Destacou-se na CNBB com seu trabalho como secretário-geral de 1979 a 1987 e como presidente de 1987 a 1994. Foi membro do Conselho Permanente dos Sínodos Episcopais, desde 1987, e da Pontifícia Comissão Justiça e Paz desde 1992, e vice-presidente do Celam (Conselho Episcopal Latino-Americano), de 1995 a 1998. Antes de receber a indicação para assumir o governo da Arquidiocese de Mariana, foi bispo auxiliar na Arquidiocese de São Paulo, na Região Leste I, de 1976 a 1988. Foi o bispo brasileiro que mais participou dos sínodos no Vaticano.

Outro grande destaque se refere às reformas sociais, as quais sempre defendeu, cobrando do governo a execução das que pudessem favorecer os mais pobres. Em suas falas firmes em relação às questões doutrinárias, rejeitou o aborto, criticou a campanha de combate à Aids, esboçou sua opinião contra o divórcio e sempre foi a favor da vida.

Dom Luciano organizou a Arquidiocese de Mariana em cinco Regiões Pastorais e teve especial atenção à formação do clero, reestruturando o seminário arquidiocesano. Igualmente, priorizou a atuação dos leigos realizando assembleias pastorais, constituindo os Conselhos Arquidiocesanos, dinamizando as dimensões e pastorais, como Catequese, Liturgia, Pastoral da Criança e do Menor, Pastoral da Juventude, Pastoral das Vocações e Ministérios, Pastoral do Dízimo e Pastoral Familiar.

Sob sua orientação, a Arquidiocese investiu na comunicação, criando o Departamento Arquidiocesano de Comunicação (Dacom) e modernizando a Editora Dom Viçoso. O patrimônio histórico, artístico e cultural (igrejas, museus, imagens etc.) também mereceu do arcebispo grandes investimentos, com destaque para a recuperação do Santuário Nossa Senhora do Carmo, destruído em incêndio no ano de 2001, e o Palácio dos Bispos, cuja restauração já está concluída.

A partir daí, sua vida social deslanchou em toda a Arquidiocese, onde pôde, por muitos anos, manter as casas e lares preparados para o acolhimento dos menos assistidos pelo governo e pela sociedade. Na luta, unido aos militantes de vários movimentos sociais, Dom Luciano sempre marchou à frente, levantando a bandeira dos movimentos para que assim fizesse transpor as barreiras impostas nas ruas.

PARTE I
Religião

Por uma religião libertadora

Nesta parte do livro "Dizer o testemunho – Volume II" reunimos cerca de noventa artigos de Dom Luciano relacionados com a temática "Religião". Como se perceberá ao longo da leitura, ao agrupar todos estes textos, o termo Religião foi tomado em um sentido amplo, devido à enorme diversidade dos assuntos.

Nas páginas seguintes, encontrar-se-ão textos sobre os diversos tempos litúrgicos da vida da Igreja, como: Advento, Natal, Ano--Novo, Quaresma, Páscoa, *Corpus Christi*, Festas Marianas, além de temáticas como: Vocação, Missão, Campanha da Fraternidade, Testemunho dos santos e santas. Outros tantos relatam as assembleias gerais da Conferência Nacional dos Bispos do Brasil (CNBB), as reuniões dos diversos organismos eclesiais em nível nacional e internacional e os inúmeros encontros pastorais dos quais participava.

Dentre tantos acontecimentos vivenciados, destacamos o trágico acidente sofrido por Dom Luciano, juntamente com outros dois padres, em fevereiro de 1990. Em alguns textos, temos a oportunidade de constatar esse momento significativo e marcante em sua vida. Após o ocorrido, sua existência neste mundo já não seria a mesma, pois a experiência de sofrimento e dor, vivida na fé, como oblação em favor do Brasil, do seu povo, da paz no mundo, foi, sem dúvida, oportunidade de experimentar Deus e a ele se unir ainda mais. União que se estendeu também a tantos irmãos e irmãs sofredores. "Compreendo melhor que o sofrimento não é apenas uma prova ou a purificação do pecado, mas, a exemplo de

Jesus Cristo, é a grande experiência de solidariedade com os que sofrem. Nestes dias fiquei mais perto dos doentes, dos excepcionais, dos acidentados. É uma grande graça" (17/03/1990). Entre tantas de suas notáveis características, o acidente acrescentou mais uma: um homem experimentado na dor e no sofrimento.

Os textos desta seção registram a capacidade de Dom Luciano de experimentar Deus na vida, no cotidiano, nas coisas pequenas e grandes, nos fatos corriqueiros e extraordinários. Em tudo e em todas as coisas, ele captava e contemplava sinais da presença de Deus. Pode-se afirmar que aqui temos um bom exemplo do que significa viver um dos pontos propostos nos Exercícios Espirituais de Santo Inácio de Loyola: "O que sacia e satisfaz a alma não é o muito saber, mas o sentir e saborear as coisas internamente" (*Exercícios Espirituais*, 2). Antes de ser palavra escrita, comunicada e publicada, os acontecimentos eram sentidos, saboreados, ruminados e guardados no coração.

É nessa mesma direção que compreendemos o significado da Religião para Dom Luciano. Esta não se restringe ao âmbito do eclesiástico ou eclesial. Vai além. Não tem um fim em si mesma. Torna-se um instrumental que permite enxergar o mundo, as pessoas, a natureza, as relações entre os diversos seres. A religião não é o Absoluto, tampouco o Fundamento. Jesus Cristo é que é o Absoluto e o Fundamento da fé cristã. Por isso, sua experiência religiosa é aberta ao diálogo, ao reconhecimento do divino no diferente. Não precisa se esconder atrás de dogmatismos, fundamentalismos ou apologias. Não tem medo de se perder porque faz do encontro com o Outro no outro um encontro consigo mesmo.

O *Religare* para Dom Luciano se faz mediado pelo humano. E, principalmente, pelo humano desfigurado. Aí, em um campo minado por sofrimento, injustiça, desigualdade, desesperança, encontra o tesouro que dá sentido a sua vida. E, por isso, sempre oferecia o que tinha para experimentar este tesouro. Experiência de graça! "A força interior que vem da graça de Deus sustenta sempre a esperança de dias melhores" (06/08/1988). Uma experiência que sempre o consolava e renovava suas forças para seguir em frente, com alegria e esperança.

Assim, o que vivenciava era entendido como dádiva, como dom, como graça. Não escolhia o que viver. Apenas vivia. Nem alegria nem tristeza. Nem facilidades nem dificuldades. Nem sofrimento nem prazer. Nem elogios nem humilhação. Nem morte nem vida. Mais uma vez, na escola de Santo Inácio, aprende o sentido da "indiferença espiritual". Só desejava agradar ao Senhor. Tudo era vivido para a maior glória de Deus!

Evidentemente que, como fora introduzido em uma experiência religiosa cristã, tinha em Jesus Cristo o seu centro e fundamento. Seu olhar sempre buscava o Dele, como princípio e fim de todas as coisas. Na experiência cristã, o Filho é ao mesmo tempo Gratidão e Gratuidade. Gratidão porque sempre recebe do Pai e Gratuidade porque sempre oferece aos outros o que tem de melhor: o amor do Pai. Com Jesus aprende que "há uma alegria diferente nos que sabem se doar" (20/08/1988).

De um ser que é amado busca transformar-se em um ser que ama. Segue o caminho de Jesus: gratidão e gratuidade. E é dessa gratuidade que surge também o seu compromisso com este mundo. Deseja habitar o céu, mas quer fazer da terra um lugar de bem viver para todas as pessoas. Sua experiência de transcendência não é incompatível com a vida na imanência. Pelo contrário. Sem se limitar ao imanente, compreende que ele aponta para o transcendente. "Amar como Cristo nos ensina é reconhecer a obrigação de promover a vida de cada irmão, conforme a necessidade que apresenta. É anunciar a esperança aos aflitos. É perdoar quem nos ofende. É dar de comer a quem tem fome. É interessar-se pelo atendimento eficiente aos enfermos. É cuidar dos idosos. É empenhar-se para que todos tenham acesso ao trabalho digno. Celebrar *Corpus Christi* é dispor-se a amar assim" (16/06/1990).

Disso decorre que, nesta seção denominada Religião, a preocupação com o País, com o momento histórico vivido (1988-1992), com as questões sociais e políticas também vem à tona nos escritos de Dom Luciano. Ele não reflete sobre política como um cientista político ou sobre a sociedade como um sociólogo. Sua postura é sempre a de um homem religioso e de fé. Isso nos faz perceber que para Dom Luciano a religião tem também uma função social e política. A religião, na sua compreensão, não é de forma alguma um anestésico para as consciências. Coerente com a tradição cristã, sobretudo com a perspectiva proposta pelo Concílio Ecumênico Vaticano II e pela Igreja Latino-americana, entende que a religião tem capacidade de ajudar em processos de libertação pessoal e comunitário.

O caminho proposto para a efetivação de uma religião libertadora nunca será o da violência, mas sim o da paz. Em um dos textos, por exemplo, ao falar sobre o Congresso Missionário Latino-Americano, no contexto da Guerra do Golfo, em 1991, enfatiza a necessidade de uma ação missionária em favor da paz. "O sofrimento em que vivemos por causa da guerra do Golfo Pérsico e de outros conflitos armados faz-nos compreender melhor a importância da ação missionária para a paz. O diálogo sincero, pelo qual os crentes das diversas religiões testemunham os valores humanos e espirituais, é indispensável para o respeito a Deus e à dignidade da pessoa humana, que fundamentam a concórdia e a paz" (26/01/1991).

Desse compromisso político e social da religião como forma concreta de viver o amor como gratidão e gratuidade, podemos destacar, a partir dos artigos, duas atitudes de Dom Luciano: pastor da cidadania e profeta do Reino de Deus. A primeira revela sua vocação: ser pastor. A segunda, sua missão: trabalhar pelo Reino. Fé e vida, religião e política. Realidades distintas, mas complementares.

Como pastor da cidadania, Dom Luciano revela sua preocupação com a vida neste mundo. Ama o mundo. E se dispõe a se doar por ele. Durante a recuperação do seu acidente, escrevia: "No meio dos sofrimentos a fé cresceu e me fazia rezar por todos, pela paz no mundo, especialmente no Líbano, pela justiça social no Brasil, pela liberdade religiosa concreta no Leste Europeu pela fraternidade entre todos, pela aproximação dos povos. (...) Deus aceite, pelo bem de nosso Brasil, especialmente do novo governo, a prece e o sofrimento destes dias" (17/03/1990).

Esse amor pelo mundo, sobretudo por sua pátria, aprendeu ainda criança. Herança materna. "Desde criança aprendi com minha mãe a rezar pela pátria. (...) Esta prece calou fundo no meu coração. Mais tarde, à luz da teologia, compreendi que é preciso rezar por todos. A oração expressa a Deus a nossa confiança de filhos" (15/08/1992).

Seu pastoreio no terreno da cidadania caracteriza-se pela proximidade, principalmente das pessoas excluídas, mal-amadas, rejeitadas ou esquecidas. Sabe, por proximidade, dos seus sofrimentos, angústias, alegrias e esperanças. Por isso, nos artigos ditos "religiosos", sempre menciona tais situações. Consegue, por exemplo, em um texto sobre *Corpus Christi*, a festa do Corpo e Sangue do Senhor, chamar a atenção para a necessidade de se comprometer com a Eucaristia até as últimas consequências da partilha, da reforma agrária, da promoção dos direitos humanos. Ao escrever sobre Nossa Senhora Aparecida, toca na ferida do racismo e da escravidão: "A virgem Morena Aparecida, antes de qualquer lei brasileira, revelou, qual predileção de seu coração materno, a beleza e o valor, diante de Deus, dos filhos e filhas de origem africana" (08/10/1988). Em tempos de Semana Santa, alerta para a necessidade de exame de consciência, sobretudo a partir dos conflitos sociais, tratados com violência. "Não pode o governo tratar um conflito social como questão militar" (18/03/1989).

Já como profeta do Reino de Deus introduz sempre a utopia e a esperança. Isso o permite olhar para além de um horizonte meramente humano e transitório. Seu anúncio é de um novo céu e uma nova terra! A denúncia clara e objetiva sempre vem acompanhada do caminho a ser tomado, como fruto de conversão e mudança. Sua crítica aos processos políticos e sociais que não geram vida para todos não é motivada por pessimismo ou posições político-ideológicas. Ela é feita a partir do Evangelho, da Doutrina Social da Igreja e da oração.

Nesse sentido, quando denuncia o egoísmo que gera a fome, anuncia a partilha solidária. Quando denuncia o ódio que gera a guerra, anuncia o perdão que faz nascer a paz. Quando denuncia os fechamentos e fundamentalismos religiosos, anuncia o caminho da liberdade e do diálogo. Quando denuncia o desrespeito à vida das crianças, jovens e idosos, anuncia o valor do ser humano, imagem de Deus. Quando denuncia a corrupção e a injusta distribuição de bens, anuncia a fraternidade e a primazia do bem comum. Quando denúncia os sinais de morte, anuncia a alegria da ressurreição.

Nos artigos que seguem, Dom Luciano evidencia a possibilidade de um discurso e, mais do que isso, de uma prática, inspirada em uma religião verdadeiramente libertadora capaz de oferecer caminhos e ajudar na busca de solução para tantos desafios vividos por povos e nações. Sua constante referência a Deus não é uma tentativa fácil de resolver os problemas. É, antes de tudo, parte integrante de sua vida de fé. Tal apelo, porque brota do coração, é um convite a todos. Aliás, como homem religioso, seu desejo é sempre o de "religar" as criaturas com o seu Criador. Essa postura em nada ofende nem violenta a liberdade do ser humano, pois compreende que a religião não é uma imposição, mas uma proposição. Um convite aberto a homens e mulheres de boa vontade.

Desse modo, a humanidade e, principalmente, os pobres só têm a perder quando, por causa de uma mentalidade secularista ou devido a extremismos de grupos religiosos, se exclui totalmente a possibilidade da religião, a partir das diversas tradições surgidas ao longo da história, colaborar efetivamente para o desenvolvimento deste mundo.

A esse respeito, são iluminadoras as palavras do Papa Francisco, na exortação apostólica *A alegria do Evangelho*:

> Por conseguinte, ninguém pode exigir-nos que releguemos a religião para a intimidade secreta das pessoas, sem qualquer influência na vida social e nacional, sem nos preocupar com a saúde das instituições da sociedade civil, sem nos pronunciar sobre os acontecimentos que interessam aos cidadãos. Quem ousaria encerrar num templo e silenciar a mensagem de São Francisco de Assis e da Beata Madre Teresa de Calcutá? Eles não o poderiam aceitar. Uma fé autêntica – que nunca é cômoda nem individualista – comporta sempre um profundo desejo de mudar o mundo, transmitir valores, deixar a terra um pouco melhor depois de nossa passagem por ela. Amamos este magnífico planeta, onde Deus nos colocou, e amamos a humanidade que o habita, com todos os seus dramas e cansaços, com os seus anseios e esperanças, com seus valores e fragilidades. A terra é a nossa casa comum, e todos somos irmãos. Embora a justa ordem da sociedade e do Estado seja dever central da política, a Igreja não pode nem deve ficar à margem na luta pela justiça. Todos os cristãos, incluindo os Pastores, são chamados a se preocupar com a construção de um mundo melhor. É disto mesmo que se trata, pois o pensamento social da Igreja é primariamente positivo e construtivo, orienta uma ação transformadora e, neste sentido, não deixa de ser um sinal de esperança que brota do coração amoroso de Jesus Cristo (*Evangelii Gaudium*, 183).

Por amor a Deus e aos preferidos e preferidas de Deus, uma religião libertadora. Eis, a nosso ver, a motivação que moveu Dom Luciano a ser um homem religioso, pastor da cidadania e profeta do Reino de Deus. Seja o seu testemunho inspiração para o nosso.

Festa de *Corpus Christi*

04/06/1988

Na Semana Santa, comemora-se a última ceia e a instituição da nova e eterna aliança entre Deus e a humanidade. Na quinta-feira desta semana é também dia em que se celebra o sacramento do corpo e sangue de Cristo. São duas solenidades litúrgicas para o mesmo mistério. Há, no entanto, diferença de enfoque.

Na Semana Santa sobressai a narração histórica, na sequência do sofrimento, morte e ressurreição de Cristo. Após o rito da Páscoa dos judeus, Jesus sabendo que a hora da traição tinha chegado, revelou aos discípulos a razão de sua entrega à morte e deixou-lhes, como herança, o mandamento do amor. Jesus aceitou livremente morrer, como sinal e prova de seu amor por nós. "Amor maior não há, do que dar a vida pelo amigo" (Jo 15,13). Celebrar a última ceia, para os cristãos, é reconhecer e agradecer o amor de Cristo por todos nós. No seu sangue resgatou-nos do pecado e ratificou, assim, para sempre o pacto de reconciliação entre Deus e os homens. Ao instituir o sacrifício da nova lei, Jesus quis tornar realmente presentes, e entregar como alimento, seu corpo e seu sangue.

Desde o início das primeiras comunidades cristãs, os discípulos de Jesus se reúnem para "partir o pão" e celebrar a nova aliança, a vitória sobre a morte e o pecado. Pela fé, entram em comunhão real com o corpo e sangue de Cristo. Aprendendo a amar, com o mestre, assumem as exigências da vida fraterna. A Eucaristia ocupa o centro do culto e da vida cristã.

Por que a festa especial de *Corpus Christi*?

A piedade dos fiéis desejou marcar numa liturgia própria a comemoração da presença constante de Cristo no sacramento do seu corpo e sangue. É um ato de reconhecimento e louvor pelo muito que esta presença significa para nós. Entre cantos e preces, Cristo é levado em procissão pelas ruas de nossas cidades. Abençoa nossas casas. São belas as procissões. Alimentam e expressam a verdadeira piedade popular. Esta aclamação pública adquire, no entanto, um sentido profundo de compromisso na fé. É tempo de reconciliação e de vivermos as exigências da fraternidade. Isto vale não só no plano individual e familiar. Temos que levar o compromisso da Eucaristia até as últimas consequências da partilha, das transformações sociais, da reforma agrária e da promoção dos demais direitos humanos. O fundamento de uma sociedade justa e solidária, para os cristãos, está na celebração da Eucaristia.

Aqui fica um pedido. Por ocasião do trabalho constituinte possa se rever o regime de feriados e assegurar-se a celebração do *Corpus Christi* na própria quinta-feira, conforme a venerável tradição cristã e a piedade popular.

Neste ano de 1988, a festa de *Corpus Christi* inclui, com mais intensidade, a dimensão de comunhão entre os cristãos e entre os homens de boa vontade. O mundo inteiro acompanhou o encontro entre os chefes de governo dos Estados Unidos e União Soviética. Alimentamos a esperança de tempos novos para a humanidade, tempos de desarmamento e paz.

No entanto, outro fato marcante acontece neste mês de junho de 1988. Comemora-se o milênio do Batismo de São Vladimir que está na origem da evangelização da Ucrânia, da Rússia e territórios da Ásia. Este fato precede a separação entre Roma e Constantinopla e tem grande alcance ecumênico. A Santa Sé, num gesto de afeto fraterno, organizou especial delegação para participar das celebrações da Igreja ortodoxa. Unamos nossas preces para agradecer este momento de graça e suplicar a Deus pela unidade da Igreja de Cristo e em particular, pela plena liberdade da Igreja Católica na Ucrânia.

Mil anos de cristianismo

18/06/1988

No início desta semana concluíam-se na União Soviética inusitadas celebrações de cunho religioso. Há alguns anos, dificilmente alguém podia prever que o milênio do Batismo de São Vladimir seria festejado com tanta solenidade, pouco depois de serem comemorados 70 anos da revolução bolchevista. Sem dúvida, este fato demonstra a vigência da "perestroika" lançada sob o governo de Mikhail Gorbatchev e abre perspectivas novas para o futuro. Há dois pontos que desejamos salientar.

O primeiro é a afirmação de fé cristã por parte de 50 milhões de membros da Igreja Ortodoxa e de muitos católicos e evangélicos. Este fato merece especial reflexão para os observadores do regime comunista. Conforme a previsão dos teóricos do sistema marxista, a religião deveria ter, aos poucos, desaparecido com o progresso cultural e econômico. No entanto, apesar da perseguição e da intensa propaganda em defesa do ateísmo, durante decênios, firmou-se e cresceu a expressão religiosa dos vários credos na União Soviética.

Esta questão insolúvel para a análise marxista e o ateísmo militante, poderá despertar as consciências para a sede profunda de Deus. Aliás, durante as celebrações houve várias alusões à necessidade de se valorizar o comportamento moral e a espiritualidade para a busca conjunta de paz.

O segundo ponto é a participação da Igreja Católica nas celebrações. O santo padre enviou uma delegação tendo à frente os cardeais Agostinho Casaroli, secretário de Estado, Johannes Willebrands, presidente do Secretariado para a União dos Cristãos e Roger Etchegaray, da Comissão de Justiça e Paz. Participaram ainda vários cardeais e bispos. Foi notável a acolhida a eles dispensada pelo patriarca Pimen que procurou criar em volta da delegação pontifícia um clima de visível fraternidade e gentileza. Foi igualmente cordial o entendimento do secretário geral do partido com os delegados da Santa Sé. Isto permitiu, na audiência oficial, apresentarem um pedido maior de liberdade religiosa, especialmente, em bem da Igreja Uniata formada por quatro milhões de católicos da Ucrânia Ocidental e da Bielorrússia, que até hoje vivem na clandestinidade.

Uma nova época de diálogo se abriu entre o Vaticano e o Kremlin. Não se tratou apenas de paz e desarmamento. Enfrentou-se a questão específica da fé e liberdade religiosa. Um fato insólito. Desde 1917 não se construiu nenhum edifício destinado ao culto em Moscou. A celebração do milênio ficou marcada pela colocação da primeira pedra de uma Igreja Ortodoxa na periferia de Moscou.

Ao voltar para Roma, o cardeal Casaroli revelava o seu otimismo. Não há, ainda, relações diplomáticas. É apenas o início. Mas foi aberto o diálogo que permite em comum levantar os problemas.

A liturgia do encerramento realizou-se no dia 12 de junho diante do mosteiro de Danilov. Unamos nossa prece aos milhares de fiéis que agradecem o jubileu cristão em terras russas.

Temos a certeza de que o testemunho heroico de tantos mártires da fé há de obter de Deus graças ainda maiores de diálogo e liberdade religiosa.

Fidelidade ao pastor

25/06/1988

No dia 29 de junho celebramos o martírio de São Pedro e São Paulo, que deram testemunho de total fidelidade a Jesus Cristo. É o dia do papa. Agradecemos a Deus a escolha de Pedro para chefe visível da Igreja.

A história dos papas revela a dedicação, prudência e zelo heroico dos sucessores de Pedro. Se houve fraqueza pessoal de alguns, isto serve para demonstrar a verdade da presença de Cristo na sua Igreja. Com efeito, a certeza da proteção divina mantendo o Ministério Pontifício fiel a doutrina, pertence aos elementos fundamentais da fé cristã.

A geração dos últimos trinta anos tem que reconhecer a grandeza moral dos papas que Deus nos concedeu. De Pio 12 a João Paulo II recebemos constantes exemplo de coragem e sabedoria pastoral. Podemos nos alegrar por estarmos vivendo um período fecundo do magistério pontifício e de eventos de enorme repercussão para a Igreja e sua ação em bem da humanidade.

Lembremo-nos do Concílio Vaticano e dos nove sínodos episcopais. Pensemos nos insistentes apelos para a conversão das consciências, a concórdia entre os povos, a superação da violência e a promoção da justiça e da paz.

João Paulo II com sua ida a Áustria completa nesta semana a 38ª viagem apostólica. No seu programa ainda neste ano, estão as viagens à África do Sul e França. Em breve conheceremos a data da futura visita ao Brasil. Incansável o santo padre adapta sua mensagem a diferentes lugares, fala em várias línguas e procura se aproximar de todos quem não percebe o esforço sobre-humano que tudo isto requer?

A semana final de junho reserva para o santo padre alegrias e sofrimentos. Motivo de satisfação será o consistório de 28 de junho, com a criação de 25 novos cardeais de 16 países. Entre eles estão Dom Lucas Moreira Neves, arcebispo de Salvador e Dom José Falcão, arcebispo de Brasília. Este gesto do papa significa a amizade e o reconhecimento dos méritos dos prezados irmãos escolhidos, mas também, especial deferência para com o Brasil. Os cardeais são para o santo padre imediatos conselheiros e colaboradores fiéis na solicitude pela Igreja universal.

O sofrimento que atinge o papa e a todos nós é a triste decisão de monsenhor Lefebvre de acentuar sua discordância com as orientações da sé apostólica, realizando sem licença a ordenação de quatro bispos.

Não se trata de julgar as intenções, mas de constatar um fato que, contrariando gravemente o direito canônico e a advertência paterna do santo padre, constitui uma separação da comunhão eclesial.

No dia do papa, procuremos intensificar nossa adesão a João Paulo II e oferecer nossa prece para que Deus supra nossas falhas, consolide a união dos cristãos e nos torne artífices da paz, no mundo de hoje.

Ano mariano

06/08/1988

No próximo dia 15 de agosto, o Santo Padre encerra em Roma o ano dedicado à mãe de Jesus.

Vislumbramos, ao longe, a passagem do século e a entrada no terceiro milênio. Serão 2 mil anos do nascimento de Cristo. É um marco que nos convida a penetrar mais profundamente na mensagem cristã e a buscar, entre os homens, o relacionamento de justiça e paz que Jesus Cristo pregou. Os dois milênios que vão terminando, ao lado de muitos valores positivos, deixam a história repleta de guerras, injustiças, opressão e violência.

Para as comunidades católicas, o ano dedicado a Maria significa a aurora de novos tempos. Celebrar aquela que deu à luz o filho de Deus, é já anunciar a vida do próprio Cristo e preparar a renovação da humanidade, conforme seu ensinamento.

Vivemos um tempo de descrença e desilusão. Salários baixos. Elevação diária da inflação. Sacrifícios sem conta para o povo pobre. Precisamos confiar em Deus, reencontrar a força da fé, vencer temores e ressentimentos e construir um mundo fraterno. Na hora em que o desânimo vai se apoderando de muitos, torna-se mais urgente redescobrir, com Maria, a presença e o amor de Deus na história humana.

Um fato vale como símbolo. Há poucos dias, num povoado de Santo Antônio de Pirapitinga, chamado de Bacalhau, perto de

Mariana, em Minas Gerais, o povo levava em procissão a imagem de Nossa Senhora das Dores. Velas na mão, seguindo a padroeira, entre cantos e preces, o povo subiu a encosta do morro até chegar bem no alto ao Santuário do Bom Jesus. Noite fria, cheia de estrelas. Pareciam bem distantes a ebulição e a violência das grandes cidades. Ninguém pensava no cansaço. Ali contavam a fé e a alegria de louvar a Mãe de Deus. Vinham buscar o perdão, alento e esperança para a luta da vida. Que força interior tão grande nos vem da mãe de Jesus!

Para os cristãos, Maria, mãe de Deus e mãe nossa, é louvada como "aquela que acreditou". Desde a aceitação da maternidade até o momento do calvário, através de sofrimentos e provas, viver a fé na mensagem e missão de Jesus. Ela é modelo para o cristão que aprende com ela a acreditar no amor de Cristo e a penetrar no sentido da entrega de sua vida por nós.

O ano Mariano veio revigorar a certeza de que Deus não abandona a humanidade, nem o Brasil, à sua sorte. É preciso, pela fé, perceber, com o povo simples, a ação de Deus, que continua nos atraindo à verdade, à justiça e fraternidade. A força interior que vem da graça de Deus sustenta sempre a esperança de dias melhores.

O povo pobre de Pirapitinga, seguindo a padroeira, chegou a secular Igreja do Bom Jesus. Rezou e desceu o morro. Alguns caminharam ainda noite adentro, até chegar a suas casas e roças. Iam unidos e felizes pela estrada. Levavam no coração o alento da fé e a força misteriosa para novos desafios.

Na conclusão deste ano Mariano, fica para todos os cristãos algo parecido. As comunidades se reuniram para celebrar a mãe de Deus. Cresceu a vontade de somar esforços, a solidariedade e a coragem, a esperança em Deus para superar as enormes dificuldades que o Brasil encontra.

Fica a lição da santa mãe. Se os desafios são grandes, com a graça de Deus, maior é a capacidade de enfrentá-los. Mãos à obra. Deus nunca falha.

Vocação cristã

20/08/1988

Durante o mês de agosto, as comunidades católicas assumem a vocação cristã, como tema de oração, estudo e discernimento.

Trata-se de pedir a Deus com humildade e fé que conceda aos cristãos mais jovens a graça de compreenderem melhor a beleza e exigências de sua missão na sociedade.

À luz da fé, sabemos que Deus Pai enviou seu Filho, Jesus Cristo, para nos salvar. Cremos que Deus continua sob a ação do Espírito Santo, chamando ao longo da história, homens e mulheres, para serem discípulos de Cristo, assumindo na vida e, oferecendo aos outros, os valores que Jesus pregou.

Percebemos que vai entrando, aos poucos, nos jovens desilusão diante do futuro sob a ação de influências desordenadas, nem sempre conseguem captar o verdadeiro sentido da vida, optar por valores cristãos e assumir a própria missão.

Vem, pois, a propósito, o tema da vocação.

Num primeiro sentido, é importante perceber, a exemplo de Cristo, a prioridade do mandamento do amor a Deus e ao próximo. O cristão oferece sua vida a Deus e procura colocá-la a serviço dos demais pela profissão e trabalho. Assim o operário, a enfermeira, o professor e todas as demais atividades profissionais, por mais humildes que sejam, podem e devem se tornar expressão de serviço fraterno pela realização dos valores cristãos. Nesta perspectiva é de se desejar que surjam no Brasil de hoje líderes cristãos que assumam por vocação a militância política, que se empenhem em bem do povo, sem ceder a vantagens pessoais e partidárias.

Outro sentido da vocação está ligado à escolha do estado de vida. Para os que optam pelo casamento a vocação cristã adquire uma dimensão de doação e serviço. À luz da mensagem de Cristo, o matrimônio é sacramento que implica opção livre e definitiva de viver o amor recíproco e fiel. Inclui a capacidade de diálogo e perdão, empenho em alcançar níveis mais profundos de comunhão, abertura e respeito à vida, educação dos filhos e compromissos social.

A palavra vocação, no entanto, adquire especial significado quando traduz o ideal de inteira consagração a Deus e de devotamento gratuito e sacrificado ao próximo, a exemplo de Cristo. É assim que entendemos as vocações sacerdotais e religiosas.

Fala-se, não raro, da falta de ideal entre os jovens, atingidos pelos tóxicos, pela permissividade moral e desilusão. Em contraste com esta realidade, somos levados a apreciar o número crescente de candidatos ao sacerdócio e à vida religiosa no Brasil. Aumentam também as vocações missionárias dos que se dispõem a trabalhar pela propagação da fé em áreas mais necessitadas ou longínquas. Os meios de comunicação focalizam, às vezes, falhas e aspectos negativos dos que se consagram a Deus. Seria tão bom que conseguissem captar a misteriosa alegria e generosidade dos que assumem a prioridade do amor de Deus, a transcendência de valores e se dedicam ao serviço dos pobres e mais necessitados.

Há uma alegria diferente nos que sabem se doar. Lembro-me, há dois anos, quando estive em Cruzeiro do Sul no Acre, para um encontro de oração com missionários que trabalham na Floresta Amazônica. Na hora da despedida procurou-me uma jovem religiosa. Vinha me contar a razão de sua alegria. Acabava de ser enviada a uma pequena aldeia para cuidar de hansenianos muito pobres. Estava radiante! Lembrei-me então, das palavras de Cristo: "É maior a felicidade de quem dá". Feliz é quem faz os outros felizes.

    As comunidades precisam perseverar na oração para que muitos jovens possam receber a graça de serem chamados por Deus para experimentar alegria semelhante à da jovem religiosa. O mês de agosto vale para todos como tempo privilegiado para renovar o compromisso de nossa vocação cristã.

CNBB em reunião

27/08/1988

Reuniu-se, nesta semana, em Brasília, o Conselho Permanente da CNBB. Dele participaram os bispos da Presidência, da Comissão de Pastoral e os representantes dos 15 regionais. Compareceram, também, além dos assessores nacionais, os responsáveis pelos organismos da pastoral. São ao todo 70 pessoas.

O assunto principal, atendendo à solicitação da Santa Sé, foi o estudo sobre a natureza e o valor teológico e jurídico das conferências episcopais.

Sublinhamos outros seis temas da pauta, além das várias comunicações sobre a vida e o ministério da Igreja. O primeiro refere-se à defesa e promoção da vida. Com efeito, cresce a ameaça contra a vida nestes últimos anos em nosso país. Há um fato recente, inaceitável; é o da acelerada queda da fecundidade que não resulta de decisão livre e fundada nos princípios da dignidade da pessoa humana e da paternidade responsável. Infelizmente, deu-se a partir dos dez últimos anos uma forte mudança comportamental. Além do aborto provocado, cresceu a comercialização dos anticoncepcionais e a incidência de maior esterilização. Não deixa de preocupar a evidência de que estas esterilizações foram praticadas também na própria rede hospitalar contratada pela previdência social.

O documento para reflexão das comunidades valoriza o direito à vida. É claro que isto exige políticas sociais mais eficazes que atendam às justas aspirações do trabalhador. Inclui o combate à violência humana e rural. Exige, também, uma verdadeira campanha nacional para diminuir a difusão das drogas e o prejuízo causado pelo alcoolismo e excesso de uso do fumo. No mesmo documento alude-se à permissividade moral crescente. Quem não se impressiona com a falta de valores éticos em espetáculos que atingem grande parte da população? Mais do que tudo importa o esforço comum para intensificar o amor à vida, pelo respeito à lei de Deus e pela a prática da verdadeira solidariedade capaz de renúncias e sacrifícios.

O segundo tema foi a questão indígena. Dois fatos sintetizam a preocupação. Primeiro é a recente decisão de demarcar a terra dos índios ianomâmis. Lamentamos que depois de tantas expectativas o resultado tenha sido a concessão de áreas descontínuas com perigo de presença de garimpeiros no território indígena e de perda de identidade cultural com risco grave de sobrevivência. Esperamos que esta medida seja revista, quanto antes, em bem da nação ianomâmi. O segundo aspecto é o da política da Funai, que exige para ingresso dos missionários na área indígena aprovação prévia do presidente da Funai. Consideramos esta determinação inconstitucional, uma vez que embaraça o exercício do Ministério religioso. São vários os missionários afastados de sua atividade pastoral de modo arbitrário e inexplicável. É preciso, portanto, revogar estas normas que não apenas causam detrimento para o exercício da evangelização, mas prejudicam gravemente o futuro das populações indígenas.

O terceiro assunto foi a próxima visita canônica a ser feita aos seminários e casas de formação para os candidatos ao sacerdócio no Brasil, sob a responsabilidade conjunta da conferência episcopal e da congregação romana para a educação católica. O que se pretende é contribuir para a melhor formação do número sempre crescente de candidatos ao ministério presbiteral.

Mereceu especial atenção o acompanhamento dos trabalhos da Constituinte: "valores e expectativas". Foram elencados os principais pontos e aspectos positivos: o enfoque da cidadania, os instrumentos jurídicos de participação popular, o repúdio a tortura e racismo, a legislação sobre os índios, os direitos dos trabalhadores e a proteção ecológica. O texto lamenta que não se tenha reconhecido o direito à vida desde a concepção e a inadequação da reforma agrária.

Finalmente se da conveniência da publicação pela Igreja de um seminário nacional. Haverá nos próximos meses sondagem feitas às comunidades para avaliar melhor a viabilidade do projeto.

A seguir focalizou-se o tema do ensino religioso nas escolas públicas, examinando o modo como é de fato promovido nos diversos Estados e buscando as orientações em comum.

A reunião do conselho permanente é mais do que a pauta de assuntos. É sempre um encontro de amigos e irmãos. É a experiência da comunhão eclesial. É um tempo de oração que renova as esperanças dos pastores a serviço do povo brasileiro.

A padroeira do Brasil

08/10/1988

Dia 12 de outubro é dia de Nossa Senhora da Conceição Aparecida. Sob esta invocação louvamos a mãe de Deus, padroeira do Brasil. Cada título de Maria lembra um episódio de sua vida, de sua união com Jesus, suas virtudes, seu afeto materno por nós. A pequenina imagem retirada das águas do rio pelos pescadores comunica-nos mensagem de solidariedade com os filhos, na época, mais oprimidos. Identificou-se com os brasileiros que sofriam a injustiça da escravidão. A mãe de Deus mostrava nos traços de sua face a semelhança com os filhos negros, o amor que lhes dedica, a dignidade que lhes compete. No tempo de discriminações tornou-se a mãe de todas as raças, fez-nos compreender que somos todos irmãos. A virgem morena Aparecida, antes de qualquer lei brasileira revelou qual a predileção de seu coração materno, a beleza e o valor, diante de Deus, dos filhos e filhas de origem africana.

A festa de Nossa Senhora Aparecida é celebrada neste ano poucos dias depois da promulgação da lei magna. Rezando à mãe de Deus precisamos aprender a lição que nos dá de comunhão, empenho pela justiça e amor cristão. A nova Constituição afirma a igualdade e dignidade de todos. Estamos agora diante do compromisso de estender a todos os brasileiros as condições de vida humana que merecem.

Louvor à mãe de Deus deve, pois, traduzir-se no esforço comum, para quanto antes, colocar em prática os novos dispositivos legais que favoreçam a melhoria de vida para a população. Será preciso acionar os instrumentos constitucionais que oferecem às organizações populares oportunidade de participar na elaboração da Constituição do Estado e na lei orgânica municipal. Nestes dias colocamos, também, sob a proteção de Maria a criança brasileira. Ganhou "prioridade absoluta" na lei magna. Precisa agora ser tratada assim, com carinho e respeito. Temos que aprimorar as escolas e o serviço de saúde. Mais do que isto. O Brasil tem que conseguir dignidade de vida para os pais destas crianças.

Há poucos dias, na estação rodoviária do Bresser, um casal muito pobre chegava de Betim. O marido aleijado e febril mostrou que tinha uma das pernas amputada e apoiava-se com dificuldade em muletas. Sua esposa cansada informou que iam cumprir promessa em Aparecida. Quanta fé há no coração de nosso povo! Nestes dias, sem medir sacrifícios, vão como romeiros à padroeira do Brasil. Unamos nossa prece à confiança do povo simples, às crianças e aos empobrecidos para pedir a Deus pela nossa pátria.

Temos que superar desilusão e desânimos, egoísmos e injustiças. É tempo de esperança. A lei magna oferece meios novos para superar a desigualdade social. Temos que aprender com a virgem mãe a fidelidade a Deus, o cumprimento dos deveres morais, e a vontade firme de amar e promover os irmãos.

Dez anos de pontificado

22/10/1988

Hoje, dia 22 de outubro, completam-se dez anos do pontificado universal de João Paulo II. Há poucos dias, o cardeal brasileiro Dom Agnello Rossi, saudando o santo padre no aniversário da eleição, fez a síntese de seu ministério pontifício. Lembrou o exemplo de incansável atividade do Papa em Roma, em 74 viagens na Itália e 40 a outros países, durante 358 dias, percorrendo 634 mil quilômetros. Seu fecundo magistério já ofereceu sete encíclicas e volume, sem precedentes, de exortações, homilias, discursos e mensagens. Ao ouvir a saudação amiga do decano dos cardeais, João Paulo II agradeceu com duas frases: "Somos servidores inúteis, rezem por mim".

Diante da sua enorme ação pastoral, o santo padre na sua humildade, atribui tudo a Deus. Isto nos convida ainda mais agradecer o testemunho e a mensagem de vida.

Papa Wojtyla é o líder espiritual, mais conhecido, amado e influente de nossos dias, pelo seu esforço constante em falar as mais diversas línguas, para levar o Evangelho a todos, sabendo se comunicar igualmente com crianças, com os mais simples e governantes mais famosos.

Entre os temas preferidos está a fé em Deus e o apelo à oração que mantém a vida em harmonia com a vontade divina. É daí que nasce a coragem de enfrentar os problemas e a esperança no futuro, na certeza de que Deus nos ama conduz a história e cumpre a promessa em Jesus Cristo.

À luz da fé, afirma a dignidade da pessoa humana e anuncia a paz, a vitória do bem sobre o mal, com rejeição de toda forma de violência e ódio. Para João Paulo II, esta renúncia não é atitude passiva, mas traduz a opção corajosa de amor, na defesa dos direitos humanos e no empenho solidário pela justiça e desenvolvimento integral.

No entanto, para que a paz reine em nós, é preciso estar disposto a perdoar. Sem perdão eclodem o ódio e a vingança. Há sete anos, logo depois do atentado brutal contra o papa, o mundo ouviu a palavra sublime de perdão. Meses mais tarde, João Paulo II foi à cela da prisão e abraçou com amor Nemehnet Ali Aga.

O papa que viu de perto os campos de concentração e enfrentou os dramas da guerra, tornou-se implacável ao denunciar o crime da eliminação de inocentes pelo aborto e eutanásia, o cerceamento da liberdade religiosa e as injustiças sociais.

Sobre a humanidade pesam a fome, o perigo da guerra nuclear, a degradação moral e a recusa de Deus. Diante do futuro milênio, insiste, por isso, na conversão pessoal e reafirma com vigor a mensagem de incondicional confiança em Deus.

Tive a alegria de estar anteontem com o santo padre. Cumprimentei-o pelo aniversário em nome da Presidência da CNBB, renovando a firme vontade de comunhão e fidelidade. Lembrei o convite do episcopado nacional para que venha visitar pela segunda vez o Brasil. Em resposta, manifestou, como outras vezes, seu profundo afeto e apreço por nosso povo e a esperança de que possamos, com auxílio de Deus, superar quanto antes as dificuldades socioeconômicas que afligem o país.

No dia de hoje, peçamos a Deus que conserve, proteja e abençoe nosso pastor.

Imaculada Conceição

10/12/1988

Esta semana para as comunidades católicas foi de especial louvor a Deus em honra de Nossa Senhora da Conceição. São muitas as paróquias e capelas a ela dedicadas em nosso país. Desde os primeiros tempos da evangelização. A ela, em Aparecida, venera o povo brasileiro como sua padroeira. A festa litúrgica de 8 de dezembro reveste-se de especial sentido teológico após a proclamação dogmática em 1858, sob a preservação da mãe de Deus de todo pecado, desde o primeiro momento de sua concepção. Daí a bela invocação da Virgem Maria como Imaculada.

Procuremos salientar dois aspectos para nossa reflexão.

O primeiro é a oração de agradecimento a Deus pela alegria que trouxe ao mundo a concepção de Maria. A vida nascente da mãe de Jesus é o anúncio da entrada do filho de Deus em nossa história. Com razão, este é o momento da aurora da redenção da humanidade. O plano de Deus está na iminência de ser cumprido pela presença no mundo daquela que dará à luz ao redentor. Inaugura-se com a concepção de Maria o tempo de graça e de salvação.

A festa de 8 de dezembro nos alegra ainda porque vemos na preservação do pecado original a expressão mais forte da missão salvífica de Cristo. Não é só capaz de vencer o pecado dos homens pelo perdão, mas santifica sua mãe e a imuniza de toda falta. A celebração da imaculada Conceição de Maria é o sinal e prova feliz da eficácia do amor de Deus pela humanidade.

O segundo aspecto é o convite para valorizarmos o primeiro momento em que surge a vida humana no seio materno. Ao venerarmos a concepção de Maria reconhecemos a importância não só do nascimento, mas do começo sagrado da pessoa humana.

Isto vem muito a propósito para o povo brasileiro, a consciência de muitos tem, infelizmente, se ofuscado cada dia mais, desrespeitando a dignidade do nascituro. A prática do aborto provocado demonstra que se deteriora gravemente o julgamento moral de nosso povo. A vida inocente e indefesa é injustamente agredida e eliminada no seio materno.

Em nossos dias promovem-se os direitos humanos, ao trabalho, à terra, à moradia, à educação e saúde e a condições dignas de vida. No entanto, na raiz de todas estas justas reivindicações está o direito de nascer.

A Constituição brasileira não expressou com clareza a defesa do direito à vida desde o primeiro momento da concepção. O dever de acatar a lei divina nos obriga, em consciência, a respeitar e promover o dom sagrado da vida.

As estatísticas divulgadas referem-se a mais de 3 milhões de abortos por ano. Assim, para cada criança que nasce há outra que nunca conhecerá a alegria de sobreviver.

Celebrar a festa da concepção de Maria é recordar e agradecer à ação divina que santificou a mãe do Salvador. Para nós é também compromisso de assumirmos cada vez mais o direito do nascituro à vida

A intercessão de Maria Mãe Imaculada conceda a nós brasileiros a graça de recuperarmos a hierarquia de valores, colocando como fundamento da sociedade o pleno respeito à pessoa humana, desde o primeiro momento da concepção.

Natal feliz

24/12/1988

Na cidade de Abre Campo em Minas Gerais, a Igreja estava repleta. As crianças cercavam o altar por todos os lados, participando da liturgia com muita atenção. Estavam radiantes sonhando com o Natal. Nestes dias tinham se reunido para rezar e preparar a festa do nascimento de Cristo.

Tive uma bela surpresa. Aquelas crianças não estavam preocupadas com o que iriam receber. Tinham elas mesmas, embora pobres, oferecido seus brinquedos para alegrar outras crianças ainda mais necessitadas. Disse-me o pároco que entregaram mais de 600 brinquedos. A alegria era contagiante.

Será que a lição não pode servir para todos nós?

A intensa propaganda de vendas transformou o Natal na festa de compras e de consumo. Árvores enfeitadas. Embrulhos coloridos. Ceias fartas. Tudo pode sufocar o verdadeiro sentido do Natal de Jesus Cristo. Ele nasceu entre os mais pobres para revelar a todos a dignidade que temos aos olhos de Deus. A noite de Natal anuncia, ao mundo cheio de angústia e aflição, o reino de fraternidade e paz que Jesus veio trazer.

Celebrar o Natal é acolher o Filho de Deus e os valores que nos comunica. Faz-se solidário conosco mais do que presentes, oferece sua presença. Não é esta a primeira exigência de nossa celebração? Precisamos vencer o egoísmo e abrir o coração para acolher o próximo. É o momento da palavra amiga, da reunião em família, da reconciliação e da solicitude para com os abandonados e necessitados.

Jesus Cristo em sua pregação lembrou aos discípulos que, ao fazermos festas, devemos convidar não os irmãos e os vizinhos ricos, mas os pobres, cegos e aleijados. E explicou a razão. Os necessitados não podem por sua vez nos retribuir. Seremos, então, felizes experimentando o amor gratuito e a recompensa de Deus (Lc 14,14).

Aqui fica o exemplo das crianças da cidade de Abre Campo. Não será o momento de convidar para nossa mesa os que nada tem? Neste ano de crises e privações, procuremos pessoas e famílias que sofrem, para levar-lhes a alegria da presença e o conforto de nossos presentes. Seria tão bom ensinar às crianças, que têm coleção de bonecas e brinquedos, a felicidade de dar.

É preciso reeducar a sociedade para a superação do individualismo e para gestos de partilha e solidariedade. O Natal de Jesus nos dá a verdadeira chave para sair da crise atual. Não bastam leis, nem pactos, o que falta é o amor ao próximo. Quem ama aprende a dar e oferecer aos outros o que tem.

A lição do Natal, hoje, ajuda-nos a resolver, na fraternidade, os problemas da moradia e da reforma agrária. Jesus Cristo, diz o apóstolo Paulo, não considerou regalia a sua condição divina. Tornou-se solidário conosco em tudo, exceto pecado (Fl 2,6).

No Brasil, haverá pão, casa e trabalho para todos, quando formos capazes de renunciar a nossos privilégios, para partilhar o que somos e temos, com os irmãos necessitados, faremos, então, uma experiência sem igual e teremos nesta vida um momento de felicidade.

Seja feliz neste Natal!

Campanha da Fraternidade

28/01/1989

Para as comunidades cristãs, dentro de poucos dias, inicia-se a preparação da Páscoa. A celebração do sofrimento da morte e ressurreição de Jesus Cristo é, cada ano, o centro da vida litúrgica. Em meio às vicissitudes, de cada dia, o cristão é convidado a se converter e viver de modo novo os valores do Evangelho. Este trabalho interior, é mais intenso durante as semanas que precedem a Páscoa. É o tempo da Quaresma que começa na quarta-feira de cinzas.

Para melhor valorizar a dimensão comunitária da celebração da Páscoa a Igreja do Brasil, propõe cada ano a Campanha da Fraternidade (CF). Estamos sem dúvida lembrados da convocação dos cristãos para uma ação conjunta em bem dos migrantes, da saúde, da educação, da distribuição mais justa da terra, do menor carente.

No ano de 1988 as comunidades foram convidadas a reconhecer diante de Deus, as injustiças cometidas em nosso país, no tempo da escravidão, a saldar a dívida de gratidão para com os brasileiros de origem africana, e estreitar sempre maiores laços de fraternidade, sem ressentimentos nem preconceitos, com especial valorização da cultura negra.

A Campanha de 1989, propõe o tema da "Comunicação para a Verdade e a Paz". Há um aspecto que se refere a vida interna da

Igreja que é chamada a refletir sobre a importância da superação do individualismo, da abertura ao outro, do diálogo fraterno e do crescimento na mútua compreensão, que fazem parte do processo de evangelização. É claro que isto requer um esforço de conversão, de mudanças de atitudes, de reconciliação e de melhor entendimento no seio da família e das comunidades.

A campanha, no entanto, pretende também proporcionar ampla reflexão sobre os meios de comunicação. Estão eles promovendo a verdade e a paz? A análise vai, sem dúvida, revelar o esforço notável que no Brasil é feito pelos serviços de comunicação através do rádio e televisão e pela imprensa. A primeira palavra, deve ser de reconhecimento pelo trabalho que realizam.

Cabe, no entanto, uma avaliação a ser feita pelas comunidades, sobre a verdade do conteúdo e a efetiva promoção da concórdia social. Uma das intenções da CF é a de colaborar para a formação do espírito crítico dos que recebem a comunicação para que possam discernir melhor os valores e desvalores da mensagem.

Seja-nos permitido lembrar o enorme benefício que os meios de comunicação podem oferecer para a informação e educação do povo e, em especial, para apontar metas comuns, promover a participação política e processos de união.

Fica contudo, a esperança de que seja possível aprimorar o desempenho dos meios de comunicação social. É muita a violência divulgada e fomentada. Que tipo de sociedade a criança aprende, desde cedo, diante da televisão? O povo brasileiro que enfrenta situações de miséria e fome, contempla mesas fartas, brinquedos caros e todas as ofertas da propaganda consumista; especial atenção merece a proposta sobre a família e a dignidade do relacionamento entre homem e a mulher. Que comportamentos vinculam algumas novelas? E as imagens chocantes durante o Carnaval? Da censura da própria consciência nenhuma lei pode dispensar nem comunicadores nem os que recebem a comunicação.

Religião

É preciso abrir novos horizontes para a comunicação e entrar mais nos temas que promovem condições dignas de vida para o povo, seus direitos e deveres. Temos que abrir espaço para que o próprio povo possa se expressar nos meios de comunicação mostrando a riqueza de sua cultura, seus anseios e esperanças.

Fazemos votos para que a CF/89 possa trazer uma efetiva, embora modesta, contribuição para renovar o processo de comunicação na Igreja e convidar os comunicadores a colocar o seu preparo, arte e criatividade ainda mais a serviço da verdade e da paz.

Grupos de rua

11/02/1989

Um dos sinais mais belos de esperança para a Igreja no Brasil são os Grupos de Rua. Além das celebrações na paróquia e centros comunitários, reúnem-se, com maior frequência, famílias e pessoas vizinhas para colocar em comum a amizade e a fé.

A Quaresma é o tempo da Campanha da Fraternidade, quando procuramos preparar a Páscoa do Senhor Jesus. Tornou-se a melhor ocasião para rever e intensificar a união em família e nas comunidades cristãs. Neste ano, o tema da campanha nos convida a viver ainda mais a comunicação fraterna.

A iniciativa desses encontros nas casas começou há poucos anos e vem crescendo de modo surpreendente. Formam-se grupos entre famílias vizinhas que se encontram uma ou mais vezes por semana. É a oportunidade para se conhecerem melhor. As crianças estão presentes e aprendem com os adultos a rezar e iluminar a vida cotidiana com a Palavra de Deus. Participam, também, as pessoas idosas e doentes, que nem sempre podem frequentar as comunidades.

A Campanha da Fraternidade e a Novena do Natal já estão organizadas em nível nacional, oferecendo um roteiro para encontros. Após a oração inicial, propõe-se uma situação concreta e na Sagrada Escritura procura-se a luz para compreender o caso e descobrir o caminho para solucioná-lo. Tudo é feito num ambiente fraterno que permite a troca de experiências e a participação nos cantos e preces.

Estes encontros podem se estender por outros meses. Em alguns lugares as comunidades asseguram a formação dos coordenadores de grupos e roteiros, para o Mês de Maria, de junho e o das Missões. Aos poucos a experiência vai se realizando ao longo do ano e constitui uma forma válida de catequese permanente. Os frutos aparecem logo. A oração une a família. Sofrimentos e alegrias são intensamente partilhados. Até as necessidades materiais, o desemprego, a doença são assumidos em comum. Nem é raro que, no meio da prece, famílias e vizinhos se reconciliem, após anos de frieza e distância. A comunhão cresce, a fé fortifica o espírito para enfrentar os momentos difíceis e assumir o compromisso de colaborar para condições mais dignas de vida para o povo, conforme os valores do Evangelho.

Cristo trouxe para os discípulos, reunidos em oração com Nossa Senhora, a alegria e a certeza da Ressurreição. Procuremos multiplicar nas comunidades os grupos de oração que comuniquem à sociedade a esperança e a vida nova da justiça e solidariedade que nos traz a Páscoa de Jesus.

Dez anos de Puebla

04/03/1989

Há dez anos, em fevereiro, concluía-se a terceira Conferência de Bispos Católicos na América latina. 356 membros votaram em Puebla o documento sobre "Evangelização no presente e futuro da América Latina". Continuavam as reflexões da Assembleia que, em Medellín, tinham procurado, em 1968, abrir pistas novas para a ação evangelizadora à luz do Concílio Vaticano II.

A Conferência de Puebla, num clima de fé e união, conheceu e avaliou as situações de injustiça em que vivem ainda grandes populações do continente, marcado pelo desrespeito à dignidade da pessoa humana. Percebeu-se o crescimento de um espírito secularista e atraído pelo consumismo, que tendia a se fechar na descrença em relação a Deus e nas atitudes de domínio do homem pelo homem. A problemática se tornava mais grave considerando que a América Latina é um continente cristão, com responsabilidade maior dentro da Igreja universal e do mundo.

Um olhar de fé permitiu, também constatar sinais de vitalidade. Notava-se um forte anseio de Deus e sede de oração, a consciência mais profunda dos deveres sociais que decorrem da fé cristã. Enumeravam-se ainda a presença maior dos bispos entre o povo, a intensa ação pastoral dos religiosos e religiosas nas zonas mais pobres, o desenvolvimento das comunidades de base em união com os pastores e o reconhecimento, por parte dos leigos, da sua vocação e missão eclesial.

Era preciso captar o grito de angústia e esperança de nossos povos que pediam uma resposta profética. Frente aos aspectos positivos e negativos, perguntou-se à assembleia qual o conteúdo evangélico a ser proclamado na América Latina. João Paulo II, então no início de seu pontificado, presente pela primeira vez na América, respondeu: "Devemos proclamar Jesus Cristo que é o Evangelho de Deus". Filho primogênito que veio congregar os filhos dispersos de Deus, derrubar os ídolos da riqueza e do poder, reconciliar-nos com Deus e entre nós.

Qual foi na verdade para a Assembleia de Puebla o grande desafio na evangelização do continente? Defender e proclamar, à luz de Cristo, a dignidade da pessoa humana, os direitos e deveres que daí decorrem.

Diante das desigualdades sociais, da miséria e opressão, era necessário apregoar que o ser humano não pode ser desrespeitado na sua filiação divina. Toda pessoa merece ser reconhecida no seu valor. A evangelização ilumina e fundamenta a dignidade da pessoa humana.

A doutrina de Puebla foi rapidamente divulgada, lida e assumida pelas comunidades de todo o continente, levando ao compromisso de renovar a vida pessoal e da sociedade, segundo os valores do Evangelho, através da vivência da justiça, da libertação integral da pessoa humana, da solidariedade, da participação e comunhão eclesial. Surgiu forte a opção preferencial pelos pobres, nem exclusiva, nem excludente, mas conclamando a todos para o dever de criar condições dignas de vida para as populações desfavorecidas. Era preciso assegurar aos empobrecidos o direito, sem ódio e sem violência, organizarem-se e serem sujeitos de sua própria promoção.

Seguiu-se um período de esforços, animação e dinamismo para a vida eclesial. No Brasil, a mensagem de Puebla, considerada em seus valores prioritários, tornou-se o objetivo da ação da Igreja inspirando quatro planos bienais de pastoral. É ainda cedo para avaliar todos os frutos de Puebla. Podemos, no entanto, constatar que a esperança de vermos o continente viver a justiça e paz social ainda não se realizou. Continuam, infelizmente, o sistema de concentração de bens, especialmente de terra, a desigualdade social, o analfabetismo e outras formas de desrespeito à pessoa humana.

Revendo as conclusões de Puebla verificamos o déficit pastoral em relação aos jovens, escolhidos, então, como uma das prioridades para a Igreja.

O decênio de Puebla coincide com o tempo de preparação à Páscoa. Tempo de conversão e confiança em Deus. Há muito que fazer. É preciso proclamar sempre mais Jesus Cristo e as exigências do seu Evangelho.

Amanhã, nas Antilhas Holandesas, em Curaçao, reúnem-se durante uma semana, representantes do episcopado da América Latina convocados pelo Celam. Na pauta está a futura Conferência Latino-Americana, na cidade de Santo Domingos, em 1992, por ocasião dos 500 anos de evangelização do continente.

Pedimos a Deus que, na sucessão de Medellín e Puebla, a Igreja na América Latina possa renovar-se, pela fidelidade ao Evangelho e comprometer-se com a construção de uma sociedade livre e justa em nosso continente, sinal do Reino de Deus.

Semana Santa

18/03/1989

São dias em que o povo cristão é convidado a expressar sua fé em Deus que por Jesus Cristo nos salva do pecado e da morte. O Filho de Deus se fez homem, assumiu livremente o sofrimento e morreu na cruz para nos mostrar seu amor e oferecer-nos a possibilidade de conversão.

O fato central do cristianismo é a ressurreição de Jesus. Deus cumpre a promessa, perdoa o pecado e vence a morte. Abre-se para todos um caminho de confiança na misericórdia de Deus que, com sua graça, nos auxilia a buscar a justiça e realizar, já nesta vida, a fraternidade, guardando na esperança o dia da plena comunhão com Deus e entre nós.

Estamos ainda longe de cumprir o desígnio salvífico de Deus em nossas vidas. Após 2000 anos o egoísmo ainda gera o desrespeito à vontade de Deus e a violência contra o irmão. Precisamos todos do perdão de Deus que nos salva e fortifica para a prática da justiça e do amor fraterno.

Façamos nosso exame de consciência.

Lembremos o fato lamentável sucedido no dia 13 de março. 500 famílias invadem a Fazenda Santa Elmira, município do Salto do Jacuí. O juiz concedeu a reintegração de posse. Os lavradores sem-terra rasgaram a liminar e reafirmaram a intenção de resistir e não desocupar a área. Seguiu-se o despejo violento executado pela Brigada Militar. Houve tiroteio, ferimentos e prisões.

De quem é a culpa?

Por que tanta espera para que se realize a reforma agrária por meios pacíficos em nosso país?

São milhares as famílias acampadas que aguardam há anos o assentamento na terra. Percebe-se cansaço e até o desespero nos trabalhadores rurais, diante da morosidade e das promessas não cumpridas. Não pode o governo tratar um conflito social como questão militar.

Os bispos do Rio Grande do Sul reuniram-se imediatamente para avaliar o lamentável incidente. Ajudam-nos com sua reflexão:

1) É reprovável o uso da violência, venha de onde vier. É preciso acreditar na eficácia da pressão moral, da organização popular e da força do voto. Há sempre esperança de negociação pacífica.

2) A multiplicidade de conflitos sociais revela a urgente necessidade de uma justa distribuição da terra. Estamos colhendo o fruto da insensibilidade dos constituintes federais em atender às propostas populares em favor da reforma agrária. Ninguém quer invasões ou ocupações que desrespeitem direitos. A defesa da propriedade particular demonstra quanto é importante assegurá-la para todos, garantindo que a ninguém falte as condições honestas de vida.

O recurso à violência e a acumulação gananciosa de bens revelam o pecado que há em nós. Necessitamos, nesses dias, celebrar a morte e a ressurreição de Cristo para receber a graça da conversão e superar, pela fraternidade, as injustiças sociais.

Se é grande a aflição dos sem-terra e, infelizmente, a indiferença dos que resistem à reforma agrária, mesmo assim, é preciso manter a esperança, porque maior é a graça de Deus que pode sempre mais vencer barreiras e aproximar os irmãos.

Nos dias da Semana Santa, a penitência, o jejum, a liturgia da paixão e morte de Cristo devem nos abrir à vida nova, solidária e fraterna, na força do Cristo ressuscitado.

Mensagem de paz

25/03/1989

No momento em que o país atravessa uma de suas maiores crises, quando cresce a desilusão diante das promessas de bem-estar econômico, precisamos ouvir a mensagem da Páscoa. É mensagem de paz que nasce da certeza sempre nova de que Deus está presente e atua na história.

O povo cristão, nestes dias, tem procurado viver o sofrimento, a paixão e morte de Jesus Cristo e, assim, compreender o mistério do sofrimento humano.

A celebração da Semana Santa é convite à conversão espiritual, à reconciliação entre irmãos e a confiança maior em Deus. Percebemos melhor, à luz da fé, que na raiz dos males sociais está o pecado pessoal. As injustiças e a violência, a cobiça e concentração de bens nas mãos de poucos, o descaso pela vida do próximo, a permissividade e os desmandos morais são manifestações de desrespeito a Deus e à dignidade que ele confere a cada pessoa humana.

A Semana Santa nos ajuda a entender que a solução verdadeira está na conversão interior do coração. Não haverá paz social sem mudança profunda do relacionamento humano. Na intenção criativa de Deus somos irmãos, destinados a construir uma sociedade solidária e justa, sinal do reino definitivo.

Jesus Cristo revelou ao mundo o desígnio salvífico de Deus. Ele venceu o ódio e o egoísmo, anunciou o mandamento do amor e prometeu, para além da morte, a experiência definitiva da comunhão com Deus e entre nós. O cerne da pregação cristã está na ressurreição de Cristo. A vitória sobre a morte demonstra, mais profundamente, a destruição do pecado. Temos, agora, o dever, também nós, de vencer o pecado em nossa vida e transformar as estruturas injustas da sociedade, na certeza da presença e graça de Cristo ressuscitado.

Diante das dificuldades o cristão não pode desanimar. Deve testemunhar a convicção de que o amor é maior que o ódio, o perdão é sempre possível, mesmo entre inimigos. Acreditar na conversão própria e dos outros. Não desiste de lutar pela justiça social, pela distribuição equitativa dos bens, porque sabe que coincidem com os planos de Deus. Percebe, também, que a conversão não é tão rápida quanto se deseja e que o egoísmo continua resistindo aos apelos da fraternidade. O importante, no entanto, é o esforço quotidiano para que o mundo responda ao projeto salvífico de Deus.

A celebração anual da Páscoa do Senhor renova em nós a certeza do amor de Deus que dá sentido à vida humana. Nestes dias, repetimos, muitas vezes, "Feliz Páscoa". Passagem da morte à vida. Passagem do egoísmo ao amor. Passagem do medo à esperança. Tudo isso é possível porque Cristo ressuscitou. Daí nascem a paz e a alegria, apesar dos sofrimentos e crises. Deus conceda a todos essa paz!

Assembleia da CNBB

08/04/1989

Desde 5 de abril, encontram-se em Itaici (SP) os membros da 27ª Assembleia Geral da CNBB. Os bispos católicos reúnem-se, cada ano, durante dez dias, para estreitar os laços de fraternidade e exercer em conjunto a solicitude pastoral.

O temário, estabelecido com seis meses de antecedência, indicou como assunto principal: "Exigências éticas e nova ordem institucional". Uma comissão elaborou a redação provisória que foi estudada nas dioceses do Brasil. Emendas enviadas enriqueceram o texto. A primeira parte focaliza valores e limites da Constituição, obstáculos e esperanças da Ordem democrática do Brasil. O texto trata, a seguir, das exigências éticas da democracia, a partir da dignidade da pessoa humana e do princípio de solidariedade que, conforme João Paulo II, implica a decidida vontade de realizar a justiça. Somos responsáveis pelo bem de cada um, em particular dos mais pobres. A terceira parte apresenta os elementos da visão cristã da democracia. O cerne desta questão se encontra no amor ao próximo. Não basta amar quem tem a mesma fé. O cristão tem o dever de estender seu amor até o adversário e perseguidor. Não basta buscar o bem de um ou outro apenas, mas é preciso empenhar--se para que sejam atendidas as justas aspirações populares através de transformações sociais profundas que garantam a edificação de uma sociedade verdadeiramente democrática. A quarta parte oferece orientações e indicações concretas sobre questões urgentes e prioritárias. Nestes dias o texto será discutido em grupos e, com novas emendas, submetido à votação.

O segundo tema é dedicado à liturgia. Um projeto de documento, elaborado há um ano, foi analisado pelas dioceses do Brasil, o que permitiu ampla colaboração para o texto denominado "Novo Impulso à Vida Litúrgica". A atual redação consta de 350 parágrafos e, após aprovado pela assembleia, há, sem dúvida, de animar e dinamizar as celebrações das comunidades.

Outro ponto em estudo é a deliberação a respeito da publicação de um semanário católico em nível nacional. A pauta inclui ainda a comunicação sobre a conjuntura nacional e a situação da teologia, a questão indígena e problemas da terra.

A assembleia começou dedicando um dia inteiro à oração, com pregações de Dom Aloísio Lorscheider sobre "comunhão e fraternidade episcopal".

Ontem, dia 7 de abril, à noite, a Assembleia viveu momento de intensa alegria, homenageando Dom Helder Câmara pelos 80 anos a serviço do amor e da paz universal. A este incansável pastor a CNBB deve, em grande parte, a sua organização e estímulo. Em sessão solene, Dom Helder inaugurou a nova sala de reuniões em Itaici, recebendo expressão de profunda gratidão e amizade e o abraço de 260 irmãos no episcopado, presentes ao ato.

Vivemos nestes dias a beleza do Salmo 131: "Como é bom e agradável encontrarem-se unidos os irmãos".

Em meio aos graves desafios da hora presente, agradecemos a Deus esta união que nos fortifica e faz, sempre mais, crescer nos pastores a vontade de servir a todos os irmãos.

O encontro em Itaici

15/04/1989

Terminou ontem, em Itaici, a 27ª Assembleia dos Bispos Católicos. Foram dias de fraternidade. Na avaliação final entre os pontos positivos sobressaiu o ambiente de oração e de intenso trabalho.

Os membros da Assembleia distribuídos em 20 grupos de estudo examinaram e aperfeiçoaram dois textos que após várias sessões de oradores inscritos em plenário foram aprovados por quase unanimidade. O tema central, "Exigências Éticas da Ordem Democrática", servirá para reflexão das comunidades, neste momento em que se faz mais necessária a participação de todos no processo político. Não cabe à autoridade da Igreja propor modelos alternativos de organização da sociedade ou formular diretrizes de política econômica e social.

Os bispos procuram, como pastores, ouvir os clamores do povo e propor à atenção do governo e da sociedade questões indispensáveis, na hora presente, à consolidação democrática. Faz parte da missão pastoral da Igreja anunciar e defender as exigências éticas para que iluminem a convivência social. Lembra, no entanto, o documento que são necessárias e indispensáveis, ao mesmo tempo, a transformação das estruturas e a conversão pessoal.

Religião

O texto analisa méritos e limites da nova Constituição. Aponta sinais de esperança. O Brasil é um país viável, em sua economia, socialmente dinâmico e rico de valores culturais. A ordem constitucional vigente oferece aberturas para uma vivência mais democrática. À luz da fé renovam os bispos a confiança na ação de Deus. O texto sublinha o espírito de solidariedade, o desejo crescente de participação, o fortalecimento das organizações populares. Insiste no reconhecimento da dignidade da pessoa humana, de seus direitos e deveres e no valor da política, como serviço ao bem comum e forma de exercer o amor ao próximo.

Mostra o documento a importância da solidariedade como opção pela justiça, implicando a decidida vontade de buscar soluções eficazes para que todos tenham condições dignas de vida. Questiona a consciência cristã para que assuma as consequências deste princípio, superando individualismos.

É necessária a mudança de atitudes. Não é possível que o Brasil, um dos maiores países católicos, continue apresentando tão grandes desigualdades sociais e ausência de ética cristã na organização socioeconômica e na atuação política.

O texto termina com recomendações práticas para transformação da atual situação do país. Rejeita-se a violência como meio para as mudanças sociais. Opta-se pelo caminho democrático que exige, no entanto, sacrifício e participação. Exige ainda reeducação dos comportamentos individuais, familiares, sociais. O documento quer ser modesto, mas consistente contribuição em favor de profunda transformação da sociedade brasileira para que haja justiça e paz social.

De grande importância para as comunidades católicas é o segundo documento com o título "Animação da Vida Litúrgica no Brasil". Trezentos e trinta parágrafos visam a oferecer pistas que favoreçam maior participação do povo nas celebrações da fé, especialmente na Eucaristia. Este texto é promissor de um vigoroso impulso na pastoral litúrgica. Em meio às atuais dificuldades o povo é chamado a unir-se a Jesus Cristo que se oferece ao Pai para que todos tenham vida. Na liturgia o povo renova a fé, canta o louvor de Deus, revigora a sua esperança e o compromisso de transformar a sociedade.

Uma declaração marcou ainda a assembleia, "Um Novo Sim à Vida", expressa a missão da Igreja em defesa ao nascituro.

Deus ilumina a consciência de todos, especialmente dos médicos para que respeitem a vida agredida pela prática do aborto. Não é lícito calar diante da grave situação de vidas, inocentes e indefesas, ceifadas covardemente cada dia.

Ao contrário do que alguns jornais noticiaram, a assembleia não tratou dos presidenciáveis. Ofereceu, sim, critérios éticos para a formação e atuação política. Houve muita união. Foi à luz do Evangelho e num clima de oração que os bispos, embora reconhecendo suas limitações, procuraram assumir com novo empenho sua responsabilidade pastoral.

A maior riqueza

13/05/1989

O Dia das Mães suscita em nós muito afeto e emoção. Há alguns que exploram esta data com excessiva propaganda comercial. Prescindamos deste lado interesseiro. O importante é que todos temos mãe.

Alguns possuem o privilégio de tê-la pertinho, a seu lado. Outros estão distantes de suas mães. Nestes dias escrevem cartas, procuram, se possível, telefonar para uma palavra de saudação e carinho. Há aqueles que não conheceram a própria mãe ou que, ainda na infância, ficaram dela separados pela morte prematura.

Cremos na vida eterna. Sabemos, à luz da fé, que pela misericórdia de Deus a graça e a ressurreição de Cristo a todos são oferecidas. Pelo pensamento e pela prece podemos, assim, avivar a certeza do amor e auxílio dos que já faleceram e estão na paz de Deus. As mães, que deixaram esta vida e encontram-se na presença plena de Deus, continuam nos amando e se interessando por nós.

Neste dia, cada um, a seu modo, terá presente a sua mãe, para lhe manifestar o afeto filial. Mesmo os que não tiveram um relacionamento carinhoso com sua mãe ou até ficaram desamparados pelos pais, sabem que depois de Deus, é à própria mãe que devem o dom da vida e que, por este único título, ela já merece toda nossa gratidão.

A melhor expressão de nosso afeto filial é a de rezarmos, agradecendo a Deus, pela mãe que nos deu, pedindo que Deus a abençoe a onde ela estiver.

Nesta prece pelas mães, convém pensar naquelas que mais sofrem. Lembremo-nos das mães de filhos doentes e deficientes. Mães de viciados pela droga. Mães de filhos presos, desaparecidos ou assassinados. Mães de terroristas. Mães do Líbano e dos países em guerra. Mães em campos de refugiados, em terras assoladas pela fome. Mães de aidéticos e outros que lutam para sobreviver.

Há muito por quem rezar. É preciso pedir a Deus para que o coração da mãe continue a ensinar ao mundo, egoísta e ambicioso, a generosidade do amor gratuito, a beleza do padrão, da ternura e da paciência.

No mês de maio as comunidades cristãs voltam seu olhar para a Mãe de Jesus. Ela é modelo de todas as mães. Aceitou na fé dar à luz o Filho de Deus. Viveu a seu lado, com coragem, as alegrias e dores de sua missão redentora. Não hesitou diante das provas e perseguições. O Evangelho descreve com realismo a presença de Maria aos pés na cruz. Obediente à vontade de Deus e à missão de seu Filho, sustentou os discípulos, na hora do medo e do desânimo, e tornou-se para toda humanidade o exemplo mais belo de amor materno e fidelidade à graça de Deus.

É à Mãe de Deus que confiamos todas as mães. Neste momento árduo de nossa pátria, de perplexidade diante do futuro, precisamos, não só, eleger dirigentes que sejam dedicados ao povo e competentes, necessitamos também de medidas políticas acertadas e eficazes. Mais do que isso o Brasil requer profunda conversão de coração, para eliminar o egoísmo, o ódio, a violência e todo pecado que destrói a fraternidade e o Plano de Deus.

É no coração das mães que estão as maiores reservas morais de nosso povo. Elas, melhor do que ninguém, sabem viver e comunicar o amor. Que a Mãe e Senhora Aparecida abençoe todas as mães para que continuem sendo a maior riqueza de nosso Brasil.

Festa de *Corpus Christi*

20/05/1989

Daqui a poucos dias, comemoramos, no calendário litúrgico, a Festa do Corpo de Cristo em muitas paróquias. Pelas ruas da cidade, realiza-se a procissão solene com o Santíssimo Sacramento, pedindo a Deus que abençoe nossas casas e lugares de trabalho. É escolhida a quinta-feira por ser este o dia em que Jesus Cristo, na última ceia, celebrou a Páscoa e instituiu com pão e vinho, o sacramento de seu corpo e sangue, oferecidos para nossa salvação. Vem a propósito, portanto, a recente lei presidencial, confirmando para quinta-feira o feriado de *Corpus Christi*.

Durante a Semana Santa, acompanhando, à luz da fé, os passos da Paixão de Cristo, revivemos a instituição da nova e eterna aliança, que marca, de modo definitivo, a liberdade da entrega de Cristo por nós, a nova lei e a promessa de vida eterna.

A aliança, celebrada por Jesus, é ratificada pela sua morte. A promulgação de seu mandamento do amor inaugura tempos novos para a humanidade. Não só Deus nos dá seu perdão e sua graça, mas pelo pacto firmado, a lei da caridade torna-se regra de vida para os discípulos de Jesus.

O dia de *Corpus Christi* procura celebrar a grandeza deste mistério de amor. É homenagem pública e festiva dos cristãos pelo pacto de salvação e é, também, renovação do compromisso do novo mandamento. A Festa de *Corpus Christi* nos permite aprofundar mais o sentido da Eucaristia. Ao caminharmos pelas ruas, acompanhando em procissão o Sacramento do Corpo de Cristo, procuremos examinar a consciência e assumir o mandamento do amor em nossa vida pessoal e comunitária. Precisamos todos desta renovação espiritual. Crescem o individualismo, a divisão e as injustiças, aumenta a distância entre a riqueza de alguns e a pobreza da maior parte da população. São numerosos os assaltos e o recurso à violência. Na vida política constata-se, com frequência, a competição em busca de poder e privilégios, os ataques entre candidatos e a perda de consciência do bem comum e do serviço ao povo. Apesar de séculos do cristianismo, continuam acontecendo a justiça vindicativa do olho por olho e dente por dente, a acumulação desmedida de terras e dinheiro com exclusão dos demais, a fuga de capitais e a corrupção nos negócios.

Neste ambiente de egoísmo e desrespeito à pessoa humana percebemos a necessidade de abrir o coração à mensagem de Cristo e às exigências de sua lei. Jesus proclama, na última ceia, um modo diferente de amar. Ensina a gratuidade do amor. Deus nos quer bem e nos perdoa antes de que sejamos capazes de amá-lo. É esta caridade que devemos, também nós, viver, fazendo o bem até a quem nos ofende, e partilhando o que temos com os demais.

Aprendamos com as crianças num bairro pobre da zona leste de São Paulo; um menino descalço e franzino, durante a missa, seguia atento a pregação sobre o dever de ajudarmos os que passam necessidades. De repente, saiu da Igreja. Aonde teria ido? Ao fim da celebração reapareceu, como por encanto, ofegante, com um saquinho plástico na mão. Trazia um pouco de arroz. Com um sorriso, que não posso esquecer, disse: "Fui buscar alguma coisa para os pobres. Em casa, era tudo o que pude encontrar. Está bem assim?", repetia ele, sem saber o exemplo da viúva no Evangelho de Lucas (cap. 21), dando como esmola tudo o que tinha. Estamos ainda longe desta solidariedade.

Durante a procissão, entre cantos e preces, vamos renovar a nossa fé, agradecer o dom de Deus e assumir o compromisso cristão de transformar a sociedade brasileira. A vivência do amor fraterno, gratuito e generoso, que Cristo nos ensina, significa justiça social, reconciliação e compromisso de partilha com os empobrecidos.

Esta é a celebração que agrada a Deus.

A herança de Abraão

17/06/1989

Nesta semana, a cidade de São Paulo foi cenário de notável evento religioso. Um trabalho de anos permitiu que judeus e cristãos procurassem se conhecer mais e colocar, em comum, valores religiosos e o anseio pela paz no mundo. Esta iniciativa teve o apoio da Arquidiocese de São Paulo e da Congregação Israelita Paulista. No mesmo clima de amizade e mútuo entendimento surgiu, em nível nacional, a Comissão de Diálogo Religioso Católico-Judaico.

O documento conciliar sobre as relações da Igreja com as Religiões não cristãs, *Nostra Aetate* de 28/10/65, marcou a fase nova de diálogo e aproximação entre judeus e católicos, superando ressentimentos e preconceitos, no aprofundamento das riquezas bíblicas comuns, no respeito a fé e às próprias convicções religiosas.

O anseio pela união entre os povos aproxima ainda mais os que podem explicitar a fé no único Deus. Assim, desde cedo, nasceu a esperança de estender os benefícios do diálogo fraterno a todos, mas em especial aos mulçumanos que pela descendência de Ismael estão ligados à estirpe de Abraão.

Multiplicaram-se os colóquios fraternos. Em várias partes do mundo e, especialmente no Brasil, cristãos e judeus assumiram, em comum, as grandes causas da justiça e da paz. Nas horas duras

Religião

de tortura e das arbitrariedades, não raro, encontraram-se juntos evangélicos, católicos e judeus, na oração confiante, na mesma defesa dos oprimidos e promoção dos direitos da pessoa humana. É certo que há um longo caminho a percorrer. No entanto, muito tem sido já obtido.

No dia 11 de junho, a Confederação Israelita do Brasil e a Conferência Nacional dos Bispos do Brasil reuniram-se para outorgar o prêmio denominado "Patriarca Abraão" – troféu dourado em forma de pomba – a dois membros que mais se distinguiram, em nível internacional, na grande missão de promover o diálogo religioso.

Do lado católico, foi escolhido o cardeal Johannes Willebrands que teve insigne atuação ecumênica nos trabalhos do Vaticano II, leva adiante, com zelo e competência, o Secretariado para a Unidade dos Cristãos, e promove, em nome da Santa Sé, o diálogo com os judeus.

Igual prêmio foi conferido ao dr. Gerhart Riegner que preside o Conselho da Congregação Judaica Mundial e que, além de prestar relevantes serviços ao povo judeu, coordenou durante anos os contatos com o Conselho Mundial de Igrejas e com a Igreja Católica.

Na mesma ocasião foi homenageado o cardeal Paulo Evaristo Arns pelo exemplar serviço à causa do diálogo religioso e promoção da dignidade humana.

Saudamos, com apreço, a iniciativa do rabino Henry Sobel, frei Félix Neefjes e frei Leonardo Martin, da Comissão Organizadora, pela iniciativa da homenagem, e por terem convidado para outorgar o prêmio a viúva do presidente egípcio Anuar Sadat, assassinado por causa de seus nobres ideais. A senhora Jehan Sadat, muçulmana convicta, acredita no diálogo como meio para alcançar a paz entre os povos. Com rara simpatia e dignidade, falando, em São Paulo, a mais de 500 participantes, deixou a grande mensagem da noite memorável. Resumiu o anseio de seu marido que lhe revelou um sonho de paz. No alto do Monte Sinai, seriam, um dia, construídas, uma ao lado da outra, a sinagoga, a mesquita e a Igreja dos cristãos. Peçamos a Deus que, quanto antes, se realizem a herança de Abraão e o sonho de Sadat.

7º Encontro de Comunidades

15/07/1989

Na Diocese de Duque de Caxias terminou ontem o 7º Encontro Intereclesial de Comunidades Eclesiais de Base.

À saudação do celebrante, Dom Mauro Morelli, "o Senhor esteja convosco", responderam com entusiasmo 1.800 participantes da assembleia litúrgica da Eucaristia de encerramento: "o Senhor está no meio de nós". Gratificou a todos, nestes dias, partilhar de experiências de profunda comunhão e esperança em Jesus Cristo.

Durante quatro dias, de 10 a 14 de julho, foi intensa a vivência de fraternidade, a um tempo simples e festiva, reunindo representantes de 225 dioceses do Brasil e 19 países da América Latina. Estavam presentes 85 bispos e cerca de 40 teólogos e assessores. Notável foi a convivência ecumênica, com participação de 107 membros de igrejas evangélicas, unidas pela Fé em Jesus Cristo em defesa dos oprimidos.

A iniciativa desses encontros começou em janeiro de 1975. Os outros precedentes realizaram-se duas vezes em Vitória, depois João Pessoa, Itaici, Canindé, e Trindade em Goiás. Estão de parabéns as comunidades da Baixada Fluminense que em Caxias acolheram o 7º Encontro Intereclesial. Apesar da população local enfrentar pobreza e violência constante, 1.100 famílias abriram as casas e o coração para receber com alegria os participantes. Oitocentas pessoas trabalharam no serviço de secretaria, comunicação e outros. As pessoas vizinhas de Nova Iguaçu fizeram questão de oferecer, duas vezes ao dia, 2.200 refeições.

Nesse ambiente de solidariedade fraterna e celebração na fé aprofundou-se o tema central: "Povo de Deus na América Latina a caminho da libertação". Cento e sete grupos de estudo avaliaram a situação do continente, colocando em evidencia o rosto sofrido de tantos irmãos, índios, negros, mulheres e crianças abandonadas, do povo espoliado no campo e na cidade. Os presentes pediram perdão a Deus pelas discriminações, pelo mal praticado. Renovou-se em todos a esperança de uma nova América Latina mais unida na paz que nasce da justiça. No segundo dia, o encontro valorizou a transformação da atual sociedade e a participação dos cristãos para promover o bem comum através dos movimentos populares, organizações sindicais e partidos políticos. O último dia ressaltou a contribuição própria das CEBs, criando espaço para que o povo simples se torne consciente de sua dignidade, assuma sua missão histórica e exercite com liberdade, direitos e deveres. A dimensão eclesial apareceu fortemente na leitura da Bíblia, na fidelidade e união aos pastores e no serviço dos cristãos, colaborando com valores evangélicos, para a construção da sociedade livre e solidária.

O 7º Encontro foi maior do que o evento de Caxias. Durante meses reuniram-se nas dioceses do Brasil grupos de preparação para rezarem em comum e refletir sobre o tema central. E agora, os participantes voltaram para suas cidades, levando aos irmãos a vibração desses dias, o resultado do estudo, propostas, a vivência da unidade e o anseio de melhor servir.

As CEBs, com menos de 30 anos de caminhada, têm consciência de suas limitações, mas devem agradecer a Deus a mensagem de dinamismo e esperança, o empenho na promoção dos humildes e a união entre fé e vida que seus membros procuram sempre mais realizar.

A serviço do Evangelho

05/08/1989

Quando Saulo, no caminho de Damasco, viu-se por terra e percebeu que Deus entrava de modo inesperado em sua vida, perguntou: "Senhor, que quereis que eu faça?". Paulo foi escolhido para pregar o Evangelho como apóstolo de Jesus Cristo. Homens e mulheres, ao longo da história, sentiram-se também chamados por Deus para dedicar a própria vida à evangelização.

Na perspectiva cristã, o sacramento do Batismo une a pessoa à missão de Jesus Cristo. Quem faz parte do povo de Deus deve empenhar-se para anunciar o Evangelho. Alguns realizam sua missão pela santidade pessoal e atuando como fermento na massa, difundindo valores cristãos pelo exercício cotidiano da vida e da profissão. Atuam para que as relações humanas sejam marcadas pela justiça solidariedade do Reino de Deus. Outros são chamados através da vida conjugal e familiar a realizar a graça do matrimônio, que tem o modelo de amor de Cristo à Igreja, gratuito, capaz do perdão, fiel e total.

No seio da comunidade encontramos vários serviços e ministérios. Os agentes de pastoral atendem às múltiplas tarefas em bem da transformação da sociedade e da promoção dos necessitados. Particular atenção, no entanto, merece o chamado de Deus para o compromisso de quem consagra toda a vida a Jesus Cristo.

Destacamos a vocação dos religiosos que assumem, por voto e em comunidade, a imitação de Cristo na solidariedade com os mais pobres, no celibato e na obediência. Cada instituto religioso procura valorizar, em especial, alguns aspectos da vida de Cristo: sua união constante com o Pai, a misericórdia com os pecadores, o atendimento aos doentes, às crianças abandonadas, à educação da juventude e os serviços aos necessitados. No Brasil são aproximadamente 50 mil os membros de congregações religiosas. Hoje têm-se desenvolvido muito a vocação dos "Institutos Seculares", que se caracterizam por viver a consagração evangélica atuando em meio às diversas situações do mundo. Foi Cristo quem instituiu na Igreja os apóstolos, para que continuassem sua missão de pastor. Pelo sacramento da Ordem, são constituídos os diáconos, sacerdotes e bispos, cujo serviço promove na Igreja a pregação da palavra, a celebração da Eucaristia, dos sacramentos, e o pastoreio do povo de Deus. Além do empenho de santificação e testemunho de vida, requer-se dos ministros de Cristo o amor dedicado ao povo que lhes é confiado. Deus suscita nas comunidades a vocação missionária dos que deixam sua família e cultura para levar, não sem sacrifício, aos mais distantes, os valores do Reino de Deus. Na sociedade atual, envolvida pela propaganda comunista, por opressões e injustiças, pode surgir nos jovens o desejo de seguir mais de perto Jesus Cristo? A nossa juventude é bem mais generosa do que parece. Cresce o número de jovens que procuram viver com seriedade o compromisso do Batismo. Cresce, também, aos poucos, o número dos que respondem ao chamado de Deus para se dedicar à vida religiosa. Nos últimos anos tem-se desenvolvido a Pastoral Vocacional de modo organizado, em mais de 90% de dioceses.

No mês de agosto as comunidades do Brasil são convidadas a rezar pelos jovens, que vão, como o apóstolo Paulo, fazer sua opção de vida e responder ao chamado do Senhor.

É tempo privilegiado para darmos nosso apoio aos jovens que entram nos seminários e casas de formação religiosas. Estes rapazes e moças precisam sentir a solidariedade de todos. Deus permita que surjam muitas vocações de especial dedicação para a ação missionária e fraterna em bem das populações de outros continentes que desejam receber o anúncio do Evangelho através da fé e do entusiasmo dos jovens brasileiros.

Semana do Menor

16/09/1989

Em 1981, realizou-se em São Paulo a 1ª Semana Ecumênica do Menor, fruto do trabalho conjunto de várias Igrejas Cristãs. Caracterizou-se a caminhada destes nove anos pela grande união entre agentes de pastoral, com o apoio de bispos, pastores, presbíteros, à ação em defesa da criança empobrecida. Desde o início, percebeu-se que a palavra de Jesus, colocando os pequenos em primeiro lugar em seu reino, tem uma força misteriosa para reunir as comunidades cristãs em clima de forte amizade e entusiasmo, a serviço dos menores empobrecidos.

Vale a pena recordar o compromisso firmado pelos participantes da 1º Semana Ecumênica: "Frente aos milhões de menores, meninas e meninos abandonados, oprimidos e que agridem a sociedade em que vivemos, frente a esta criança que sofre, sinal de quanto estamos distantes do Reino de Deus, nós nos unimos pela palavra do Senhor, irmanados no compromisso eclesial, na oração e busca constante da vontade de Deus. Nossas Igrejas realizarão praticas solidárias com o menor, e assim não estaremos longe do Reino".

O tema de cada semana, preparado durante vários meses, reflete os passos de nove anos de amadurecimento das comunidades na compreensão do compromisso com o menor e das formas concretas para realizá-lo.

O último lance desse trabalho conjunto assumiu a forma de campanha pelo reordenamento jurídico do país, procurando assegurar os direitos do menor, na certeza de estar, assim, contribuindo para a promoção integral da pessoa humana. A colaboração das comunidades cristãs, ao lado de outras entidades, muito concorreu para a elaboração do art. 227 da Constituição brasileira, que estabelece o "dever" da família, da sociedade e do Estado de assegurar à criança e ao adolescente, com absoluta prioridade, o direito à vida e aos demais direitos fundamentais.

Esta "prioridade absoluta"! É o tema da 9ª Semana Ecumênica. Significa a primazia em receber proteção, a precedência no atendimento por serviços públicos, a preferência nas políticas sociais e o aquinhoamento privilegiado no orçamento do país. As atividades da semana, de 14 a 17 de setembro, no Centro Pastoral São José, em São Paulo, visam a dar instrumentos de reflexão para a análise socioeconômica da realidade do menor à luz da Palavra de Deus e instruir aos participantes sobre o modo de colaborar nos anteprojetos municipais. O mais importante, no momento, é a elaboração do "Estatuto da Criança e do Adolescente", em tramitação na Câmara Federal e no Senado e que deverá introduzir inovações de fundo na atitude da sociedade brasileira com o menor.

A mensagem de Jesus, "não se perca um só destes pequeninos" (Lc 18,12-24), vem irmanando sempre mais as Igrejas Luterana, Católica, Presbiteriana Independente, Metodista, Episcopal do Brasil, em união com o Concelho Nacional das Igrejas Cristãs e a CNBB, numa expressão sem precedentes de vivência ecumênica e de colaboração efetiva na linha do Evangelho.

Merece todo aplauso esta iniciativa em favor do direito sagrado à vida. Temos o dever de apoiar e imitar o trabalho daqueles que acolhem a criança como prioridade absoluta. A esperança é grande de que o Brasil respeite e promova a vida do nascituro, vença o desafio da mortalidade infantil e dê às crianças condições de desenvolvimento integral. Seja este o ponto básico do programa dos presidenciáveis. Seja compromisso de todo aquele que procura corresponder à intenção de Deus que, como expressão de seu infinito amor, cria cada pessoa humana e a destina à vida plena em Jesus Cristo.

A Padroeira do Brasil

14/10/1989

Nesta semana celebramos Nossa Senhora Aparecida. Unamo-nos a tantos devotos e romeiros, pedindo a Deus pelo Brasil. Aproxima-se a eleição presidencial. Nos municípios já se inicia a elaboração das leis orgânicas. Continua, infelizmente, a crise econômica e social, aumentando a pobreza do povo. Compreendemos que os meses finais de governo tornaram mais difícil encaminhar soluções eficazes. É hora de unir forças, deixando de lado interesses e privilégios particulares, para atender às necessidades urgentes do povo.

Os recursos meramente humanos são insuficientes para superar os graves desafios. Só a graça de Deus é capaz de vencer o egoísmo, que leva à concentração de terra, sofreguidão das aplicações financeiras, esquecendo a dura privação pela qual passa a maior parte do povo. Falta a solidariedade cristã que nos faz reconhecer a igualdade fundamental de todo homem e toda mulher, a responsabilidade nos sofrimentos do próximo e o compromisso evangélico para com as vítimas das estruturas injustas de pecado e das formas de dominação que dilaceram a sociedade brasileira.

Estamos diante de um impasse; por um lado, percebemos as exigências da solidariedade e, por outro, sentimo-nos incapazes de mudar o comportamento e assumir a promoção dos demais. A solução do impasse está em recorrer a Deus para obter as forças que nos faltam. O esquecimento de Deus não só nos deixa enfraquecidos para praticar o bem, mas ofusca a percepção dos valores até em questões fundamentais.

Nesta semana voltou, nos jornais, o debate quanto ao direito de viver. Pessoas, até bem intencionadas, apresentam pseudorrazões para justificar a eliminação da vida pelo aborto provocado. Não percebem que o nascituro não é parte do corpo materno, mas tem sua própria individualidade. Nem a permissão do mal, aprovado em outros países, vale como argumento que autorize nossa consciência a praticá-lo. Cai-se no obscurantismo científico, deixando de perceber a dignidade da vida humana, desde o primeiro momento da concepção. O mesmo apagamento da consciência se dá em outros campos da vida moral, por exemplo, quando se deixa de ver as limitações do direito de propriedade frente ao direito de viver, ou ainda quando se trata a pessoa humana como objeto a serviço do próprio prazer.

Os romeiros, em Aparecida, aprendem com a Virgem Maria a confiar em Deus e a encontrar nele a luz e a força para conhecer e praticar o bem. Maria é a Mãe, forte na fé, humilde e fiel na presença de Deus que, com o auxílio da graça, cumpriu, de modo exemplar, sua missão no segmento de Jesus. São preciosas lições que só Ela nos pode dar. Hoje, a de que mais necessitamos é de nos ensinar a rezar. Aprendemos com Maria a recorrer a Deus, que nos dá forças para vencer o bloqueio do egoísmo e viver as exigências da solidariedade fraterna.

Unamos nossa prece à dos pobres, das crianças, dos humildes que confiam na intercessão da Mãe Aparecida. Ela vai obter de Deus a bênção para o Brasil a fim de se encontrar solução profunda de todas nossas crises.

Mês missionário

28/10/1989

A palavra de Jesus "Anunciai o Evangelho a todos os povos" continua hoje convocando a generosidade de milhares de homens e mulheres que deixam, por amor, até sua pátria e ambiente cultural, para testemunharem a própria fé e dar a conhecer aos outros a mensagem de Cristo.

Outubro é chamado mês missionário porque nesta época procuram os cristãos crescer na consciência de que são corresponsáveis pela evangelização no mundo. Assim, nas paróquias, comunidades, escolas, movimentos, há um intenso esforço de animação para viver a solidariedade universal, o zelo em comunicar aos demais os valores de Jesus Cristo e o convite para a comunhão na mesma família e povo de Deus.

A missão da Igreja tem a sua origem na própria comunhão trinitária da qual a humanidade é chamada genuinamente a participar. A evangelização é, assim fruto da vontade do Pai de comunicar a todos, em Cristo, sua vida de união, amor e paz. A Igreja está, por isso, a serviço do povo de Deus. Ela é toda missionária. Ela sabe que necessita de purificação e renovação, mas acredita que o espírito que a anima, que a impulsiona a vencer suas falhas para abrir-se aos outros e tornar-se comunidade missionária.

A atuação do cristão é progressiva. Começa pelo testemunho silencioso da solidariedade, cresce através do compromisso, pela justiça e libertação, pela defesa dos pobres, pela oração e caridade fraterna, até culminar no anúncio e na plena vivencia da mensagem evangélica. Nesse processo é fundamental o respeito àqueles que não chegaram à fé, a vivência do diálogo religioso, na certeza de que Deus Pai comunica as suas riquezas a todo coração humano e que chama todos à plenitude da revelação.

A missão da Igreja se exerce levando a boa nova àqueles que ainda não a receberam. O espírito missionário manifesta-se, também, na ação constante no próprio ambiente em que vivem os cristãos para que a fé em Jesus Cristo transforme não só as atitudes pessoais, mas marque, com os valores evangélicos, a sociedade e a cultura. Daí uma especial atenção às situações concretas que mais necessitam do zelo missionário, migrantes, nômades, agricultores sem-terra, sofredores de rua, encarcerados e outros. No plano nacional, a atuação dos cristãos deve contribuir para que a sociedade brasileira recupere valores éticos, e religiosos, sem os quais não poderá se realizar, com dignidade, nenhum plano econômico, nenhuma política e nenhuma Constituição.

Neste anseio missionário cada Igreja particular expressa sua corresponsabilidade e serviço às demais Igrejas. Neste sentido, é notável o Projeto Igrejas-Irmãs, que une mais de 140 dioceses no Brasil, entrelaçando as Igrejas da Amazônia e Nordeste com as dioceses do Sul e Sudeste do país. A Igreja do Brasil recebeu, durante séculos, a contribuição dos missionários, especialmente da Europa. Chegou, agora, a vez de colaborar para a evangelização daqueles povos aos quais não chegou o anúncio do Evangelho. São aproximadamente mil os missionários brasileiros que vivem o envio missionário "ad gentes", servindo na Ásia, África e outras regiões.

No mundo de hoje, marcado pelo desanimo e falta de ideais, somos chamados a participar da doação, coragem e entusiasmo dos missionários. Lembro-me da alegria do último grupo de 30 que, em Brasília, se formou para partir para 12 nações da Ásia e África. Que o mês missionário irradie alegria profunda em nossas comunidades. Para todos é tempo de oração e de generosa oferta para atender as necessidades mais prementes do trabalho missionário.

Rezemos com fé o Pai-Nosso, pedindo a Deus que venha a nós o seu reino de justiça, amor e paz.

Natal para o Brasil

23/12/1989

Natal de Jesus Cristo é dia de louvor a Deus, dia de amor e perdão, de paz e esperança. A família se reúne. É festa para todos, mas especialmente para as crianças que sonham felizes com o presépio, a árvore de luzes, a surpresa dos brinquedos e o carinho dos pais. Contemos, de novo, para as crianças a história do nascimento de Jesus a beleza do amor de Maria e de José.

O tempo do Natal vem nos convocar à união. Jesus Cristo anuncia que somos filhos do mesmo Pai, amados e destinados a ser felizes por toda a eternidade. O Natal reafirma a cada pessoa seu valor e o dever de respeitar e promover a dignidade e a fraternidade entre os filhos de Deus.

Neste ano, no Brasil, celebramos de verdade o Natal de Jesus Cristo, assumindo o compromisso da conciliação nacional.

Estamos ainda marcados pelas apreensões e vicissitudes da campanha eleitoral. Houve momentos de tensão, em que os ânimos partidários, às vezes, não observam as regras do respeito mútuo, mostrando que somos ainda aprendizes da democracia. Esperava-se um desempenho mais fidalgo, mesmo no momento em que o debate se inflamava. Procuremos, agora, que o reconhecimento sincero destas falhas abra caminho para a conciliação. Não podemos atra-

Religião

sar a hora de somar forças em bem do povo brasileiro. Temos que vencer barreiras que surgem pelo radicalismo e reações emotivas de alguns. Vamos investir no que nos reúne, a vontade de responder à expectativa de nosso povo, promovendo de modo organizado e sem tardar a vida mais digna de todos os brasileiros.

Há, com efeito, um evidente que reclama colaboração de todos. É a situação econômica do país e sua grave consequência social. O sistema de acumulação demasiada de bens, por parte de alguns, acarretou, dentro do processo inflacionário, distancia crescente entre ricos e empobrecidos. Assim, os que dispõem de recursos conseguem lucros altos com investimentos especulativos, ao passo que, a maioria da população sofre, cada vez mais, o encarecimento da vida. Alargou-se no Brasil a gritante desigualdade social.

O povo simples do interior, que sufragou mais Fernando Collor, e o povo sofrido da cidade, que deu voto preferencial a Luiz Inácio Lula, coincidem na expectativa de que o futuro presidente possa conduzir com coragem o processo político, que assegure a mudança e dê condições de cidadania e fraternidade aos brasileiros. Eis aí o desafio para o novo presidente e a sociedade brasileira: vencer a injustiça que gera miséria e fome e separa os irmãos.

Na noite de Natal permanece entre nós a tradição de dar presentes. Alegremos as crianças do Brasil no dia do nascimento de Jesus. Pensemos, também, no povo sofrido. Nos últimos dias, por causa das chuvas prolongadas, mais de 40 cidades mineiras estão em estado de emergência. Desabamentos, estradas interrompidas, milhares de famílias desabrigadas aguardam o nosso auxílio. Vejamos, igualmente, quem necessita, perto de nós, de nossa presença e de nosso presente. Este gesto de solidariedade há de atrair a bênção divina. O Brasil, também, precisa muito de um presente de Deus. Que a flâmula colorida e a bandeira estrelada possam se unir a fim de que haja, quanto antes justiça social e prosperidade para todos.

Deus nos dê um santo e feliz Natal.

Audiência com o Santo Padre

06/01/1990

Os bispos, em comunhão com o santo padre, desde os primeiros séculos do cristianismo, vivem a tradição de, quando não há especial impedimento fazerem, em períodos regulares, uma visita a Roma. Essa viagem tem um profundo sentido espiritual. É a peregrinação *Ad Limina Apostolorum*, isto é, ao túmulo dos apóstolos São Pedro e São Paulo. É, ainda, a homenagem prestada ao sucessor de São Pedro, cuja missão é de "presidir na caridade" a todas as igrejas e de confirmar os irmãos na fé, conforme a palavra de Jesus (Lc 22,32).

Diante do grande número de bispos no mundo inteiro, fixou-se a periodicidade de cinco anos para essas visitas, conforme calendários organizados pela Prefeitura da Casa Pontifícia.

Na ocasião, cada grupo tem várias oportunidades de estar com o santo padre. Além da audiência pessoal, na qual o bispo apresenta o relatório de sua diocese, é ainda convidado para celebrações litúrgicas, encontro fraterno durante a refeição e uma reunião do grupo inteiro com exortação final pontifícia.

Na mesma semana são promovidos encontros para estudo e solução de questões de competência de cada dicastério romano.

Ficou famosa, pela importância pastoral, a última visita de 250 bispos do Brasil em 1985, não só pela boa organização co-

Religião

mum aos 14 grupos regionais, mas pelo fato insólito de ter o santo padre, no término do ano, desejado convocar, pela primeira vez na história da Igreja, uma reunião conjunta entre aos prefeitos dos dicastérios romanos e 23 bispos do Brasil, incluindo três membros da presidência e os responsáveis pelas 14 regionais da CNBB. O encontro de três dias, em Março de 1986, na presença do santo padre, inaugurou nova forma de dialogo proveitoso com as conferências episcopais, que já se estendeu à Alemanha Ocidental, aos Estados Unidos e Holanda.

Para 1990, a começar de fevereiro, estão previstos 15 grupos de bispos brasileiros. Começam os do Rio Grande do Sul (15) seguidos pelos de Paraná (16) e Santa Catarina (8). Em março será a vez dos bispos do Rio de Janeiro (10) e de São Paulo (33), os demais irão de maio a dezembro.

Esse período, vivido na fé, consolida a colegialidade episcopal e a comunhão com o sucessor de Pedro na solicitude comum pela Igreja Universal.

Ontem, 5 de janeiro, em Roma, fomos recebidos em audiência pontifícia os três membros da presidência da CNBB, pedindo à sua santidade que nos manifestasse suas orientações e levando--lhe a saudação fraterna e as aspirações do episcopado nacional. O colóquio, muito cordial, de mais de 50 minutos, revelou a boa disposição de saúde do Santo Padre e seu notável conhecimento e constante interesse em relação ao povo brasileiro. Informou-se sobre os últimos acontecimentos eclesiais e políticos no Brasil e reafirmou a intenção de voltar a nos visitar em 1991, após a viagem dos bispos a Roma.

Ao abençoar, com amor, nossa pátria, insistiu sobre a necessidade de um renovado esforço de evangelização, a serviço do povo simples, cuja fé e alegria tanto o impressionam.

Deus é bom

03/03/1990

Candido Mendes

"Deus é bom" foi a primeira frase de Dom Luciano escrita em *pilot* azul, ao acordar da segunda série de operações, na Quarta-feira de Cinzas. Quem vier ao canto do bispo, encontra sua mensagem: a palavra na doação toda no corpo politraumatizado. Dom Luciano sempre viu o recado semanal da *Folha* como essencial ao seu apostolado. Estava redigindo o texto da última semana, quando foi colhido pelo desastre. Sentara-se ao fundo do carro para melhor fixar a caneta, o que lhe salvou de um choque ainda maior. A massa de lesões não lhe privou da consciência desde a derrapagem em Itabirito. Pediu a absolvição a Dom Serafim e ofereceu a vida pela Igreja, sem que se soubesse ainda da aorta aberta, segura pelo próprio coagulo do sangue derramado. A lucidez continuou ainda no hospital Felício Rocho, com o polegar esquerdo para cima, o desenho de letras na palma da mão dos irmãos, a grafia em prancheta, domesticando a mão esquerda, destro que sempre foi.

"Que se avise a família do padre Angelo", "Como está o padre Jacques?" Jorravam os bilhetes, nesta vida para o próximo, que deixa cada um tocado pelo acidente diante do "seu" Dom Luciano. No seu olhar e no seu sorriso atam-se Dom Pedro Casaldáglia e

Religião

Dom Sigaud, os rabinos e as confissões luteranas, a Maçonaria e os superiores de tantas ordens religiosas, os delegados de polícia e os padres que deixaram o celibato, os governantes e os irmãos no episcopado e na sua Companhia de Jesus.

"A noite é longa. O bilhete vinha com o desenho de um crescente, na vigília que Dom Luciano viveu tantas vezes, no aguardo desmesurado dos nossos prontos-socorros. As macas ensanguentadas esperando internação, antes de chegar às UTIs. A angústia e o descalabro da falta de recursos e da morte dos pobres por descarte barato. A *Folha* chamou Dom Luciano de "pastor dos desamparados". A paz irradiada pelo bispo encontrou a sua forna. A mocidade de Belo Horizonte e de Mariana ofereceu-se para transplante de órgãos. Vigiavam em torno do ferido os pais dos excepcionais, os ébrios, o apostolado da "Pastoral do Choque" de Belenzinho e da periferia de São Paulo, as crianças que tirou da rua e do nada, os presidiários e doentes terminais.

"Ofereço minha sede por vocês." A palavra-chave de sua vida está aí, na lição que se faz e não se diz, no amor que é tão completo quanto não se impõe. Minucioso no planejamento de sua agenda, a letra tão miúda quanto clara, Dom Luciano sabe quebrar os seus horários diante do socorro espiritual da faina diária, que não lhe franquia mais de quatro horas pobres de descanso.

"Frio, mas bom", respondeu à dedicação dos médicos. Não enjeitava a temperatura ambiente necessária à sua recuperação na UTI. Mas deixava a equipe à vontade diante de qualquer desconforto que lhe impusessem. A alegria feita desta paz interior permitiu distribuir-se em todos os rincões da arquidiocese geograficamente mais extensa de nosso Centro-Sul. Devorava as estradas de terra do coração de Minas, por maiores que fossem o peso do trabalho em Brasília, das missões junto à Santa Sé e das tarefas a serviço da Igreja, na Lituânia como no Líbano, tão chegado ao seu coração. De há muito entregara a Deus, o risco e o atropelo de um dia macerado, no tempo morto da corrida para os aeroportos, no eterno ônibus entre Mariana, São Paulo e Rio nas estações rodoviárias da madrugada e nos orelhões que não falhavam em nos levar a palavra e o ânimo certeiros.

A Igreja Católica – dizem as estatísticas – é de longe a instituição hoje mais confiável aos olhos do povo brasileiro. Esse laço profundo e único passa – e o vemos com Dom Luciano – por uma esperança que sabe se fazer entrega, mesmo antes de se dizer anúncio.

O sociólogo Candido Mendes escreve excepcionalmente hoje esta coluna seguindo orientações de Dom Luciano Mendes de Almeida, seu irmão, que está hospitalizado.

Experiência de fé

17/03/1990

Ainda não posso escrever. Não é um artigo, é, apenas, comunicação de uma experiência de vida. Estes dias tornaram-se para mim dias de especial graça de Deus. Há muito tempo que minha vida não tinha uma experiência tão profunda de Deus. É uma presença que se estende no dia e na noite inteira e faz tocar o limite da vida.

No meio dos sofrimentos a fé cresceu e me fazia rezar por todos, pela paz no mundo, especialmente no Líbano, pela justiça social no Brasil, pela liberdade religiosa concreta no Leste europeu, pela fraternidade entre todos, pela aproximação dos povos.

Compreendo melhor que o sofrimento não é apenas uma prova ou a purificação do pecado, mas, a exemplo de Jesus Cristo, é a grande experiência de solidariedade com os que sofrem. Nestes dias fiquei mais perto dos doentes, dos excepcionais, dos acidentados. É uma grande graça.

Sinto o dever de agradecer sempre aos que rezam por mim, a prece das comunidades, dos amigos, dos membros de outros credos, das crianças, de todos. Esta oração que me tem dado força e aumentado a esperança. Deus, aceite, pelo bem de nosso Brasil, especialmente do novo governo, a prece e o sofrimento destes dias.

Acredito numa pátria mais unida pela fé, de modo a que nosso povo pobre possa, brevemente, encontrar condições dignas.

Gostaria de contribuir, trabalhando na Igreja, para que a mensagem de amor do Cristo se divulgue mais em nosso Brasil.

Agradecimento aos irmãos

25/03/1990

Nestes dias de hospital, tenho sabido que tantos amigos telefonam, enviam mensagens, oferecem preces e assinam listas na entrada do hospital. Procuro contribuir rezando.

Como sabem, Deus quis me "ressuscitar". Sinto-me como Lázaro. Esses longos dias e noites dão-me a oportunidade de passar pelo coração a lembrança de tantos nomes.

O certo seria escrever a cada um, mas isso ainda vai demorar pela situação de meu braço. Pensei, então, graças à colaboração de pessoas abnegadas, em enviar esta primeira palavra de agradecimento. Só Deus sabe quanto devo a ele a mediação de Nossa Senhora, a dedicação dos médicos e enfermeiros, a incansável solicitude de meus familiares, dos bispos, padres, religiosos e membros de comunidades. Como agradecer?

Meu desejo é de retomar a vida e o trabalho para consagrar à querida Arquidiocese de Mariana os serviços que Deus ainda quiser me confiar, na CNBB, junto aos menores e em outras tarefas.

Tenho sido informado sobre as novas medidas de austeridade para o Brasil. De minha parte, peço a Deus que a colaboração de todos e a competência dos atuais dirigentes conduzam o Brasil as condições mais humanas de vida. Demos, com amor, a nossa parte de contribuição.

Sinto-me mais humilde, mais frágil e também mais confiante.

A rápida recuperação seria impossível sem a amizade e a solicitude de tantos médicos e enfermeiros que cuidam de mim, sem medir o próprio cansaço.

A Deus elevo o meu coração para agradecer, pedindo que recompense a bondade de todos, especialmente dos mais humildes, aos quais, no seu anonimato, só posso agradecer pela oração.

Se desta vez não posso assinar, posso, pelo menos, incluir seus nomes tão queridos em minha prece de cada momento.

A paixão de Jesus

31/03/1990

A liturgia desta semana nos convida a meditar em comunidade sobre os sofrimentos de Jesus, na certeza da festa da ressurreição. Este tempo em que vivemos da Quaresma foi, sem dúvida, um convite a renovarmos o perdão de nossas faltas e a buscarmos os pontos em que pudemos melhorar a nossa vida. Para as comunidades, no Brasil, a preparação da Páscoa inclui uma atitude de conversão definitiva a fim de que em nossa sociedade, à luz do Evangelho, valorizemos sempre mais a dignidade da mulher que, unida ao homem, é a imagem de Deus. Esta é a Campanha da Fraternidade – 1990.

Gostaria de acrescentar uma reflexão sobre o mistério da cruz. Estes longos dias de tratamento para recuperar a saúde, após o acidente de 23 de fevereiro, têm sido a ocasião de compreender melhor o sentido do sofrimento. Nestes dias de oração, silêncio e lenta recuperação no leito de hospital, recebi de Deus a graça de entender um pouco melhor a importância da experiência do Cristo em sua paixão. Também nós somos, às vezes, chamados a partilhar o sofrimento de nossos irmãos, por amor. Esta lição, que agradeço a Deus, tem modificado minha vida.

A Paixão de Jesus abre caminhos de amor solidário, de comunhão com os doentes, com os acidentados, com os perseguidos, que passam a pertencer cada vez mais à nossa vida.

Agradeço sempre as muitas expressões de fé, de amizade, que continuo recebendo. Sem este apoio da oração e da amizade de tantos irmãos na fé, confesso que não teria sido fácil manter a coragem e vencer o abatimento.

A reabilitação é longa, por causa das muitas fraturas. Isto há de requerer ainda alguns meses de tratamento. Peço a Deus que a exemplo de Cristo e de Maria, a Mãe que partilha o sofrimento dos filhos, faça desse tempo uma experiência cada vez maior de solidariedade com os que sofrem e de crescimento na esperança da vida eterna, sem pecado, sem egoísmos, sem sofrimento.

A Paixão de Cristo torna-nos mais sensíveis aos sofrimentos do próximo e abre para experiência de comunhão, que já nesta vida revelam a Páscoa do Senhor Jesus.

Morte e vida

07/04/1990

A Semana Santa deste ano encontra-me ainda muito perto do acidente e na lenta experiência da recuperação. Tudo isso ajuda a compreender melhor o mistério que celebramos da morte e da ressurreição de Jesus Cristo. A leitura da Escritura Sagrada e a pregação da Igreja nos ensinam que o Filho de Deus enfrentou o sofrimento e a morte para nos salvar. Ele o fez livremente por amor e experimentou, assim, as situações mais difíceis e sofridas da existência humana. Jesus nos revela quanto Deus nos ama e manifesta a infinita bondade do seu coração, assumindo, sem culpa sua, e sem nenhum privilegio, o drama do Calvário e da morte ao lado de dois ladrões.

A Sexta-Feira Santa é para toda a humanidade grande momento de oração que nos reconcilia com Deus, convoca-nos ao perdão entre nós e nos faz assumir os sofrimentos em comunhão com os irmãos que padecem.

Jesus Cristo venceu o pecado e a morte. Ele recuperou a vida e anuncia, para a nossa felicidade, a certeza de que a morte não mata mais. Passamos por uma morte como por uma porta a fim de entrar para sempre na vida. Essa alegria nós a celebramos em comunidade no sábado à noite. À luz de Cristo, aclamada na

Igreja entre cânticos, celebrando a vitória sobre a morte que Ele realiza e que nós, pelo Batismo, devemos assumir na conversão pessoal de cada dia.

Os sofrimentos e provações desta vida, entre os quais incluo os pequenos incômodos destas semanas, muito valem se oferecidos em união com Jesus Cristo pelo bem dos irmãos e quando anunciam a certeza da vida plena que Deus nos promete. A morte foi vencida pela vida.

Dentro do espírito da Campanha da Fraternidade/90 empenhemo-nos em promover sempre mais a dignidade da mulher à luz do Evangelho. Isto fará feliz a nossa Páscoa, tornando-nos promotores da vida que Jesus veio nos trazer.

Feliz Páscoa para todos!

Presente de Páscoa

14/04/1990

A época não é tão propícia à compra de presentes nem a festas dispendiosas. Não importa. O que vale é perceber o grande presente que Jesus Cristo nos dá, ao vencer o pecado e a morte.

Quem não se alegra, sabendo que pode contar com o perdão de Deus e a certeza da vida eterna?

As comunidades se reúnem para cantar a bondade de Deus e experimentar o jubilo da vitória de Cristo e da promessa da Ressurreição. Há, além disso, outras riquezas no presente da Páscoa. Fazem parte do que a Igreja chama de "vida nova" que nos é comunicada pelo Batismo.

Alegremo-nos, assumindo, sempre mais, os frutos desta vida. Deus nos dá a sua graça para amarmos a todos como filhos seus e irmãos nossos, superando distâncias e discriminações.

Aprendemos a perdoar e a procurar o bem dos que nos ofendem.

No cristão cresce a esperança que o auxilia a enfrentar com paciência as provas desta vida, consegue até experimentar a alegria do esquecimento de si e do interesse pelo outro que nascem do amor gratuito.

Pertence à vida nova a transformação da sociedade para que responda ao projeto de Deus. O cristão é chamado a se empenhar pela concórdia e justiça social, pelo diálogo e pelo entendimento com exclusão de toda a violência, para que a liberdade seja assegurada em todos os níveis, pela garantia do direito à vida e pela promoção das formas de participação na vida social e política, como compete à dignidade dos filhos de Deus.

Tudo isso é presente de Páscoa.

No meu caso, convalescendo ainda do acidente há dois meses, considero presente de Páscoa a própria vida que Deus vem me devolvendo. Os ovinhos de chocolate tão desejados pelas crianças superam o poder aquisitivo da maioria do nosso povo. Atravessamos dias de restrição em vista de soluções que promovam o bem comum. Esta situação nos ajuda a descobrir melhor para além das vitrines iluminadas o sentido mais profundo de Páscoa, numa sociedade fraterna em que todos tenham o necessário.

A fé na Ressurreição de Jesus Cristo cresça em todos nós e nos ajude a comunicar aos outros a vida nova que é o presente de Páscoa.

Assembleia anual da CNBB

22/04/1990

Cada ano a Casa de Encontros, em Itaici, destinada prioritariamente à oração, acolhe os bispos do Brasil para a sua Assembleia Ordinária anual. Esta reunião é de enorme importância para a vida pastoral da Igreja Católica no Brasil. Tem a duração de dez dias. Destina-se, em clima de intensa oração, a aprofundar o conhecimento e as relações fraternas entre os membros do episcopado, permitindo que elaborem e assumam, em comunhão com o santo padre e entre si, as diretrizes da evangelização em nosso país e os compromissos missionários a serviço da Igreja Universal.

Três aspectos caracterizam ainda a importância da 28ª Assembleia Geral. Em primeiro lugar, trata-se da maior convocação de bispos em nível nacional. Com efeito, o Brasil, no momento, tem 297 bispos que, por direito, devem comparecer a Itaici. Além desses, os bispos chamados eméritos, que pela idade ou motivo de saúde não respondem por diocese, embora exerçam seus ministérios episcopais com grande fruto para o povo de Deus, são também convocados, deixando apenas de dar voto deliberativo nas matérias previstas no estatuto. São convidados, também, os presidentes das associações nacionais de presbíteros, diáconos, religiosos, membros de Institutos seculares e Conselho de Leigos. Compareçam, ainda, os assessores nacionais da CNBB, os secretários regionais, os membros da Comissão do Clero e os dirigentes dos organismos pastoralmente ligados à conferência. Por louvável tradição, o convite se estende, na qualidade de observador, aos representantes de Igrejas evangélicas.

Em segundo lugar, são importantes os temas escolhidos. A indicação foi preparada em agosto e determinada em novembro de 89, por 25 bispos, incluindo a presidência, a comissão episcopal de pastoral e os presidentes dos regionais. O tema principal será 'Igreja e Educação', focalizando a situação educacional no país, a visão cristã da educação e propostas concretas neste ano de alfabetização sobre educação popular, a participação, a revalorização dos profissionais em educação e os aspectos pastorais do ensino religioso nas instituições católicas e de uma ação evangelizadora mais abrangente. Será tratada ainda as situações das seitas – movimentos religiosos independentes. Inicia-se, assim, um estudo mais amplo dessa realidade que veio crescendo nos últimos anos. Terá, como consequência, um empenho mais profundo e constante na formação dos membros das comunidades católicas que sejam capazes de discernir e justificar os valores da própria fé.

O terceiro aspecto que motiva a riqueza pastoral deste encontro está em assuntos da pauta que, embora não recebam o mesmo tempo de estudo, abrem perspectivas para atividades durante o ano. Assim, a análise da conjuntura nacional, à luz da missão da Igreja para com o nosso povo, tendo bem presente a complexidade do momento que atravessamos no país; o Sínodo sobre a "Formação sacerdotal", em Roma, no mês de outubro; questões litúrgicas e a preparação do encontro latino-americano, em 92, que celebrará os cinco séculos de evangelização, cuja organização está confiada ao Celam.

Convido a todos para, nos dias 24/04 a 4/05, unirem suas preces às das comunidades cristãs, afim de que a assembleia alcance frutos de comunhão eclesial e renovação pastoral em nosso país.

De minha parte, teria imensa alegria em poder participar dessa reunião de amizade e de fé. A recuperação da saúde não chegou ao ponto de permitir a alta médica para deixar o quarto. Desejo, no entanto, associando-me à oração de toda a Igreja, oferecer preces e pequenos incômodos pelos bons resultados dessa assembleia.

Corpus Christi

16/06/1990

Com estas duas palavras em latim tornou-se bem conhecida entre nós a festa do Santíssimo Sacramento, do corpo e do sangue de Jesus Cristo. É dia santo para as comunidades cristãs, destinado a homenagear a presença especial do Senhor Jesus entre nós. Na quinta-feira da Semana Santa, lembramos, cada ano, a instituição da nova e eterna aliança que o próprio Cristo realizou, oferecendo-se livremente para nossa salvação. No entanto, a fé na Eucaristia manifestou-se através dos séculos, desde a Idade Média, numa celebração litúrgica de caráter festivo para louvar o mistério de amor de Jesus Cristo.

Em nossas cidades organizam-se procissões, horas de oração e liturgias solenes. Conhecemos como a piedade popular ornamenta as ruas, sacadas das casas e participa com alegria desta homenagem a Jesus Cristo. Nas grandes cidades, celebra-se, nesse dia, o mistério de união entre os cristãos, convocando as comunidades para expressar em comum, publicamente, a própria adesão a Cristo.

O mais importante é o crescimento na fé, o respeito e o amor a Jesus Cristo.

Aprendamos a amar com as crianças. Na periferia leste de São Paulo, há um centro comunitário no Jardim Sinhá, onde centena de crianças recebem diariamente complemento educacional sob a direção de três religiosas. À tarde, quando todos já tinham voltado para casa, uma menina das mais pobres, que vive com a avó, retornou ao centro e chamou pelas irmãs. Entrou no salão e disse à religiosa: "Quero ver Deus". A irmã, com carinho, pegou pela mão a criança e levou-a à pequena capela e, entrando, falou: "Deus está aqui". A criança olhou e respondeu: "Não vejo ninguém", e insistiu "Quero ver Deus". A irmã, desejando ajudar a criança, aproximou-a do tabernáculo e, abrindo-o com respeito, disse: "Deus está aqui". A criança sorriu e, num gesto repentino, beijou a hóstia consagrada dizendo: "Meu Deus eu gosto tanto de você!". E voltou feliz para casa.

Corpus Christi é para os cristãos o momento de renovarem a fé na presença do Cristo no Sacramento da Eucaristia. A grande lição é o amor. Jesus Cristo, celebrando a Páscoa com os apóstolos, instituiu um novo sacrifício de sua própria vida, oferecendo-se para nos reconciliar com o Pai e entre nós. Seu corpo entregue e o sangue derramado na cruz comprovam a verdade do seu amor por nós. Amor maior não há do que dar a vida pelo irmão.

Para nós, chamados a participar da Eucaristia, surge o compromisso de amarmos como Cristo nos ama. Quem, ao comungar, recebe com fé o corpo do Senhor assume o dever de amar, isto é, de dar a vida pelos irmãos. Daí nasce o zelo pelo bem espiritual, o empenho para que cada um tenha condições dignas de vida, a procura constante da justiça e da paz.

Celebrar *Corpus Christi* neste ano obriga-nos a examinar o amor fraterno para com milhões de brasileiros que passam extrema necessidade? Qual é nosso esforço cotidiano para firmar os princípios éticos na vida da sociedade? Somos coniventes com a violência e o desmando moral que cresce diante de nós? Que temos feito para participar efetivamente das responsabilidades políticas do país?

Amar como Cristo nos ensina é reconhecer a obrigação de promover a vida de cada irmão, conforme a necessidade que apresenta. É anunciar a esperança aos aflitos. É perdoar quem nos ofende. É dar de comer a quem tem fome. É interessar-se pelo atendimento eficiente aos enfermos. É cuidar dos idosos. É empenhar-se para que todos tenham acesso ao trabalho digno. Celebrar *Corpus Christi* é dispor-se a amar assim.

Teólogos e pastores da Igreja

30/06/1990

Em data de 26 de junho, a Congregação para a Doutrina da Fé publicou instrução sobre a vocação eclesial do teólogo. O texto tem quatro partes. Inicia-se lembrando o desígnio de amor do Pai, que chama a pessoa humana à verdade plena e à verdadeira liberdade. O povo de Deus recebe, na fé, a missão profética de anunciar ao mundo o Deus vivo e a salvação revelada em Jesus Cristo, procurando, sob a ação do Espírito Santo, dar razão de sua esperança àqueles que a pedem.

A segunda e terceira partes descrevem, de modo conciso, a função dos teólogos e dos pastores que, com vocações e carismas diversos, estão a serviço do dom da verdade e dela devem dar testemunho. O texto coloca em relevo o trabalho do teólogo, mostrando que corresponde ao dinamismo da própria fé. A ele compete, em comunhão com o magistério, buscar uma compreensão sempre mais profunda da Palavra de Deus, contida na Escritura inspirada e transmitida pela tradição viva da Igreja. A teologia nasce do amor. A pessoa humana, ao conhecer a bondade de Deus, começa a amá-lo, e pelo amor deseja conhecer sempre melhor Aquele a quem ama. Não só. A teologia oferece sua contribuição para que o conteúdo da fé se torne comunicável àqueles que não conhecem Jesus Cristo. O teólogo é chamado, portanto, a intensificar sua vida de fé, unindo pesquisa científica e oração. Usa das aquisições filosóficas, das ciências históricas e humanas, das exigências epistemológicas, mas deve ter sempre presente que, no interior do saber racional, o objeto é dado pela revelação, acolhido na fé, transmitido e interpretação pela Igreja, sob a autoridade do magistério.

A missão do magistério dos pastores é de guardar e expor a revelação divina, garantindo ao povo de Deus a possibilidade objetiva de professar, sem erro, a fé autêntica. No exercício dessa missão conta com a assistência do Espírito Santo e, em especial, com o carisma da infalibilidade no que se refere à fé e costumes. O documento descreve a doutrina comum sobre as diversas modalidades que se exerce o carisma, indicando a resposta dos fiéis que vai, conforme a matéria proposta, desde o ato de fé teologal até à submissão religiosa da vontade e da inteligência.

A quarta parte, mais ampla, trata diretamente das relações de colaboração entre o magistério vivo da Igreja e os teólogos e das tensões que podem surgir. Afastado qualquer sentimento de hostilidade e oposição, estas tensões devem impelir o magistério e os teólogos ao diálogo construtivo, que há de levar ao serviço comum de "conservar o povo de Deus na verdade".

O texto focaliza o caso da dificuldade pessoal do teólogo diante de ensinamentos do magistério em matéria não irreformável. Neste caso, pertence ao teólogo, em espírito evangélico, dar a conhecer suas objeções à autoridade magisterial. Suas objeções poderão colaborar para que o magistério encontre modo mais aprofundado e melhor argumentado de propor seu ensinamento. No entanto, devem-se evitar pressões sobre opinião pública que podem prejudicar o esclarecimento da verdade. No caso em que as objeções pessoais, após exame sério do magistério, pareçam ao teólogo prevalecer, procure, em espírito de fé, dispor-se a analisar melhor a questão e aguardar, na oração e no silêncio, momento em que a verdade se manifestar plenamente.

O problema da dissensão, isto é, o comportamento público de oposição ao magistério da Igreja, é analisado e refutado nas páginas finais do documento. Suas aparentes justificativas, suas causas remotas ou próximas precisam ser solucionadas à luz da compreensão, da liberdade própria ao ato de fé, que não significa a liberdade em relação à verdade, mas o livre autodeterminar-se da pessoa em conformidade com o dever moral de acolher a verdade.

Algumas interpretações intempestivas da grande imprensa insistiram em sublinhar aspectos restritivos ou conflitantes do documento. No entanto, a leitura serena do texto coloca em evidência as relações de colaboração e confiança, que devem existir entre teólogos e pastores e a força do diálogo para que, na difícil tarefa de investigação e anúncio da verdade, seja assegurada ao povo de Deus a alegria de expressar, sem falhas e erros, a fé autêntica no desígnio de amor do Pai.

Santo Inácio de Loyola

28/07/1990

Em breve entramos no 5º Centenário de Iñigo de Loyola, nascido em 1491, descendente de nobres bascos. A essa data, associa-se outra: a celebração do Ano Inaciano, que agradece a Deus 450 anos de aprovação pontifícia da obra fundada por Santo Inácio, a Companhia de Jesus, cujos membros são chamados de jesuítas. O jovem Inácio notabilizou-se como hábil cavaleiro, manejando bem a espada e entusiasta por romances de cavalaria. Quando Francisco I, rei da França, dirigiu-se contra Navarra para conquistá-la, Iñigo estava entre os defensores de Pamplona. Atingido por uma bala, teve uma perna ferida e a outra esmagada. Terminava aí sua carreira militar. Entre a vida e a morte, passou por várias operações, lutando para sobreviver. Conhecemos a história de sua conversão. Entregou-se à leitura de dois livros que havia no castelo de Loyola: *A vida de Cristo* e *"A lenda dourada*, história dos santos. Na oração foi redescobrindo Jesus Cristo, verdadeiro Rei, a quem iria, daí por diante, servir com total dedicação. Deixou-se atrair pelo exemplo de São Domingos e São Francisco.

Inácio inaugurou agora uma nova existência. Vestido de mendigo, consagra-se a Jesus Cristo sob a proteção de Maria, sua Senhora. Passa dez meses em oração na gruta de Manresa. Seu único ideal é o de "ajudar as almas". Para isso retoma os estudos, reúne companheiros, anseia ir à Terra Santa, recebe ordenação sacerdotal e coloca-se à obediência do Santo Padre. A serviço do papa Paulo III, partem os primeiros companheiros para as missões. Inácio dedica-se a escrever os fundamentos da nova Ordem. É nessa época que se abre a missão do Brasil. Francisco Xavier parte para a Índia e Japão. Em Roma, funda-se o abrigo para a mulher marginalizada e organizam-se casas para menores abandonados. Os seguidores de Inácio se multiplicam. Em julho de 56, doente, Inácio entrega sua bela alma a Deus.

Podemos lançar um olhar retrospectivo sobre esses séculos de atividades jesuíticas: missões distantes, abertura de seminários, escolas e universidades, pregação de missões populares. Enfrentam a perseguição, o martírio e a suspensão da Ordem, durante quase quarenta anos, nos tempos de Pombal. Tornaram-se padres e irmãos bem conhecidos pela disciplina, pela coragem e santidade. Entre nós, o trabalho de Anchieta e dos missionários lembra o empenho em favor dos índios.

De minha parte, entre as qualidades de Sto. Inácio e os feitos de seus discípulos, gostaria de sublinhar apenas um aspecto: o da oração. Inácio de Loyola era um místico. Passou pela purificação da penitência, pelo sacrifício da solidão e do jejum, pelas tentações sempre em busca da união mais íntima com Deus. O segredo de sua vida está na fé em Jesus Cristo, seu Rei e Senhor, a quem entrega toda a sua existência, a serviço da Igreja e sob a obediência do papa, representante do Mestre. Em Jesus Cristo é chamado a contemplar sempre mais o mistério da Trindade e, aos poucos, alcança a graça de estar unido a Deus, vendo-o "em todas as coisas". É autor do *Livro dos Exercícios Espirituais*, obra concisa, que introduz os discípulos na descoberta da vontade de Deus.

Qual a atualidade de Inácio hoje? Em nossos dias de distração e vazio espiritual, quando nos esquecemos de Deus e da sua vontade, temos diante de nós, Inácio. Mestre do discernimento espiritual.

Através de seu exemplo, nos ensina a rezar, a descobrir Jesus Cristo presente em nossa vida, chamando-nos a atuar na Igreja, a fazer bem aos outros.

O Ano Inaciano abre para todos um apelo à oração pessoal e ao discernimento da vontade de Deus. Isso nos levará não só à conversão espiritual profunda de defeitos e faltas, mas às mudanças de comportamento social que decorrem do Evangelho, para que o Reino de Cristo se torne visível entre nós pelo zelo da salvação do próximo e pela criação de condições dignas de vida para nossos irmãos.

A vocação

04/08/1990

Há quem tenha vocação de médico, professor ou lavrador. Nesse sentido amplo, a palavra vocação se identifica com o trabalho que cada um escolhe em sua vida. O mês de agosto, nas comunidades católicas, é dedicado às vocações. Há três elementos que fazem parte da vocação cristã. Em primeiro lugar, é claro que se supõem as qualidades e a liberdade de escolha, conforme o tipo de vocação. Em segundo lugar, é preciso assumir como chamado que se atribui ao próprio Deus. Assim, encontramos na Bíblia o chamado dos profetas, dos chefes do povo e dos apóstolos. Esse elemento é marcante para o cristão que deve saber descobrir a vontade de Deus a seu respeito. Temos assim a vocação à vida conjugal ou familiar, aos ministérios da comunidade e a todo exercício de caridade, conforme a situação de cada cristão. Em casos concretos de vocações especiais, a Igreja manifesta publicamente o chamado para o serviço. No mês de agosto, dentro da abertura maior de todas as vocações, há uma insistência no chamado ao sacerdócio e à vida religiosa, porque inclui uma especial dedicação de toda a existência ao Reino de Deus.

O terceiro elemento é a referência explícita à oração, dirigida a Deus para que se multipliquem as vocações. Jesus Cristo insistia com os apóstolos que pedissem a Deus operários para a messe. É por isso que nas comunidades intensificam-se, neste mês, as preces pelas vocações, lembrando de modo particular o seminário e as casas de formação religiosa. No entanto, a oração se estende a todos, para que cada um descubra a sua missão no Reino de Deus. É esse o momento para que os cristãos deixem o seu individualismo e procurem, conforme suas capacidades, atuar na difusão dos valores do Evangelho e na construção de uma sociedade mais justa e fraterna. Quantos campos se abrem para o trabalho nas comunidades junto às crianças abandonadas, às pessoas idosas, à mulher marginalizada e a outras situações de grave necessidade.

Voltando, ontem, para a Arquidiocese de Mariana, após cinco meses de recuperação, vivi momentos de grande emoção ao encontrar-me com 110 seminaristas. Agradeço a Deus a alegria desses jovens que se preparam para o sacerdócio, com liberdade e consciência da missão que os espera. Essa felicidade de quem se consagra a Deus é sinal de verdadeira vocação. Lembro-me do sorriso de uma jovem religiosa que, numa prelazia da Amazônia, se alegrava por ter sido escolhida para trabalhar num pequeno hospital a serviço dos hansenianos. Não cabia em si de contente.

Deus tem, nos últimos anos, abençoado a Igreja do Brasil com numerosas vocações sacerdotais e religiosas, embora sejam ainda grandes as necessidades pastorais. Procuremos, confiantes na palavra de Jesus, rogar ao Senhor da Messe que envie operários que possam dedicar toda a vida ao anúncio do Evangelho e que recompense os muitos missionários que em situações difíceis de saúde, idade, cansaço não poupam esforços para realizar com fidelidade a própria vocação.

Pontos para reflexão

01/09/1990

Reuniu-se, nesta semana, em Brasília o Conselho Permanente da CNBB, formado pela presidência, membros da Comissão Pastoral e presidentes dos Regionais, num total de 25 bispos, com a presença dos representantes das instituições ligadas à CNBB e dos assessores de pastoral.

O tema principal foi o da formação dos presbíteros, em preparação ao próximo sínodo, que se realizará dentro de poucas semanas em Roma. Esperam os bispos que a oportunidade de uma reflexão em nível de Igreja universal sobre a formação nos seminários e durante a vida no ministério seja um válido auxílio para os sacerdotes em nosso país. O Brasil é, hoje, um dos países com maior número de vocações ao sacerdócio.

A Pastoral Familiar foi tratada com destaque pelo conselho, que afirmou a importância insubstituível da família para a sociedade e sua missão evangelizadora na hora atual. A ela pertence educar para o amor e ser a primeira transmissora da fé. As agressões contra a família requerem um especial esforço para promover os valores da fidelidade e unidade da vida conjugal e as condições de justiça social para que possa a família existir e se desenvolver com dignidade.

Além dos temas de liturgia, ação missionária, educação e vários assuntos estatutários, procurou o conselho avaliar a conjuntura atual e preparar um texto para reflexão nas comunidades. O pronunciamento analisa a ordem socioeconômica, política, cultural e renova a esperança no futuro do país. Temos condições para superar a crise, confiando na ação de Deus e na participação crescente e corresponsável dos segmentos da sociedade.

Permito-me sublinhar alguns pontos do texto. A perspectiva ética. Focaliza-se, em especial, a vida de milhões de empobrecidos que aguardam participar efetivamente da ordem democrática. Impele-nos o Evangelho e o seguimento de Jesus Cristo.

É louvável o esforço de combate à inflação e a busca do equilíbrio orçamentário. Não é eticamente aceitável que o peso maior caia sobre os mais pobres, com parcos salários e vítimas do desemprego. Lembra-se a necessidade de uma política agrícola de justa reforma agrária e adequada distribuição do solo urbano.

Especial atenção merece a situação dramática do povo ianomâmi, vítima de fome, condição das populações nordestinas e a queda da qualidade de vida da maioria dos brasileiros. Na área sociopolítica, insiste o texto na elaboração das leis complementares. Recorda que a ordem constitucional requer autonomia dos poderes de Estado, limitada pelo uso frequente de medidas provisórias. Resolver a crise é tarefa de toda a sociedade; não apenas do governo, daí a necessidade da mais ampla participação e do exercício do voto livre e consciente que reforce a democratização das instituições. Na ordem sociocultural, auguramos que o Programa Nacional de Alfabetização alcance, com a colaboração de todos, as metas anunciadas. Permanece, no entanto, a preocupação com a situação precária do ensino, com o direito ao ensino religioso confessional nas escolas estatais, e a expectativa de que o ensino fundamental seja mantido pelo Poder Público para que seja gratuito o ensino nas escolas comunitárias e confessionais.

Religião

Não podemos deixar de questionar a consciência dos cidadãos para a lamentável permissividade moral, difundida sem escrúpulos, pelos MCS, que vai destruindo a família e atentando contra a dignidade da pessoa humana.

O documento termina invocando a bênção de Deus por intercessão da Virgem Aparecida e convocando as comunidades e todos os fiéis católicos a intensificarem as preces por nosso país. É preciso celebrar com alegria e esperança o Dia da Pátria.

A Palavra de Deus

15/09/1990

A leitura assídua da Palavra de Deus é dever constante do cristão. Setembro, nas comunidades católicas, costuma ser dedicado à Bíblia porque neste mês se celebra de modo especial o dom que Deus nos faz através dos escritos do Antigo e Novo Testamento. Nos últimos anos, crescem as iniciativas pastorais para apresentar ao povo de Deus a riqueza dos livros sagrados. Multiplicam-se os estudos de exegetas. Os comentários tornam-se acessíveis ao povo simples e nota-se nas comunidades a alegria de descobrir-se o sentido da mensagem divina com as aplicações à própria vida.

Destaco dois aspectos na leitura da Palavra de Deus: a Bíblia como livro de oração e discernimento para o agir cristão. Primeiro, é auxílio para a nossa união com Deus. Ensina-nos a orar. O Antigo Testamento revela como Deus em contato direto com seu povo, que aprende a recorrer a Ele como a seu Senhor, Pastor e Pai, expressando-lhe, com confiança, suas necessidades, angústias e esperanças. Quanta emoção sentimos ao rezar os Salmos, revivendo hoje e fazendo nossas as alegrias, sofrimentos, louvores e súplicas de outros tempos. Passando pelos profetas e justos do Antigo Testamento, chegamos à oração do Filho de Deus que nos dá exemplo de total abandono nas mãos de Deus Pai. Comunica aos discípulos o mistério de sua união filial, ensinando-lhes a rezar como Ele rezava, animando-os a invocar Deus como Pai, com os mesmos sentimentos que Ele possuía. A oração de Jesus modelou a oração da 1ª comunidade e de toda Igreja. Com Maria, Mãe de Jesus, os apóstolos aguardaram no Cenáculo a vinda do Espírito Santo. Desde então, na sequência dos séculos, caracteriza-se a prece dos cristãos pela confiança em Deus Pai que sustentou a coragem dos perseguidos, o zelo dos missionários, o testemunho de vida de cada fiel. É na leitura da Bíblia, pessoal, em família e na liturgia, sob a ação do Espírito Santo, que hoje também há de se alimentar a oração dos fiéis e da comunidade.

O outro aspecto ligado ao precedente é o da Palavra de Deus como luz para discernir as situações concretas e pautar o comportamento dos cristãos. A vida de Cristo e dos apóstolos constitui-se como caminho e norma de agir de seus seguidores. Lendo a Bíblia, dispomo-nos a compreender as grandes lições do Evangelho, que transformam e renovam a convivência humana, marcada tantas vezes pela violência, ódio e desesperança. Sem a Palavra de Deus não alcançaríamos a verdade do perdão. Onde encontraríamos a força interior para rezar por quem nos calunia e persegue, amar os que nos ofendem e pagar o mal com o bem? Um dos maiores impasses para quem ama a Deus é aceitar o sofrimento na vida do justo. A leitura e a oração sobre a Paixão de Cristo nos introduz, aos poucos, na dimensão redentora da Cruz, assumida por amor solidário com os cristãos. Diante do pecado e da morte que parecem, para sempre, destruir a beleza da vida humana, só encontramos resposta na vitória de Cristo que nos restitui a graça e garante, pela sua Ressurreição, a felicidade eterna. Estas e outras lições sublimes expressam a riqueza da Boa-Nova que desejamos sempre mais acolher em nossa vida e transmitir aos outros.

Celebrando a Eucaristia numa capela no interior de Mariana, na hora das ofertas, um casal simples, marcado pelas provas da vida e muito estimado na comunidade, trouxe em procissão a Bíblia.

Notei que o exemplar estava bem usado. Recebi-o com emoção. A esposa, percebendo meu olhar, sorriu e acrescentou: "É que lemos sempre em casa a Palavra de Deus. A Bíblia é nossa força e consolo". Peço a Deus que se multiplique em muitos lares esta experiência forte de oração e de união familiar.

Sínodo episcopal

06/10/1990

Realizou-se em Roma, durante o mês de outubro, a 8ª Assembleia Geral Ordinária do Sínodo dos Bispos para aprofundar o tema da formação sacerdotal.

A palavra sínodo deriva dos termos gregos *syn*, que significa "juntos", e *hodos*, que se traduz por "caminho", expressa a ideia de "caminhar juntos". Um sínodo é, pois, a assembleia na qual bispos, reunidos com o santo padre, têm a oportunidade de colocar em comum informações, partilhar experiências com finalidade de encontrar soluções pastorais para o bem da Igreja Universal.

O papa Paulo VI, na sessão final do Concílio Vaticano II, comunicou a sua intenção de instituir o sínodo episcopal para assegurar a contínua colaboração do episcopado com o papa na vida da Igreja. É de natureza consultiva e, de modo ordinário, realiza-se a cada três anos. A última assembleia geral ordinária, em 1987, tratou da "Vocação e Missão dos Leigos na Igreja e no Mundo".

Integram o sínodo bispos escolhidos palas conferências episcopais, outros designados pelo direito e ainda os nomeados diretamente pelo romano pontífice.

O regulamento assegura às conferências o direito de eleger representantes proporcionais ao número dos bispos. Ao Brasil coube escolher quatro bispos: Dom Jaime Chemello, cardeal Aloisio Lorscheider, Dom Valfredo Tepe e o presidente da CNBB. O santo padre nomeou o cardeal Lucas Neves para o relator oficial do sínodo. O cardeal José Falcão é membro de escolha pontifícia.

Estão presentes ao sínodo 154 bispos representantes das conferências episcopais, 38 de indicações pontifícias, 19 cardeais dos dicastérios da Cúria Romana e dez superiores gerais de institutos religiosos. São 221 membros com direito à voz e voto. Há ainda 31 presbíteros, convidados especiais, quatro leigos e sete mulheres que terão oportunidade de falar em plenário e nos grupos de estudos. O santo padre comparece a todas as sessões.

O tema sinodal sobre a formação sacerdotal nas circunstâncias atuais resulta de ampla consulta feita, com antecedência de dois anos, às conferências episcopais. Um esquema de estudo serviu para colher as colaborações dos episcopados. Elaborou-se então um instrumento de trabalho que serve de base para as atividades iniciais da Assembleia Sinodal.

Nesta primeira semana houve apresentações sobre a história dos sínodos, e testemunhos sobre a experiência desses 25 anos nos cinco continentes. Dom Aloisio Lorscheider analisou as influencias dos sínodos em toda América. Coube a Dom Lucas Neves fazer a exposição sobre o tema principal, que mereceu especiais elogios do santo padre.

Seguiu-se a fase de palavra livre: cada membro sinodal tem direito a apresentar sua contribuição durante oito minutos no plenário e a publicar nos anais o texto integral. Houve, até o momento, 62 intervenções comentando a identidade do presbítero à luz do ministério de Jesus Cristo, as dificuldades e desafios que enfrentam, a formação inicial e permanente. Esta fase se estenderá até 12 de outubro. A seguir, até 28 de outubro, o trabalho será feito em círculos para elaboração de propostas que serão amplamente examinadas, discutidas e votadas pelos membros sinodais.

O elemento final será entregue ao santo padre como contribuição consultiva do sínodo. As comunidades cristãs estão convidadas durante este mês a acompanhar com oração a realização do sínodo, mostrando seu interesse pelas vocações sacerdotais, sua formação e a vida e ministério dos presbíteros.

Sínodo episcopal (2)

13/10/1990

A semana de trabalhos, em Roma, foi dedicada às intervenções dos membros do sínodo. Usaram da palavra, até o momento, 212 bispos e superiores maiores. Três sessões foram destinadas a ouvir convidados especiais. Trataram de temas como a experiência de pais na vocação dos filhos, o testemunho do trabalho paroquial e grupos de jovens no acompanhamento vocacional, a contribuição dos leigos, a formação filosófica e teológica. O ambiente do sínodo é de cordialidade e de grande abertura nas intervenções. A língua oficial continua sendo o latim, mas, graças ao serviço de tradução simultânea, são muito usadas a língua inglesa, francesa, italiana e o espanhol.

Uma característica deste sínodo é a presença dos representantes do Leste europeu. Quando falam são aplaudidos. Referem-se ao clima novo de liberdade religiosa. Descrevem os esforços feitos pela formação do clero nos tempos de restrição. Nesses países aumentam as vocações. Pele primeira vez está presente o bispo de Minsk, da União Soviética. Até o momento não puderam comparecer os prelados da China, Vietnã, Laos e Camboja.

Outro aspecto marcante é a intensa participação dos 43 bispos africanos. Descrevem a atitude pastoral das igrejas jovens. As vocações crescem. Um dos problemas que enfrentam é o número insuficiente de formadores.

Quanto à temática, sobressai a afirmação da identidade do padre, na sua relação peculiar com o Cristo, de quem é ministro, servidor. O presbítero é chamado a tornar visível em sua vida à missão de Cristo, profeta, sacerdote e pastor. A exemplo dos apóstolos, deve haver um vínculo de amizade entre o discípulo e o Mestre. É esta experiência de união entre o presbítero e Cristo que explica a dedicação pastoral na variedade dos serviços.

Entre os desafios maiores para o ministério sacerdotal encontramos a urgência de anunciar os valores transcendentais a um mundo marcado pelo agnosticismo, materialismo e permissividade moral. É preciso pregar a boa nova de Jesus Cristo, estendendo-a às necessidades do momento: a paz para o Líbano, o Oriente Médio e outros países, a consolidação da liberdade religiosa nas regiões sob regime ateu, a justiça social em bem do Terceiro Mundo e grupos de migrantes e prófugos, o combate aos tóxicos. Torna-se cada vez mais indispensável o diálogo entre cristãos e membros das grandes religiões.

Quanto à formação nos seminários, vários bispos insistiram na necessidade de oferecer aos candidatos melhores condições de crescimento espiritual na oração, no discernimento da própria vocação que permite uma escolha livre e consciente da missão e das obrigações do presbítero. O celibato requer uma opção madura à luz da fé. Além dos estudos de filosofia e teologia, é preciso que haja o testemunho de formadores, o apoio dos presbíteros, a colaboração dos leigos e um respeito às exigências da enculturação. Terminado o seminário, não acaba o empenho com a própria formação. O sínodo realça que o padre deve continuar, através da vida, o esforço de renovação permanente.

O sínodo, ao focalizar a pessoa e a vida do padre, pretende não só reconhecer o mérito dos pastores de comunidade, mas preocupa-se com a inteira comunhão eclesial. O padre não existe para si. Ele é chamado, a exemplo de Jesus Cristo, a dedicar-se ao bem de seus irmãos. A próxima fase do sínodo terá como tema de estudo em grupos o segundo relatório apresentado por Dom Lucas Moreira Neves. Serão elaboradas propostas para debate e aprovação na última semana. Pedimos às comunidades que acompanhem o sínodo com suas orações.

Sínodo episcopal (3)

20/10/1990

Continuam as atividades da 8ª Assembleia Geral do sínodo dos Bispos em Roma. No sábado passado, dia 13 de outubro, o cardeal Lucas M. Neve resumiu, com a colaboração de uma equipe de teólogos, os pontos mais importantes das 212 intervenções orais e de outras 27 apresentações apenas por escrito. Este trabalho de 42 páginas, após uma introdução sobre o método e a finalidade do relatório, tratou do tema sobre a formação sacerdotal em quatro capítulos: 1) as circunstâncias atuais do ambiente social e cultural e da Igreja, 2) a identidade e missão do presbítero, 3) as vocações e a formação inicial, 4) a formação permanente dos presbíteros.

O texto serviu de base para 13 grupos de trabalho chamados "círculos menores", divididos conforme as línguas. Há três grupos para os membros de língua portuguesa e espanhola. Na conclusão do relatório são apresentadas 14 questões mais importantes para exame dos grupos. Na primeira fase da semana, esses pontos foram debatidos durante três dias. O resultado dos grupos foi exposto em sessões plenárias e seu texto distribuído para que todos tivessem conhecimento do conjunto das discussões. Nos dias seguintes, cada grupo elaborou proposições que possam expressar o consenso sinodal sobre orientações e prioridades pastorais. As proposições, antes de votadas, poderão receber emendas que serão, na próxima semana, examinadas nos círculos menores. O elenco final das proposições será entregue ao santo padre como contribuição do sínodo para o pastoreio da Igreja. Os temas que mereceram, até o momento, maior atenção dos grupos são os seguintes:

A identidade do sacerdote no seu aspecto teológico, marcando a relação a Jesus Cristo e à Igreja, e o serviço de evangelização da sociedade. Esse foi, sem dúvida, o assunto que recebeu maior aprofundamento, não só no aspecto doutrinal, mas quanto à dificuldade de compreensão que a cultura contemporânea tem do sacerdócio. Requer-se a fé para entender a missão do padre. Sua autoridade vem de Deus. Sua palavra é pronunciada em nome de Cristo. A ação pastoral não deriva das qualidades de liderança, mas da missão recebida.

A segunda questão refere-se ao exame das causas de aumento e diminuição das vocações ao sacerdócio, conforme as diversas regiões. Procura-se esclarecer melhor a espiritualidade própria do sacerdote diocesano. Especial atenção mereceram a formação intelectual e as respostas às necessidades de nosso tempo, bem como a formação para o celibato, que permanece, na Igreja de rito latino, característica do ministério sacerdotal. A insistência foi grande na dimensão missionária que deve marcar o padre, tornando-o disponível para colaborar na evangelização em outras regiões. Valorizou-se, ainda, a comunhão do presbítero com o bispo, com os outros sacerdotes, religiosas e leigos, a relação com as outras Igrejas Cristãs e o diálogo com os demais grupos religiosos. Sublinhou-se ainda o respeito às culturas e às tradições religiosas no processo de evangelização e na educação integral dos candidatos ao sacerdócio.

Os círculos aprofundaram também o valor e as condições de melhoramentos dos seminários, bem como as novas perspectivas para a formação permanente dos presbíteros.

O trabalho intenso destes dias nem sempre se reflete nos meios de comunicação social mais interessados em aspectos circunstanciais da assembleia. É, no entanto, grande o fruto que o sínodo vai oferecer para a animação espiritual dos presbíteros e benefício do povo ao qual são chamados a servir.

Última fase do Sínodo

27/10/1990

Encerra-se amanhã, 28 de outubro, a 8ª Assembleia Geral do Sínodo dos Bispos, em Roma, com solene Eucaristia na Basílica de S. Pedro, presidida pelo santo padre.

A última semana foi dedicada a ponderar e votar o elenco final das proposições, resultante dos 13 grupos de trabalho. Este elenco recolhe, assim, os pontos considerados mais importantes pelos padres sinodais e que são entregues ao papa João Paulo II, como contribuição para o governo da Igreja e a elaboração futura de um documento pontifício. São dez proposições em seis capítulos: o primeiro expressa a confiança em Deus que não permitirá que faltem sacerdotes à Igreja. Descreve, a seguir, as circunstâncias atuais positivas e negativas nas quais esta vocação deve se realizar. O segundo capítulo examina a realidade do número das vocações, seus altos e baixos, e insiste no reconhecimento eclesial de cada vocação e na necessidade de promover em toda comunidade a pastoral das vocações. O terceiro capítulo é dedicado à identidade e missão do presbítero, sua espiritualidade, a vivência dos conselhos evangélicos, a vida apostólica, o dom do celibato na Igreja Latina e o espírito missionário aberto às necessidades da evangelização, ao diálogo religioso e à transformação da sociedade para que nela se promovam a justiça e a paz. O quarto capítulo lembra o zelo pelas vocações, a partir da família, escola, paróquia e dos movimentos. O maior número de proposições é o do capítulo quinto que se refere aos seminários menores, que precedem o curso filosófico, e seminários maiores para esses estudos e os de teologia. É dado relevo à formação humana, ao processo de crescimento espiritual, à preparação para o compromisso do celibato e aos estudos necessários ao presbítero, iniciação pastoral e à preparação especial dos responsáveis pela formação. No capítulo final, sobre a formação permanente, mostra-se as necessidades dos presbíteros levarem adiante a renovação espiritual em união com o bispo e os demais sacerdotes, religiosos, bem como o relacionamento com os leigos cristãos, para que cresça a comunhão eclesial, a alegria na vocação e o zelo no pastoreio. Invoca-se a proteção e o exemplo de Maria, Mãe de Jesus Cristo e ligada, desde o início, à formação dos discípulos de seu Filho. O texto das proposições foi aperfeiçoado por muitas emendas no decorrer da semana e será votado neste sábado pela manhã.

Compete, ainda, ao sínodo eleger 12 membros para o Conselho da Secretaria Geral responsável, num período de três anos, pelo acompanhamento e avaliação da última assembleia geral, e encarregado de consultar os bispos sobre o tema do sínodo futuro, incluindo a preparação do esquema e do primeiro texto para exame e participação das dioceses. Os três representantes eleitos pela América foram: cardeal Lucas Moreira Neves, do Brasil; cardeal James Hickay, de Washington; e Dom Dario Castrillon, presidente do Celam.

No final do sínodo divulgar-se-á um documento de saudação fraterna aos padres e seminaristas e às comunidades, agradecendo as orações oferecidas a Deus e os frutos alcançados. O longo encontro em Roma realizou-se num clima de solidariedade entre os participantes e intenso interesse pela vida e ministério dos presbíteros. Com efeito, é deles que depende em grande parte a obra de evangelização. Sua palavra e testemunho de trabalho humilde e sacrificado marcam a Igreja, vivido hoje com exemplo de dedicação, zelo e doação de vida. Que o sínodo episcopal leve mensagem de estima, gratidão e esperança aos padres do mundo inteiro.

A vinda de Jesus Cristo

24/11/1990

Dentro de poucos dias inicia-se o tempo do Advento que prepara o Natal, a primeira vinda do filho de Deus ao mundo e a expectativa da vinda final de Jesus Cristo no fim dos tempos.

Reuniu-se, nesta semana, em Brasília o Conselho Permanente da CNBB, com a tarefa de estabelecer a pauta da próxima Assembleia Geral, de 10 a 19 de abril de 1991, bem como avaliar os trabalhos pastorais do ano. Os bispos, celebrando o Advento de Jesus Cristo, enviaram às comunidades mensagem, refletindo sobre os valores que garantem a vida e a dignidade humana. O texto amplo começa apresentando alguns sinais, em nossa sociedade, que revelam o acolhimento à vida. A seguir, aponta indícios de desagregação que levam à morte. O texto é um convite a acolher, com coragem e confiança, os valores que realizam nossa dignidade, respondem às aspirações mais profundas do ser, reduzindo os mecanismos de morte e abrindo-nos à vida plena que Jesus Cristo veio nos comunicar.

Foram escolhidos sinais mais fortes de sensibilidade para com a vida. O primeiro é o movimento ecológico, que preserva a natureza e combate as formas predatórias, com especial atenção à Amazônia. O segundo refere-se à situação dos nossos índios, que contam cada vez mais com a generosidade de numerosos organismos decididos a promover seus direitos. Percebe-se, em terceiro lugar, o crescente repúdio à violência generalizada. A seguir, apresenta-se a aprovação do Estatuto da Criança e do Adolescente como um dos mais significativos eventos deste ano, esperando que não tarde o cumprimento dos dispositivos legais. O aspecto mais importante, indicado pelos bispos, é o da própria vida de nosso povo, marcado pela confiança em Deus e pela solidariedade na luta diária pelo pão dos filhos.

A reflexão se estende através dos processos de desintegração da sociedade. Sob o aspecto econômico, cresce a disparidade na distribuição de renda, o que acarreta o empobrecimento e a fome de grande parte de nosso povo. Diminui a participação popular na vida política. As exigências do bem comum cedem a interesses de classes e grupos que acedem ao poder. Permanece grande a dívida social do país com o atraso da reforma agrária, da política agrícola adequada e da solução dos problemas de saúde, moradia e educação. A maior insistência, no entanto, é sobre o atentado aos valores éticos. Desagrega-se a família, destruída a base do amor e da fidelidade. Incentiva-se a permissividade sexual. Há repúdio ao surgimento de novas vidas. Difunde-se a atividade antinatalista com o uso indiscriminado de meios anticoncepcionais, a esterilização e o recurso ao aborto, crime contra a vida indefesa.

Não é de estranhar que sem os suportes éticos cresça a violência e sucedam-se os sequestros, suicídios, uso de drogas e assassinatos.

O documento ressalta que estes fatos negativos são difundidos pelos meios de comunicação, movidos, não raro, pelos índices de audiência e lucro. Daí o erotismo doentio, as cenas violentas que pervertem o senso moral e levam à atitude de frieza diante da vida. Lembram os bispos o dever da sociedade de preservar as formas éticas que salvaguardam o bem comum.

Diante desse quadro, de vida e de morte, é preciso alimentar a esperança de que o bem é mais forte do que o mal. É neste contexto que se insere a urgência de um projeto nacional, fruto da participação de todos, que ofereça condições dignas para o povo. As comunidades cristãs e as pessoas de bem estão convocadas para ações significativas que superem os mecanismos de morte e celebrem a vida de Jesus Cristo.

Imaculada Conceição

08/12/1990

Entre os valores mais belos está o amor à mãe. É certo que o amor daquela que nos dá a vida é gratuito, generoso e faz-nos compreender a caridade do próprio Deus para conosco. No entanto, à bondade materna corresponde, de direito, a gratidão filial. Há poucos dias, diante da mãe enferma, comoveu-me a atitude dos filhos empenhados, apesar dos sacrifícios, em oferecer-lhe os cuidados médicos, a atenção carinhosa e a presença constante e solícita. É à luz da beleza do afeto filial que podemos entender melhor a Imaculada Conceição de Maria, mãe de Deus. Com efeito, a fé nos ensina que Jesus Cristo veio nos salvar, libertar-nos do ódio, do egoísmo e de todo pecado. Este perdão divino a nós purifica do pecado original e de toda falta pessoal. Em relação à sua Mãe, o amor de Cristo preservou-a de toda mancha, mostrando a força de sua graça e a grandeza de seu afeto filial. A festa da Imaculada Conceição é, assim, convite para louvarmos a Deus por este privilégio concedido à Mãe de Jesus, abrindo-nos a certeza de que também a nós não faltará a abundância da misericórdia divina.

A graça insigne concedida a Maria, de ser santificada no momento de sua concepção, não só revela o amor de Cristo a sua Mãe, mas fortalece em nós o amor filial para com nossas mães e a devoção para com aquela que Jesus nos deu por mãe no plano da salvação.

Religião

A celebração de 8 de dezembro é das mais solenes do ano litúrgico e leva-nos a aprofundar a mensagem de vida que este mistério inclui. Estamos, na verdade, festejando a origem da vida do próprio Cristo. É a alegria da aurora. Faz pensar nas réstias de luz, ao nascer do dia, observadas melhor após longas horas de noite em viagem aérea. Esta luz, a concepção de Maria, anuncia o sol que é Cristo. A festa da Imaculada Conceição está ligada ao esplendor do Natal.

A grande lição para nossos dias é a do valor da vida humana nascente no seio materno, que tem pleno direito de se desenvolver e vir à luz, acolhida pelos pais e pela sociedade. Quem comemora a Conceição de Maria diz "sim" à vida. Rejeita todo atentado ao nascituro indefeso. Reconhece e acolhe o dom da existência humana, feito pelo Criador. Estamos, portanto, festejando a dignidade da pessoa humana, fundamento da sociedade justa, que promove as exigências inalienáveis, decorrentes do direito sagrado à vida.

O principal apelo é de levarmos adiante a luta pelo direito de nascer. Com razão repudiamos a violência que vem, infelizmente, aumentando sob a forma de assaltos, sequestros covardes e crimes passionais. É preciso, sem dúvida, reeducar a sociedade para o respeito à vida alheia e à lei de Deus. Sem isto, continuaremos a multiplicar conflitos e guerras. No entanto, a mais brutal violência é a que elimina, impunemente, milhões de vidas nascentes, pelo aborto provocado. A consciência vai se desvirtuando e perde a hierarquia de valores. A consequência é que não se dá mais valor algum à vida humana.

Compreendemos, assim, a importância, diante de Deus, de assumir, na Festa da Imaculada Conceição de Maria, o compromisso de construir a sociedade que dignifique a vida do nascituro, ampare a maternidade e crie condições adequadas para a família. Nada disso se fará sem que seja superado o egoísmo que separa e oprime as pessoas humanas.

Neste sábado, as comunidades cristãs hão de intensificar suas preces para que o amor de Deus transforme e converta nossos corações, ajudando-nos a fazer viver plenamente cada vida que se inicia no seio materno.

Natal de esperança

22/12/1990

Toda criança sonha com o Natal. É o momento dos presentes e do aconchego. Para as lojas é tempo especial de vendas. Enfeites e ornamentos, sinos, anjos e árvores luminosas dão as casas ar de festa. Na medida em que se aproxima o dia de Natal, cria-se clima de misteriosa paz. Nos lugares de trabalho, fábricas, repartições públicas, nos hospitais e até nas prisões celebra-se o Natal. As pessoas procuram se esquecer da rotina para reunir familiares e amigos e colocar em comum alegrias e expectativas.

Natal acontece no meio da vida com todo seu realismo. Nestes mesmos dias, centenas de milhares de soldados estão acampados nas fronteiras do Iraque, apreensivos pelo amanhã. A violência se multiplica em assaltos, sequestros e assassinatos. Infelizmente, trafica-se a droga que destrói a juventude. Miséria, fome e doenças continuam ceifando vidas inocentes num mundo em que o pão seria suficiente para todos.

Não só na casa enfeitada para festa, mas também nos ambientes de angústia e sofrimento somos chamados a descobrir a mensagem profunda do Natal. Jesus Cristo nasce em Belém para oferecer a todos a vida plena, a vitória sobre o pecado e a morte, a reconciliação com Deus e entre nós. Natal é a certeza de que Deus nos ama e está conosco. A imagem de Jesus pequenino, no presépio, tendo ao lado sua Mãe e São José, é sinal de esperança para o mundo. À luz da fé reconhecemos na encarnação do Filho de Deus a prova de quanto somos amados por Ele. Este amor é a raiz da dignidade de cada pessoa humana. Somos destinados a entrar em comunhão com Deus, a reconhecê-lo como Pai e a querer bem a todos como irmãos. Tudo isso nos faz rezar e refletir. Na oração vamos entender a verdade transformadora da presença de Jesus e a paz que nos oferece apesar do ambiente de ódio e injustiça que ainda marca a história humana.

Natal é, assim, convite ao perdão, a superar as barreiras que nos separam, a esquecer os ressentimentos, acreditar na bondade dos outros e descobrir a fraternidade universal. É mais do que isso. É apelo a preencher o vazio espiritual, em que tantos vivem, quando procuram a felicidade nos fogos-fátuos do acúmulo dos bens materiais, do prazer desordenado ou na vontade do poder. Encontramos a felicidade em Deus que nos ama, que nos comunica seu amor e nos ensina a alegria de fazer o bem gratuito a nossos irmãos. A situação atual econômica do Brasil torna difícil para muitos o Natal dos presentes, das árvores ornamentadas e da mesa mais farta. Mas, podemos celebrar o Natal em sua dimensão mais bela: o Natal da esperança, do coração que se abre a Deus e ao próximo, que estreita os laços de família e de amizade, que acolhe na solidariedade os mais necessitados.

O nascimento de Jesus é a ocasião de festejarmos a entrada na história do amor solidário pelos irmãos que continua, através dos tempos, mostrando a vida nova que Cristo nos comunica pela graça. O amor gratuito dos pais aos filhos, a paciência dos enfermos, a caridade dos que a eles se dedicam, a generosidade dos missionários, o empenho por um mundo mais justo, tudo isso é fruto da encarnação do Filho de Deus. Imbuídos destes mesmos sentimentos, seremos felizes neste Natal, anunciando a esperança de um mundo fraterno, fazendo os outros felizes.

A força da oração

12/01/1991

Os soldados americanos e aliados que se encontram na linha de frente, na incerteza do combate, foram nascidos e criados em anos de paz. As grandes guerras pertenciam ao passado. Nem se acreditava mais em resolver conflitos pelas armas. De repente, a invasão do Kuait pelo Iraque faz reaparecer no mundo o espectro de uma guerra sem precedentes na história.

Estamos a quatro dias da data marcada pela ONU para a retirada das tropas invasoras do Kuait. No entanto, o encontro de Genebra terminou sem soluções. Todas as pessoas de bom senso continuam insistindo na eficácia do diálogo, pois a violência não é caminho para resolver nenhuma questão entre os povos. A única via é mesmo a do entendimento, na base das razões e da busca conjunta da verdade e do bem. Infelizmente, as notícias dos últimos dias acentuam a intransigência entre as partes e a vontade declarada de recorrer às armas, como último recurso. Se isto acontecer, eis-nos diante do que o Santo Padre chama "aventura sem retorno". Como evitar a guerra e salvar a humanidade da hecatombe? Além das gestões diplomáticas, das conferências para a paz, da atuação do secretário-geral da ONU junto ao presidente do Iraque, temos o dever de voltar nossa confiança a Deus e pedir com insistência que preserve o mundo da guerra.

Temos todos que fortificar a fé na misericórdia divina e acreditar na promessa da paz que Jesus Cristo anunciou à humanidade. Ele veio nos reconciliar com Deus, vencer barreiras e divisões entre nós, ensinar o perdão e construir fraternidade. Diante da opressão, da brutalidade e do espírito de vingança, a mensagem e a graça de Jesus Cristo, através da história, converte corações, supera inimizades e alcança a concórdia, onde forças meramente humanas nada mais conseguiriam.

Não podemos ser meros espectadores dos exércitos na fronteira do Kuait. Uns e outros soldados são irmãos nossos. Muitos não percebem por que foram chamados às armas. A falta de informação ampla no mundo árabe abriu lugar para motivação simplicista, marcada pelo fanatismo da guerra santa. À luz do Evangelho cremos na fraternidade universal, na aproximação dos povos, no diálogo com os iraquianos e no respeito aos direitos do Kuait.

É chegada a hora de nos voltarmos para Deus e acreditar na intervenção divina, até mesmo quando tudo parece humanamente perdido. É aqui que intervém a força da oração, rogando a Deus que nos livre a todos do mal, concilie as facções e conceda-nos a paz.

É preciso, porém, mais colaboração de nossa parte. A oração agradável a Deus traduz-se na conversão de vida, nas atitudes de quem pratica a justiça e promove a união. Para conseguirmos construir a paz universal é indispensável a ação de todos, procurando entendimento, perdão e harmonia no seio da família e dos ambientes em que vivemos. Com estas disposições a oração transformará o nosso próprio comportamento e será ouvida por Deus.

É o momento de intensificar a prece pessoal, o rosário em família, as romarias de penitência e súplica, em união com todas as pessoas de boa vontade. O Santo Padre e os líderes religiosos nos convocam para elevarmos a Deus preces pela paz no golfo Pérsico, no Líbano e no mundo inteiro. Unimo-nos às crianças, aos enfermos, aos simples de coração para rezar. O santuário de N. Sra.

Religião

de Lourdes e Fátima, e tantos outros lugares de fé, são constante incentivo para acreditarmos, hoje, no poder da graça de Deus e no amor que vence o ódio, desarma corações e alcança milagres. A paz no golfo Pérsico precisa de milagres de Deus. A força da oração obtenha-nos esta graça e converta sempre mais nossos corações, não só para evitarmos guerra fratricida, mas para colaborarmos sempre na construção de um mundo fraterno, no respeito à lei de Deus e à dignidade da pessoa humana.

Missionários pela paz

26/01/1991

A América Latina celebra, de 3 a 8 de fevereiro, seu 4º Congresso Missionário. Realiza-se em Lima e contará com a presença de 5 mil participantes de todos os países da América Latina, com delegações dos Estados Unidos e Canadá. O Brasil estará representado por cem delegados, entre bispos, religiosos e agentes da Pastoral Missionária. O programa inclui um dia inteiro dedicado à África e sua experiência de enculturação da fé. Outro dia será dedicado à Igreja da Ásia e ao diálogo com as grandes religiões não cristãs. O centro do congresso é, no entanto, a atividade missionária na própria América Latina, diante do desafio da nova evangelização, no início do 3º milênio. O 4º Congresso Missionário Latino-americano, denominado Comla 4, quer ser ocasião para aprofundar o dinamismo missionário em nosso continente. Com efeito, nos últimos anos, tem se intensificado o trabalho de evangelização, não só nas igrejas da América Latina, mas na colaboração destas igrejas com as áreas da África e da Ásia, numa vivência de amor fraterno e universalidade da fé. De nosso país, a cada ano, partem missionários, sacerdotes, religiosos e leigos para dezenas de países do além-mar. O Brasil e as outras nações sul-americanas, durante séculos, receberam generosa contribuição das Igrejas da Europa, América do Norte e até, recentemente, da Índia. É chegada, agora, a vez de contribuirmos com a presença de missionários de nosso continente para marcar a união fraterna, à luz do Evangelho, entre as igrejas, culturas e povos.

O congresso em Lima será o maior encontro missionário e terá desdobramentos nos diversos países. Durante os dias de reunião, atividades simultâneas para jovens, crianças, enfermos e outros grupos permitirão a milhares de outras pessoas participarem do dinamismo missionário do congresso.

Em data de 22 de janeiro, acaba de ser difundida a nova carta encíclica "Redemptoris Missio", do Sumo Pontífice João Paulo II, sobre a validade permanente do mandato missionário, comemorando o 25º aniversário do decreto conciliar "Ad gentes", que inspirou fortemente a evangelização destes decênios. O documento pontifício de 145 páginas apresenta Jesus Cristo como único Salvador que anuncia o Reino de Deus destinado a todos os homens, com especial preferência aos marginalizados pela sociedade.

O Reino de Deus é o Reino da paz.

O texto explica a ação do Espírito Santo que anima a Igreja no cumprimento da missão. Descreve, a seguir os imensos horizontes da ação missionária, chamando a atenção para as regiões populosas do Sul e do Oriente. Os dois capítulos seguintes tratam dos caminhos e dos agentes da Pastoral Missionária. Termina insistindo sobre a cooperação de todos e sobre o amor que motiva a espiritualidade missionária. Ao lado do anúncio explícito de Cristo, merece destaque o diálogo inter-religioso, como caminho para edificar uma sociedade mais justa, fraterna e pacífica, promover o desenvolvimento integral e a libertação de toda opressão, e da construção da paz.

O sofrimento em que vivemos por causa da guerra do Golfo Pérsico e de outros conflitos armados faz-nos compreender melhor a importância da ação missionária para a paz. O diálogo sincero, pelo qual os crentes das diversas religiões testemunham os valores humanos e espirituais, é indispensável para o respeito a Deus e à dignidade da pessoa humana, que fundamentam a concórdia e a paz.

O Santo Padre vem ao Brasil

23/02/1991

No dia 22 de fevereiro, comemorou-se a festa da Cátedra de São Pedro, agradecendo a Deus a proclamação que o apóstolo fez da divindade de Jesus Cristo: "Tu és o Cristo Filho do Deus vivo" respondeu o apóstolo à pergunta de Jesus: "vós quem dizeis que eu sou?".

Muitos já sabem que o papa vem ao Brasil. A viagem está prevista para outubro deste ano. Começará por Natal, homenageando Jesus Cristo, no encerramento do Congresso Eucarístico Nacional. A mesma fé que São Pedro manifestou diante de Jesus, o santo padre há de proclamar em sua viagem apostólica. Seu testemunho de fidelidade ao Divino Mestre confirmará a nossa fé. Assim, desejamos receber o sucessor de Pedro como aquele que anuncia Cristo e a missão salvadora. João Paulo II vem novamente ao Brasil. Lembramo-nos, com afeto e gratidão, da visita em 1980, quando percorreu grandes cidades do país. Foram dias de intensa atividade profética. Anunciou os valores do Evangelho. Animou as comunidades, difundiu com vigor a mensagem de Justiça, fraternidade e paz. Nosso povo ficou feliz. Ouviu a palavra, rezou e vibrou.

Desde então, visitou o santo padre as comunidades cristãs de quase todas as partes do mundo. Eis que agora teremos outra vez junto de nós. O roteiro divulgado, de 12 a 20 de outubro de

1991, inclui as capitais de Estado que ainda não visitou. De Natal seguirá para São Luís, Brasília, Goiânia, Cuiabá e Campo Grande. Depois será a vez de Florianópolis, para a beatificação de Madre Paulina, fundadora das Irmãzinhas da Imaculada. Passando depois por Vitória e Maceió, terminará a visita em Salvador. Em sete dias e meio visitará, assim, dez cidades importantes do Brasil. O programa abrange, além das liturgias em que se dirige a todo o povo, visita às autoridades, encontros com jovens, crianças, seminaristas, religiosas e outros, bem como com grupos especiais, povos indígenas, hansenianos, surdos e mudos. A palavra de João Paulo II incessantemente se tem feito ouvir em 13 anos de pontificado. Nas cartas encíclicas temos presentes constante proclamação de Cristo Redentor da humanidade, inspirando toda mensagem pontifícia, que, ao mesmo tempo, demonstra a misericórdia de Deus, que envia seu Filho para nos salvar e revela a dignidade da pessoa humana a quem Deus dedica seu amor. É nesta luz que apresenta o santo padre a visão cristã do trabalho, a doutrina social, a distribuição equitativa dos bens, o dever de solidariedade fraterna e a exigência de uma nova ordem internacional, marcadas pela justiça e paz. Estes meramente intramundanos, inserem-se na perspectiva da Ressurreição de Cristo, e do encontro pleno com Deus, único capaz de saciar o anseio de felicidade da pessoa humana.

É esta palavra vigorosa que desejamos ouvir, Mensagem de fé para os cristãos, de concórdia e paz para todos os que buscam a verdade. Há de nos exortar à conversão e a assumir nossos deveres diante das situações de injustiça, violência e desânimo, vazio espiritual em que tantos se encontram. Conta muito também a pessoa do santo padre. Seu testemunho há de nos fazer bem, unindo e animando o povo de Deus.

Há dez anos em São Paulo, João Paulo II estava para entrar no estádio, onde encontraria milhares de trabalhadores. Encontrava-se ali um rapaz doente que mal podia ficar de pé. A seu lado, a mãe esperava uma bênção para o filho. O papa ainda, de longe, viu o jovem enfermo. Desviou-se do caminho marcado e abençoou o rapaz. São fatos que encantam e abrem o coração para a mensagem. É desta bondade de que mais precisamos para aprender o que falta a este mundo: o amor a Deus e ao próximo, que está na raiz da santificação pessoal e da transformação da sociedade. Vamos preparar a acolhida ao sucessor de Pedro.

Que venha fortificar nossa fé em Jesus Cristo!

Encontro com o Papa

09/03/1991

Ontem e hoje, 8 e 9 de março, está se realizando em Roma uma importante reunião do santo padre e membros da Cúria Romana com bispos brasileiros. Em 1986, por três dias, verificou-se histórica experiência de comunhão eclesial, quando o papa João Paulo II convidou, pela primeira vez, os cardeais do Brasil, a presidência da CNBB e o representante eleito de cada um dos 14 regionais. Ao todo são 12 participantes da Cúria Romana, o núncio apostólico e 21 bispos brasileiros.

A finalidade destes dias é a de aprofundar, em clima de oração e reflexão, de caridade fraterna e esperança, os frutos das visitas realizadas em grupos, durante o ano passado, por todos os membros do episcopado nacional. Trata-se da visita chamada *Ad Limina* que, a cada cinco anos, os pastores das igrejas particulares fazem ao santo padre, para expressar a comunhão com o sucessor de Pedro e a solicitude pela Igreja Universal. Apesar de forçosa brevidade, devido ao grave problema da paz no mundo, este encontro oferece a ocasião de uma visão de conjunto sobre a Igreja no Brasil e de diálogos com os prefeitos das Congregações Romanas.

O programa prevê, além da palavra de João Paulo II, cinco exposições sintéticas de competência dos principais dicastérios, sobre a doutrina da fé; a vida e o ministério presbiteral, a educação católica, abrangendo seminários, universidades e escolas, a vida consagrada e as questões de justiça e paz. Depois de cada apresentação, há um tempo amplo, com palavra livre, para as intervenções dos bispos brasileiros sobre os argumentos.

Em 1986, a iniciativa desta reunião foi acompanhada, depois, de uma carta do papa em que focalizava os grandes desafios diante dos quais a Igreja se encontrava no Brasil. Reforçava a convicção de que nosso povo demonstra uma autêntica sede de Deus que requer, no entanto, um esforço constante para ser educado na fé e aprimorar a vida cristã. Lançava, ainda, o desafio de contraste entre a extrema pobreza das massas populares e das minorias altamente desenvolvidas, reafirmando a missão da Igreja de apoiar reformas corajosas em benefício dos empobrecidos. Insistia sobre a necessidade de uma reflexão teológica, fiel ao ensinamento da Igreja e apta a inspirar uma ação eficaz em favor da justiça social, capaz de romper "a pretensa fatalidade do capitalismo desenfreado e do coletivismo ou capitalismo de Estado", que não podem assegurar a verdadeira libertação. Jesus Cristo vem nos libertar do pecado e da morte. Daí decorre as exigências éticas que se aplicam na vida social e política. A palavra do santo padre aos bispos confirmou-os na fé, estreitou os vínculos de comunhão, animando-os a serem solidários com o povo, na alegria e na dor, aprimorando a formação cristã e infundindo a esperança.

Cinco anos depois, voltam a Roma os representantes dos bispos católicos para analisar em comum ação pastoral, em bem do povo brasileiro. Hão de constatar, à luz da fé, as situações difíceis e os anseios do nosso país. O importante será perceber melhor como realizar hoje a missão própria da Igreja, chamada a anunciar o Evangelho, a vocação religiosa da pessoa humana e a transformação das realidades temporais.

O encontro se dá numa experiência de fé, marcada pela celebração da Eucaristia, por momentos de oração e pela presença constante do santo padre. Pedimos às comunidades que nos acompanhem com suas preces. Este contato com o sucessor de Pedro há de fortificar a comunhão e ajudar os bispos do Brasil a dedicar sempre mais a vida, sem medir sacrifícios, aos irmãos que Deus lhes confia.

Autêntica vida cristã

16/03/1991

Há uma semana, terminava em Roma o encontro do santo padre, membros da Cúria Romana, o sr. Núncio apostólico com 21 bispos do Brasil. Já vimos a finalidade e as características desta reunião. Convém, agora, embora com brevidade, percorrer alguns dos temas tratados.

Sob o ponto de vista da doutrina teológica, incentivou-se a cooperação constante entre a Comissão Episcopal brasileira e o correspondente dicastério romano, com encontros periódicos. Tensões entre teologia e magistério podem ocorrer e até ser frutuosas, mas deve-se evitar que assumam a forma incorrera do "dissenso" que se escudam no princípio da maioria. Magistério e teologia têm como ponto de referência a fé do povo de Deus. Se a Igreja tem necessidade de sã teologia, a teologia precisa da voz viva do magistério. É grande a solicitude para a formação catequética dos fiéis.

Em relação à identidade e formação do clero, recordaram-se os princípios e orientações do último sínodo, sublinhando a importância da participação direta de bispos e dos presbíteros na vida dos seminários. No Brasil, o aumento do número de candidatos tem sido constante. Em 1965 havia 14 seminários maiores. Hoje, são 114. A Santa Sé ofereceu a colaboração de equipes de formadores de outros países que, numa atitude de solidariedade, poderão ajudar os seminários brasileiros. Foram recordadas as condições indispensáveis para a formação presbiteral: insistência sobre a oração, celebração cotidiana da Eucaristia, direção espiritual, doutrina sólida, assegurada por professores capacitados e unidos, e zelo pelo bem do povo. O primado dos valores da fé permitirá que se evite a tendência a horizontalismos. As estatísticas colocam em evidência o trabalho vocacional nas dioceses brasileiras e abrem perspectivas para que o nosso país possa enviar missionários às áreas não evangelizadas. Quanto às universidades e escolas católicas, recordou-se a importância deste apostolado e a necessidade do testemunho religioso dos professores. Os bispos procurem encorajar os que se dedicam às escolas e hospitais católicos para que possam cumprir sua missão, apesar das atuais dificuldades econômicas e da falta de cooperação governamental.

Tratou-se, ainda dos institutos de vida consagrada e da cooperação que oferecem à pastoral das dioceses. Empenhem-se os bispos no apostolado que os religiosos realizam, e no bem da vida comunitária que favoreçam o cumprimento dos votos e o carisma de cada congregação.

A preocupação dos pastores é forte com a situação do povo brasileiro. Não é possível afirmar dignidade da pessoa humana, à luz de Deus, sem assumir a própria responsabilidade para que esta dignidade seja defendida e promovida. A democracia política precisa ser consolidada sob o aspecto econômico, de modo que se supere a injusta distribuição das riquezas. No entanto, o esforço da Igreja em assegurar aos empobrecidos os seus direitos deve levar os pastores a empenharem-se na formação integral do povo, educando-o para a consciência da própria dignidade e para o crescimento na fé e na vivência dos valores evangélicos.

A análise das questões há de se prolongar na próxima assembleia dos bispos em abril. O santo padre, em outubro, estará entre nós, estreitando ainda mais os laços de comunhão fraterna com os bispos e com todo o povo de Deus. A graça divina ilumina-nos e move-nos à conversão do coração e ao compromisso de atitudes que transformem a nossa sociedade para que todos tenham vida plena, que Cristo nos traz. O encontro entre bispos, a visita apostólica do papa, tudo converge para que seja mais autêntica a vida cristã.

A morte não mata mais

30/03/1991

Desde criança pensava na morte. Pessoas queridas, de repente, não estavam mais ao meu lado. Perdi um colega aos 7 anos de idade. No mesmo ano, faleceram meus dois avós. Na cabeça de criança a pergunta voltava muitas vezes: Quem morre não viverá mais? Verei de novo as pessoas queridas? A resposta a esta angústia veio através da fé cristã, com a certeza de que Jesus, Filho de Deus, passou pela morte e está vivo. É a doutrina da Ressurreição, difícil talvez para a nossa mente, mas a única que responde ao anseio profundo da pessoa humana. A vida venceu a morte. Não basta acreditar em qualquer tipo de sobrevivência ou reencarnação. É preciso saber que cada um de nós, se responder à graça de Deus, é chamado à felicidade eterna e continuará existindo, após a morte, na sua individualidade.

O fato de Jesus Cristo ter experimentado a morte na cruz e ter ressuscitado demonstra que a morte não é o fim de tudo para humanidade. A vitória de Cristo liberta-nos do medo da destruição e garante-nos a promessa da ressurreição.

À luz desta verdade de fé, segue-se não só a esperança de vida feliz, prêmio e dom de quem faz o bem, mas a valorização do tempo atual, de nossa existência antes da morte. Se a vida termina em nada, de que serve fazer o bem? Quem tem certeza de viver sempre, já agora dá valor ao que fez.

A festa da Páscoa celebra, assim, a vida de Jesus Cristo e a promessa de participarmos de sua vitória. A alegria se expressa no canto do Aleluia, louvando a Deus que nos ama e nos salva. Há dimensões neste regozijo. A primeira é a ressurreição. "Feliz Páscoa" significa a alegria da esperança cristã, o júbilo de quem crê na Palavra de Deus e acredita que alcançará a plena realização futura. A segunda dimensão é a de quem, já agora, como graça divina, supera o pecado e age de modo coerente com o dinamismo da vida nova que Jesus Cristo lhes oferece. "Feliz Páscoa" é, assim, a expressão de compromisso de construir no dia a dia a fraternidade, a justiça, a paz e os valores cristãos na perspectiva da vida eterna. O certo é que festejando a vitória de Jesus Cristo estamos, também, comemorando o fim da morte. A morte não mata mais. Ela perdeu o seu aguilhão (1Cor 15,55).

Neste dinamismo da vida nova está incluído não só a conversão pessoal, mas o empenho de transformação da sociedade, para que seja sinal da promessa. A Páscoa de Jesus lança-nos, assim, na ação conjunta para mostrar-nos a força da graça de Deus que destrói tudo que é morte, egoísmo, ódio, opressão e miséria, e desperta a partilha, o dom de si e o verdadeiro amor.

A celebração da Páscoa tem, portanto, um enorme alcance. Para as comunidades cristãs é apelo a corrigir as próprias faltas, intensificar a fé e cumprir a sua missão. Para a sociedade, é anúncio de perdão, de medida de justiça e solidariedade, de melhor distribuição de recursos, de concórdia e paz.

Graças sejam dadas a Jesus Cristo. A morte e o pecado foram destruídos. A vida venceu.

Assembleia em Itaici

06/04/1991

Nos próximos dias, de 10 a 19 de abril reúnem-se em Itaici (SP) os bispos católicos para a sua 29ª Assembleia Geral. Além dos 289 convocados por direito, comparecem alguns bispos eméritos que contribuem com sua experiência e discernimento para fortificar os laços de amizade fraterna. Estarão presentes, como convidados, representantes de igrejas cristãs. Participam dos trabalhos os presidentes da Comissão do Clero, dos Diáconos, da Conferência dos Religiosos, institutos seculares e do Conselho dos Leigos, bem como dirigentes dos organismos pastorais de nível nacional e assessores da CNBB. Ao todo 427.

Os três primeiros dias serão dedicados a sessões privativas para bispos e ao dia de oração, pregado por Dom Paulo Evaristo Arns sobre "A espiritualidade episcopal e a nova evangelização". O tema central, a ser estudado em 12 sessões, é o das diretrizes gerais da ação da Igreja no Brasil para os próximos anos (1991-1994). Com efeito, a cada quadriênio renova-se a visão pastoral com apresentação do objetivo geral, dimensões e destaques na evangelização. O tratamento desta questão, iniciado há meses, inclui amplo processo de consulta e avaliação das diretrizes precedentes, feito pelas dioceses e organismos. Já em agosto de 1990, foi enviado às dioceses o texto "Sociedade Brasileira e Desafios Pastorais", com reflexão sobre a realidade socioeconômica e política, a situação cultural e perspectivas eclesiológicas, indicando os principais questionamentos pastorais. A resposta a pesquisa revelou grande unidade nos planos diocesanos, procurando aplicar as suas igrejas o objetivo geral da CNBB, com ênfase na dimensão catequética e comunitária na ação transformadora da sociedade pelos valores cristãos. Entre as principais preocupações encontramos a formação de lideranças, a pastoral das grandes cidades, a pastoral social e a análise do crescimento das seitas.

O último passo em preparação à assembleia consistiu na elaboração de um instrumento de trabalho, recolhendo as questões e propostas das fases precedentes. O texto, distribuído com antecedência aos bispos trata do tema da evangelização em quatro capítulos: 1) A missão da Igreja; 2) Traços da modernidade e mudanças na sociedade brasileira; 3) Novas acentuações da ação pastoral e 4) Apelos aos que evangelizam; incentivo aos cristãos leigos, renovação do ministério ordenado e da vida religiosa. Nos próximos dias a assembleia deverá encaminhar a votação do objetivo geral e as dimensões de ação pastoral, bem como os principais conteúdos e enfoques que deverão integrar as novas diretrizes. Esta assembleia será eletiva para a presidência (3), membros da Comissão de Pastoral (8) e Comissão de Doutrina (5) e o delegado para o Celam. A pauta inclui relatórios estatutários e uma apresentação sobre a conjuntura nacional, questões de teologia e a pastoral indigenista. Serão dadas informações sobre a visita do papa ao Brasil e o Congresso Eucarístico de Natal. Outra série de assuntos aprovados em novembro: sínodo e formação do clero, educação e escolas católicas, questões de liturgia, os missionários do Brasil para outros países, situação jurídica da Igreja no Estado e o estudo das seitas.

A realização dessa assembleia não consiste apenas na análise dos temas em plenários e grupo. É tempo de oração e discernimento espiritual. Daí a necessidade do acompanhamento dos fiéis com suas preces. Que nestes dias Deus ilumine os pastores em suas decisões, faça-os crescer na comunhão fraterna para que possam, em união com suas comunidades, com zelo pelas necessidades espirituais e materiais do povo, anunciar sempre mais o Reino de Deus em nossa pátria.

Assembleia de Itaici (2)

13/04/1991

A ampla casa de Itaici encontra-se de novo cheia de animação. Compareceram já 272 bispos e a partir de hoje, sábado, estarão presentes os demais participantes convidados para a 29ª Assembleia Geral da CNBB. É tempo intenso de fraternidade, quando podem rezar e trabalhar justos os pastores de todas as dioceses do país. Neste ano, é nota característica o comparecimento mais numeroso de bispos eméritos, isto é, que pela idade ou motivo de saúde resignaram a seus cargos. A presença desses irmãos veneráveis é estímulo e apoio para todos. Dom Alexandre Gonçalves do Amaral, de Uberaba, com 60 anos de ministério Episcopal, o mais antigo bispo do mundo, a todos comoveu e encantou, com mensagem lúcida, ao relatar seu trabalho incansável, autor de nove mil artigos e 22 livros publicados, e o testemunho da amizade que deve reinar entre bispos idosos e seus sucessores.

No dia 10 de abril, início da assembleia, além dos temas já propostos para a pauta, foram aprovadas algumas comunicações e três assuntos para pronunciamento do episcopado. O primeiro refere-se à vida, dom de Deus, ameaçada e destruída por tantos modos, pela violência, pelo crime de aborto, eliminação brutal de crianças e adolescentes, comércio de drogas e pela miséria que causa desnutrição e enfermidades. Requer especial reflexão a proposta sobre a pena de morte, que desconhece outras vias para garantir o bem da sociedade, minimiza a força do perdão e exacerba o instinto de vingança e o aumento da violência. O segundo tema é a dignidade do trabalho, em sintonia com a Campanha da Fraternidade, incluindo mensagem de esperança aos trabalhadores da cidade e do campo, e aos que anseiam por conseguir um emprego. O terceiro diz respeito à solidariedade com igrejas e povos que no Oriente Médio são, hoje, ainda vítimas de injustas decisões políticas e dos efeitos da guerra e aguardam solução para viver com liberdade e paz.

As sessões dos primeiros dias foram dedicadas a assuntos privativos dos bispos, como relatório sobre a reunião convocada em Roma, pelo santo padre, a 8 e 9/03/91 entre membros dos dicastérios romanos e do episcopado nacional; a visita apostólica dos seminários diocesanos, o sínodo sobre a formação presbiteral e outros temas com intervenções breves de 35 bispos. Após a apresentação do relatório econômico-financeiro da CNBB, duas questões mereceram a atenção do plenário a próxima visita do santo padre ao Brasil e o 12º Congresso Eucarístico de Natal. Esses dois eventos, assumidos na dimensão de fé, vão oferecer às comunidades cristãs forte experiência de comunhão eclesial e aprofundamento na evangelização, e representam para o povo brasileiro a oportunidade de receber a mensagem de fraternidade, justiça e paz.

O dia de ontem, sexta-feira, foi totalmente dedicado à espiritualidade. Em ambiente de silêncio e oração, ouviram Dom Paulo Evaristo Arns que apresentou a missão do bispo de evangelizar, segundo Santo Inácio de Antioquia, e o dever de promoção humana à luz de São João Crisóstomo. Marcou a todos a Concelebração Eucarística, preparada, pela manhã, com a celebração penitencial, com confissão individual.

A partir de hoje, sábado, entram em pauta o tema central "As diretrizes gerais da ação pastoral da Igreja no Brasil", fruto de intensa colaboração por parte das dioceses e organismos da CNBB. O estudo em grupos será precedido pela apresentação da conjuntura nacional, permitindo assim que a vida do povo e suas esperanças estejam mais presentes na solicitude dos pastores.

Nestes dias em que os participantes da assembleia rezam em comum pelo povo de Deus e anseiam por melhor servir, muito se espera da oração dos fiéis de todas as comunidades.

Assembleia de Itaici (3)

20/04/1991

Ontem terminou a reunião anual dos bispos da Igreja Católica do Brasil. Voltam para as dioceses, depois de dez dias de intenso trabalho. Valeu a pena.

O tema central sobre as diretrizes que hão de animar a ação pastoral no próximo quadriênio inicia com o lema bíblico: "Jesus Cristo, ontem, hoje e sempre". A seguir propõe-se o enunciado do objetivo da ação pastoral. O conteúdo de 12 anos de reflexão teológica é proposto numa fórmula mais concisa: "Evangelizar com renovado ardor missionário, testemunhando Jesus Cristo, em comunhão fraterna, à luz da evangélica opção preferencial pelos pobres, para formar o povo de Deus e participar da construção de uma sociedade justa e solidária, a serviço da vida e da esperança nas diferentes culturas, a caminho do Reino definitivo". Cada expressão será comentada num texto amplo a ser aprovado em junho, pelo Conselho Permanente, composto por 26 bispos e que a partir de julho será oferecido às comunidades. As 12 sessões que trataram deste assunto com centenas de intervenções revelaram interesse e a convergências das contribuições teológicas.

Vários bispos consideraram as sugestões e debates como dos mais válidos dos últimos tempos. Em 31 escrutínios foram escolhidos os novos membros da Presidência, Comissão de Pastoral, de Doutrina e o delegado ao Celam.

Votou a Assembleia quatro mensagens. A primeira: "Vida para todos" enaltece a vida humana, dom de Deus. Os bispos declaram-se contrários a projetos que no Congresso Nacional propõe a instituição da pena de morte e apontam as causas da violência. Condenam o extermínio de crianças e jovens, assaltos, sequestros. A palavra mais forte é contra a liberação do aborto, que elimina inocentes e indefesos. Recriminam a mentalidade antinatalista e a ação mutiladora das fontes da vida. Acenam para as várias formas de desrespeito à pessoa humana; abandono de menores, a humilhação dos aposentados, os acidentes de trabalho e a injusta repartição de terra e endividamento externo que leva à escravidão econômica. Termina a mensagem com a expectativa do entendimento, da escolha dos rumos da economia, da organização social, do compromisso de solidariedade e da transformação das estruturas injustas na perspectiva da esperança cristã.

A palavra aos trabalhadores, às vésperas do 1º de maio, é de união, primazia do trabalho sobre o capital e do compromisso para servir os trabalhadores na busca da justiça e da solidariedade.

A terceira mensagem é sobre a vinda do papa e o próximo Congresso Eucarístico de Natal, convidando o povo de Deus para que, desde já, viva estes eventos à luz da fé.

A assembleia elaborou ainda um apelo aos governos do Oriente Médio, para que promovam a liberdade e a paz.

Outros assuntos sobre a formação do clero, liturgia, ação missionária e outros mereceram atenção do plenário.

A nota dominante de todos os trabalhos foi a consonância com a instante convocação de João Paulo II para o novo ardor na evangelização. O testemunho dos católicos em viver a própria fé, caridade fraterna e a opção evangélica pelos pobres há de ser sinal que atrai para o seio da Igreja afastados e não praticantes. Este é

Religião

o grande anseio que irmana bispos jovens e antigos; bispos das cidades e do sertão.

Voltando para casa, poderão esquecer as chuvas fortes, o corte de energia, a beleza do pôr do sol. Ficará em todos impressa a convivência amiga, os momentos de oração, o esforço de entendimento e as importantes decisões pastorais: assumir com entusiasmo o anúncio de Jesus Cristo, caminho verdade e vida.

América Latina

27/04/1991

Apenas uma semana depois que terminou a assembleia dos bispos católicos no Brasil, realizou-se, de 22 a 27 de abril, a reunião dos bispos da América Latina, em Buenos Aires. É a assembleia geral do Conselho Episcopal Latino-americano (Celam). Na quinta-feira passada, os 55 bispos presentes foram em peregrinação ao Santuário Nacional de Nossa Senhora de Luján, padroeira da Argentina. Aí estavam representadas as 22 nações de nosso continente. Pedíamos a Deus que a abençoasse nossos povos e países. Diante de nós estavam os sofrimentos, angústias e esperanças de todos os irmãos.

Nos primeiros dias, além dos relatórios sobre o quadriênio, foram apresentadas as situações de cada país. Há traços comuns que marcam nossa história recente: os efeitos da dívida externa, o empobrecimento do povo, a concentração de capital com agravamento no analfabetismo, desemprego e violência. Difundiu-se por todos os lados a campanha antinatalista. Cresceu o narcotráfico. É lamentável a corrupção nos negócios e na classe dirigente. Percebe-se, ao mesmo tempo, uma busca de valores espirituais em meio ao desencanto da permissividade moral. Apesar das dificuldades e até da perseguição, a Igreja procurou contribuir para a solução dos problemas sociais, a liberdade de consciência e a participação na vida política.

Religião

Na perspectiva dos desafios lançados à ação pastoral há um conjunto de questões que atravessa todo continente: como responder a este anseio de comunhão maior com Deus, como fortificar a fé, afirmar os princípios éticos e suprir a falta de agentes de pastoral? Como enfrentar a desagregação da família, a desorientação da juventude, a vulnerabilidade às seitas e o indiferentismo religioso? A resposta se encontra no renovado ardor missionário, no anúncio entusiasta de Jesus Cristo. Para isso será necessário intensificar o conhecimento e o amor à Palavra de Deus, a formação na fé de leigos, a multiplicação de ministérios e a catequese continuada. Nesse trabalho missionário inclui-se a revitalização das paróquias das comunidades eclesiais de base e do movimento, bem como o esforço criativo para convidar os cristãos que deixaram prática religiosa a reencontrarem o convívio das comunidades e a vida sacramental.

Um desafio especial é o da chamada pastoral urbana, mergulhada no trabalho e envolvida pela influência dos meios de comunicação social. Como oferecer ao homem e à mulher das grandes cidades condições de viver a própria fé e a transformar a sociedade?

Três insistências hão de caracterizar a nova evangelização na América Latina, a primeira é a afirmação da vida, dom de Deus, incluindo desde o respeito à natureza e às culturas indígena e negra, até assegurar, com firmeza, ao nascituro o direito de viver, e buscar todos os modos de terminar com o terrorismo e a violência. A segunda é o esforço para a aproximação e o diálogo entre grupos armados, facções e partidos que atentam contra a paz em várias nações. Pensemos em El Salvador e Guatemala, na superação de ressentimento no Chile e Argentina, no empenho do entendimento na Colômbia e Peru, e no anseio de tranquilidade social no Haiti e outros países. A palavra-chave é de reconciliação, que nasce do perdão e amor fraterno. A terceira é de esperança. Nossos povos sofrem, há anos, a decepção diante de promessas não realizadas e das dificuldades crescentes. É preciso anunciar a transcendência da dignidade dos filhos de Deus para que não desanimem em promover uma sociedade justa e solidária, mas acreditam na força transformadora da vida nova em Cristo e na sobrevivência feliz para além da morte. A assembleia do Celam reforçou a consciência dos valores comuns e o compromisso de maior união na solução de nossos problemas. Abrem-se caminhos novos de cooperação na certeza das raízes comuns de fé, cultura e solidariedade fraterna.

Clero em oração

20/07/1991

Durante o mês de julho são muitas as dioceses do Brasil que convocam seus sacerdotes para dias de oração. Trata-se do "Retiro Espiritual", isto é, de um tempo em que os 14 mil bispos e padres procuram a cada ano, afastar-se do trabalho pastoral para dedicarem-se mais à oração. A época para esse retiro depende de cada diocese e dos institutos religiosos, no entanto, é neste mês de julho que geralmente são organizados encontros de oração.

Essa prática, sempre em uso na Igreja, vem, nos últimos anos, sendo muito valorizada. Cresce o apelo à oração, não só porque é dever óbvio dos que têm por vocação dedicar-se, em nome de Deus, ao anúncio do Evangelho, mas também como revisão de vida, renovação espiritual e busca de melhores meios para exercer o próprio ministério.

Como se faz esse retiro? Reúnem-se grupos, geralmente de 40 a 50 sacerdotes, em local que permita condições ambientais de tranquilidade e de silêncio. O mais importante é a experiência de comunhão com Deus, da qual decorre a indispensável conversão interior. Para facilitar o exercício da oração, convida cada diocese quem possa orientar os momentos de reflexão. O tema das exortações procura avivar a consciência da própria responsabilidade de pastores, à luz da Palavra de Deus, especialmente da vida e testemunho de Jesus Cristo. Muito ajudam para isto os documentos mais recentes do concílio, do magistério eclesial. Neste ano, sem dúvida, boa parte dos retiros do clero tem se inspirado na encíclica *A Missão do Redentor*, de João Paulo II, publicada em 7 de dezembro de 1990 e que convoca a Igreja para um novo ardor missionário. Tem também servido como subsídio à oração o texto das novas diretrizes gerais da ação pastoral da Igreja no Brasil, que insiste na evangelização e ajuda a perceber os desafios da modernidade e as acentuações pastorais que respondem a esses desafios.

No retiro têm especial relevância, além da meditação pessoal, os momentos de oração litúrgica, em primeiro lugar, a concelebração eucarística, depois, a Liturgia das Horas, distribuída durante o dia e rezada com esmero. É também a oportunidade para a celebração do sacramento da penitência, com preparação comunitária, oferecendo a todos ocasião de alcançar de Deus a graça para corrigir faltas e aperfeiçoar o serviço divino.

A atenção está voltada para o interior de cada um, mas não se distancia, no coração, das grandes necessidades e aflições da humanidade. Pelo contrário. Nestes dias, os pastores são chamados a imitar a atitude de Jesus Cristo e contemplar a realidade da vida do povo: suas alegrias, sua luta, trabalhos e sofrimentos. Tudo isso encontra-se no horizonte da oração. Como Jesus Cristo, é preciso ver e assumir a situação do povo, sua sede de Deus, a necessidade espiritual e material, e, em especial, a condição sofrida em que sobrevive a maior parte da população. Diante disso, temos que renovar o ardor missionário para vir ao encontro dessa carência e anseios, e colocar-se cada um a serviço da vida e da esperança.

O ambiente de retiro oferece lições de rara beleza. Na tarde de ontem, na Arquidiocese de São Salvador, estava reunido com o clero em oração. Três sacerdotes comemoravam 50 anos de ordenação. No momento da Eucaristia, dirigiram-nos a palavra. Cada um comunicou sua experiência, lembrou as ideias de juventude e a dedicação de tantos anos. Com profunda emoção, incentivaram, com o próprio testemunho, os mais moços a assumir sempre mais a alegria do ministério.

Aqui fica um pedido fraterno às comunidades cristãs: que nestes dias tenham presentes nas suas preces o clero do Brasil, para que a graça do retiro espiritual reanime nos pastores a entrega incondicional a Deus, o empenho na superação das próprias limitações e a alegria sempre maior de servir aos irmãos que Deus lhes confia.

A maior glória de Deus

03/08/1991

Há cinco séculos, nascia em Loyola, na Espanha, Inácio, escolhido por Deus para servir a Igreja e fundar nova ordem religiosa, a Companhia de Jesus. Seus membros, mais conhecidos como jesuítas, trabalham hoje no mundo inteiro e celebram, com profunda gratidão, no dia 31 de julho, a Festa de Santo Inácio.

A história da Igreja ficou marcada pela espiritualidade deste santo, cujo anseio era promover a maior glória de Deus.

Fidalgo, deixou-se atrair pelo fascínio da corte e das armas. Foi gravemente ferido numa perna, ao defender Pamplona contra as tropas francesas. Retirou-se à mansão da família e, em meio a sofrimentos e à solidão, ocupou-se na leitura da vida de Jesus Cristo e dos santos. No antigo solar, conserva-se ainda hoje a lembrança de sua conversão. Lê-se na parede de seu quarto: "Aqui entregou-se a Deus Inácio de Loyola". Procurou, então, conhecer sempre melhor o chamado de Cristo.

Peregrino, vai a Montserrate e consagra-se à Nossa Senhora. Segue para Manresa onde, na oração e penitência, recebe de Deus luzes preciosas, que mais tarde revelou, para uso dos discípulos sob a forma de "Exercícios Espirituais". Decide, então, dedicar-se inteiramente a ajudar o próximo. Durante dez anos, estuda, serve aos pobres e reúne companheiros. Receberam a ordenação sacerdotal e ofereceram-se ao papa para o serviço da Igreja universal. Inácio teve a consolação de receber de Paulo III a aprovação da Companhia de Jesus e viu, muito cedo, crescer o número de seguidores, enviando a muitos para as terras de missão.

À distância de cinco séculos, sentimos o dever de agradecer a vida deste santo que, possuído pelo zelo maior da glória de Deus, colocou-nos totalmente a serviço de Jesus Cristo e ao anúncio de seu Reino.

Santo Inácio, embora tenha recebido elevadas graças místicas, permaneceu asceta e penitente. Unia a firmeza e exigência nos direitos divinos à bondade e compreensão para com os fracos. Corajoso nas dificuldades, forte e paciente na perseguição e incompreensões, sabia descansar nas longas horas de contemplação e abandono à Providência. Deus abençoou a obra de Inácio e seus seguidores com alegria das empresas audazes e o vínculo estreito de consagração a Jesus Cristo com a marca de sua cruz e força da esperança.

Entre os frutos do gênio criativo de Santo Inácio que mais beneficiaram a vida da Igreja, encontramos, em primeiro lugar, a contribuição dos "Exercícios Espirituais", experiência de conversão e discernimento pela oração, que na contemplação do Evangelho, conduz o fiel a consagrar-se a Jesus Cristo e a conhecer e cumprir em tudo a vontade de Deus. Em meio às vicissitudes da unidade eclesial, no século 16, Inácio valorizou e promoveu os estudos teológicos, a catequese popular, a formação do clero nos seminários e o espírito de profunda obediência ao sumo pontífice. Sua herança é ainda a do impressionante ardor pela evangelização dos povos que o levou a enviar Francisco Xavier à Índia e a imprimir na sua ordem a paixão pelo Reino de Cristo, que floresceu nas árduas missões em benefício do Brasil nascente e do mundo inteiro.

Nos desafios de hoje, que o zelo de Inácio pela maior glória de Deus fortifique nossa fé e nos auxilie a imitá-lo, procurando em tudo que Jesus Cristo seja conhecido, amado e servido.

Nossa Senhora da Glória

17/08/1991

O dia 15 de agosto é dia da Assunção de Maria ao céu. Sua festa litúrgica comemora-se, amanhã, domingo.

Em Caranaíba (MG), na quinta-feira passada, crianças, cantando levavam com devoção, o andor da venerável imagem de Nossa Senhora da Glória. Flores. Luzes. Aclamações. O povo celebrava 50 anos de criação da paróquia e agradecia à sua padroeira as graças recebidas.

Nossa Senhora da Glória, rogai por nós!

Foi em meio à alegria deste povo simples e religioso que outra emoção profunda me invadiu o coração. Nestes dias, alguns corpos exumados no cemitério de Perus, em São Paulo, vítimas da repressão militar, estão sendo levados com amor para as cidades de suas famílias. A descoberta desses ossos, há meses, veio avivar, em nossa pátria, a dolorosa lembrança da tortura dos sequestros sem resgate e assassinatos nos anos da revolução. Foram tempos de horror, marcados pelas injustiças das condenações sumárias, sem defesa nem processo, agravadas pela ausência de notícias e desaparecimento dos corpos.

Podemos imaginar a emoção da mãe, irmãos e amigos de Antonio Carlos Bicalho Lana, jovem desaparecido na prisão em

1973, diante da recuperação de seu corpo e do traslado, nesta semana, para Ouro Preto. Quanto sofrimento passa pela mente! Arbitrariedades. Covardia. Perversão do coração. Anos difíceis de esquecer.

Tortura nunca mais! É necessária a graça de Deus a fim de vencer o ódio, afastar para longe a vingança e perdoar tudo, como Jesus nos ensinou.

Nossa Senhora da Glória, rogai por nós!

À luz da fé permanece a esperança de que Antônio Carlos Lana e todos os outros, para além dessa vida, estejam na "Casa do Pai", onde não haverá mais lágrimas, nem luto, nem mortes. A celebração litúrgica de Nossa Senhora da Glória, afirmando o dogma de fé de que a Virgem Maria está no Céu, em corpo e alma, reforça em nós a certeza da vida plena, alcançada e prometida por Jesus Cristo. Os cristãos somos chamados a anunciar, de modo explícito, a misericórdia de Deus que nos convida à conversão do coração, a superar o pecado, fazer bem ao próximo e receber o prêmio eterno. Em Cristo e através da Igreja, embora por caminhos diferentes, acreditamos que Deus oferece a todos a possibilidade de salvação.

Assim, a morte não é o termo último da nossa existência. Nem haverá reencarnação para uma outra fase de sofrimento. Deus nos promete, a exemplo de Maria, a ressurreição feliz.

A assunção de Maria pertence à mais antiga e constante profissão de fé cristã e comemora a potência de ressurreição de Cristo Salvador, que preservando sua mãe de todo o pecado, concedeu-lhe ser a primeira, em corpo e alma, a participar de sua glorificação.

Diante do fato da morte, com, as crianças e o povo de Caranaíba celebremos o triunfo de Maria, e fortifiquemos a confiança de alcançar, também nós, a vida eterna. Ela intercede por nós. Qual a mãe que não anseia ser feliz ao lado de seus filhos?

Em Ouro Preto, a mãe de Antonio Carlos manifestou conforto de ter revido seu corpo amado há tanto tempo desaparecido. Maior consolo está reservado a seu coração materno. À luz da promessa de Cristo, aguarda a alegria do encontro definitivo com seu próprio filho Antônio na "Casa do Pai".

Rogai por nós, Nossa Senhora da Glória, e fazei que ninguém falte a este encontro.

Bem-vindo, Mensageiro da Paz!

05/10/1991

Bem-vindo, papa João Paulo II! Aproxima-se os dias de sua chegada em nossa terra. O povo se alegra, lembrando da primeira visita do papa em 1980. Nas comunidades católicas, encontram-se os fiéis para rezar e acolher a palavra do vigário de Jesus Cristo.

Sua chegada ao Brasil coincide com o encerramento do 12º Congresso Eucarístico Nacional. Vem como peregrino manifestar sua fé e com nosso povo homenagear Jesus, filho de Deus. Nesta ocasião, estarão congregados, em Natal, romeiros de todo o país para, unidos, celebrar a presença de Cristo na Eucaristia e assumir com novo ardor o compromisso de evangelizar. O santo padre passará, a seguir, por capitais que ainda não visitou, para – como pai e pastor – aproximar-se de nossa gente e levar a todos, em nome de Deus, sua mensagem de paz.

João Paulo II volta ao Brasil possuindo maior conhecimento de nossa realidade. Durante quase 13 anos de pontificado, tem mantido contatos assíduos com os bispos brasileiros, recebendo a todos por duas vezes, em Roma. Vem até nós para animar a nossa fé, estreitar a unidade e comunhão do povo de Deus. Em cumprimento de sua missão, já realizou 51 viagens apostólicas, percorrendo incansavelmente os países do mundo inteiro.

Sua missão é pastoral e religiosa. Lembremo-nos das palavras do vigário de Cristo em Brasília, a 30/06/80: "Sinto como a mim dirigido o tremendo e reconfortante mandato de confirmar em missão meus irmãos bispos (Lc 22,32) e de, como eles, confirmar os filhos da Igreja Católica numa fé intrépida e irradiante que os leve a testemunhar as razões de sua esperança em Cristo (1Pd 3,15) e comunicar ao mundo as insondáveis riquezas do amor de Cristo (Ef 2,7)".

É nesta profunda dimensão religiosa e pastoral que desejamos acolher, com afeto, aquele que vem em nome de Cristo, sucessor do apóstolo Pedro e chefe visível da Igreja.

Queremos, também, agradecer a Deus a pessoa do papa João Paulo II, suas virtudes e ensinamentos, prestando-lhe nossa calorosa homenagem.

Há aspectos de sua vida que nos encantam. Nosso papa é homem de oração, que procura estar sempre em união com Deus. Seu exemplo nos atrai. Em meio ao materialismo que nos circunda, faz-nos sentir mais forte a sede de Deus e dos bens espirituais.

O papa João Paulo II é defensor corajoso da justiça, liberdade e da paz. Sua pregação aponta, com vigor, a dignidade da pessoa como maior valor da sociedade. Tem sido o artífice da concórdia social, opondo-se à violência e à guerra, insistindo na força do diálogo, nas exigências da solidariedade e no amor fraterno entre raças, povos e nações. Diante da cultura da morte que tenta nos dominar, afirma o valor da vida, desde o primeiro momento da concepção e a promessa da felicidade eterna.

Nosso povo aguarda com entusiasmo a chegada do papa João Paulo II. Organizam-se caravanas para as capitais, as praças se enfeitam. Os dias da visita, de 12 a 21 de outubro, serão tempo de festa para as comunidades católicas. Hão de ser, também, dias de graça para a nação brasileira, pois receberemos todos os benefícios da palavra lúcida e amiga. O mensageiro da paz vem anunciar os valores do Evangelho, o perdão, o mandamento do amor, e ajudar-nos a assumir os deveres que decorrem do respeito à lei de Deus. Precisamos de quem nos fale de esperança e bondade. Desta bondade dou testemunho. Na ocasião em que sofri o acidente de automóvel, em fevereiro de 1990, meu estado era muito grave. Em meio às dores, recebi do santo padre mensagem afetuosa enviando-me sua bênção e a certeza de que rezava todos os dias por mim. Obrigado, santo padre!

    Bem-vindo, João Paulo II! Venha fazer-nos bem com seu amor, sua fé em Jesus Cristo. Faça, por favor, crescer de novo a esperança em nosso povo.

Natal da esperança

12/10/1991

A cidade de Natal (RN) – por uma semana – transforma-se na capital religiosa do Brasil. É a sede do 12º Congresso Eucarístico Nacional, do qual participam 300 mil fiéis, com peregrinos de todas as partes do país, reunidos para prestar homenagem pública e solene a Nosso Senhor Jesus Cristo.

A Eucaristia celebra o mistério central da morte e ressurreição, do amor de Cristo que entrega sua vida para nossa redenção. É a nova aliança que realiza a comunhão com Deus Pai, estreita os laços de fraternidade entre os discípulos de Jesus e cria um dinamismo de doação e serviço em bem da humanidade. A Igreja tem a missão de evangelizar, testemunhando Jesus Cristo e anunciando a todos sua mensagem de vida e esperança.

O congresso eucarístico procura expressar a gratidão do povo cristão pelo dom sublime do amor de Jesus, Filho de Deus. Intensifica a fé, o zelo missionário e o compromisso de transformação da sociedade à luz dos valores evangélicos de perdão, justiça e paz.

O congresso em Natal não se limita a semana de 6 a 13 de outubro. Durante um ano, as comunidades católicas do Brasil aplicaram-se a aprofundarem o tema: "Eucaristia e Evangelização". Nesses dias, cresce a participação. Enquanto o povo natalense, com generosa hospitalidade, abre suas casas para acolher os peregrinos, nas igrejas de todo o país se reúnem em oração.

Em Natal, com modelar organização por parte da arquidiocese, sucedem-se inúmeras atividades. Realizam-se encontros de presbíteros, das instituições missionárias e promoções das pastorais da juventude e família, da criança e do menor carente. Sobressai o 1º Acampamento Catequético Nacional na fazenda de Catuana. Há conferências diárias sobre a vida consagrada, a espiritualidade dos leigos, a educação. Seminários de doutrina social da igreja, palestras e debates com grande presença de universitários. Manifestações artístico-culturais e várias exposições, entre as quais a missionária e a vocacional, abrilhantam o congresso.

Durante as horas da manhã, em todas as igrejas de Natal comparecem os fiéis para o sacramento da penitência e a adoração a Cristo, presente no sacramento.

Tudo converge para a celebração diária da Eucaristia. Entre cantos e louvores, a praça repleta de fiéis, com centenas de bispos e sacerdotes, transforma-se numa só grande família, reunida para celebrar em clima de fé, solicitude pelas necessidades do Brasil e do mundo, fervor e entusiasmo. O dia 12 de outubro será especialmente dedicado a honrar Nossa Senhora Aparecida, padroeira do Brasil.

Este período de intenso fervor a Deus e conversão espiritual coincide com a expectativa da chegada do papa João Paulo II, que presidirá –dentro de poucas horas- as celebrações finais do congresso.

Estão chegando, neste sábado, a Natal, muitos grupos de romeiros. São pessoas simples, que vêm das cidades vizinhas, sem medir sacrifícios, e representam a população sofrida corajosa do Nordeste. Desejam ver o santo padre e, com ele, rezar e expressar a fé em Jesus Cristo. Em nosso Brasil, marcado pelo e empobrecimento e desigualdade social, pela violência e permissividade moral, precisamos vencer o egoísmo, aprender a partilha fraterna e reencontrar a esperança.

Procuremos nós, também, voltar a olhar confiantes para Deus e unir nossas preces aos romeiros de Natal.

Esperança, outra vez

19/10/1991

Por que tanta gente procura ver o papa e participar das celebrações que preside? Que força misteriosa é essa que possui e atrai multidões sempre maiores para, felizes, vir encontrá-lo? Natal e São Luís superaram as previsões. Em Brasília, apesar do sol, avaliaram em 600 mil os que compareceram à celebração da Eucaristia. Goiânia, Cuiabá e Campo Grande, cada cidade a seu modo, responderam com entusiasmo, antes nunca visto, a passagem do Pastor universal. Em Florianópolis foram apoteóticas a entrada na cidade e a beatificação de Madre Paulina.

Por que João Paulo II atrai tanta gente?

Creio que a primeira razão é a mais forte. A fé no coração de nosso povo. Sabem os fiéis que o sucessor do apostolo S. Pedro escolhido por Jesus Cristo, a fim de representá-lo visivelmente entre nós, é assistido pelo Espírito Santo para guiar sua Igreja. Consideram que o respeito e o afeto pelo Vigário de Cristo aproximam de Deus. Sua palavra comunica a palavra de Cristo. Sua bênção transmite a bênção de Cristo. Neste mundo materializado e consumista, há sede de Deus e de valores espirituais. Quanta emoção se vê nos olhos dos que, sem medir sacrifícios, querem tocar no papa, beijar-lhe a mão e ser por ele abençoados. O povo procura no Santo Padre aquele que ajuda a encontrar a Deus.

Há, também, algo especial na pessoa de João Paulo II que facilita o exercício do ato de fé. É seu testemunho de oração e intimidade com Deus. Parece estar sempre rezando. No hospital S. Julião, em Campo Grande, os hansenianos estavam reunidos na capela: entra o Santo Padre, aclamado com hinos e vivas. Saudou, com afeto, a cada um. Depois ajoelhou-se diante do altar. Fez-se silêncio. Todos o contemplavam. Na presença de Deus, o bom Pastor penetrava no mistério do sofrimento cristão. Decorreram muitos minutos num clima de profunda oração. Momentos como esses repetia muitas vezes, ao longo da viagem. João Paulo II é um homem de Deus.

Outra razão que explica o fascínio que exerce sobre nós é sua bondade e delicadeza de coração. Demonstra grande sensibilidade para com enfermos e deficientes. Acolhe com amor idosos e principalmente as crianças, abençoando ternamente os filhinhos que as mães lhe apresentam. Quem poderá esquecer o abraço afetuoso que deu ao venerando bispo Dom Francisco Prada que, aos 98 anos, veio em cadeira de rodas saudar o Santo Padre no aeroporto de Goiânia? E os jovens? Como sabe animá-los para o Reino de Deus!

Acompanhando o papa em todos os lugares, nesta viagem, tenho a graça de presenciar constante exemplo de sua incansável benevolência para com todos. Recebeu de Deus um carisma especial de imitar a Cristo que "passou a vida fazendo o bem" e atraindo a multidão para Deus.

Acrescentemos a força da mensagem de João Paulo II. Renovou a nossa fé na Palavra de Deus. Fortificou a comunhão eclesial, a devoção mariana e o ardor missionário. Mostrou-nos as exigências da vocação cristã na vida pessoal, familiar e no exercício da profissão. Incentivou-nos a assumir compromisso social e político, enfrentando o desafio das injustiças e a necessidade de urgentes transformações, para que, à luz do Evangelho, o povo brasileiro possa usufruir de condições dignas de moradia, trabalho, educação e saúde, conforme a doutrina social da Igreja. Temos, agora, que retomar em mãos, muitas vezes, suas homilias para aplicá-las em nossa vida.

Com a graça de Deus, as palavras de João Paulo II são sementes que hão de crescer e frutificar. Colocamos em comum a alegria de confiar em Jesus Cristo. Experimentamos a união fraterna sem distâncias nem ressentimentos.

O certo é que, há muito tempo, nosso povo não se mostrava tão feliz. Voltou a cantar pelas ruas. E a esperança outra vez.

Amigo das crianças

26/10/1991

A recente visita do santo padre a nosso país há de permanecer na comunidade católica e no coração do povo como dias de muitas graças e alegria. As imagens levadas pela televisão a todo país e ao mundo mostram ainda hoje a exultação das multidões que vinham ver e ouvir de perto o santo padre. Há muito tempo não presenciávamos emoção tão sincera de congraçamento entre os brasileiros.

Em suas 31 homilias e discursos, o papa João Paulo II fortificou a fé do povo de Deus, apontou desafios pastorais, deu-nos orientações precisas, renovou o zelo missionário e a esperança de realizarmos, neste mundo marcado pelo pecado, os valores do Evangelho.

Cada um de nós terá ainda ocasião de agradecer a Deus o testemunho de bondade e coragem do papa João Paulo II e de aprofundar as mensagens recebidas.

Entre tantos fatos e lições, gostaria de sublinhar duas prioridades constantes na pregação do santo padre: a santificação e a solidariedade.

Em primeiro lugar, sobressai o apelo à santidade, com referência especial ao exemplo de madre Paulina, a quem concedeu a honra dos altares, pela sua dedicação a Deus e serviço heroico aos doentes e pobres. O tema da conversão pessoal, da vida na graça de Deus, voltou com insistência na pregação aos jovens e às famílias, aos leigos, religiosas, seminaristas e pastores.

Unido, porém, ao dever da santificação, está o compromisso da caridade, diante das desigualdades sociais que afligem o nosso povo. Há muito que progredir, a fim de obter condições dignas para a maior parte de nossa população, vítima da pobreza e da miséria. A solidariedade cristã deve se expressar nas transformações sociopolíticas, indispensáveis para que todos tenham acesso à vida de filhos de Deus. Daí a obrigação de promoverem o trabalho, a moradia e os serviços de educação e saúde.

Há, no entanto, uma cena que ficará como símbolo do zelo pastoral do papa João Paulo II: o encontro com as crianças em Salvador na Bahia. A saudação da irmã Maria do Rosário e do menino Marconi de Abreu explicitou o drama da infância empobrecida e abandonada. A seguir o santo padre, num diálogo de profundo amor, mostrou às crianças a sua dignidade diante de Deus. Foi quando – sob intensa emoção – pronunciou suas palavras mais fortes: "Não pode nem deve haver, é o papa quem pede e exige, em nome de Deus e de seu Filho, que foi criança também, não pode nem deve haver crianças assassinadas, eliminadas sob pretexto de prevenção ao crime, marcadas para morrer".

A verdade das estatísticas revela a brutalidade da violência e covardia contra menores. Este é o assunto, no momento, da Comissão Parlamentar de Inquérito no Congresso.

Precisamos agradecer a ligação do santo padre a respeito da dignidade de toda vida humana. João Paulo II quis completar suas palavras com um gesto. Entregou o cheque de 450 mil dólares, valor do prêmio "artífice da Paz", fruto das ofertas de milhares de jovens italianos, ao cardeal Dom Lucas Neves, para, em nome do papa, distribuir o dinheiro pelas obras da Igreja em todo o Brasil, que atendem as crianças abandonadas. Veio de Roma para estar presente ao ato, Ernesto Oliveira, diretor, há 25 anos, do "Servizio Missionario Giovani" que promoveu o prêmio

A ele o papa confiou a missão de ser o "amigo fiel das crianças abandonadas do mundo inteiro". Um dos frutos principais da visita do pastor universal da Igreja seja o de abrirmos o coração à gratuidade do amor. Tornemo-nos defensores e amigos fiéis das crianças carentes do Brasil.

Liturgia da esperança

02/11/1991

Dia 2 de novembro é dedicado aos finados. São mais numerosas as visitas aos cemitérios. O povo ornamenta com flores os túmulos e oferece suas preces a Deus. Alguns, com sacrifícios, enfrentam distâncias longas para prestar homenagem nos sepulcros dos que lhes são caros. Em nosso país há grande respeito e veneração pelos mortos.

O falecimento de parentes e amigos e as notícias de tantos que morrem a cada dia levam-nos a fazer a pergunta sobre o sentido da existência humana. Experimentamos o anseio de vivermos sempre e felizes. No entanto, não conseguimos escapar ao fato ineluctável da morte. A reflexão filosófica, o ensinamento religioso, as expressões culturais procuram responder, a seu modo, ao enigma da morte e da sobrevivência humana.

Para os cristãos, é central a fé na vitória de Jesus sobre a morte e a certeza da ressurreição. O sofrimento e a dor nesta vida, a realidade e a tristeza da morte estão ligados ao pecado do qual Cristo nos liberta. A promessa de Deus garante-nos a sua graça e a união eterna com Jesus Cristo. Sua ressurreição anuncia a esperança da vitória sobre nossa própria morte. Assim, desde o Batismo, participamos do mistério da Páscoa de Cristo e ficamos orientados para a vida plena na felicidade de Deus.

Religião

A promessa da ressurreição pacifica-nos diante da angústia da morte, revelando-nos que somos chamados a alegria da comunhão com Deus e entre nós, quando não haverá mais nem luto, nem dor, nem lágrimas. Deus será tudo em todos. Assim, na expectativa cristã, a fase terrena é considerada apenas o início da vida que Deus quer nos comunicar em plenitude. Aguardando a vinda de Jesus, a comunidade se reúne semanalmente – no dia do Senhor – para celebrar a aliança nova e aprofundar a participação na Páscoa de Cristo. Esta celebração litúrgica inclui dois aspectos inseparáveis: o primeiro é a alegria por causa da fidelidade de Deus, que nos dá a certeza de que a morte não é o termo da existência humana, mas apenas o momento da passagem à vida feliz; o segundo aspecto é o da valorização da fase terrena. Com efeito, nossa vida deve ser condizente com a promessa de Cristo. Temos que procurar, com o auxílio divino, rejeitar o egoísmo e o pecado, fazer o bem e cumprir o mandamento da caridade fraterna. A expectativa da sobrevivência feliz, para além da morte, concede ao cristão uma força especial para empenhar-se na realização dos valores evangélicos, já na fase terrena: a justiça, a paz e a fraternidade. Na verdade, quem crê na vida eterna encontra energias sempre maiores para construir neste mundo a sociedade solidária, em que todos tenham condições dignas de vida.

No entanto, a tradição continua referindo-se a 2 de novembro como o "Dia dos Mortos". Insiste na tristeza da separação. Já é tempo de ajustarmos o nosso modo de falar às verdades fundamentais da fé e à beleza da esperança cristã. Aqueles que faleceram, pela virtude da cruz do Cristo, à luz da promessa divina, estão na paz e na glória do Céu. Passaram pela morte. Mas agora vivem unidos na alegria da comunhão plena com Deus. Pensando nos que deixaram esta vida em situações de maldade e pecado, de ódio e perversidade, renovemos nossa fé na infinita misericórdia divina, que tem caminhos de salvação que desconhecemos. Quanto a nós, que permanecemos nas vicissitudes desta fase terrena, fica, cada dia, o dever de superar o mal e o desafio de anunciarmos, em nossa vida pessoal e na sociedade, os valores do reino prometido. Aguardando o encontro definitivo, celebremos, no dia 2 de novembro, a liturgia da alegria e esperança cristã.

A serviço da vida e da esperança

30/11/1991

Terminou ontem, em Brasília, a reunião do Conselho Permanente da CNBB, com a presença de 27 bispos. Em pauta a preparação da assembleia geral, de 29 de abril a 8 de maio de 1992, que além do tema sobre educação, estudará pronunciamentos do Santo Padre e fará propostas para a futura 6ª Conferência Latino--americana em São Domingo. Tratou-se também, da avaliação da recente visita apostólica do papa João Paulo II a nosso país, do novo Plano de Pastoral da CNBB para o próximo biênio da aplicação das diretrizes gerais da Ação Pastoral da Igreja no Brasil, da atuação de 16 regionais da CNBB e da formação permanente do clero.

Em todas as reuniões da CNBB, em vista da missão pastoral, faz-se análise da situação em que vive nosso povo. Desta vez, devido às especiais dificuldades que o país enfrenta, acharam os bispos de seu dever de fazer um pronunciamento para a reflexão das comunidades.

O texto, conciso, lembra que estamos iniciando o tempo do advento, período litúrgico de preparação ao Natal, tempo de oração e esperança. Esta perspectiva de confiança marca a declaração que acena para os vários aspectos da crise que atravessamos, recorda a obrigação de buscar soluções e insistem na apresentação de caminhos.

A visão da realidade é feita em sintonia, à luz do Evangelho com os sentimentos de Jesus Cristo que, diante da situação do povo, experimentava profundo amor e vontade de vir em seu auxílio. A crise se manifesta na recessão, na crescente desigualdade da distribuição de renda, na desvalorização do trabalho, no aviltamento do salário e aposentadoria e na triste marginalização de grande parte do povo. Deterioram-se as condições de saúde, moradia e educação. Aumenta a fome. Violam-se direitos dos indígenas e continua o bárbaro extermínio de crianças.

A situação é agravada pela corrupção e impunidade. Aumenta o descrédito nas instituições e falta transparência nos modos de administrar os recursos provindos do povo. A raiz da crise é natureza ética e atinge a vida econômica e política do país.

Na segunda parte afirma-se o direito e o dever da sociedade brasileira em promover o desenvolvimento humano e integral, com atendimento às necessidades básicas da população, incluindo os direitos constitucionais.

Apresenta, a seguir, o texto a necessidade de um projeto político global que defina os rumos deste desenvolvimento nacional, garantindo a subordinação da economia à política e ambas à ética segundo as exigências da democracia e justiça. Entre os meios para superar a crise, são necessárias ações concretas para se opor à violência, enfrentar a recessão e o desemprego. Para isso é indispensável incentivar a participação popular, em especial, nas associações, nos sindicatos e partidos.

As comunidades cristãs, especialmente os jovens, ficam convocados neste tempo de Natal a assumir, com "gestos concretos de solidariedade", a situação dos irmãos empobrecidos, defendendo e promovendo suas justas reivindicações e atendendo as suas carências urgentes.

Abrem-se, assim, perspectivas novas para o espírito criativo das comunidades na descoberta de formas alternativas de alimentação, saúde e educação popular. Embora de modo modesto e despretensioso, é o momento de se passar à ação, em iniciativas múltiplas que venham em imediato auxílio dos muitos que sofrem o atroz efeito da miséria. Pensemos em desenvolver a atuação da Pastoral da Criança, que já atende a mais de um milhão de menores, lutando pela vida contra a desnutrição e a mortalidade infantil. Reforcemos a Pastoral do Menor que auxilia meninos e meninas de rua. Procuremos apoiar a alfabetização, as campanhas de saúde, mutirão para moradia, assentamentos dos sem-terra, os projetos das pequenas empresas e tantas outras iniciativas.

Diante do sofrimento do povo, somos chamados mais do que nunca – e nos apelos do papa João Paulo II ainda ecoam entre nós – a assumir, de fato, o compromisso cristão a serviço da vida e da esperança.

Obstáculos à liberdade cristã

14/12/1991

O ano vai terminando. Há acontecimentos que fazem crescer as preocupações. Entre nós, no Brasil, é o fato do sofrimento do povo, cada vez mais pobre, é o egoísmo de grupos que promovem o próprio bem-estar, insensível à miséria de seus irmãos.

Nestes dias, de 28 de novembro a 12 de dezembro, 137 bispos da Europa estiveram reunidos em Sínodo com o papa para avaliar os importantes eventos do continente e buscar novos caminhos para a nova evangelização dos povos europeus.

"Diante do suceder tumultuoso das vicissitudes, afirma o papa João Paulo II, não se pode ficar inerte. Os acontecimentos, embora apresentem perspectivas encorajadoras, não estão isentos de aspectos gravemente negativos."

O documento preparatório do Sínodo, depois de analisar a queda do comunismo na Europa central e oriental, adverte sobre os obstáculos que impedem a realização do verdadeiro sentido da liberdade. Mostra como esta liberdade, inseparável da verdade, é a única que pode dar um fundamento estável e justo à convivência entre as pessoas humanas, que introduz a vida eterna de comunhão com o próprio Deus.

Religião

Desejo aproveitar dois aspectos do documento preparatório para aplicá-los à situação brasileira. Trata-se dos obstáculos à realização da liberdade após a queda do comunismo.

O primeiro é a atração a continuar sujeitando integralmente o homem à esfera da economia. Mantém-se a negação marxista dos valores espirituais e reduz-se o homem à satisfação de suas necessidades materiais e das tendências ao prazer. Descamba-se, assim, para a sociedade do consumo, da acumulação demasiada de bens, da permissividade moral, desconhecendo a dignidade da pessoa humana em si e nos outros.

O segundo obstáculo está no ressurgir dos nacionalismos com base ética e na formação de grupos fechados de interesses; excluindo os outros da mesma estima e respeito. Faz-se da própria nação um valor absoluto, rejeitando o diálogo e a solidariedade com outras nações. A afirmação extremada do próprio grupo acaba por afastar e excluir os demais, até com uso da violência. Desses dois obstáculos temos que nos precaver.

O empobrecimento alarmante de largas porções do nosso povo não é frutos de calamidades físicas nem de guerras. Nasce do sistema iníquo que, no Brasil, concentra sempre mais renda nas mãos de poucos e reduz os demais à progressiva miséria. Quem não percebe a desnutrição e enfermidade em que vive o povo pobre? O enriquecimento demasiado e sem nenhum processo de redistribuição endurece o coração e exacerba o egoísmo e opõe-se à visão cristã da sociedade.

Entre nós não há o excesso do nacionalismo. Começa, no entanto, a surgir aqui e ali a afirmação de direito de grupos étnicos, classistas ou culturais, desvinculada do esforço de solidariedade com os outros. Há até quem reivindique autonomia política para os Estados desenvolvidos, a fim de não arcar com a responsabilidade de promover os mais pobres. Este espírito de segregacionismo lesa gravemente a vocação cristã à fraternidade que conhece, à luz de

Deus, a dignidade comum de cada pessoa e se compromete com a vida de todos. Neste contexto, podemos perceber o desacerto dos que na atual crise aumentam os preços até em produtos básicos com lucro excessivo, aproveitam-se largamente dos recursos públicos em próprio interesse, concedem a si mesmos acréscimos de salários, insensíveis ao congelamento que atinge os aposentados e outros grupos.

Tudo isso são amarras à liberdade que impedem a convivência solidária e frustram a vocação à comunhão que Jesus Cristo veio nos trazer. A liturgia do Advento convoca-nos a vencer com coragem esses obstáculos, aplainar os caminhos, abrir o coração a Cristo que vem nos libertar do egoísmo para com os irmãos.

Natal antecipado

21/12/1991

Vale a pena conhecer a generosidade dos jovens de Turim e de outras cidades da Itália. No dia 17 de dezembro reuniram-se 400 pessoas na famosa "Casa da Esperança", fundada por Ernesto Olivero. Chama-se assim o enorme edifício que na última guerra era arsenal militar e hoje abriga a cede do "Serviço missionário Juvenil" (Sermig). Estavam ali para um encontro de oração que a cada terça-feira se realiza para os membros da comunidade, formada especialmente de jovens. É um lugar onde nascem e crescem muitas ações de solidariedade em prol da paz.

As iniciativas sucedem-se desde 1964, com milhares de projetos de promoção humana nas nações do Terceiro Mundo. Nestes últimos anos, o Brasil tem sido especialmente contemplado nas áreas do interior da Bahia, Sergipe e Minas Gerais, na periferia de São Paulo e Rio de Janeiro. Um dos programas mais recentes referem-se às crianças e adolescentes pobres do Brasil: acolhimento, reforço alimentar, educação profissionalizante e formação moral dos meninos e meninas de rua. Está fazendo uma ampla campanha para despertar a colaboração dos jovens italianos em favor de cem mil menores, desejando apoiar as iniciativas, no Brasil, que visem, quanto antes, tirar das ruas e promover, se possível, sua inserção na própria família e na sociedade. O projeto chama-se "Vita ai

Bambini". Entre os primeiros frutos deste esforço está também o auxílio para a abertura da Casa Vida, destinada a tratar de crianças pobres aidéticas na periferia de São Paulo.

A filosofia de trabalho do Sermig está no incentivo à atuação da comunidade local que, aos poucos, procura se organizar e conseguir, com próprios recursos, ajudar outros grupos carentes. Nas necessidades mais prementes, reúnem-se milhares de jovens e outros participantes do movimento para angariar rapidamente recursos e enviá-los as áreas necessitadas. Nos últimos meses conseguiram, com apoio de outros grupos, no gesto de paz, recolher remédios, roupas, alimentos e brinquedos para as crianças do Líbano, Iraque e Jordânia. Já partiram oito grandes aviões cedidos pelo governo italiano. No Líbano, ouve o cuidado de fazer que os recursos chegassem, igualmente, às mãos de crianças muçulmanas e cristãs. É surpreendente entrar no velho casarão da praça Borgo Dora, transformado em Arsenal de Paz. No pátio central há montanhas de material arrecadado esperando a partida de outros aviões. A todo momento abrem-se as portas e entram novos donativos. Os jovens trabalharam com alegria, separando e organizando as remessas. Será um Natal antecipado para muitas crianças de países vítimas de guerra.

Hoje, os projetos destinam-se principalmente a sustentar a vida nascente e as crianças, reconhecendo nelas a esperança e o futuro da humanidade. A sociedade continua, infelizmente, marcada pelo individualismo que gera cada vez mais o aumento de bens, consumismo e as injustiças sociais. Quem se compromete com as crianças carentes e abandonadas para defender e promover o dom da vida, que Deus lhes dá, pouco a pouco, vai transformando o modo de pensar egoísta e abrindo-se à entrega de si gratuita e solidária. Está é a base de um novo tipo de sociedade. Um grande cartaz de Natal chama a atenção dos que entram: "A humanidade espera de novo uma criança. Milhões de crianças esperam muito da humanidade". E outra frase resume a filosofia de quem compreendeu o apelo: "Viva com simplicidade para que outros possam simplesmente, viver".

Fica o exemplo para todos nós, especialmente para as comunidades cristãs. Celebremos o Natal organizando-nos e partilhando o que Deus nos dá com os irmãos necessitados. Assim nosso Natal será mais feliz.

Construir a esperança

28/12/1991

Este é o programa pastoral escolhido, há meses, pela Arquidiocese de Belo Horizonte. Seria bom se tornasse o augúrio para o ano que começa. A esperança vem de Deus que nos revela sempre seu amor. Temos fé na presença de Deus na história. Sua graça nos auxilia a corrigir as faltas, a abrir o coração aos outros, vencer as dificuldades na certeza de que estamos a caminho da Reino Definitivo, onde não haverá mais nem lágrima, nem luto, nem dor.

A novidade, cada ano, é sinal desta esperança que supera desânimos e canseiras do ano que passa e desperta em nós a vontade de viver e fazer o bem.

É verdade que nos últimos meses a crise se agravou e o povo vem sofrendo mais um efeito de recessão. O custo dos alimentos, aluguel, transporte, energia, remédio é elevado demais para o valor aquisitivo do salário. Temos todos acompanhado, com tristeza, as vicissitudes dos aposentados, aguardando o indispensável reajuste dos benefícios que lhes são devidos. A miséria cresceu nos bolsões de pobreza. Mesmo assim, precisamos manter firme a confiança em Deus e unir os nossos esforços. No coração humano há sempre reservas morais, que alimentam o dom de si, a solidariedade e a coragem diante dos desafios cotidianos.

Religião

Construir a esperança é também reconhecer e agradecer a Deus aos benefícios recebidos. Há graças que pertencem somente à experiência pessoal. Há o testemunho da vida honesta, sacrificada, cheia de méritos de tantos heróis das lutas de cada dia. Mas, além disso, temos que perceber algumas características positivas da vida do país. Em nível nacional, somos gratos a Deus pela vigência da democracia, o repudio da sociedade e ao extermínio de crianças e adolescentes, ao comércio de tóxicos e às injustiças contra populações indígenas. A Divulgação de escândalos na administração levou a uma cobrança maior da sociedade no desempenho dos cargos públicos.

A consciência das desigualdades econômicas e sociais vem suscitando os primeiros esforços para superá-la. Entre os atos do governo, salientamos o apoio ao Estatuto da Criança e Adolescente, as disposições para melhor desempenho da CBIA e LBA. Recordamos, ainda, o decreto que concede aos ianomâmis e outros grupos a demarcação das terras tradicionalmente indígenas. Esta medida tem valor de símbolo e poderá devolver aos índios brasileiros a confiança de que seus direitos serão respeitados. Positiva ainda a atuação do Ministério Público no combate à violência no campo.

Na virada do ano surgem as primeiras luzes de nova conquista. Divulga-se a notícia de programa amplo para assentar lavradores e sem-terra, com a garantia de serviço básico para o bom sucesso deste empreendimento. É das maiores necessidades de nosso país. Deverá esta decisão conter o êxodo para as zonas urbanas, oferecendo trabalho digno para muitos concidadãos.

Entre os eventos maiores de 1991 na vida eclesial, lembramos a visita pastoral de João Paulo II, que nos trouxe mensagens de verdades eternas, concórdia social, despertando nas comunidades católicas novo ardor de evangelização.

O ano vai terminando e nos convida a oração. É tempo de colocarmos diante de Deus nossas falhas e omissões na certeza de seu perdão. Procuremos, também nós, esquecer ofensas e ressentimentos, e acreditar na reconciliação e fraternidade. Entremos em 1992 conscientes de nossas fraquezas, mas confiantes em Deus. A esperança se constrói.

O jejum que agrada a Deus

07/03/1992

Os dias de Carnaval exigem séria reflexão. Acontecem abusos que lesam a vida e a consciência do nosso povo. O que mais atrai os meios de comunicação internacional é o aumento da violência. Faz-se alarde dos assassinatos e dos crimes passionais. Dá-se espaço na televisão mundial para os grandiosos desfiles das escolas de samba e bailes de clubes, lançando no entanto, o foco sobre o erotismo e as cenas pornográficas. Esta é a imagem que nesses dias se difunde fora do país, suscitando a impressão de que somos um povo no qual o instinto tem domínio sobre a razão, abrindo as portas a qualquer tipo de desregramento moral.

É claro que muitos brasileiros não se identificam com este procedimento e desaprovam os excessos de carnaval. Já é tempo, no entanto, de começarmos em nosso país um esforço decidido para coibir os abusos que deterioram cada vez mais os valores éticos.

Há aspectos que são mais urgentes. O primeiro refere-se aos meios de comunicação social. A cobertura que a televisão dá aos espetáculos carnavalescos faz que senas degradantes entre nos lares e sejam contempladas até por milhões de crianças. Quem pode calcular o prejuízo moral que isto causa na consciência do povo e especialmente na juventude? Requer-se, por parte dos diretores das redes televisivas uma análise crítica para rever, não só a atuação nos dias de carnaval, mas a qualidade moral das novelas e outros programas deprimentes.

Outro abuso no período carnavalesco é o clima de agressividade, violência e descontrole. Parece que nestes dias vale tudo. Além dos numerosos feridos e mortos, ouve excesso de estarrecer. Em Barbacena (MG) um grupo de seis jovens aidéticos levaram nas mãos seringas e injetaram nos companheiros sangue infeccionado. Infelizmente, mesmo estes requintes de perversidade, a libertinagem terá contribuído muito para disseminar ainda mais a Aids.

Há outro ponto inaceitável. São os gastos públicos com o carnaval e a extensão dos festejos para além dos dias convencionais. Nossas Prefeituras não podem perder a hierarquia de valores. Qual é a prioridade neste período de crise? Não é o adorno das ruas e a despesa com os aparelhos de som, mas aumentar os empregos fixos, promover as casas populares, o reforço alimentar, o atendimento da saúde e escolar.

Diante dos excessos do carnaval e desvarios da sociedade, percebemos quanto nos falta a presença de Deus. Não será esta a explicação da sôfrega busca de distrações e de tanto vazio espiritual? Somos chamados todos a examinar nosso procedimento diante de Deus. Entramos no tempo da Quaresma, que nos convida à conversão interior e a descobrir a vida nova que Cristo Ressuscitado nos oferece. A penitência de que nos fala a liturgia deve nos levar a corrigir nossas faltas, praticar a justiça e reparar as ofensas contra Deus e o próximo.

A Campanha da Fraternidade, neste ano, está voltada especialmente para a juventude. Unamos nossos esforços para que os jovens sejam capazes, apesar das dificuldades, de discriminar a beleza e a retidão de consciência, da doação de si, das formas diversificadas de serviço ao bem comum. Para que, além das miragens e frustrações do carnaval, possamos descobrir a alegria da presença e do amor do próprio de Deus e da vida que nos comunica.

Religião

Ajude-nos, aos jovens e a nós, a força da palavra do profeta Isaías (Is 58,1-9), que nos ensina qual o jejum que agrada ao Senhor e que dele nos aproxima: "Reparte teu pão com quem tem fome e acolhe em tua casa o infeliz sem abrigo. Então, tua luz romperá como a aurora e a justiça caminhará diante de ti. Tu chamaras e o Senhor responderá: Eis-me aqui".

Quaresma e campanha

28/03/1992

O ponto de referência para entendermos a Quaresma é o tríduo que celebre, a cada ano, a morte, sepultura e ressurreição de Jesus Cristo, centro da vida litúrgica. Na véspera da Sexta-Feira Santa, comemora-se a última ceia que introduz ao Dia da Paixão de Cristo e sua morte na cruz. No sábado, venera-se sua sepultura. No terceiro dia reúnem-se os fiéis para a solene vigília da Ressurreição. O Tríduo Pascal é, assim, a passagem da morte de Cristo à ressurreição gloriosa a à vida nova que nos comunica.

Este é o momento mais forte para os cristãos que, em comunidade, são chamados a renovar o compromisso batismal e expressar sua fé no amor de Jesus Cristo. Já no século II, os fiéis procuraram fazer penitência e jejuar para melhor se prepararem ao Tríduo Santo. Aos poucos essa prática se ampliou e, desde o final do século IV, fixou-se a duração de 40 dias para o período penitencial, recordando o longo jejum de Cristo do início de sua pregação. Este tempo lembra, também os 40 anos em que o povo de Deus caminhava pelo deserto, passando da escravidão do Egito à liberdade da Terra Prometida.

A Quaresma ("40º Dia") significa este período penitencial de 40 dias em preparação ao Tríduo da Páscoa. Dos dias de jejum, excetuam-se os domingos. Daí o costume, no século 7º, de acrescentar quatro dias e marcar o início da Quaresma para a quarta-feira anterior, Com o rito da imposição das cinzas aos penitentes. No entanto, a Quaresma não é apenas um conjunto de práticas ascéticas, mas tempo de participação na ação santificadora de Cristo. Três aspectos pertencem à celebração da Quaresma. O primeiro liga-se à preparação dos adultos para o sacramento do Batismo. Era o tempo do catecumenato, com a catequese sobre os mistérios da fé e a iniciação à oração. Procuravam-se a conversão (metanoia) para a prática do Evangelho no seio da comunidade cristã, administrando-se solenemente o Batismo na Vigília Pascal.

O segundo aspecto da Quaresma refere-se ao período de penitência e conversão a Deus, expondo os cristãos para o sacramento da Reconciliação que absolve os pecados cometidos após o Batismo. Nos primeiros séculos do cristianismo, havia imposição de rigorosas penitências para os pecadores públicos. Hoje insiste-se mais no espírito de conversão interior e na preparação comunitária ao sacramento do perdão.

O terceiro aspecto da liturgia quaresmal convoca todo cristão para imitar Jesus Cristo pela vivência mais plena da santidade batismal. Nesta perspectiva incluem-se a escuta da Palavra de Deus, a oração mais intensa, o domínio das inclinações desordenadas, o jejum e a solidariedade, especialmente a prática da caridade, auxiliando o próximo nas necessidades espirituais e materiais. Procurem os fiéis assumir, no próprio lar e na sociedade, os deveres, com a verdade, a justiça e a solidariedade cristã.

Foi para ajudar os fiéis a viver a Quaresma que, no Brasil, surgiu, há 30 anos, a "Campanha da Fraternidade". Conclama os fiéis a realizar o compromisso batismal e transformar a sociedade à luz dos valores evangélicos. A Campanha propõe, a cada ano, pontos concretos – no espírito da Quaresma – para conversão de faltas coletivas e o aperfeiçoamento na prática da fraternidade. Neste ano de 1992 a atenção volta-se para os jovens, que são chamados a vencer os obstáculos e abrir caminhos, e os demais devem corrigir omissões e desvarios para oferecer aos jovens o testemunho de vida cristã.

Os dias da Quaresma vão adiantados. São momentos de graças divinas. Preparemo-nos para celebrar a Páscoa do Senhor Jesus, passando, também nós, do egoísmo à vida nova, e conversão profunda a Deus e amor fraterno.

Semana Santa

04/04/1992

O anseio de preparar-se, de modo condigno, ao Tríduo Pascal – que celebra o mistério da morte e ressurreição de Cristo, levou, desde os primeiros séculos, os fiéis a intensificar, na última semana da Quaresma, os exercícios de penitência, a abertura ao perdão gratuito de Deus e o aprofundamento do compromisso batismal. Os dias mais próximos ao tríduo solene foram, aos poucos, utilizados pela comunidade de Jerusalém para reviver e encenar os acontecimentos históricos da Paixão de Cristo, nos mesmos tempos e lugares em que sucederam, no Jardim das Oliveiras, Tribunais, Gólgota e Santo Sepulcro. O piedoso costume, já no século 4, passou a ser imitado por outras comunidades cristãs.

Essas comemorações têm seu início no último domingo da Quaresma, denominado Domingo de Ramos. A liturgia das palmas evoca a triunfal aclamação dos judeus, quando Jesus entrou na Cidade Santa. Neste mesmo domingo, a leitura da Paixão de Cristo introduz os fiéis no espírito de profunda participação nos sentimentos e na obra redentora de Cristo.

Nos dias seguintes, de segunda a quinta-feira Santa, amplia-se o convite para meditar os padecimentos de Cristo, relendo as profecias de Isaías sobre o Servo de Javé, e a referência dolorosa à traição de Judas.

Na manhã de Quinta-feira Santa, concedia-se o perdão aos penitentes, os quais se aproximavam da comunhão sacramental e eram acolhidos no seio da comunidade fraterna. Havia, além disso – e hoje ainda se conserva –, a missa de consagração dos óleos dos enfermos, dos catecúmenos e o Crisma. Termina assim o tempo da Quaresma.

Na mesma Quinta-feira Santa, começa o Tríduo Pascal, com a celebração vespertina da Eucaristia, "na Ceia do Senhor". No dia seguinte, Sexta-feira Santa, venera-se a Paixão do Salvador. É dia de jejum penitencial em solidariedade com os sofrimentos de Cristo. Não há celebração da Eucaristia, mas, às três horas da tarde, comemora-se o "Verdadeiro Cordeiro Pascal", que – por amor – dá a vida por nós e assim nos justifica.

O Sábado Santo é alitúrgico e recorda a sepultura de Cristo. Os fiéis, então, aguardam a noite para celebrar a vigília festiva da Ressurreição de Cristo.

Na linguagem usual, considera-se "Semana Santa" o conjunto dos dias preparatórios desde o Domingo de Ramos até parte da Quinta-feira Santa, e o Tríduo Pascal que compreende a Eucaristia da Ceia do Senhor, até a oração vespertina do Domingo da Ressurreição.

Nessa mesma semana, a devoção do povo de Deus, ao lado das liturgias oficiais conservou outros atos que ajudam a reanimar a fé no mistério salvífico da morte e ressurreição de Cristo.

Nas Igrejas de Minas Gerais e em tantas outras regiões o povo, em procissão, carrega as imagens e revive o "Encontro" no Calvário entre Jesus e sua Santa Mãe. Há ainda, o exercício da "Via-Sacra", com a meditação de 14 passos de Cristo em sua Paixão. Durante o "Sermão das sete palavras" pronunciadas por Jesus crucificado, o celebrante, numa longa pregação, exorta a comunidade, entre preces e cantos, a colocar em prática as lições da misericórdia de Cristo. Mais conhecida, é a procissão noturna, levando nos ombros o corpo do Senhor morto, quando milhares de fiéis caminhando em silêncio, pelas ruas, prestam ao senhor Jesus a homenagem da confiança e gratidão.

O importante na Semana Santa é a vida nova que Cristo nos oferece: o crescimento na fé, a conversão – pessoal e comunitária – e a prática exigente do amor fraterno. Ajudemo-nos uns aos outros a corresponder a este tempo de graças que a infinita Misericórdia de Deus, mais uma vez, nos concede.

Vigília pascal

11/04/1992

Durante a Quaresma, preparamo-nos, na penitência, para o Tríduo Sagrado da morte, sepultura e ressurreição do Senhor Jesus. A Campanha da Fraternidade sobre a juventude auxilia-nos, apontando, neste ano, atitudes concretas em bem dos jovens, para que se abram à vida nova que só Jesus lhes pode oferecer. Aproximam-se os dias da Semana Santa, durante os quais a participação nos sofrimentos do Salvador introduz-nos na celebração do centro do ano litúrgico, a vigília pascal, na qual se comemora a vitória definitiva de Cristo sobre o pecado e a morte.

Há três realidades interligadas na solene liturgia da vigília.

No fato admirável da ressurreição de Jesus, as primeiras comunidades celebravam o triunfo de Cristo e a fidelidade de Javé, cumpridor da promessa feita ao povo eleito de que um descendente de Davi, ao passar pela morte, não seria entregue à corrupção. Este é o cerne da pregação de São Paulo (At 13,26-37). Daí a exultação e o louvor a Deus, que prorrompe do coração dos fiéis no canto do "Aleluia".

Celebra-se, também, a vida nova comunicada aos cristãos e que garante a esperança da própria ressurreição. Pela Fé, a comunidade festeja a glorificação descrita no Apocalipse (21,4-5), quando Deus enxugará toda lágrima de nossos olhos. Na festa da Páscoa, vislumbra-se a alegria sem fim da perfeita união do amor entre nós com o Pai, o Filho e o Espírito Santo.

Comemora-se ainda, na vigília pascal a presença de Cristo Ressuscitado. Com o auxílio desta presença e o dom do Espírito Santo, tornam-se os fiéis capazes de enfrentar as vicissitudes da existência terrena e anunciar Jesus Cristo. Essas realidades de nossa fé transparecem na sequência dos cinco atos que constituem a mais bela liturgia da comunidade cristã.

Abre-se a celebração com o simbolismo da bênção do fogo e da luz, representando o Cristo vitorioso, que destrói as trevas do pecado. A chama levada em procissão, difunde-se através das pequeninas velas que cada fiel vai acendendo no grande círio. Canta-se o "Exultet", anúncio da Páscoa.

Na liturgia da palavra perdura a tradição dos primeiros cristãos de aguardar, em oração, a aurora da ressurreição. São lidos trechos que recordam a obra da salvação. Ao canto do Glória segue-se a afirmação de S. Paulo no mistério da ressurreição. O "Aleluia" solene introduz a proclamação do Evangelho, seguindo da homilia do celebrante.

O terceiro momento é o do Batismo e Crisma dos adultos. Hoje, a comunidade renova o ato de fé e compromisso batismal. Está assim, disposta a assembleia para participar da Eucaristia, celebrando a nova e eterna aliança no sangue de Cristo Crucificado e comunicando aos fiéis a vida nova de sua ressurreição no amor fraterno.

O júbilo da celebração litúrgica se prolongava numa refeição festiva em que os fiéis, terminando o jejum, expressavam sua amizade na alegria e na paz. Para nós hoje, é mais comum a reunião em família. Poderíamos, no espírito da Páscoa, levar nossa palavra de esperança a parentes que mais precisam de afeto e auxílio e, com generosidade, amparar os que passam por necessidade material.

Toda essa comemoração da vigília pascal adquire pleno sentido quando é assumida pela conversão da própria vida.

Que é, então, celebrar a vigília pascal? Que significa guardar a aurora de domingo e aclamar o Cristo que vence o pecado e a morte? É abrir o coração para Deus, corrigir as próprias faltas, reconciliar-se com o irmão, acolher a criança desamparada, cuidar dos doentes e idosos. É, também, zelar pela correta elaboração e cumprimento das leis, para que haja justiça, honestidade, concórdia e paz social.

Que a vigília pascal faça crescer em nós a vida nova que Cristo quer sempre mais nos comunicar.

Cristo vencedor da morte

18/04/1992

Nada é tão misterioso quanto a morte. Sentimos todos o anseio de viver para sempre. Para isso nascemos. O fato da interrupção da vida desconcerta-nos e atinge-nos no âmago do ser. Vemos as plantas e animais que nos cercam, crescer e cessar de existir. Desde criança sofremos com o falecimento das pessoas queridas. No entanto, dentro de nós, para além da evidência do desgaste das forças, da doença e acidente, permanece muito firme a vontade de ser feliz. Descobrimos, aos poucos, a raiz desta energia interior na perfeição espiritual do nosso ser. Não somos apenas o corpo que experimentamos, pelo qual entramos em contato com o universo material. Somos mais. Muito mais. Somos capacidade de pensar, de decidir com liberdade, de amar. Somos a coragem de viver.

A pessoa humana, na unidade do mesmo ser, é, assim, vivência das condições espaço-temporais e também, afirmação da inteligência, da criatividade, do ato livre, da construção da história. Captamos a necessidade de que contra toda violência e opressão nesta vida, seja um dia cumprida plenamente a justiça. Temos a capacidade de entrar em relacionamento com outras pessoas, pelo conhecimento e afeto. Nossa alegria maior está em descobrir, nesse mundo, a presença de Deus que por amor nos criou e estabelece comunhão conosco.

Tudo isso nos revela que nosso ser transcende os limites da vida temporal e que somos destinados, para além da morte, a permanecer sempre na existência. Não voltaremos ao nada.

Resta, no entanto, o drama, para todos nós, da constatação de que uns antes, outros depois vamos nos aproximando da experiência da própria morte. Apesar de afirmarmos a transcendência do espírito, continua em nós o aspecto misterioso do fim da vida temporal, da sepultura e corrupção do corpo.

A morte e Ressurreição de Cristo vem dissipar dúvidas e temores. A mensagem salvadora de Jesus, Filho de Deus, dá sentido a toda a história. Dor, doenças e morte são consequências de um mal mais profundo, pecado. Cristo é o perdão de Deus. Resgata nossas faltas. Entrega sua vida por nós. Revela-nos o amor infinito do Pai misericordioso. Vence a morte e garante-nos a vida eterna.

Sua ressurreição gloriosa, ao terceiro dia, mostra com evidência aos discípulos que Aquele que fora crucificado e sepultado, não passou pela corrupção, mas vive para sempre.

A beleza da mensagem da páscoa consiste na alegria da libertação do pecado e da morte, graças ao triunfo de Cristo que se estende, sob a forma de promessa, a todos que vem salvar. Eis aí a razão do júbilo do anuncio pascal.

A certeza da felicidade eterna que a fé imprime em nossos corações, por outro lado, vem valorizar esta vida, alimentando a vontade de fazer o bem, de realizar os valores do Evangelho, e de justiça, concórdia e paz. Há mais do que isso. É alegria de quem não teme a morte.

Como sacerdote, quando sou chamado a acompanhar os últimos momentos de doentes, sinto toda a grandeza da mensagem cristã, ao renovar a fé na vida eterna. Apesar do sofrimento, não raro é preciso constatar o semblante sereno de quem se entrega confiante a Deus e o conforto dos familiares.

Religião

Alegremo-nos nesta Páscoa. A promessa de Deus não é de outras encarnações. Participaremos da vitória da Ressurreição. Enquanto isso, vamos dignificar esta vida presente. Graças sejam dadas a Jesus Cristo, vencedor da morte.

30ª Assembleia da CNBB

02/05/1992

Itaici, por dez dias, até 8 de maio, acolhe a Conferência Nacional dos Bispos Católicos, assessores, representantes dos presbíteros, diáconos, religiosos, leigos, dirigentes de organismos pastorais e convidados. Ao todo 426 participantes.

Dois temas foram escolhidos como principais. O primeiro é o das "exigências cristãs da educação", assunto debatido em 1990, após consulta às dioceses, com a colaboração da Associação de Educação Católica, MEB e Abesc. O documento de 1990, analisado durante dois anos, recebeu nova redação em novembro de 1991. Em base as sugestões, quatro meses mais tarde, elaborou-se o texto que é objeto de estudo da atual assembleia. Diante da nossa realidade educacional, concluíram os bispos pela urgência de uma política adequada que possa obviar grandes dificuldades que enfrentamos: inclusão no sistema escolar de mais de seis milhões de crianças e adolescentes de sete a 14 anos que permanecem analfabetas, falta de vagas, deterioração dos prédios, salários insuficientes dos professores e ausência de perspectivas a curto prazo. Propõe-se que a igreja se empenhe, com a palavra e o exemplo, para que a educação seja assumida pela sociedade brasileira como prioridade nacional. Requer-se a educação básica gratuita para todos, melhoria na qualidade de ensino que deve habilitar o aluno ao pleno exercício da cidadania e garantia, dentro da liberdade, para a escolha pelos pais da educação mais condizente para os filhos, de acordo com os próprios princípios morais e religiosos.

Compete ao Estado o dever de zelar pela formação integral, de assegurar o ensino religioso nas escolas governamentais e de promover, com verbas públicas, as escolas comunitárias, confessionais e filantrópicas para que possam, com igualdade de condições, oferecer a todos os seus serviços.

O segundo tema votado para esta Assembleia é a "nova evangelização, cultura cristã e promoção humana" na perspectiva dos 500 anos de anúncio de Jesus Cristo no continente, avaliando frutos, dificuldades e falhas, ao longo do processo evangelizador. A reflexão é feita com especial referência aos pronunciamentos de papa João Paulo II no Brasil e permitirá elaborar propostas para a 4ª Conferência Episcopal da América Latina, em Santo Domingo, com início no dia 12 de outubro. Para esse importante encontro, além de oito bispos que são membros por estatuto, estão sendo eleitos 39 representantes bispos do Brasil.

A pauta incluía ainda análise da situação teológica do Brasil e da conjuntura nacional, com referência ao sofrimento do povo, as graves e notórias injustiças contra o homem do campo e aos ataques recentes a bispos que têm assumido com intrepidez, no Maranhão, Sergipe, Bahia e outros Estados, a defesa da população vítima da violência e desapropriação. Três outros assuntos foram especialmente indicados pela assembleia: a) questões de moral, frente ao grave crime do aborto, o permissivismo e a esterelização; b) atuação da igreja diante da Aids e c) o tema da ecologia e o próximo congresso no Rio de Janeiro.

O dia 1º de maio foi dedicado inteiramente à oração, com pregações de Dom Valfredo Tepe, bispo de Ilhéus, sobre a missão de testemunhar Jesus Cristo nos dias de hoje. Marcando o início de maio, os bispos rezaram juntos o rosário, pedindo a Nossa Senhora novo ardor missionário. Nesse dia, oraram especialmente pelos trabalhadores, aos quais dirigiram mensagem fraterna. Na assembleia sobressai a vontade comum de contribuir para que cresça a justiça e a solidariedade na sociedade brasileira, graças à presença dos valores morais e religiosos que Jesus Cristo nos comunica.

Aqui fica a gratidão às comunidades que nos acompanham com suas preces.

Oração e trabalho

09/05/1992

Dez dias. Foi o que durou a 30ª Assembleia dos Bispos Católicos em Itaici. Mesmo assim, o tempo passou depressa. Oração e trabalho intenso num clima muito cordial e fraterno. Reuniões como esta favorecem o conhecimento recíproco e fomentam a união. Em todos os trabalhos sobressaiu o compromisso de evangelizar e a responsabilidade comum diante dos anseios e sofrimentos do povo. Tristeza por causa dos linchamentos que se multiplicam. Preocupação com a fome e os saques a supermercados. Expectativa pela condição de milhares de acampados aguardando terra para trabalhar. Como ajudar as crianças de rua e as meninas da noite? Tudo isso nos acompanhou nesses dez dias.

A perspectiva dos 500 anos de evangelização do nosso continente leva-nos a reconhecer os muitos benefícios recebidos. É também ocasião de sincera penitência pelos conflitos do processo colonizador, pela destruição das vidas indígenas, pelo padecimento atroz dos povos escravizados e pelas faltas hoje: violência, narcotráfico, cobiça de terra e o número crescente de abortos. Olhando para a frente, o importante é estar a serviço da vida. Pensamos na "Cúpula da Terra", na "Agenda 21", no mundo sem miséria e sem guerra, que responda ao sonho de Deus e seja a casa de todos, onde a natureza é preservada e a pessoa humana, enfim respeitada. A construção de uma sociedade justa requer esforço de conversão e solidariedade para oferecer condições dignas aos mais empobrecidos e dar prioridade à maioria silenciosa. Nosso país precisa investir mais na saúde, educação e moradia.

Daqui a cinco meses reúnem-se os bispos de toda a América Latina, em Santo Domingo. Além das opções evangélicas pelos pobres e jovens, surgiram já novas propostas pastorais: a defesa da vida humana, a evangelização da cultura urbana, a missão própria dos leigos, adequada comunicação social e a promoção das culturas ameríndias e afro-americanas.

Foi aprovado o documento "Educação, Igreja e Sociedade", de 116 parágrafos, tendo em vista a formação integral da pessoa humana e a urgência de melhorar o sistema educacional do país.

Apresentaram-se relatórios sobre questões de liturgia, formação dos presbíteros, pastoral da família, da juventude e do meio universitário. Houve, ainda, ampla notícia sobres as organizações indígenas e a legislação que pleiteiam no Congresso Nacional. Estudou-se o conjunto de causas da atual difusão no Brasil de novos grupos religiosos não católicos.

Deu-se especial atenção à grave realidade de Aids e as iniciativas pastorais que daí decorrem no atendimento aos doentes e sua família.

O plenário manifestou sua solidariedade àqueles que sofrem violência devido aos problemas de terra, principalmente no maranhão, Bahia e Sergipe. Vários bispos, por defenderem o povo, estão sendo acusados injustamente e até perseguidos. É mais uma prova da necessidade de atuação do Poder Judiciário no campo e de legislação complementar que permita implementar a reforma agrária. Neste sentido foram enviadas cartas às presidências do Senado e da Câmara.

Oração e trabalho. Os dez dias passaram. Ficou reforçada a amizade e cresceu a vontade de servir. A assembleia terminou com uma homenagem de fé em Jesus Cristo. Os bispos receberam a bênção e assumiram, com novo ardor, o compromisso de evangelizar. A seguir, cantando, deixaram o auditório, levando à frente uma grande cruz. Partiram jubilosos ao encontro de suas comunidades.

Unidade dos cristãos

23/05/1992

Muitos conhecem, sem dúvida, o grande esforço das igrejas cristãs nestes últimos anos em procurar a unidade que deve existir entre os discípulos de Jesus. A oração de Cristo, na última Ceia, permanece atuante no coração dos fiéis. Jesus, no momento mais solene de sua vida, elevou a Deus Pai a prece confiante pela união dos que o seguiam: "Pai, guarda-os em teu nome, para que sejam um como nós. Não peço somente por eles, mas pelos que, por meio de sua palavra, crerão em mim, a fim de que todos sejam um como Tu, Pai estás em mim e Eu em Ti. Que eles estejam em nós, para que o mundo creia que Tu me enviaste" (Jo 17,1ss). Muito mais hoje, quando percebemos divisões e distâncias entre os discípulos de Cristo, é preciso recordar a oração pela unidade.

Neste espírito de sincera busca da união e de resposta à prece de Cristo, nasceu, aos poucos, a iniciativa da "semana de oração pela unidade cristã". Em 1908, o reverendo Paulo Wattson, da Igreja Episcopal nos EUA, convocava os cristãos para a Oitava pela Unidade da Igreja. Na França, Padre Paulo Couturier, em 1939, propôs a "semana universal de oração pela unidade de todos os cristãos". Sob a ação de Deus, as igrejas foram aderindo ao intenso movimento de oração. Para os católicos, muito ajudou o decreto sobre ecumenismo do Concílio Vaticano II que insistiu na oração, como a alma do movimento ecumênico, e encorajava a semana de oração. Desde então, há um trabalho conjunto do Conselho Mundial de Igrejas e do Pontifício Conselho pela Unidade dos Cristãos da Igreja católica. A "semana" cresceu e se difundiu como a mais bela realização conjunta dos discípulos de Cristo.

Dos dias 31/05 a 7/06, preparam a festa litúrgica do Espírito Santo. As comunidades revivem a experiência dos apóstolos reunidos no Cenáculo, com a presença de Maria, mãe de Jesus, orando e aguardando que se realizasse a promessa de Cristo, vinda do Espírito Santo, que lhes daria luz e força para a missão de evangelizar.

No Brasil, temos, há 17 anos, uma abençoada vivência de colaboração fraterna, graças ao Conselho Nacional de Igrejas Cristãs (Conic), reunindo a Igreja Evangélica de Confissão Luterana, a Igreja Metodista, a Igreja Episcopal, a Igreja Cristã Reformada do Brasil e a Igreja Católica. Através desses anos de conhecimento e estima, surgiram iniciativas de diálogo sobre a Sagrada Escritura e questões de teologia e uma série de promoções conjuntas em vista de uma sociedade justa e solidária, denunciando injustiças e anunciando a Boa Nova da salvação. A "semana de oração" é organizada pelo Conic, que elaborou um texto para os oito dias de prece pela unidade. Neste ano, o tema recorda, também, os 500 anos de evangelização, ajudando a ponderar os valores do passado e assumir o desafio da evangelização nos dias de hoje. Na introdução, o bispo Dom Aloísio Sinésio Bohn, presidente do Conic, exorta as igrejas, numa sociedade cada vez mais marcada com os valores materiais, a oferecerem juntas o testemunho dinâmico do Evangelho de paz, justiça e vida em Cristo.

A semana de oração dá aos cristãos a oportunidade de viverem o mandamento de Jesus "Que todos sejam um". É ocasião, firmes na oração, de desfazer antigos preconceitos e descobrir mais o que une do que o que divide. Faz crescer no coração dos fiéis a prontidão para o diálogo, a vontade de cooperar para os valores morais e religiosos da sociedade e o indefectível amor na busca da verdade. Em todas as igrejas vão se encontrar os irmãos, no anseio comum da unidade.

É na oração fraterna que há de brotar nos fiéis a esperança. Há, sem dúvida, dificuldades a serem superadas. Reconhecemos as fraquezas e fracassos. Maior, no entanto, é o poder de Jesus Cristo que, pelo seu Espírito, vence falhas e toda divisão e faz-nos acreditar na vitória da fé e do amor.

As seitas

13/06/1992

"Posso levar sua mala?", perguntou o rapaz a meu lado. Aceitei. A escada a subir era grande. Meu simpático benfeitor apresentou-se: "Sabe, também sou cristão". E deu o nome de sua Igreja, recentemente fundada, e que até então eu desconhecia. Agradeci ao jovem o gesto fraterno e fiquei pensando nos vários grupos religiosos independentes que estão surgindo. Na linguagem popular, são chamados de seitas. Como avaliar o aparecimento desses grupos que, na maior parte se denominam cristãos e se baseiam na Bíblia?

Que dizer das grandes concentrações religiosas, dos estádios repletos de povo, para ouvir, durante longas horas, os novos pregadores? Que pensar dos católicos que deixam sua igreja, aliciados de porta em porta, pelos grupos independentes?

Temos que reconhecer a boa vontade do povo simples que acolhe, às vezes com sacrifício, as novas pregações. Numa época marcada por tantas formas de materialismo, de permissivismo moral e exacerbação dos instintos e da violência, é, sem dúvida, positivo, constatar em tantas pessoas a abertura a valores espirituais e o forte anseio de Deus. Para além do fascínio dos bens materiais e da febre do consumismo, manifesta-se o desejo do sagrado da verdade de da paz interior. Compreende-se portanto, a procura de ensinamentos religiosos e a vontade de conhecer a mensagem de Jesus Cristo.

No Brasil, a maior parte dos batizados na Igreja Católica mantém vínculos muito frágeis com a sua comunidade religiosa. Frequentam o culto apenas em algumas ocasiões e não procuram aprofundar a doutrina e colocá-la em prática. Tornam-se, assim, católicos nominais e dificilmente conseguem discernir as razões de sua fé a responder às pregações proselitistas. Sentem-se atraídos pelo contato mais pessoal e insistentes convites para pertencer aos discípulos dos novos pregadores, que os ajudam, às vezes, a superar a dependência das drogas, do álcool, do fumo.

Acrescente-se a isso a promessa que os grupos proselitistas fazem de curas e soluções imediatas para os problemas que afligem o povo. Infelizmente acontecem, nestes casos, alguns abusos, comercialização do sagrado e exploração da ingenuidade dos mais simples. Após a atração do primeiro momento, seguem-se a desilusão e busca de outros grupos religiosos.

A maior preocupação nossa não é a das estatísticas, indicando aumento das seitas, mas a pergunta de raiz que devemos fazer às nossas comunidades católicas. Será que estamos respondendo ao anseio da vida espiritual que tantos manifestam? Oferecemos hoje um autêntico testemunho no seguimento de Jesus Cristo? Esse exame de consciência pode nos levar a redescobrir valores e intensificar nossa vivência cristã.

Em primeiro lugar é preciso mais oração pessoal e na vida familiar, baseado na leitura assídua e meditação da Bíblia. Além do culto divino, da renovação litúrgica e das muitas e generosas formas de ação pastoral, não pode faltar o zelo pela formação, aprofundando o conhecimento da doutrina católica. Daí nascerão as atitudes coerentes com o Evangelho e o compromisso de transformação da sociedade, à luz da doutrina social da Igreja.

Nosso país, com o maior número de católicos, não pode continuar apresentando grau tão elevado de injustiças sociais.

Em nossas comunidades entrou, aos poucos, uma certa frieza e distância no relacionamento entre fiéis. Temos assim que recuperar, a exemplo dos primeiros cristãos, o trato fraterno, fruto da estima e verdadeira caridade, em especial atenção aos que passam por necessidade.

Neste dia não haverá mais seitas. Lembremos que a acolhida, a união e a solidariedade são o sinal inequívoco da presença de Jesus Cristo em sua Igreja.

A força da Eucaristia

20/06/1992

Na festa do "Corpo de Cristo" as comunidades católicas prestam homenagem de fé a Jesus, Filho de Deus. No tríduo pascal, os fiéis, a comemorar a instituição da "Nova e Eterna Aliança", procuram valorizar o dom inestimável do Sacrifício de Jesus que se ofereceu por nós. Celebra-se, ainda, a beleza do mandamento da caridade, quando Cristo fez o gesto de lavar os pés dos discípulos, e mostra que o segredo da felicidade está na prática do amor gratuito e universal.

Na quinta-feira, 18 de junho, a festa do "Corpo de Cristo" convocou a todos para expressar a profunda gratidão e louvor a Jesus Cristo pela sua presença entre nós e celebrou a comunhão eclesial cujo centro é o mistério da Eucaristia.

Reuniram-se, portanto, os fiéis nas grandes concentrações de fé e procissões aclamando a Cristo, realmente presente na hóstia consagrada. Além das manifestações maiores em nossas capitais, foram especialmente belas, neste ano as celebrações em Ouro Branco e Congonhas do Campo (MG), com a participação entusiasta de milhares de jovens e crianças. Entre cantos e coreografias, as comunidades renovaram o compromisso público de fé em Cristo e solidariedade fraterna.

Religião

Desejaria chamar atenção para um aspecto fundamental na vivência do amor eucarístico. Jesus, ao instruir a Nova Aliança quis que, sob a aparência do pão e do vinho, os fiéis recebessem o seu corpo e sangue como alimento espiritual.

Ele tornou-se, na Eucaristia, o sustento da fé e da ação pastoral da Igreja. Não é, apenas, prêmio para as que crescem na virtude. Se é verdade que os fiéis devem se preparar para a comunhão, reconciliando-se com Deus pelo perdão, é também, certo que Cristo na Eucaristia quer ser amparo e conforto dos que sentem a própria fraqueza e limitações. Aqui está uma razão especial de nosso louvor a Deus, a de agradecer o auxílio que recebemos para a vivência do mandamento da caridade. O próprio Cristo é a força para que sejamos capazes de perdoar, de vencer barreiras e ressentimentos, enfrentar com paciência e coragem os desafios e dar o testemunho de cristãos na transformação da sociedade.

Compreende-se, assim, a importância do serviço humilde que existe em todas as paróquias e comunidades. Um grupo de fiéis exerce o ministério de levar Jesus Cristo, presente na Eucaristia, a idosos e enfermos. Diariamente, homens e mulheres, com fé e amor, vão a casas e hospitais oferecer a seus irmãos o consolo da comunhão com Cristo na hóstia consagrada.

Todos precisamos dessa força que nos vem da Eucaristia. Quem experimenta grandes sofrimentos e sente a própria impotência percebe melhor a necessidade dessa presença de Cristo no Sacramento. Quantas vezes, nos campos de concentrações e prisões, o único conforto era a Comunhão Sacramental, levada e distribuída até com risco da própria vida. Lembro-me, logo depois do acidente porque passei há dois anos, quando não podia ainda falar, como aguardava o momento de receber a comunhão! Dava-me conforto, paz e energias para aguentar as dores e oferecê-las pelos outros, nos longos meses de recuperação.

A procissão solene da festa do "Corpo de Cristo" percorreu ruas e praças entre manifestações de fé, gratidão e louvor a Deus. No entanto, a cada dia, pelos mesmos caminhos, entrando até nas casas mais humildes, sem chamar a atenção, passam os mensageiros da caridade, levando aos que não podem se locomover a presença amiga e fortificadora de Jesus Cristo no seu sacramento de amor. Nessa festa da Eucaristia, prestemos a estes heróis anônimos da fraternidade cristã a homenagem de nosso reconhecimento.

A ferramenta de Santo Domingo

25/07/1992

Estamos a menos de três meses da 4ª Conferência Geral do Episcopado da América Latina, com início marcado para o dia 12/10/92 na República Dominicana. A data foi escolhida para comemorar o 5º centenário da Evangelização do Novo Mundo. Chegamos, assim, à fase final do longo e proveitoso caminho. São nove anos de preparação, marcados por 19 reuniões gerais e regionais, organizadas pelo Celam, Conselho Permanente, com sede em Bogotá, que promove a unidade da ação pastoral das conferências episcopais em nosso continente.

Dois documentos tiveram larga divulgação e suscitaram notável colaboração dos vários episcopados: o "Instrumento Preparatório", de 1990, com o título "Uma Nova Evangelização para uma Nova Cultura", e o "Documento de Consulta", em 1991, que desenvolve o tema proposto pelo santo padre, "Nova Evangelização, Promoção Humana e Cultura Cristã", com o lema bíblico "Jesus Cristo ontem, hoje e sempre". A referência à promoção humana, feita por João Paulo II, visava às situações difíceis em que se encontra a América Latina, às quais a Igreja procura responder com sua doutrina social e a opção preferencial pelos pobres, tendo especialmente presentes os indígenas, os afro-americanos e os marginalizados das grandes das cidades.

Agora acaba de ser divulgado o "Instrumento de Trabalho", cujo título é o próprio tema da 4ª Conferência, que integra as muitas contribuições enviadas ao Celam. É modestamente apresentado como "ferramenta pastoral" a fim de servir de base para a reflexão dos delegados a Santo Domingo.

O pequeno livro de 220 páginas e 687 parágrafos, publicado no Brasil pelas Edições Loyola, torna-se, assim, facilmente acessível a todos que desejem conhecê-lo. O atual texto que poderá, com liberdade, ser aperfeiçoado e até substituído por outro, já representa, no entanto, uma abordagem enxuta, serena, abrangente e sugestiva do tema. O documento tem três partes.

A primeira trata da realidade latino-americana, começando pela visão histórica da evangelização, estende-se sob o ponto de vista pastoral, a análise da realidade social, cultural e da vida da Igreja no continente.

A segunda parte propõe a iluminação teológica. Recorda o evento central, que é o próprio Jesus Cristo, Salvação de Deus e realização das promessas do Reino. Apresenta a Igreja que continua e proclama a presença e mensagem de Cristo, fazendo especial referência à missão singular da Virgem Maria. E a seguir, com originalidade, aprofunda o tríplice tema: a Nova Evangelização, a promoção humana e cultural cristã.

A terceira parte, recordando os desafios pastorais, oferece, em meio a sinais de esperança, as opções preferenciais de Medellín, Puebla, ainda plenamente válidos, como a opção pelos pobres e pelos jovens, e lança novas opções: vitalizar a missão dos fiéis leigos, evangelizar a cultura urbana, marcar presença no mundo da comunicação ameríndias e afro-americanas. Abrem-se, assim, vastas perspectivas pastorais.

A Igreja, celebrando o 5º centenário, "sem triunfalismos", "entre luzes e sombras, mais luzes que sombras", deseja, como resposta aos graves desafios da hora presente, oferecer, com novo ardor, a mensagem de Jesus Cristo.

Rezemos para que, à medida que Cristo estiver no coração dos latino-americanos, sejamos capazes de realizar a tão desejada "civilização do amor", de vida e de esperança, que garanta e promova a dignidade, libertação e pleno desenvolvimento dos povos e de toda pessoa humana.

Rezar pelo Brasil

15/08/1992

Desde pequeno, aprendi com minha mãe a rezar pela pátria. Muitos, sem dúvida, estamos lembrados da prece que ainda hoje oferecemos a Deus nos atos de solene adoração a Cristo no Sacramento da Eucaristia. "Deus e Senhor nosso, favorecei com os efeitos contínuos da vossa bondade o Brasil. Pedimos que as pessoas constituídas em dignidade governem com justiça e conceda ao povo brasileiro paz constante e prosperidade completa."

Esta prece calou fundo no meu coração. Mais tarde, à luz da teologia; compreendi que é preciso orar sempre por todos. A oração expressa a Deus a nossa confiança de filhos. Pela prece, livremente voltamos nosso coração para Deus para louvar, agradecer, pedir perdão e as graças de que necessitamos. Deus é Pai. Ouve sempre as nossas preces e nos concede o que é para nosso maior bem. A oração é, também, ato de amor ao próximo, porque os colocamos no centro do nosso afeto e do diálogo com Deus.

É hora de rezar pela pátria. Orar pelo povo que sofre. Orar pela concórdia social. Pela oração encontraremos luz e força para superarmos a atual crise ética em que nos encontramos. Na união com Deus teremos discernimento para agir sem paixão, e coragem de vencer a apatia e assumir as graves responsabilidades do momento presente.

Religião

Que pedir a Deus para o Brasil?

Há duas graças a alcançar. A primeira é a ordenação de nossos valores. Precisamos respeitar a prioridade dos valores éticos. Assim, as metas e medidas econômicas devem se harmonizar com as exigências sociais. Não é justo buscar o lucro, ou mesmo o equilíbrio da balança comercial, à custa da miséria que esmaga os empobrecidos. As decisões políticas, por sua vez, têm que se subordinar aos valores éticos que decorrem da dignidade da pessoa. É, portanto, inadmissível que o conchavo político seja feito por atribuição, a bel-prazer, de verbas e benefícios. Procuremos aprender, quanto antes, a beleza do dever cumprido, da honestidade em gerir a coisa pública e banir para outras galáxias toda tentação de fraude, corrupção, clientelismo e outras doenças.

A segunda graça a pedir a Deus refere-se à injusta distribuição de bens. Não é possível, numa pátria em que acreditamos na fraternidade cristã, continuar com tanta desigualdade, num sistema que só tem aumentado a distância entre ricos e pobres, agravada pela fuga de capitais, especulação e lucros excessivos. Ao rezarmos, pedindo a Deus por estas duas graças, estamos rogando também pela nossa conversão pessoal, pois quem não padece de desordem de valores e da febre da riqueza? Quem não resvala na tentação de fraude e de favoritismo fora da lei?

Não podemos, no entanto, perder de vista a situação atual que nos constrange. Estamos diante de um episódio complexo que envolve altos dignitários do governo.

Rezemos, pedindo a Deus que a CPI conclua, quanto antes, sua longa averiguação e que juízes competentes deem seu parecer. Evite-se a paixão. Que a justiça seja feita e sirva de exemplo. Que os jovens que saem às ruas aprendam, assim, a confiar na verdade e nas instituições democráticas.

No entanto, a oração mais insistente diante de Deus deve ir além deste episódio. E depois? Não basta num corpo enfermo curar uma ferida apenas. São muitas as chagas. É preciso que nossa sociedade inteira encontre sua saúde axiológica – a reta ordenação dos valores – e consiga realizar as exigências da fraternidade, assegurando a todos as condições dignas de filhos de Deus.

É hora de nos unirmos todos e de rezar pelo Brasil e pela nossa sincera conversão.

Senhor, abençoai o Brasil

29/08/1992

Diante da atual situação, os bispos católicos, no final da reunião do Conselho Permanente, enviaram às comunidades uma palavra de convocação que nestes dias elevemos a Deus, confiantes, nossas preces pelo Brasil.

Reafirmamos a prioridade dos valores éticos e suas exigências na política, em união com as forças vivas do país. É preciso deixar de lado, definitivamente, a busca de privilégios e vantagens pessoais para colocar o bem comum como objetivo, em todos os níveis da vida política.

Não encontramos, no entanto, o verdadeiro caminho da justiça sem o auxílio divino. Assim, a atitude mais importante é a da confiança em Deus e na força da oração. "Se o Senhor, não construir a nossa casa, em vão trabalharão seus construtores" (Salmo 126).

O que devemos hoje pedir a Deus com humildade e insistência? "Livre-nos do flagelo da corrupção que torna mais dura a vida do povo. Dê-nos força e lealdade na busca da verdade para, sem paixão nem ressentimento, apurar e corrigir as graves lesões contra o bem comum. Ilumine os políticos para que abram sua consciência à graça divina e ao cumprimento do dever. Conceda-nos tranquilidade social e o fortalecimento das instituições democráticas."

Da oração decorre o compromisso de sincera conversão, na vida particular e pública. Não bastam palavras. A profunda mudança interior, vencendo egoísmos e ambições, deve começar já no coração de cada um. Esta cooperação é indispensável para superarmos a crise moral e política do país.

Estão, assim, convocados os membros de nossas comunidades -unidos fraternalmente às demais igrejas e a todos que acreditam em Deus- para intensificar, a começar de hoje, e durante os próximos dias, a oração confiante. Deus ouvirá a prece de seus filhos. Ajude-nos a súplica dos enfermos, das crianças e dos que mais sofrem as consequências da acumulação ilícita e injusta de bens.

A convocação é, também, convite ao jejum que nos torna mais sensíveis à graça da conversão e aos apelos da verdade e da justiça. A penitência agrada a Deus quando nos abre à partilha efetiva com os que passam necessidade.

Este espírito de oração intensa há de nos levar a discernir com lucidez a usar moderação nas mobilizações populares e a manter firme a vontade de corrigir erros e abusos, sem perder – em nenhum momento – o respeito e amor ao próximo, incluindo, à luz do Evangelho, aqueles irmãos que falham ou dos quais discordamos.

Firmes na fé em Jesus Cristo, reunamo-nos frequentemente para rezar. No domingo, dia 6 de setembro, em todas as igrejas, e no dia 7, dia da pátria, em comunhão com os trabalhadores em sua romaria anual ao Santuário de Nossa Senhora Aparecida, estejamos todos unidos, pedindo a Deus por um Brasil mais democrático, justo e solidário. Está em questão o futuro das crianças e dos jovens de nossa pátria. É nossa missão oferecer a eles um horizonte de vida digna que a todos assegure trabalho, educação e saúde, num ambiente de compreensão fraterna, garantia dos direitos e deveres, sem exclusão de ninguém, com erradicação da miséria, discriminação e violência.

Confiamos na providência de Deus que há de nos abençoar e fazer-nos redescobrir a retidão, a solidariedade e a esperança.

Jejum, por quê?

06/09/1992

Os acontecimentos destes dias demonstram a seriedade da crise nacional. Mas a esperança em Deus é grande e faz perceber pontos práticos que emergem entre as incertezas e dificuldades. Cresce o exercício mais consciente da cidadania e amadurece o processo de participação política. O povo procura se informar, acompanha os fatos e vai às ruas de modo pacífico e ordeiro. Os jovens, também, entraram em cena, cheios de interesse, exigindo ética na vida política. As organizações da sociedade fazem pronunciamentos conjuntos, apregoando o fortalecimento das instituições democráticas. Toda esta mobilização é válida desde que continue evitando excessos e tenha por bandeira as grandes metas da defesa dos direitos e do bem comum.

Na última semana, os bispos católicos, reunidos em Brasília, convocaram as comunidades para intensificar a fé, a oração e oferecerem a Deus um jejum penitencial pelo Brasil. Pela fé, reconhecemos a presença e a ação de Deus na vida nacional. A oração confiante nos prepara para enfrentar os desafios desta hora difícil. Precisamos de discernimento para encontrar as soluções certas. Temos ainda que aprender a respeitar a posição dos que pensam de modo diferente. Deve-nos guiar a verdade e o anseio de corrigir os erros sem perder de vista a recuperação dos que falham. É o momento de unir forças para cada um retificar a própria conduta política, a fim de que, daqui para frente, cesse a corrupção, distorções e irregularidades no procedimento dos que governam.

Jejum, por quê?

No Evangelho, encontramos a narração do longo jejum de Cristo, no deserto, ao assumir plenamente sua missão salvadora. É o próprio Cristo que nos adverte da necessidade de oração e jejum para vencermos as grandes tentações e obtermos a correção do mal. O jejum penitencial reforça a nossa prece, purifica o coração da cobiça, silencia a impulsividade, livra-nos do apego irracional às próprias ideias e abre-nos – numa atitude de escuta – aos apelos da verdade e da Justiça.

Cada um vai descobrir, nestes dias, qual jejum que agrada a Deus. A redução no alimento seja oferecida em solidariedade com tantos que são obrigados a fazê-la, quase diariamente, tendo não raro que trabalhar sem saciar a própria fome. Podemos ainda oferecer a dureza e o cansaço das atividades profissionais, a paciência na enfermidade, o esforço para conter o uso do fumo e das bebidas alcoólicas. Valem muito os gestos de acolhida e de reconciliação, os atos de atendimento a doentes, a crianças necessitadas, as visitas a encarcerados e as suas famílias.

Melhor ainda é a partilha fraterna, sabendo dividir com os carentes até os bens que nos seriam necessários.

À luz dos princípios cristãos, já não se trata apenas de buscar solução jurídica de um caso isolado, embora urgente e importante para a vida do país.

A oração e o jejum das comunidades pretendem mais. Devem-nos levar – governantes e governados – a erradicar toda a corrupção, ao compromisso com o bem comum e à promoção dos desfavorecidos.

Unamo-nos, todos, neste domingo, 6 de setembro e no dia da pátria, membros das várias igrejas, religiões, para alcançarmos de Deus a transformação de nossa conduta e da vida política nacional.

8º Intereclesial

12/09/1992

Em Santa Maria (RS), a 290 km de Porto Alegre, estão nestes dias reunidos, de 8 a 12/09, mais de 2.500 participantes das Comunidades Eclesiais de Base. É o 8º Encontro Intereclesial. O anterior, em 1989, realizou-se em Duque de Caxias (RJ). Desde então começou a ser preparado a atual, com o tema "Culturas Oprimidas e Evangelização na América Latina".

Os membros das Comunidades do Brasil vivem um momento de intensa alegria e experiência de amizade. Eleitos pela própria CEB conseguiram comparecer graças à colaboração de suas comunidades, que não mediram sacrifícios para cobrir as despesas de viagem, algumas de vários dias em ônibus. Há bispos, assessores teólogos, representantes de igrejas evangélicas, convidados de 18 países da América Latina. O ambiente é simples, de partilha fraterna, com acolhida pelas famílias de Santa Maria e por 48 equipes de trabalho com 1.400 voluntários.

O tema da "Evangelização e Culturas Oprimidas" foi tratado em cinco blocos: 1) Culturas indígenas, à luz do passado desses povos, a triste situação após 500 anos, em que a maioria das tribos desapareceram, a política governamental e as formas de organização e resistência; 2) a cultura negra com sua história de dor e opressão no período da escravidão, os grandes valores da cultura negra e os desafios atuais; 3) a cultura dos trabalhadores mostrando a situação árdua, a memória da luta pelos direitos, a organização sindical e a consciência política; 4) a condição da mulher nas fases do processo de reconhecimento de seu valor, presença e atuação na conquista de seu espaço e na formação da nova sociedade; 5) a realidade dos migrantes: lembrando o drama do êxodo rural, os movimentos migratórios, a perda das raízes culturais e religiosas, o resgate da dignidade da massa sobrante. Nos meses anteriores, milhares de comunidades no Brasil tiveram em mãos um texto-base, procurando analisar como se deu o encontro da evangelização com as diversas culturas oprimidas na América Latina ontem e hoje, reconhecendo erros e sombras numa sincera atitude penitencial e anseio de construir uma sociedade solidária.

Abriu o programa a solene celebração sobre o Jubileu do ano da graça, declarando livre a "Pátria Grande" e os povos que nela habitam, inspirado nas palavras de Jesus (Lucas, 4), à luz da profecia de Isaías. Entre cantos e aclamações festivas, o rito foi marcado pelos símbolos da luz e da água. A Eucaristia terminou com o louvor a Deus pelas maravilhas operadas, ainda hoje, em meio a seu povo.

Foram cinco dias de oração e estudo com método de intensa participação em 143 grupos e cinco plenários em prédios diferentes. No ginásio da cidade havia momentos com a presença de todos: a celebração penitencial dos 500 anos, o plenário sobre os desafios e compromissos, a oração da esperança. Exposições de livros, gravuras, artesanatos e trabalhos das comunidades contribuíam para o ambiente festivo e acolhedor.

Tudo termina neste sábado com a grande caminhada, "Romaria das culturas", contando com numerosas caravanas de todo Estado do Rio Grande do Sul. A Eucaristia de encerramento comemora a vinda do Espírito Santo e o início da nova Evangelização, valorizando a atuação dos pobres e oprimidos.

Desde o início, a todos alegrou a mensagem do santo padre João Paulo II, que, com palavras de estímulos e bênção renova a certeza da esperança que a igreja contempla as Comunidades Eclesiais de Base e sua contribuição para uma nova sociedade.

A CEB, pequenina semente, cresceu nestes 30 anos e difundiu-se pelo Brasil. Humilde, consciente dos próprios limites e dos desafios que deve enfrentar, vai dando seus frutos de fé e vitalidade eclesial.

Santo Domingo

17/10/1992

Há cinco séculos, em 1492, Cristóvão Colombo chegava ao norte da ilha e denominou "La Hispaniola". No ano seguinte, partiu de Cádiz com 1.500 homens e fundou a primeira cidade com a presença de europeus, no Novo Mundo. Na expedição havia 13 missionários franciscanos. O aldeamento, cinco anos mais tarde, foi transferido para o sul da ilha, hoje, capital da República Dominicana.

É nesta cidade, rica em monumentos, que se realiza, de 12 a 28 de outubro, a 4ª Conferência Episcopal da América Latina, compreendendo 310 membros (234 bispos, 22 sacerdotes, quatro diáconos, 34 religiosos e religiosas e 16 leigos), convidados especiais (24) peritos (20) e cinco observadores de igrejas evangélicas.

A Conferência de Bispos Católicos foi convocada e inaugurada pelo santo padre João Paulo II que, num testemunho vigoroso de fé em Jesus Cristo, iluminou o tema da Conferência, insistindo na necessidade de responder aos clamores do povo empobrecido e às mudanças da sociedade. Continuam os trabalhos sob a direção de três presidentes, cardeal Angelo Sodano, secretário de Estado da Santa Sé; cardeal Nícolas Rodriguéz, primaz de América, e Dom Serafim Araújo, arcebispo de Belo Horizonte.

Esta importante reunião, longamente preparada, nas 22 conferências episcopais, há de ter profunda repercussão na vida eclesial do continente. São três os objetivos propostos: a) celebrar Jesus Cristo, sua morte e ressurreição, centro de vida e da missão da Igreja; b) aprofundar as orientações de Medellín (1968) e Puebla (1979), em vista de uma renovada evangelização que penetre no coração das pessoas, das culturas e dos povos, e anime a promoção humana; c) traçar para os próximos anos estratégias de evangelização que correspondem aos desafios do momento presente.

Os trabalhos, sob forte calor, ocupam o dia todo num ambiente de fé e união. A convivência destes dias, entre momentos de oração e estudos, estreita fortemente os laços de amizade entre os bispos e há de permitir uma ação pastoral conjunta. A grande questão coloca-se no nível da fé. Como anunciar Jesus Cristo com novo ardor missionário? Na América Latina, vivem 43% dos católicos de todo o mundo. No entanto, na grande maioria, são apenas batizados e necessitam de uma nova e vigorosa evangelização. A mensagem de Cristo requer no continente um empenho contínuo para traduzir a fé na vida, erradicar a miséria e oferecer a todos condições dignas de filhos de Deus. Não menos importante é aprofundar o Evangelho, com as diferentes culturas, com especial valorização das culturas indígenas e afro-americanas.

Nestes dias, o pensamento dos bispos brasileiros volta-se constantemente para o nosso país. A delegação ficou consternada diante da notícia do acidente que acarretou a morte do dr. Ulysses Guimarães e dr. Severo Gomes, das respectivas senhoras e do piloto. Temos rezado, pedindo a Deus pelo descanso eterno e prêmio destes irmãos. Conheci-os de perto e aprendi a admirá-los. Sinto o dever de manifestar o profundo apreço e testemunho de probidade, devotamente à família e à pátria e respeito a Deus, por parte destes dois estadistas exemplares. Foram precursores que ansiamos por construir no Brasil e todo continente.

Acompanhe-nos, nestas semanas, a oração de nossas comunidades para que reafirme a nossos povos a mensagem da vida e de esperança de Jesus Cristo.

Santo Domingo 2

24/10/1992

A 4º Conferência dos Bispos Católicos da América Latina está reunida há 12 dias, em Santo Domingo. O trabalho segue em frente num clima fraterno, com alegria e consciência da responsabilidade. Nesta primeira fase, 30 comissões de membros de estudo integradas por membros de vários países procuraram, à luz da fé, analisar os principais desafios e consequentes linhas de ação pastoral referentes aos três temas principais: nova cultura, promoção humana e cultura cristã. Toda esta matéria oferece elementos para o documento final. A assembleia optou por um texto breve que concentre a atenção sobre a pessoa de Jesus Cristo, iniciando com uma ardorosa profissão de fé. Segue-se uma apresentação da Igreja como ministério de comunhão e missão. Após explicar o significado da Nova Evangelização, mostram-se os campos em que esta deve se realizar, estendendo-se até a promoção da pessoa humana e a presença dos valores evangélicos nas diversas culturas. A parte final apresentará opções pastorais prioritárias para a ação da Igreja na América Latina. Haverá também uma carta dos participantes às comunidades do continente, contendo mensagem fraterna de esperança.

Desejo salientar alguns gestos que têm caracterizado esta importante reunião. Impressionou-nos a atitude do santo padre que,

Religião

em seu discurso às populações indígenas em 12/10/92, afirmou que não podemos esquecer "os sofrimentos impostos às populações do continente na época de conquista e de colonização. Temos que reconhecer toda a verdade os abusos cometidos, a falta de amor daqueles que não souberam ver nos indígenas irmãos e filhos do mesmo Deus e Pai". Os mesmos sentimentos foram manifestados pelos participantes da conferência. Voltando a Roma, o santo padre referiu-se à sua presença na República Dominicana como um ato de agradecimento a Deus pela evangelização, mas também de expiação diante da infinita santidade de Deus por tudo o que houve de injustiça e violência nestes séculos, pronunciando palavras de perdão a Deus Pai e às populações indígenas.

No mesmo espírito, os participantes da 4ª Conferência em união com o papa João Paulo II pediram perdão a Deus por um dos episódios mais tristes da história, a deportação de enorme número de africanos escravizados em nosso continente. Esta atitude de penitência marcou profundamente a assembleia. Outro gesto de solidariedade foi a coleta de ofertas para o povo do Haiti. Durante a Eucaristia de sexta-feira, todos os participantes entregaram um envelope com a contribuição pessoal para os irmãos dessa república, que padecem especial situação de desemprego e miséria.

Caracteriza também a assembleia uma atitude de profunda e constante oração. Pela manhã, o tempo principal é dedicado à concelebração da Eucaristia em diversas línguas e com a presença de membros das comunidades da capital dominicana. A oração da tarde é cantada por todos no fim dos trabalhos do dia. Na capela há sempre um grupo de pessoas em adoração diante de Cristo na Eucaristia.

Nos diversos países continua nos acompanhando a prece dos conventos de vida contemplativa, dos enfermos, das crianças e de todo o povo de Deus.

A devoção à Virgem Maria é outro aspecto prioritário desta conferência. Sob o título de N. S. de Guadalupe, padroeira da América Latina, é invocada no início dos trabalhos. O rosto indígena da Virgem Maria guadalupense mostra o apelo à inculturação do Evangelho existente desde o início da pregação da Boa Nova neste continente.

Dentro de poucos dias voltaremos ao Brasil, com o anseio de levar a todos os frutos desta assembleia, para que a evangelização seja nova no ardor, nos métodos e na expressão e a todos chegue a mensagem de vida e esperança de Jesus Cristo.

Santo Domingo 3

31/10/1992

Na catedral de Santo Domingo, com solene Eucaristia, terminou a 4ª Conferência episcopal da América Latina e Caribe. Reinou a união aliada ao anseio de assumir, com novo ardor, a missão de anunciar Jesus Cristo e seu Reino nos dias de hoje. Na última semana a assembleia procurou identificar as linhas de pastoral que hão de merecer atenção nos próximos anos.

O documento final, aprovado com unanimidade (201 votos a favor e cinco abstenções) abre com a proclamação vigorosa da fé em Jesus Cristo Ressuscitado que está presente e atuante pelo Espírito Santo na sua Igreja. A seguir, enaltece a Virgem Maria, modelo de fé em Cristo, que acompanhou nossa evangelização, como atestam os santuários que pontilham o continente. Reafirma a comunhão entre os pastores e com o sucessor de Pedro.

As conclusões pastorais resumem-se em três compromissos: a nova evangelização, a promoção integral dos povos da América Latina e Caribe e a procura de nova evangelização mais inculturada.

O primeiro compromisso, (a) lembra que todos na Igreja- mistério de comunhão e missão- somos convocados a anunciar Jesus Cristo e seu Reino. A novidade está em afirmar a especial atuação dos leigos. Em continuidade com Puebla, insiste-se na opção pelos jovens, força e esperança da Igreja e da sociedade. Aprovou-se, também, intensificar a Pastoral Vocacional que favoreça o aumento do número de sacerdotes, religiosos e religiosas. (b) Houve notável convergência sobre a educação contínua na fé através da catequese e da liturgia adaptadas às culturas e exigências dos nossos tempos, o aprofundamento na fé permitirá aos católicos "dar razão da própria esperança" diante das propostas insistentes de seitas e outros grupos religiosos. (c) A nova evangelização é entendida como impulso missionário para atender aos desafios atuais e estender-se para além das fronteiras do continente, levando a outros povos o anúncio de Cristo.

O segundo compromisso refere-se à promoção integral da América Latina com duas insistências básicas. (a) Não é possível omitir-se diante do empobrecimento da grande maioria do povo. É preciso erradicar a miséria e empenhar-se pela cidadania digna na ordem econômica, social e política. (b) É inadiável a forte opção em favor da vida, desde o primeiro momento da concepção, diante das tremendas agressões que sofrem em nossos países. Isto inclui a promoção da família, "santuário da vida".

O terceiro compromisso é pela inculturação da fé, zelando para que os valores do Evangelho estejam presentes nas culturas e, ao mesmo tempo, que as culturas sejam valorizadas, aperfeiçoadas e promovidas. Trata-se, também, do desafio que a cultura urbana oferece à evangelização e do respeito às culturas indígenas e afro- americanas; da importância, da eficaz ação educativa e da moderna comunicação.

A "mensagem", enviada aos povos da América Latina e Caribe, conclama a todos a se empenharem na reconciliação das discórdias – antigas e recentes – pelo perdão, na solidariedade fraterna, na progressiva integração dos países e na profunda comunhão, por parte da Igreja, em vista da promoção integral e bem-estar de todos.

Valeu a pena o esforço desses 17 dias. Voltamos ao Brasil, agradecidos a Deus e aos que nos acompanharam com sua prece. Confiamos em Jesus Cristo. Em seu nome estamos a serviço da vida e da esperança.

Igrejas cristãs

21/11/1992

Há dez anos, em 1982, cinco igrejas cristãs sentiram-se chamadas a procurar uma comunhão mais profunda na fé e dar um testemunho crescente de unidade da Igreja, assumindo em comum o serviço do povo, especialmente dos mais necessitados. Nasceu, assim, o Conselho Nacional das Igrejas Cristãs do Brasil, Conic. Formam uma associação fraterna de igrejas que confessam o Senhor Jesus Cristo como Deus e Salvador.

O surgimento do Conic é fruto de uma aproximação progressiva feita da amizade sincera entre seus membros e do anseio de realizar a prece de Jesus "que todos sejam um". Para que este ideal possa se verificar é indispensável a ação do Espírito Santo, o respeito e apreço entre as igrejas, o estudo e reflexão em comum sobre as questões teológicas, através, especialmente, do diálogo fraterno. Desde o início reuniram-se cinco igrejas: Cristã Reformada, Episcopal, Evangélica de Confissão Luterana, Metodista e a Católica Romana. Anos mais tarde, a Igreja Presbiteriana Unida e a Católica Ortodoxa Siriana vieram integrar-se no Conic.

Nos dias 18 e 19 de novembro, as igrejas encontram-se em São Paulo para sua assembleia, a fim de avaliar o caminho percorrido e estabelecer as linhas de ação em comum. Ponto alto foi a celebração litúrgica na igreja de Santana, com a participação de várias igrejas cristãs. Após a entronização e leitura da Palavra de Deus, saudações dos dirigentes e cantos marcaram a alegria da confraternização. Comoveu a todos o abraço da paz, símbolo de muito afeto entre os membros e sinal do anseio crescente da unidade.

Gostaria de salientar alguns aspectos da caminhada do Conic. No centro deste esforço de aproximação está a fé em Jesus Cristo, Filho de Deus, na acolhida à sua Palavra e no compromisso com a missão que nos confia. Desta fé nasce a vida de oração aliada ao testemunho dos cristãos. Há vários anos as igrejas organizam a Semana da Oração pela Unidade. Neste clima fraterno desenvolveu-se a estima recíproca que permite a seriedade em tratar os temas teológicos e as situações históricas que estão na origem de várias igrejas. O fruto maior do trabalho do Conic consiste nesta aproximação entre os membros e no estreitamento dos laços de amizade. Isto se dá através do diálogo fraterno, de encontro entre dirigentes, seminários de estudos, assembleias, publicações sobre ecumenismo e pronunciamentos conjuntos.

É preciso, no entanto, chamar a atenção para o aspecto de serviço aos mais necessitados, como exigência do compromisso com o Evangelho. O Conic deu apoio a movimentos de base, procurou combater o racismo e a discriminação. Solidarizou-se com as iniciativas da Comissão Pastoral da Terra, a causa das populações indígenas, a mulher marginalizada. Propôs reformas estruturais e empenhou-se, desde cedo, na promoção da cidadania, na elaboração de leis justas, na ética na política. Neste sentido, foi notável a colaboração das igrejas cristãs na realização, durante 12 anos, de Semanas Ecumênicas do Menor e na elaboração do Estatuto da Criança e do Adolescente.

A atual assembleia do Conic acaba de lançar, ontem, um documento sobre a crise dos valores éticos. Convoca os cristãos, à luz do Evangelho, a não pactuar com nenhuma forma de corrupção e a fomentar a educação para ética, desde as crianças até os adultos, que permita a conversão das atitudes pessoais e o restabelecimento da moralidade pública.

Saudamos, com alegria, os frutos destes dez anos de atividades do Conic. Que este exemplo possa marcar a experiência ecumênica de outros países e alcançar de Deus a graça da unidade sempre maior entre os cristãos.

Onde moras?

05/12/1992

Eis o tema da Campanha da Fraternidade para 1993. A situação da moradia é um desafio cada vez maior. No final de semana realizou-se em Belo Horizonte o 21º fórum nacional dos secretários estaduais da área de habitação.

Quem considera o problema da moradia no Brasil percebe logo o contraste. Por um lado, há a cidade bem planejada, com ruas, praças e jardins. As casas são construídas com arte e solidez. Nossa arquitetura conquistou lugar de destaque no mundo. Os domicílios têm rede de água e esgoto. A coleta de lixo é regular. Mas, ao mesmo tempo, há outras cidades, uma ao lado da outra, com habitações clandestinas, insalubres e sub-humanas. Na capital de São Paulo, o drama salta aos olhos. No centro da cidade, 88 mil imóveis de cortiços e casas de cômodo abrigam três milhões de pessoas. Em vários bairros surgiram as favelas, bolsões de pobreza com um milhão de habitantes. Envolvendo o centro está o cinturão de casas precárias da periferia. Aí residem outras três milhões de paulistas. Temos, assim, 62% da população do município sem habitação condigna. Situação semelhante encontramos em nossas maiores cidades. Só em Recife, há mais 800 mil favelados.

E os que moram na rua? Seu número cresce a cada dia. São na maioria, boias-frias, expulsos do campo e desempregados, que ficam sem dinheiro, sem roupa, sem documento. Quem de nós não se entristece vendo seres humanos, irmãos nossos, sob os viadutos, cavando buracos para se abrigar?

Esta triste realidade questiona a consciência de todos. É como um gemido atroz que requer, com urgência, uma política agrícola e agrária aliada à política habitacional na zona urbana, capaz de garantir moradia digna para cada família. Sem casa não há intimidade, nem segurança, nem estabilidade familiar. Multiplicam-se menores e idosos desamparados.

Os secretários de habitação, reunidos nestes dias, colocaram em comum suas preocupações e projetos. A diminuição das casas populares aumentou o preço das casas para aluguel e venda, causando sofrimento crescente à população de baixa renda, obrigada a buscar soluções precárias e com grave risco. Um dos problemas mais graves é a falta de recursos públicos. Há uma boa sugestão. O futuro imposto sobre movimentação financeira poderá reservar uma adequada porcentagem para habitação popular. Esta decisão acionará empregos novos e a construção tão desejada de casas para a população mais pobre.

Lembramos a conveniência de se promover a unificação e articulação dos movimentos populares de moradia. Está em estudo no Congresso o projeto sobre o Fundo Nacional de Moradia Popular (FNMP), com o mérito de valorizar os grupos organizados que trabalham em regime de ajuda mútua, o mutirão.

Aproxima-se o Natal de Jesus Cristo com sua mensagem de amor e esperança.

A Campanha da Fraternidade 1993 em breve estará animando as comunidades. Será o momento de intensificar a Pastoral da Moradia, para que os valores do Evangelho, da acolhida, da solidariedade fraterna e promoção da família ajudem-nos a responder, quanto antes, ao grande clamor dos milhões sem habitação digna.

Natal de Jesus

26/12/1992

Quem de nós não se alegrou na Noite de Natal? Além dos sofrimentos e apreensões de cada dia, penetra em nosso íntimo a mensagem de paz e amor que Jesus Cristo nos oferece. Mesmo aqueles que nem sempre atendem aos apelos da fé, sentem-se convidados a sentimentos de bondade, reconciliação e desejo de ajudar o próximo.

No tempo do advento muitas comunidades se prepararam, com fervor, para celebrar o nascimento de Jesus Cristo. A grande alegria se manifestou na Eucaristia da noite ao proclamarmos a fé no "Filho de Deus" que se fez homem para nos salvar, revelando-nos o amor de Deus para conosco e convocando a humanidade para a comunhão fraterna.

Aqui estão os dois elementos mais fortes na celebração do Natal: 1) certeza, à luz da fé, de que somos amados por Deus que nos concede o perdão e a esperança em participarmos plenamente da sua vida divina. 2) como resposta de nossa parte, o empenho em abandonar a impiedade, vivendo neste mundo com justiça dedicando-nos a fazer o bem e a estreitar os laços de fraternidade.

A mensagem de Natal requer de nós mudança profunda de atitudes. Na situação de pobreza em que se encontra a maioria de nosso povo, é preciso assumir, com coragem, aas exigências da solidariedade cristã. É verdade que alguns gestos de bondade acontecem nestes dias, com distribuição de brinquedos e alimentos às crianças pobres e suas famílias. No entanto, tem-se difundido o egoísmo que endurece o coração diante do sofrimento alheio. O Brasil está cada vez mais marcado por enorme contraste entre ricos miseráveis. A festa do Natal, entre cantos e luz, deu lugar a gestos excessivos, com troca de presentes, ornamentações custosas e ceias fartas, quando sabemos que a miséria e a fome continuam martirizando milhões de irmãos.

No mundo atual em que o nacionalismo se radicaliza na Bósnia e os conflitos religiosos na Índia destroem templos e vidas inocentes, somos chamados a testemunhar os valores evangélicos do perdão e da paz.

Como fazê-lo, se não conseguirmos antes solucionar o drama da injustiça social que multiplica os bolsões de miséria entre nós? Diante de Cristo, no presépio, vamos nos comprometer a ajudar os irmãos sem emprego, sem terra, sem casa. É Cristo, Nosso Salvador, que nos dará a força para vencermos o egoísmo.

Insisto na importância da fé. Ao visitar, ontem, uma jovem convalescente de operação, falamos sobre o Natal. Pediu-me que opinasse a respeito do artigo publicado, nesta semana, por uma revista de larga difusão sobre "Jesus Cristo, quem era ele?". Emprestou-me a revista. São belas as imagens artísticas que ilustram o artigo. Não posso, no entanto, concordar com a perspectiva do autor, ao afirmar que documentos atuais "mostram, com toda clareza, os equívocos da história, contada até agora, fundamentada no relato confuso e contraditório dos evangelistas". A leitura do artigo revela que as "últimas conclusões dos especialistas" repetem velhas e conhecidas acusações, que já receberam, através das ciências bíblicas e da história, respostas adequadas. Não podemos nos esquecer que a vida e a mensagem de Jesus Cristo foram desde cedo assumidas e transmitidas com fé e amor pela comunidade cristã.

À luz desta fé podemos conhecer quem é Jesus Cristo. É nesta mesma luz que, com alegria, desejo a todos a felicidade em cumprir as lições do presépio. Santo e feliz Natal!

PARTE II
Sociedade

A postura de Dom Luciano diante dos paradoxos e contradições da sociedade brasileira

Os artigos escritos por Dom Luciano no período de 1988 a 1992 estão situados num contexto nacional marcado por muitos desafios do ponto de vista político, econômico e social, como também por uma positiva expectativa e renovada esperança quanto ao futuro da nação. Por um lado, a realidade era de crise nacional, especialmente no que se refere aos crescentes índices de inflação, ao crescimento assustador da dívida externa, aos diversos planos econômicos que não deram certo e ao alto índice de desemprego, o que gerou no povo brasileiro um clima de pessimismo, desânimo e desilusão. Por outro lado, foi um período fortemente marcado pelo processo de consolidação da democracia e implementação da Nova Constituição, o que suscitou nos brasileiros um sentimento positivo de mudança e transformação.

Nos artigos deste período, Dom Luciano chama a atenção para as questões mais urgentes da sociedade da época e procura manter viva a chama da esperança no coração do povo brasileiro. O seu convite consistia em vencer o egoísmo oportunista pela solidariedade e apoio mútuo. Durante esses anos, muitas greves foram promovidas por sindicatos e outras instituições, porém ele incentivava sempre o diálogo e a organização dos sindicatos e associações como caminho de reivindicação pacífica dos direitos trabalhistas. O bispo dos marginalizados tinha consciência de que a saída da crise passaria pela unidade nacional e pela conversão das estruturas e das pessoas. Naquela ocasião, seu olhar e seu coração dirigiam-se ao povo brasileiro que estava sofrendo as drásticas consequências da crise nacional; contudo, sua preocupação maior era para com os mais pobres e excluídos da sociedade, isto é, os mais atingidos negativamente pela realidade desafiadora daquele período.

Foi também nesse período, no ano de 1990, que Dom Luciano sofreu um grave acidente que marcaria, profundamente, a sua vida e influenciaria diretamente os seus escritos. Temas como segurança nas estradas, melhoria de condições de trabalho dos motoristas, prudência ao volante passaram a fazer parte dos seus escritos. Além disso, chamou a atenção para a situação dos enfermos e convalescentes e para o sistema de saúde precário no Brasil, que não atende adequadamente todos os brasileiros.

Devido à pluralidade das temáticas dos artigos estudados e analisados pelo grupo "sociedade", do projeto "Dizer o testemunho II", dividimos metodologicamente este ensaio introdutório em quatro subtemas, a saber: Dom Luciano e os excluídos, a vida como valor fundamental, Educação e inclusão e Lições do acidente.

Dom Luciano e os excluídos

No que se refere aos excluídos, os artigos escritos por Dom Luciano nesse período (de 1988 a 1992) deixam claro que o *Magister amoris causa*[1] sempre manteve uma postura de denúncia do descaso e dos maus-tratos aos grupos sociais minoritários e em situação de risco, mas também sempre teve uma atitude reflexiva e propositiva, sinalizando para as causas da exclusão e, ao mesmo tempo, propondo caminhos de superação dessa dura realidade do Brasil, no período imediatamente após o processo de democratização. Enquanto ainda atuava como bispo auxiliar de São Paulo, seu olhar se dirigiu especialmente aos menores de rua, declarando a sua opção preferencial por eles.[2] Nesse período, de 1988 a 1992, já estava exercendo seu ministério na Arquidiocese de Mariana/MG[3] e a sua preocupação com os menores de rua continuava ainda muito viva, mas seu olhar se alargava e se estendia para outros grupos de excluídos e marginalizados da sociedade: pessoas sem moradia digna, encarcerados, menores abandonados, indígenas, imigrantes,

---

[1] *Laudatio* proferida pelo teólogo João Batista Libânio a Dom Luciano por ocasião da conferição do título de *Doctor honoris causa* pela Faculdade de Teologia da Companhia de Jesus, de Belo Horizonte. Na ocasião, Pe. Libânio afirmou que o título melhor para Dom Luciano seria o de *Magister amoris causa*.

[2] Conferir ensaio introdutório sobre o tema *Sociedade* na obra: SANTOS, José Carlos e MARQUES, Lúcio Álvaro. *Dizer o testemunho I*. SP: Paulinas, 2012.

[3] Foi nomeado Arcebispo da Arquidiocese de Mariana/MG pelo Papa João Paulo II, no dia 06 de abril de 1988, onde permaneceu até agosto de 2006, ano de seu falecimento.

idosos, trabalhadores rurais, portadores do HIV e de deficiências físicas e psíquicas, mulheres, juventude etc. Apontaremos alguns aspectos da sua visão sobre algum destes grupos sociais.

Pessoas sem moradia digna

Apesar de não estar residindo mais em São Paulo, Dom Luciano acompanhou de perto, com grande preocupação e sensibilidade, a questão da falta ou da precariedade das moradias nos grandes centros urbanos. Em seus artigos desse período, relata de modo impressionantemente realista a situação das famílias que moram nos cortiços, favelas e nas ruas das grandes cidades. "Quem vive em cortiços sabe como é dura e difícil a vida. O visitante ocasional apenas de longe consegue captar o drama de quase 3 milhões de habitantes na capital paulista. Moram em casas velhas, divididas em minúsculos quartos, alguns sem janelas. Os sanitários são comuns e insuficientes. A água para cozinha e asseio é colhida em baldes. Não há privacidade. Tudo isso com aluguel caro e implacavelmente cobrado no final de cada mês, obrigando os insolventes à rotatividade de habitação. Eis o sofrimento de muitas famílias à espera de moradia mais humana" (*Utopia e cortiços*, 18/01/1992).

Uma catástrofe que o marcou muito, e que se tornou oportunidade para discutir a questão da precariedade das moradias nas favelas, foi o deslizamento de terra que soterrou a Vila Barraginha, em Contagem/MG, na madrugada do dia 18 de março de 1992, e matou dezenas de pessoas, dentre elas muitas crianças (*Vila Barraginha*, 21/03/1992). A preocupação de Dom Luciano é com as famílias que, sem teto digno para morar, não dispõem das condições básicas para educar os filhos e oferecer a eles a mínima condição de vida. Apontando para a solução deste problema social, ele convoca os poderes públicos e a sociedade organizada para duas ações urgentes: combater o êxodo rural com políticas agrícolas e agrárias eficientes, de modo que favoreça a permanência das famílias na zona rural e, para quem já se mudou para as grandes cidades, mobilização para a construção de bairros e casas populares. Ele cita exemplos de iniciativas positivas nesta direção e convoca a Igreja para uma ação mais eficaz através da pastoral da moradia: "os apelos constantes da doutrina social da Igreja em favor da dignidade da família e da pessoa humana levam-nos a unir esforços e apoiar as medidas que assegurem, quanto antes, condições honestas de moradia para o nosso povo" (*União pela moradia*, 27/07/1991).

Encarcerados

Outro grupo de risco e marginalizado ao qual Dom Luciano deu grande atenção nos seus artigos desse período (1988 a 1992) foi o dos encarcerados. Segundo relatos dele mesmo, a sua sensibilidade para a questão carcerária advém do contato que teve com as múltiplas facetas deste fenômeno na cidade de Roma.[4]

Dois episódios ganharam repercussão na mídia brasileira e Dom Luciano se serviu destes tristes acontecimentos para conclamar a sociedade brasileira a dar atenção especial para os encarcerados: o assassinato de 18 presos, por asfixia, na Delegacia do Parque São Lucas, Zona Leste de São Paulo, ocorrido no dia 05/02/1989, e o massacre de 111 detentos na casa de Detenção, no Carandiru, ocorrido no dia 02/10/1992. Dom Luciano mostrou em seus escritos que não basta indignação diante dos episódios, mas é preciso analisar as causas da superlotação dos presídios e cadeias e averiguar a triste realidade do sistema carcerário brasileiro. Para ele, as grandes causas da desordem social que leva tantas pessoas para a prisão são a desigualdade e a injustiça social. Além disso, muitos dos que cometem crimes são doentes psíquicos e precisam

---

[4] Dom Luciano morou em Roma durante vários anos e, nesse período, visitava constantemente os presídios daquela cidade.

não tanto de prisão, mas de um tratamento médico adequado. Ele denuncia a superlotação das prisões e o modo desumano como os prisioneiros são tratados. Denuncia ainda o despreparo dos policiais e do pessoal que trabalha nos presídios, o que torna o sistema prisional ainda mais desumano (violência, corrupção, subornos etc.). Dom Luciano pedia às autoridades competentes e ao Estado que oferecessem a todos os presos garantia de defesa jurídica, novas e adequadas estruturas físicas, evitando a superlotação e a promoção de um projeto de recuperação que envolvesse oportunidade de trabalho e sadia ocupação para os presos: "Fica aqui um apelo às autoridades administrativas e jurídicas. É preciso construir novos locais para detenção dos que praticam o crime. Nesses ambientes é indispensável criar condições de trabalho e de sadia ocupação do tempo, abrindo a esperança da recuperação. Requer-se ainda a formação dos responsáveis pela custódia dos detentos e a garantia de defesa jurídica, conforme os direitos fundamentais da pessoa humana" (*Sistema Carcerário*, 18/02/1989).

Ao lado da constatação do caos no sistema prisional, o bispo dos excluídos coloca em evidência a belíssima e eficaz atuação das APAC's (Associação de Proteção e Assistência aos Condenados), que estavam surgindo naquele período, evidenciando especialmente a sua benéfica pedagogia de intervenção junto aos presos e seus familiares, a sua política de proteção e assistência aos condenados e o processo de progressiva reinserção destes na sociedade. Elogiava o sucesso da pedagogia das APAC's, apontando para os baixos índices de reincidência dos presos e sua positiva reinserção social. Em seus artigos, Dom Luciano conclama sempre a Igreja a intensificar sua ação junto aos prisioneiros, fortalecendo a pastoral nos presídios.

Os menores abandonados

Para Dom Luciano, a vida é um valor fundamental inquestionável e, como tal, deve ser respeitada, protegida e preservada em todos os momentos e circunstâncias, pela própria pessoa, pelos outros e pela sociedade. Muitas vezes a própria pessoa é incapaz de protegê-la, devido a vários fatores, e esta se torna bastante frágil e vulnerável. Basta pensar a vida de um enfermo que perde sua consciência, a vida de um nascituro, a vida de muitos que são totalmente dependentes de outros ou vítimas de grandes injustiças em um mundo carente de amor e atenção.

Dentre as pessoas que têm suas vidas ameaçadas, Dom Luciano dedicou grande reflexão e preocupação para com os menores de rua, tão desprotegidos e feridos em sua dignidade de pessoa humana. Ele conclamava a sociedade para uma ação urgente em favor dos menores abandonados que viviam nas ruas: "Onde há uma criança abandonada, há alguém que a abandonou" (*Menores de rua*, 07/09/1991).

Para ele, a culpa da situação das crianças abandonadas recai sobre a sociedade, especialmente sobre os que têm o dever de promover o bem comum e não o fazem. E a mesma sociedade que cria estes excluídos, trata-os com omissão: "A verdadeira questão é a atitude omissa da sociedade diante do empobrecimento progressivo da maior parte da população. O fato é agravado pelo êxodo rural e pela dissolução da família, obrigada a constante mobilidade e a situações deprimentes nas periferias e cortiços das cidades. Todos nós sabemos que nosso país vai perdendo suas características rurais e não consegue acomodar nas zonas urbanas milhões de migrantes, que ficam expostos à miséria e degradação moral. É nesse contexto que as crianças e adolescentes tornam-se as maiores vítimas do desequilíbrio social de nossa pátria. Quando o lar se desfaz, para onde vão os filhos? De quem é a culpa? A solução não está em reprimir os menores. Menos ainda em considerá-los agressores da sociedade. A maior responsabilidade é nossa, dos adultos e, em especial, dos que têm o dever primário de zelar pelo bem comum. Torna-se necessária uma ação conjunta e pedagógica que distribua melhor as competências, racionalize os serviços e assegure os recursos" (*Menores de rua*, 07/09/1991).

O problema do menor abandonado é muito complexo e Dom Luciano não era ingênuo nessa questão, sabia que estes são vítimas de uma realidade mais ampla de injustiça, consequência de múltiplos fatores e desajustes. Por isso, ele não só denunciou veementemente aqueles que pensavam que a solução para acabar com essa triste realidade estava em prendê-los, puni-los ou pior, exterminá-los, mas se empenhou muito para conscientizar a sociedade a fim de que esta, com suas várias instituições e iniciativas, não deixasse que esses seus membros se definhassem, mas fossem realmente protegidos e amparados (cf. *A vida vale muito*, 26/05/1990).

Quanto ao tema dos menores abandonados, Dom Luciano usava sua sabedoria pedagógica para, de um lado, denunciar fortemente as injustiças e, de outro, elogiar e apoiar iniciativas que, mesmo imperfeitas e parciais, pareciam trazer algum auxílio no processo de conscientização da sociedade para o dever de cuidar dos menores com valores éticos e cristãos. Exemplo disso está no elogio que fez ao projeto *Criança Esperança*, promovido pela Rede Globo em parceria com a Unicef, mesmo entendendo que a mudança mais radical deveria ser de mentalidade, tanto da sociedade quanto dos governos federal, estadual e municipal: "Nestes dias, uma campanha humanitária da Unicef assumida pelos meios de comunicação apregoa a mensagem: 'Criança Esperança'. O principal é o trabalho de conscientizar as sociedades através dos meios de comunicação para que em todo o país, de Norte a Sul, se assuma o compromisso de promover a vida da criança. Prevê-se arrecadação de recursos para o financiamento de projetos de saúde e educação, especialmente pensando no bem das crianças deficientes [...]. No entanto, o mais importante é a mudança de atitude para com a criança na família e nos programas de governo. É preciso que a lei orgânica municipal e a Constituição do Estado, com criatividade, focalizem o atendimento aos menores, garantindo trabalho e habitação para seus pais. Sem estabilidade e condições dignas para a família, como assegurar a educação da criança? Por isso é urgente perceber uma distorção geral na economia do país. Os investimentos financeiros, as aplicações no *over* superam cada dia mais o investimento que oferece oportunidades de trabalho. Este desequilíbrio crescente é uma das causas mais graves da situação de miséria que oprime a criança brasileira. O verdadeiro lucro não está na acumulação de bens, mas na capacidade de fazer o bem" (*Criança esperança*, 15/10/1988).

Portadores de HIV, excepcionais e mulheres

Três grupos minoritários e excluídos mereceram a atenção nos artigos de Dom Luciano, dentre eles os portadores de HIV, os excepcionais (denominação usada na época) e as mulheres.

Ele se preocupava com a difusão da Aids no Brasil e no mundo e sua reflexão apontava para a necessidade de uma educação preventiva, para o atendimento digno aos portadores de HIV, para a assistência solidária aos seus familiares e para o incentivo das pesquisas nessa área.

Quanto aos excepcionais, Dom Luciano via a necessidade de o poder público e a sociedade organizada incentivarem as diversas iniciativas de apoio aos mesmos, especialmente o trabalho das Apae's (Associação de proteção e assistência ao excepcional), que, na sua visão, oferecem um tratamento digno aos portadores de necessidades especiais e promovem um trabalho de inserção dos mesmos na sociedade.

Quanto à mulher, Dom Luciano cita a Carta apostólica do Santo Papa João Paulo II, *Mulieris dignitatem*, chamando a atenção para a necessidade de se descobrir as fontes da dignidade da mulher e valorizar a sua atuação nos diversos setores da sociedade.

Juventude, povos ianomâmis e imigrantes

Toda a trajetória de vida do bispo auxiliar de São Paulo e, posteriormente, Arcebispo de Mariana foi marcada pela defesa da dignidade e da vida das minorias. Dom Luciano sempre esteve disposto a ajudar a quem precisasse, com palavras proféticas e atitudes evangélicas. Lutou até o fim de sua vida para garantir vida e dignidade para todas as pessoas. Em seus artigos escritos nesse período, fica evidenciada a sua luta por uma juventude saudável e feliz, pela vida e dignidade dos povos ianomâmis, e sua preocupação constante com os migrantes.

Dom Luciano abordou o tema da juventude contextualizando a sua reflexão dentro da realidade da época, revelando a desesperança dos jovens diante de uma realidade desafiadora, especialmente para eles, tais como: as drogas, a violência, a falta de políticas públicas que beneficiassem os jovens, a permissividade moral, o relacionamento sexual e a gravidez precoce etc. Ele reconhece que a juventude está sempre à procura, descobrindo-se, e, por isso, vive intensamente todas as experiências. Segundo ele, é preciso que os jovens voltem o seu olhar para Cristo a fim de retomarem a alegria de viver. Sua palavra para a juventude foi sempre de incentivo, entusiasmo e constante convite à reflexão diante das maléficas solicitações da sociedade da época.

Outro grupo minoritário que despertou o interesse compassivo de Dom Luciano foi o dos povos ianomâmis. Diante das ameaças dos garimpeiros que invadiam as terras desse povo indígena, destruíam suas moradias e, além disso, disseminavam doenças e desrespeitavam a sua cultura, por várias vezes Dom Luciano escreveu denunciado essa dura realidade, dando visibilidade para um problema pouco conhecido na época. Numa atitude de coragem profética, intercedeu por esse povo sofrido e não descansou enquanto o poder público e as autoridades competentes não salvaguardassem as terras, a moradia e a preservação da cultura desses povos indígenas.

Com seu olhar caridoso e terno, Dom Luciano chamou a atenção também para os sofrimentos dos migrantes, daqueles que deixavam moradia e família para trabalhar nas grandes cidades, com o objetivo de oferecer melhores condições de vida para seus familiares. Muitas vezes eles eram mal recebidos nas cidades, explorados e maltratados pelos seus patrões e desrespeitados nos seus direitos humanos básicos. Diante dessa dura realidade, Dom Luciano mostrou que tudo isso era consequência do êxodo rural, que deveria ser evitado com políticas de incentivo ao trabalhador rural, e apontou para a necessidade de acolher bem essas pessoas. Para ele, a Igreja deveria ser o lugar onde essas pessoas se sentissem acolhidas. Foi nesse contexto que ele propôs a pastoral da acolhida.

Os sem-terra, idosos e trabalhadores rurais

Dotado de grande sensibilidade e amor aos mais simples, Dom Luciano analisa, denuncia e propõe caminhos de esperança para os idosos e aposentados, para os trabalhadores desempregados e também para os homens do campo.

Em relação aos idosos e aposentados é notável a sua grande preocupação com a forma de vida que são obrigados a assumir na velhice. Dom Luciano argumenta que estes ofereceram sua vida e força de trabalho para a construção da sociedade e no fim de suas vidas mereciam viver com dignidade. Ele fala das dificuldades enfrentadas pelas pessoas idosas, como a locomoção e a solidão, e propõe uma formação de consciência em relação a elas. Segundo ele, é necessário o zelo para com a vida em todas as suas etapas, principalmente nesse estágio em que a pessoa fica mais fragilizada e carente. É missão e tarefa do cristão agir eficazmente a favor dos idosos e aposentados.

Dom Luciano faz profundas reflexões a respeito dos trabalhadores urbanos, denunciando especialmente as péssimas condições de trabalho a que são submetidos. Indica que a melhor forma de os operários defenderem seus direitos é por meio da organização em sindicatos, visto que, unidos, podem exigir que seus direitos sejam garantidos e a sua dignidade, reconhecida. Por outro lado, Dom Luciano se preocupa com o número crescente de desempregados e afirma que o trabalho é um direito de todo ser humano. Ele denuncia o enriquecimento e o desenvolvimento financeiro das empresas conseguido às custas da exploração dos trabalhadores e da demissão de muitos outros. O pano de fundo que emoldura a realidade do mundo do trabalho passa pela necessidade de se colocar em primeiro lugar o ser humano, conferindo-lhe condições melhores de trabalho, remuneração digna e respeitando os seus direitos. Não se pode colocar em primeiro lugar os interesses financeiros e empresariais.

Em seus escritos, Dom Luciano se ocupou também da denúncia da desvalorização do homem do campo, o que traz como consequência o êxodo rural. Ele afirma que, para se resolver o êxodo rural, é necessário investir no campo, pois a mudança do homem do meio rural para os grandes centros urbano ocorre devido à falta de assistência dada ao primeiro. Ele cita as experiências das EFA's (Escolas Famílias Agrícolas) como iniciativa feliz para os jovens do campo, pois estes encontram em seu próprio ambiente onde moram a formação necessária e o incentivo para se manterem junto de suas famílias. Pensando na questão do trabalhador rural, Dom Luciano mostra que a terra é um direito que deve ser garantido a todos, por isso é urgente a promoção da reforma agrária. Cita Chico Mendes como modelo de homem que lutou pela preservação da floresta amazônica, pelos direitos dos seringueiros e pela repartição justa da terra. Dom Luciano também se preocupava muito com o aumento da violência no meio rural e convoca a todos para a manutenção da paz através da solidariedade e do diálogo.

A vida como valor fundamental

Dom Luciano sempre se preocupou em responder aos desafios de sua época, desenvolvendo diversas iniciativas que dessem respostas concretas aos problemas que atingiam a sociedade. Pastor atento e zeloso, ele não mediu esforços para salvaguardar o reconhecimento da dignidade humana. Por isso, sua luta diária consistia na defesa da vida, na inclusão social e na promoção da pessoa humana. Durante anos, Dom Luciano combateu inúmeras posturas políticas e sociais que ameaçavam os valores fundamentais da vida e da pessoa humana, como o ataque da mídia às famílias, a legalização dos cassinos e a má distribuição de terra.

Uma das principais preocupações de Dom Luciano era com a realidade social em que vivia o povo brasileiro. Sempre atualizado sobre os fatos ocorridos por todo o mundo, especialmente na América Latina, analisava-os criticamente à luz do Evangelho, voltando sua atenção, principalmente, para a situação dos pobres e marginalizados. Ele insistia que os problemas sociais do nosso país poderiam ser resolvidos caso uníssemos nossos esforços numa corrente de solidariedade e amor fraterno, mesmo que isso parecesse utopia, já que a sociedade se encontrava tão marcada pela injustiça e pelo ódio. Apesar dos desafios da contemporaneidade, a mensagem de Dom Luciano sempre foi pautada na esperança, mostrando que ainda há exemplos de atitudes concretas que podem fazer a diferença na luta por um mundo melhor.

O olhar terno e sereno do pastor, preocupado com a vida do seu povo, fazia com que ele zelasse paternalmente pela vida de todos, especialmente dos mais simples. Segundo ele, todos somos chamados por Deus para a missão de discípulos, promotores de um reino de paz e justiça. Portanto, é dever de todos promover a igualdade, contemplando com os olhos misericordiosos e da fé o rosto de Deus em cada face humana. A exemplo dos santos dos nossos dias, somos também chamados a ser construtores de uma sociedade mais justa e fraterna, seguindo o exemplo e o mandamento de Jesus Cristo. Dom Luciano afirmava que essa nova sociedade só seria possível quando nos abríssemos para a Palavra de Deus e cultivássemos a esperança na concretização do seu Reino, certos de que a esperança é a palavra final.

Educação e inclusão

O quadriênio que agora estudamos está marcado por intensas mudanças. A primeira delas é a transferência de Dom Luciano da Arquidiocese de São Paulo para a Arquidiocese de Mariana, onde se tornou Arcebispo metropolitano. Depois, no cenário nacional, temos a gigante mudança no campo da política: o povo brasileiro sai da ditadura militar e elege, em 1989, diretamente, o seu presidente da República. Ainda no cenário político nacional temos a construção e execução da nova Constituição Brasileira promulgada em 1988. É nesse cenário que os textos escritos por Dom Luciano adquirem um cunho profético.

No volume anterior, vimos que o tema da educação foi objeto de preocupação de Dom Luciano desde o período em que se encontrava em São Paulo. O grau de analfabetismo da população era muito elevado e, em localidades menores, a educação era privilégio de poucos. Agora, a discussão sobre o tema ganha um enfoque novo, porque, com a promulgação da nova Constituição, com os Estatutos e as Leis que regem o ensino brasileiro, a educação estava passando por grandes transformações. Percebendo a importância do momento, nosso arcebispo e toda a Igreja no Brasil se debruçaram sobre esse tema.

Em 1989, a CNBB, que tinha Dom Luciano como seu presidente, na Assembleia Geral dos Bispos do Brasil em Itaici, teve como eixo principal de discussão o tema da educação. Em seus textos desse período, o arcebispo apresenta sua preocupação e a preocupação da Igreja na busca de uma educação que fosse inclusiva e integral. Enquanto sonha com uma educação para todos, Dom Luciano afirma que não é problema a existência de escolas particulares, mas é preciso que estas estejam abertas ao diálogo e à caridade. Além disso, chama a atenção do governo para que a educação fornecida pelas escolas públicas seja de qualidade, a exemplo do que acontecia nas escolas particulares.

Para o arcebispo de Mariana, a educação deve incluir o jovem ou a criança na sociedade, sem negar suas origens ou cultura. Nesse sentido, Dom Luciano apresenta e defende a implantação de um sistema educacional para os filhos dos pequenos agricultores, que, para ter acesso aos estudos, muitas vezes são obrigados a deixar o campo e suas atividades. Ele incentiva a implantação das EFAs: Escolas Família Agrícola. Esse sistema educacional funciona em períodos de alternância entre a estadia do estudante na escola e na família, visando que ele não perca o contato com suas origens nem os princípios de trabalho lá aprendidos. Nas EFAs o aluno também aprende técnicas de cultivo e de cuidado para com os animais, para aplicá-las no período em que estiver em casa. Na arquidiocese de Mariana temos muitas escolas com a metodologia da alternância, para atingir o grande número de cidades que constituem a Igreja particular de Mariana. Na sua maioria elas são frutos de grandes esforços desse zeloso pastor que sempre trabalhou visando a melhor servir ao povo de Deus.

Lições do acidente

O ano de 1990 foi um divisor de águas na vida de Dom Luciano. Em março, durante uma de suas incontáveis viagens, o já Arcebispo de Mariana sofreu um gravíssimo acidente que o deixou durante algum tempo afastado de suas atividades. Nesse período, precisando da ajuda de inúmeras pessoas para se locomover, visto que se encontrava necessitado de cadeiras de rodas, marcado pela dor e pelo sofrimento, Dom Luciano debruçou-se ainda mais sobre o tema da fragilidade e da miséria humanas, dando testemunho do amor de Deus especialmente pelos mais frágeis e sofredores. Ainda no hospital, suas primeiras palavras, mesmo que escritas, foram "Deus é bom". Diante da situação de enfermidade, sua atenção se voltava, especialmente, para os convalescidos. Assim ele afirma: "Nesses dias de convalescência, Deus me ajudou a compreender os deveres para com os irmãos necessitados. Abre-se aqui um horizonte de iniciativas no campo individual e social. Que atenção, quanto tempo dedicamos aos que sofrem deficiências? Cada um é chamado a refletir e a responder em sua própria vida. Podemos imaginar quantas pessoas, em nossos próprios lares, passaram a ser alvo de cuidados, de interesse em distraí-las e devotamento em atendê-las no seu sofrimento" (ALMEIDA, *Descobertas*, 19/05/1990).

Contudo, Dom Luciano, mesmo antes de sofrer tal acidente, já nos chamava a refletir sobre o cuidado que devemos ter para com nossa vida e a vida do próximo. Em um texto intitulado *Respeito à vida*, de 14/01/1989, o Arcebispo nos chama a atenção para o cuidado com a vida. Segundo ele, "Entre as formas de violência que mais afligem a população está o acidente de trânsito" (ALMEIDA, *Respeito à vida*, 14/01/1989). Chamando a atenção para os males que fogem do nosso alcance, como furacões e terremotos, Dom Luciano ressalta que o acidente de trânsito é algo que pode e deve ser evitado. Visando isso, ele nos apresenta quatro diretrizes para superar as catástrofes das rodovias: 1) educação cívica para o cumprimento das leis; 2) manutenção dos carros e das estradas; 3) mudança de comportamento dos motoristas, para que respeitem as sinalizações; 4) superação do alcoolismo combinado com noites inteiras nas estradas.

Para o Arcebispo de Mariana, cuidar da vida é também ter responsabilidade na condução de veículos e conservação das estradas. Além disso, respeitar a vida é cuidar daqueles que sofrem e se encontram convalescidos e que, muitas vezes, estão sozinhos e abandonados porque se tornaram demasiadamente pesados para a família, mesmo sem terem culpa do que lhes acontecera.

Caminhos da juventude

02/07/1988

Para onde vão os jovens? Basta ler os jornais. O tóxico se espalha, fazendo vítimas entre os jovens de todas as classes sociais. Cresce a permissividade moral com desvios para o relacionamento sexual precoce e anormal. Isto acarreta desencanto pela vida conjugal, sem horizonte de comunhão profunda, entregue à mercê do egoísmo e do capricho.

A violência e a criminalidade juvenil aumentam sem freio. Ainda há poucos dias noticiava-se que em Los Angeles 600 quadrilhas de jovens disputando o domínio da área confrontam-se até o sangue com revides de terrível vingança no estilo da máfia. Nas grandes cidades do mundo inteiro a vida noturna é brutal, com saldo diário de assaltos e assassinatos incontroláveis.

Tudo isso gera frustração e anuncia um futuro de pouca esperança.

Não se trata de insistir nos aspectos negativos para criticar a juventude.

De quem é a culpa? Temos que aceitar a parte de responsabilidade que nos compete. Esta juventude nasceu num mundo em guerra, atormentado pela ambição econômica e nacionalista. O passado ainda recente, não permite esquecer o terrível holocausto dos judeus, os campos de concentração, as deportações na Sibéria e a chacina de Sabra e Chatila. Nossos dias continuam fomentando a injustiça do racismo, as desigualdades sociais, o tráfico de droga e a exploração sobre o Terceiro Mundo.

Pensemos no desmantelamento da família em que vivem esses jovens. Muitos nem conhecem seus pais. A situação se torna mais complexa quando interesses econômicos dominam os meios de comunicação social e difundem, sem escrúpulos, um tipo de cultura, marcado pelo luxo, violência e desordem moral.

A esse respeito cabe uma reflexão sobre a legalização dos cassinos. Venceu o voto do bom senso. Era preciso não ceder à tentação. A miragem de ganho fácil, a futilidade do ambiente, a indolência diante do trabalho, tudo isso mostra que qualquer lei, beneficiando as casas de jogo, constitui um distanciamento do compromisso com o povo mais simples e enorme dando à juventude do Brasil.

Ao vermos tantos jovens que se desorientam, temos não só que bater no peito, mas agir criando condições para que possam acreditar na vida. Entendemos, assim, melhor os apelos de João Paulo II e da CNBB em favor dos jovens.

Valorizemos os bons exemplos. Durante 20 dias, amis de 150 mil jovens, a pé, revezando-se, ao longo de 700 quilômetros pelas cidades do Norte da Itália, realizaram monumental caminhada pela paz e justiça no mundo. A ideia nasceu de Ernesto Olivero, que há mais de 25 anos investe suas energias a serviço da juventude. Homem simples, pai de família, trabalha como bancário em Turim. Com auxílio de centenas de jovens transformou um velho arsenal de guerra em casa de esperança. Num ambiente de amizade e fé funciona o "Arsenal da Paz", como centro de encontros para a juventude e de acolhida a migrantes. Estes jovens, através dos quilômetros de estrada conversavam e discutiam sobre o desarmamento, a liberdade para o Líbano, a paz entre Iraque e Irã, menores abandonados, situação dos cárceres e luta contra Aids. Buscavam caminhos novos e alimentavam, na Palavra de Deus o idealismo para construir uma sociedade solidária e fraterna.

Temos também nós que devolver esperança à juventude do Brasil. Para isso é indispensável aplicar recursos na formação dos jovens, criando condições de trabalho, saúde, instrução e fé nos valores que dignificam a pessoa humana. Eis aí a prioridade, não só para a ação pastoral da Igreja, mas para todo investimento nacional.

Grandes desafios

09/07/1988

As recentes pregações e viagens apostólicas do Santo Padre, revelam uma excepcional capacidade de perceber e enfrentar os grandes desafios de nossos dias. Tudo isso se transforma em oração e solicitude, no anseio de ver a pessoa humana alcançar a concórdia e a paz social, e transcender as vicissitudes desta vida após a morte na certeza da comunhão plena com Deus e entre nós.

Quais são os grandes desafios que também para nós devem se tornar tema constante de oração e meta de nossos esforços? O sistema de informação fez do planeta uma pequena aldeia. Quase não há mais fronteira para os temores, preocupações e esperanças dos diferentes povos e nações. O terrível acidente aéreo no golfo Pérsico e a catástrofe com operários na mina da Alemanha são rapidamente divulgados no mundo inteiro.

Temos que sair da pequenez de nosso horizonte não só para captar a notícia, mas para assumir, a exemplo de João Paulo II, tudo que angustia e desafia a dignidade da pessoa humana.

O problema do desarmamento e da superação das guerras, requer decisões mais firmes. Isso aflige povos inteiros. Basta considerar a rejeição dos mísseis e as campanhas pacifistas na Europa Ocidental. No entanto, continuam a ser fabricadas, sem cessar, armas de enorme poder destruidor. Será que a corrida aos tóxicos por parte dos jovens, não está no fundo, relacionada com o repúdio de uma sociedade vazia e que não lhes oferece vontade de viver? A existência perde seu encanto. Sem ideais, a juventude facilmente descamba no vício e na droga.

Ao lado da violência institucionalizada pela guerra, percebemos o flagelo da injustiça social e de certos tipos de racismo e nacionalismo que obrigam grande parte da humanidade a uma subvida na desnutrição e enfermidade. Não são apenas as nações do primeiro mundo que atrofiam as subdesenvolvidas. Mas, nestas nações, a desigualdade social se acentua sempre mais, distanciando grupos privilegiados e as classes desfavorecidas.

No nível da liberdade, principalmente religiosa, é ainda grave a asfixia, a que são submetidas nações inteiras. Espera-se muito da abertura no Leste europeu, mas estamos longe do exercício da verdadeira liberdade, com direito ao ensino religioso nas escolas e à expressão pública da própria fé. Neste campo é preciso ampliar também a dimensão do diálogo entre os grupos religiosos. Num clima de paz e entendimento deve ser possível dar a conhecer aos outros seus próprios valores e respeitar as convicções dos que pensam de modo diferente, numa busca conjunta de liberdade. É necessário, em especial, que o Ocidente se prepare para um diálogo amplo com as populações muçulmanas.

Acrescentem-se a estas preocupações os problemas bioéticos que, se por um lado abrem novas áreas de conhecimento, apresentam perigo de manipulação e de respeito em relação à vida humana. Basta considerar o financiamento crescente para a aplicação de novas técnicas a campanhas antinatalistas.

A palavra do Santo Padre nos faz refletir sobre a responsabilidade que todos temos na construção de uma sociedade justa, fruto do amor e solidariedade. Além da conversão pessoal é preciso um esforço conjunto para oferecer à juventude condições de formar a própria consciência no respeito aos valores fundamentais da pessoa humana.

Aqui fica o testemunho de estima e gratidão ao papa João Paulo II, que com incansável zelo, convoca a todos para preparar, neste fim de século o advento de um novo milênio na fraternidade e na paz. Isso só será possível se houver respeito à dignidade da pessoa humana e auxílio da graça de Deus. Daí, a insistência, do Santo Padre não só, no constante ensinamento, mas no humilde e confiante recurso a Deus pela oração.

Cooperativa de solidariedade

16/07/1988

Procuramos gestos novos que alimentem a esperança de transformações estruturais. Não podemos aceitar que continuem no mundo a fome, o analfabetismo e doenças que podem ser superadas, se houver verdadeira solidariedade.

É certo que são indispensáveis as decisões políticas que modifiquem a relação entre nações desenvolvidas e subdesenvolvidas.

É preciso também, que o sistema político no interior de cada país garanta a melhoria de condições para a população empobrecida e corrija as desigualdades sociais, assegurando a todos o direito de participar nas decisões que se referem ao bem comum.

No entanto, é claro que isto não se fará sem uma atitude pessoal e comunitária de interesse solidário pela promoção de nova ordem social. Não basta a determinação política se não houver condições de executá-la por parte da sociedade, assim como as justas aspirações do povo permanecem ineficazes, quando faltam a vontade e os instrumentos políticos para realizá-las.

É, portanto, de suma importância que aprendamos uns com os outros gestos de solidariedade que induzam sempre mais mudanças de comportamento social.

Entre as ações concretas Já em curso sobressai a iniciativa de Ernesto Olivero. Criou a Cooperativa Internacional para o desenvolvimento. Graças à contribuição que milhares de jovens prestam pelo trabalho voluntário e pela obtenção de recursos, torna-se possível, em várias partes do mundo, apoiar pequenos projetos que promovam a participação e a solidariedade. É intenção primordial gerar a multiplicação de ações solidárias, desencadeando um processo de desenvolvimento. Os projetos, embora modestos, têm assim, uma força e um dinamismo de expansão imprevisível. É valorizada a colaboração recíproca, pois quem hoje recebe apoio em recursos materiais deve oferecer em devolução ideias e valores de convivência na justiça e tornar-se, pelo próprio trabalho e desenvolvimento, promotor de outros projetos. A cooperativa, iniciada por Ernesto Olivero, em Turim, já deu seus primeiros frutos. A juventude compreende a mensagem e responde com generosidade. Vale a pena visitar a Casa da Esperança. Aí se vive. À luz do Evangelho, o ambiente de sincero compromisso com a causa de justiça e da paz social.

Entre os projetos assumidos pelo grupo encontra-se as ações em bem dos migrantes, dos anciãos abandonados, dos dependentes de tóxicos e das vítimas da Aids. Na linha da cooperativa pelo desenvolvimento, a luta contra a fome em favor da educação e, em especial, o apoio aos camponeses para que se organizem e possam, tendo terra e trabalho, tornar-se agentes na promoção de outros.

No dia 12 de julho, Ernesto Olivero, em nome dos jovens, colocou nas mãos do papa João Paulo II, em Roma, o fruto das ofertas recebidas durante a longa caminhada de duas semanas a pé, pelas cidades do norte da Itália. Solicitou ao santo padre que, desta vez, fosse ele a destinar a quantia, conforme proposta dos jovens, aos trabalhadores do campo do Nordeste brasileiro e para os que vivem em cortiços nas áreas urbanas. O santo padre concordou, com alegria, dado o empenho que tem pela distribuição justa da terra e o problema da moradia no Brasil. Foram escolhidos, entre outros, projetos elaborados por oito dioceses no interior da Bahia e pela pastoral dos cortiços em São Paulo. Não poderia este gesto fraterno ser mais multiplicado entre nós? Além do proveito dos destinatários e a promoção do desenvolvimento, nós mesmos seremos beneficiados.

A educação para a solidariedade está na raiz não só da reforma agrária que ainda esperamos ver aprovada na Constituinte, mas demais transformações estruturais.

Cultura e educação

30/07/1988

Um ponto básico para a melhoria de qualidade de vida é a educação.

Não se trata de obter habilitação a trabalho condigno, mas de permitir a todos, através da instrução, o desenvolvimento adequado de suas potencialidades. Os índices apresentados pela Unicef, em 1988, são significativos. Mostram, com efeito, quanto o Brasil está ainda distante de outros países na superação do analfabetismo e na garantia de formação básica para todos. A taxa de alfabetização de adultos indica a porcentagem de maiores de 15 anos capazes de ler e escrever. Em 1985 a taxa de alfabetização era de 79% para os homens e de 76% para as mulheres. Nos países irmãos a taxa é bem elevada. Assim, para o México 92/88, Argentina 96/95, Chile 97/96. Isto indica que estes países conseguiram vencer o analfabetismo. A diferença é maior se considerarmos o número de crianças que ingressam na 1ª série do 1º grau e com êxito o concluem. No Brasil, conforme a Unicef a taxa de conclusão é de 20%, sendo que o México e a Argentina atingem 66% e o Chile já alcança 33%.

Acrescentemos a esses dados a estatística publicada a 12 de julho de 1988 sobre o eleitorado brasileiro com base na votação de 1986. Entre 69.357.191 eleitores, aproximadamente 10% são analfabetos outros 30% semianalfabetos e mais de 29% não concluíram o primeiro grau.

Há, portanto, ainda muito por fazer.

Não se trata de desconhecer os esforços em bem da educação, frutos de algumas instâncias governamentais e do idealismo de grupos mais conscientes da sociedade. É, no entanto, necessário constatar o fato da repetência e evasão escolar. Acrescente-se a situação precária dos prédios, dos elevados custos do material escolar. Não é compreensível a desvalorização da profissão de professor que é obrigado a um trabalho extenuante com baixa remuneração.

Três sugestões podem ajudar:

1) Conforme a nova Constituição, cada município terá que elaborar seu plano de governo. Seja dada a prioridade à educação e à saúde.

2) Assegure-se à criança mais horas de formação por dia. Tem dado melhor rendimento a criação de centros educacionais mantidos com a colaboração da sociedade. Oferecem à criança, em ambiente diferente da escola, a complementação alimentar, atendimento médico, lazer e iniciação ao trabalho. Nesta área já é notável a contribuição da Igreja na periferia de São Paulo e outras regiões carentes.

3) É preciso um investimento de recursos por parte do governo. São maiores as cotas asseguradas à educação pelos novos artigos da lei. Vale aqui uma sugestão: a Lei n. 7.505 de 2 de julho de 1986, identificada como Lei Sarney, vem promovendo uma reforma de caráter cultural, criando a possibilidade de doações, patrocínios e investimentos em bem da cultura e da arte, com dedução no Imposto de Renda. Os efeitos benéficos na restauração de monumentos e outras promoções já se fazem sentir. Por que não estender o benefício da Lei Sarney ao campo da educação? Qual obra de arte é mais valiosa do que a pessoa humana? Que patrimônio merece mais promoção

do que a juventude brasileira? A decisão de conceder à educação novos incentivos do Imposto de Renda poderá abrir espaços sociais para a classe empresarial, aproximar os segmentos da sociedade e permitir uma injeção de vida no sistema educacional público e de iniciativas particular.

Nesta mesma perspectiva é indispensável que a nova Constituição assegure que as entidades filantrópicas, hospitalares e educacionais continuem incluídas nos benefícios de isenção previdenciária.

Temos que investir maciçamente nas crianças e jovens. Às escolas e universidades compete a missão de ser o principal agente do verdadeiro pacto social.

A dignidade da pessoa humana, à luz de Deus, está na raiz e no termo de toda transformação social.

A dignidade da mulher

01/10/1988

No dia de ontem, 30 de setembro, foi publicada em Roma carta apostólica de João Paulo II com o título *Mulieris Dignitatem*, que trata da dignidade e vocação da mulher.

Desde o Concílio Vaticano II o tema da nova carta vem merecendo várias alusões por parte do magistério da Igreja. Basta lembrar o empenho de Paulo VI que instituiu comissão especial para promoção da mulher em 1971. O ano mariano deu lugar ao aprofundamento da missão da virgem Maria na história da salvação, mostrando, como nos planos de Deus a mulher tornou-se cooperadora privilegiada da salvação da humanidade.

O novo documento de 110 páginas faz referência na Introdução ao fato de que na hora atual a mulher adquire no mundo influência jamais alcançada. Os membros do Sínodo dos Bispos, realizado em outubro de 87, entre as proposições conclusivas, pediram que se aprofundassem os fundamentos antropológicos e teológicos que permitem melhor compreensão do ser mulher e do ser homem. Em resposta a esta solicitação João Paulo II nos oferece sua última carta apostólica. Trata-se de um esforço para captar a razão e as consequências do designo do criador de fazer existir o ser humano como homem e mulher. As aplicações de cunho pastoral sobre o lugar da mulher na sociedade e na Igreja farão parte de outro documento que breve será publicado, abordando o tema mais amplo da vocação e missão dos cristãos leigos. O Sínodo, com efeito, referiu-se muitas vezes ao papel da mulher não só no apostolado, mas na vida organizativa da Igreja, a exemplo do que acontece sempre mais na sociedade ocidental.

Ninguém pode hoje desconhecer não só a consciência do próprio valo, mas a responsabilidade assumida pela mulher em todos os campos: da ciência, da técnica e até da vida política.

A nova carta tem estilo e caráter de meditação, que nos auxilia a penetrar na intenção criativa de Deus conforme o Livro do Gênesis (1,27): "Deus criou o homem à sua imagem: homem e mulher os criou". A experiência multissecular sobre a verdade da pessoa humana é iluminada pelo mistério de Jesus Cristo. Ele veio revelar ao homem sua dignidade mais profunda. A intenção de João Paulo II está em mostrar como a mensagem e a vida de Cristo, concedendo lugar especial à mulher que escolheu por mãe ilumina a compreensão da dignidade e vocação de todas as mulheres. Com afeito, foi pela mulher que Deus operou o que há de maior na história do homem sobre a Terra: o evento pelo qual Deus se fez homem. Este é o fio condutor da introdução, dos sete capítulos e da conclusão da carta apostólica.

O texto parte da dignidade da mulher, mãe de Deus, para o estudo da pessoa humana como imagem e semelhança de Deus. Analisa depois o santo Padre a doutrina revela sobre o pecado e o mistério do mal, confirmando a consciência da liberdade que é ao homem concedida. Em Jesus Cristo dá-se a redenção de todos nós. Surpreende na vida de Cristo a novidade de se construir perante seus contemporâneos como promotor da dignidade da mulher, num tempo em que era relegada ao segundo plano e até oprimida. À luz do Evangelho, João Paulo II nos convida a meditar sobre a virgindade e maternidade, duas dimensões particulares na realização da personalidade feminina. Mostra depois a verdade e o simbolismo da Igreja como esposa de Cristo. O último capítulo explica como a dignidade da mulher está ligada ao amor que recebe e que é capaz de doar pela sua feminilidade.

Ao terminar, rende a Deus graças por todas e cada uma das mulheres tal como saíram do coração de Deus, com a beleza e riqueza de sua feminilidade.

Neste texto homens e mulheres temos muito que aprender. A mulher descobrirá melhor a raiz de sua dignidade e o homem compreenderá o respeito, estima e amor que lhe deve dedicar à luz do designo do próprio Deus.

Criança esperança

15/10/1988

A Constituição brasileira estabeleceu a criança como prioridade absoluta nas metas de nosso país. À luz do Evangelho somos chamados a reconhecer que o reino dos céus começa pela criança. Tem crescido, nos últimos anos, a consciência dos direitos da pessoa humana, o empenho para terminar com a discriminação e toda forma de opressão. Em contraste com essas afirmações está a triste realidade da vida sofrida de grande parte das crianças brasileiras. Muitas não sobrevivem. São vidas indefesas, ceifadas antes de nascer. Este fato constitui a mais grave violação dos direitos humanos, não só pela injustiça contra o inocente, mas pela omissão e indiferença da consciência coletiva que se acomoda com o crime do aborto. É muito alta ainda a mortalidade infantil no Brasil. A desnutrição lesa os cérebros infantis e diminui a resistência às doenças.

Na região Nordeste que tem apenas 29% da população do país ocorre mais da metade dos óbitos de menores de um ano. A principal causa dos óbitos infantis é a desidratação. Enquanto aguardamos medidas gerais para o saneamento básico, nutrição e atendimento de saúde é possível, desde agora, libertar milhares de crianças da morte prematura através de ações básicas que assegurem o aleitamento materno, a vacinação e a hidratação oral pelo soro caseiro.

Nestes dias, uma campanha humanitária da Unicef assumida pelos meios de comunicação apregoa a mensagem: "Criança Esperança". O principal é o trabalho de conscientizar as sociedades através dos meios de comunicação para que em todo o país, de Norte a Sul, se assuma o compromisso de promover a vida da criança. Prevê-se arrecadação de recursos para o financiamento de projetos de saúde e educação, especialmente em bem das crianças deficientes. No ano passado o resultado demonstrou a boa receptividade da população. Isto tende a crescer. No entanto, o mais importante é a mudança de atitude para com a criança na família e nos programas de governo. É preciso que a lei orgânica municipal e a Constituição do Estado, com criatividade, focalizem o atendimento aos menores, garantindo trabalho e habitação para seus pais. Sem estabilidade e condições dignas para a família, como assegurar a educação da criança? Por isto é urgente perceber uma distorção geral na economia do país. Os investimentos financeiros, as aplicações no over superam cada dia mais o investimento que oferece oportunidades de trabalho. Este desequilíbrio crescente é uma das causas mais graves da situação de miséria que oprime a criança brasileira. O verdadeiro lucro não está na acumulação de bens, mas na capacidade de fazer o bem.

Em várias cidades do Brasil multiplicam-se os esforços da Pastoral do Menor e outras entidades para a promoção em bem da criança.

Realiza-se em Belo Horizonte a semana do menor. No início de novembro haverá em São Paulo o 8º Encontro Nacional e Ecumênico. Na zona leste de São Paulo reúnem-se mais uma vez, no dia 23, no Ceret, as comunidades do Belém para reafirmar seu compromisso com a criança.

A fórmula certa para vencer a desilusão, superar o egoísmo, recuperar a esperança é reconhecer o dom que Deus nos faz na vida de cada criança.

A vida do povo vale mais

30/10/1988

A Presidência e o Conselho Pastoral da CNBB publicaram ontem uma nota concisa sobre o momento atual: "A vida do povo merece o nosso sacrifício".

Qual é a intenção da nota? Os bispos, diante da situação difícil do país, desejam, confiando em Deus, somar com os que acreditam na superação da crise nacional por meio de indispensáveis transformações sociais. O Brasil tem solução.

Faz-se apelo às reservas morais do povo, principal agente de transformação, que tem dado provas de saber se organizar e participar, de modo consciente na promoção do bem comum. O exercício de direitos e deveres como expressão de cidadania participativa é a característica mais forte do processo democrático. Isto é possível porque existe o novo texto constitucional, que regula e favorece o conjunto de atuações políticas do povo organizado.

Cabe ao Estado assegurar as condições para que o povo possa descobrir e explicitar as justas aspirações que decorrem da dignidade da pessoa humana. Têm caminhado muito as organizações populares na consciência da cidadania, no constante aprendizado de condições adequadas de vida e na certeza de que o processo participativo é fundamental no modelo democrático da sociedade.

Sociedade

Como prosseguir nossa caminhada? A nota reafirma que a sociedade brasileira está convocada para garantir a aplicação da nova Constituição, e convergir, com urgência, para um programa nacional, com metas concretas e indicação de meios eficazes para consegui-las. É indispensável que todos colaborem, superando o desânimo e desilusões. A solução não está na frequência das greves, embora justas, nem – é claro – na brutalidade reprovável da repressão. Sem solidariedade não haverá mudanças. É preciso que todos se assentem à mesa, organizações e sindicatos, trabalhadores e empresários, para, no diálogo franco e objetivo, encontrarem caminhos viáveis no momento.

No esforço comum todos temos que contribuir. O povo mais simples já tem sido obrigado a dar larga cota de sacrifícios, mas, na medida em que perceber a seriedade do programa nacional, saberá encontrar, no mais fundo de si, reservas morais para colocá-las a serviço do bem comum, com o devotamento próprio às grandes causas. Os abastados da sociedade terão, no entanto, que colaborar não só com a renúncia a privilégios e mordomias, mas com gestos mais significativos de verdadeiro patriotismo em bem dos mais pobres, abdicando a investimentos financeiros fáceis e lucrativos para investir na criação de trabalho com remuneração condigna.

Poderá isso acontecer? A nota da CNBB insiste fortemente na solidariedade. As baleias bloqueadas no gelo atraíram a colaboração do mundo inteiro. Para salvar dois animais fez-se grandes sacrifícios. Que fazemos pela vida do povo que vale muito mais? Temos que vencer o egoísmo oportunista, o apelo a governos autoritários e a messianismos e a todo retrocesso democrático para concentrar esforços no programa que proporcione entendimento nacional e a promoção de condições dignas de vida para a população mais sofrida. A vida do povo merece o nosso sacrifício.

8ª Semana Ecumênica do Menor

05/11/1988

Este encontro é fruto de um longo caminho de fé em Deus, amizade entre irmãos e serviço à criança empobrecida. Reúnem-se as comunidades cristãs para enfrentar a dura luta em bem das crianças. Empenham-se para que os menores possam conviver com suas famílias, ter vida, moradia, escola e saúde.

Nos últimos anos já tem havido notável modificação na consciência nacional em relação aos 36 milhões de menores empobrecidos e marginalizados. Há campanhas pela TV, iniciativas novas nas Prefeituras e Estados. Infelizmente a situação ainda é muito grave. Quem não tem presentes as imagens de crianças desnutridas, mal vestidas, cheirando cola de sapateiro? O camburão chega, recolhe e as leva para os bancos da delegacia. São apreendidos sem ordem judicial e mantidos por longo tempo sem liberdade. Acontece também a tortura. Muitos morrem vítimas do assassinato.

Há poucos dias um garoto ficou quatro meses recluso por suspeita de homicídio. Quando o autor do crime foi descoberto, o menino foi mandado embora. Ninguém lhe pediu desculpas pelo "engano". Ninguém se importou com os meses que ficou sem trabalhar para o sustento dos irmãos menores. Ninguém se responsabilizou pelos danos morais da reclusão. Ninguém limpou sua ficha. Quem é o culpado pelas violências que sofreu?

O 8º Encontro Ecumênico focaliza mais uma vez esta dura realidade. Quatrocentas pessoas, vindas de todo o Brasil analisam o fruto de experiências do trabalho. As comunidades progrediram na Pastoral de atendimento às crianças. Passam de 700 mil as que são atendidas pelo programa de ações básicas, incluindo vacinação, pesagem e aleitamento materno. Cresceram o número e qualidade dos centros comunitários, os lares alternativos, as práticas de adoção e o serviço árduo de "liberdade assistida", dedicado a acompanhar os que passam pela Febem.

Mas isto não basta. Há ainda muito o que fazer.

Nesta semana de reflexão e oração é grande o entusiasmo dos participantes das Igrejas cristãs. Católicos, metodistas, luteranos irmãos de outras igrejas evangélicas encontram na Palavra de Deus luz e força para a luta em bem dos menores. A fé em Deus não permite pactuar com a morte dos pobres e menores. Deus é Senhor da vida. O anúncio da boa nova inclui que os direitos negados às crianças lhe sejam devolvidos. Faz parte do seguimento de Jesus a prática da justiça.

Assim, além da atuação nas comunidades, é preciso desenvolver um duplo programa.

O primeiro é o constante aperfeiçoamento da lei. A nova Constituição revela notável avanço da consciência nacional. Vale como exemplo o art. 227 que afirma o dever da família, da sociedade e do Estado em assegurar às crianças e adolescentes os direitos fundamentais. Isto se deve à participação incansável das comunidades no período constituinte. Este empenho continuará na elaboração da lei orgânica de cada município, na Constituição estadual e na garantia dos direitos dos menores na legislação especial da criança.

O segundo trabalho cabe à administração da Justiça. Precisamos de juízes, promotores, curadores e advogados que assumam, com amor, a causa dos menores e defendam seus direitos. O anseio dos participantes do encontro ecumênico é de que esta tarefa seja cumprida como missão e o serviço ao menor seja valorizado na carreira profissional.

Faz bem participar deste encontro ecumênico e ver os agentes de Pastoral concretizarem a vivência do Evangelho de Cristo no compromisso com o menor. Eles nos contagiam com a vontade de servir à vida das crianças empobrecidas. Com eles aprendemos que ninguém pode ficar em paz enquanto a criança brasileira precisar de nós para viver.

# Ética e cidadania

26/11/1988

Terminou ontem a reunião do Conselho Permanente da CNBB. Foram dias de convívio distendido e fraterno. Compete aos 26 membros deste colegiado escolher o tema para a assembleia anual dos bispos católicos, em abril de 1989. Em várias sessões foram analisadas as propostas dos regionais, focalizado entre outros o novo impulso a ser dado à liturgia, às urgências de uma pastoral urbana, a pastoral da família e o tema da "nova ordem institucional no Brasil".

Qual foi o tema escolhido?

As questões referentes à família e a pastoral urbana merecerão especial tratamento nas dioceses, mas não hão de figurar na pauta preparatória da próxima assembleia. Quanto à liturgia já existe um texto em estudo, há um ano, nas dioceses. Decidiram os bispos que na próxima assembleia seja aprofundada a vida litúrgica que continuará depois suscitando a contribuição nas comunidades. É fundamental para a Igreja a constante renovação espiritual, o zelo pelo culto divino, a oração pessoal e comunitária e, especialmente, a celebração da Eucaristia.

No entanto, a opção dos bispos para o tema central recaiu sobre a nova ordem institucional no Brasil, considerada sob a perspectiva das exigências éticas. Com efeito, o momento brasileiro requer uma especial atenção de todos, não só para a elaboração das leis, mas para a superação dos confrontos pessoais e a busca de melhores condições de vida para o povo brasileiro. Pertence à missão da Igreja zelar pelas exigências éticas que decorrem do reconhecimento da dignidade da pessoa humana.

A mensagem cristã ilumina o comportamento individual e a convivência social com intensa clareza e vigor. É suficiente lembrar a posição firme quanto ao direito à vida desde o primeiro momento da concepção, a defesa do nascituro, o respeito à instituição familiar e a insistência na dimensão espiritual do amor humano, diante da mentalidade materialista que induz ao egoísmo e à injustiça. A mesma luz da doutrina cristã permite receber melhor os ditames da consciência, retamente formada, nas questões do direito ao trabalho, à educação e saúde. Ilumina ainda as exigências de justiça social no uso da terra e no direito à moradia e liberdade indispensável ao exercício pleno da cidadania. A compreensão do primado da sociedade sobre o Estado deverá, no entanto, levar também a progressiva recuperação do mesmo Estado, indispensável para a ordem e o bem comum em sua nova matriz democrática.

Não se trata, apenas, de elaborar na próxima assembleia dos bispos uma lista pormenorizada de direitos e deveres e que permitam o aperfeiçoamento das leis ainda em elaboração. Espera-se mais do que isso. A Igreja tem a missão de contribuir para a conversão da consciência pessoal e da moralidade pública, despertando confiança na capacidade que temos de respeitar a verdade, buscar o bem, e vencer o aliciamento das formas de cobiça, hedonismo e violência.

É preciso acreditar nas reservas morais da pessoa humana e na graça de Deus.

A próxima assembleia de Itaici começa já a ser preparada. Dioceses e comunidades vão refletir e rezar, procurando entrar num processo de revisão do próprio comportamento para poder melhor participar na transformação da sociedade brasileira. As novas leis, os esforços para superar o impasse econômico e conflitos sociais, o acordo nacional entre as forças representativas, tudo isso será possível se houver respeito às exigências éticas.

A reunião dos bispos em Brasília, escolhendo o tema: "Exigências éticas e nova ordem institucional", marca a vontade decidida da Igreja de colaborar na superação da crise, pelo lado mais difícil. Isto equivale, no entanto, a apostar na esperança.

O verdadeiro pacto social torna-se possível a partir do momento em que assumirmos, em conjunto, as exigências da dignidade da pessoa humana.

A Pastoral Operária

03/12/1988

Realiza-se nestes dias no Rio de Janeiro o 7º Encontro Nacional da Pastoral Operária. Compareceram representantes de todas as regiões do país. Alguns enfrentaram quatro e mais dias de ônibus. É notável o amadurecimento dos grupos de operários comprometidos com os ideais da dignidade do trabalhador à luz do Evangelho. O ambiente de amizade, união e entusiasmo supre o cansaço das viagens e as dificuldades do momento presente.

Na celebração de abertura cada região apresentou o símbolo de seus esforços e conquistas. Piauí e Maranhão, num grande cartaz colaram as muitas passagens de ônibus, utilizadas para estabelecer contatos entre os núcleos do interior. Os representantes do Ceará trouxeram o mandacaru para simbolizar a tenacidade, a resistência e a esperança dos trabalhadores rurais. Em todos os relatórios o que mais sobressaiu foi a organização e a vontade de servir à classe operária.

Entre os traços característicos da caminhada nos últimos anos destacamos quatro:

1) A fundamentação bíblica. Faz bem constatar como os operários leem e aprofundam a Palavra de Deus sabendo nela encontra a fonte de sua inspiração e os critérios

Sociedade

para a luta pela Justiça. É no Evangelho que descobrem a não violência, a força do perdão, o amor universal e a opção preferencial pelos desfavorecidos.

2) A valorização dos sindicatos e das associações de classe. É preciso superar o individualismo, somar esforços e promover o bem dos companheiros pela afirmação dos direitos decorrentes da dignidade do trabalho. Não se trata de fechar a classe sobre si mesma, mas de assegurar seus direitos. Não há luta contra pessoas. O que se pretende é corrigir os vícios nas estruturas.

3) A consciência política como instrumento de promoção. Cresceu, de fato, no operariado a convicção de que num sistema democrático é pela ação política do voto e da participação que se alcança a transformação da sociedade. É, no entanto, necessário saber relativizar a expressão partidária, sem restringi-la a um só partido. O que vale são os programas que melhor respondem às justas aspirações populares.

4) O serviço ao bem comum. Impressiona os representantes da Pastoral Operária a capacidade de ultrapassar a própria classe, preocupando-se com o bem de todos, especialmente dos marginalizados. Não querem repetir o erro dos que buscam privilégios apenas para o próprio grupo. Anseiam por melhores condições de vida para os desempregados, os trabalhadores sem-terra, as populações indígenas e os menores abandonados.

Os operários refletiram sobre os últimos acontecimentos de Volta Redonda. Rezaram pelos companheiros mortos, rejeitaram a violência e o espírito de vingança, afirmaram a força do amor e da união.

O Reino de Deus nesta terra inclui sacrifício, firmeza na caminhada e a alegria de construir uma sociedade nova, feita de justiça e fraternidade. No meio das dificuldades e da crise de nossos dias faz bem ao Brasil receber a lição de vida, coragem e esperança que nos dá a Pastoral Operária.

Em defesa do povo ianomâmi

17/12/1988

A mensagem para o Dia Mundial da Paz, lançada em 8 de dezembro pelo santo padre, tem por tema "Para construir a paz, respeitar as minorias". No texto de 14 páginas, João Paulo II aponta os princípios fundamentais da dignidade de cada pessoa e a unidade básica do gênero humano, que tem sua origem no único Deus criador. Põe em evidência os direitos e deveres das minorias, afirmando que uma das finalidades do Estado de direito que "todos os cidadãos possam gozar da idêntica dignidade ou da igualdade perante a lei". O primeiro direito das minorias é o de existir. Daí que "o Estado que tolere atos tendentes a pôr em perigo a vida de seus cidadãos, pertencentes a grupos minoritários, viola a lei fundamental que regula a ordem social".

Com firmeza, declara ainda que os povos autóctones têm especial relação com a própria terra, que está ligada com a identidade, com a tradição tribal, cultural e religiosa. Assim, quando as populações indígenas são privadas de seu território perdem o elemento vital da própria existência ou correm o risco de desaparecer como povo.

Há dois dias, com data de 15 dezembro, a Presidência e Comissão Pastoral da CNBB, formada por 11 bispos, convocou a nação brasileira para o dever de solidariedade à causa indígena, assumindo o compromisso com a sobrevivência física e cultural do povo ianomâmi.

O texto procura, com, vigor, apresentar a situação dos 9 mil índios diante da invasão progressiva dos garimpeiros que os ameaçam de extermínio, por causa das enfermidades, desagregação cultural e conflitos armados.

Com o tempo, grupos econômicos levados pela cobiça de novas oportunidades de lucro, especialmente pela extração de madeira e minério, não têm recuado diante da invasão e depredação das terras indígenas.

Prevê-se até o fim do ano um total de 100 mil garimpeiros na área de Roraima.

As ações de invasão do território ianomâmi constituem delitos tipificados na legislação penal brasileira, como esbulho possessório, homicídio, lesão corporal. O conjunto destes atos praticados contra um grupo étnico constitui crime de genocídio. Notícias sobre tais delitos foram amplamente publicados pela imprensa.

A questão se complica se considerarmos o projeto governamental que busca o desenvolvimento de segurança da região ao norte das calhas dos rios Solimões e Amazonas. Este projeto chamado Calha Norte, inclui infelizmente a tendência a concentrar os índios em pequenos núcleos populacionais, o que acarreta a perda de sua identidade étnico-cultural.

A defesa das fronteiras norte do Brasil, que é um dever indeclinável do Estado, não pode, no entanto, ser um pretexto para violar os direitos indígenas.

As Constituições brasileiras desde 1934 estabelecem o dever de garantir aos índios suas terras. Em 1985, a Funai delimitou administrativamente o território ianomâmi, estabelecendo o parque indígena ianomâmi (portaria 1.817). No entanto, de modo inexplicado, em 18 de novembro de 1988 a portaria 250, além de aprovar

Sociedade

19 áreas indígenas descontínuas, estabeleceu que as duas florestas e o parque nacional não seriam reservadas aos índios. O território ianomâmi ficou assim reduzido 70% de sua área. É aberto à penetração de garimpeiros, além do extermínio. Isto agride a nova Constituição que garante aos índios os direitos originários sobre as terras que tradicionalmente ocupam (art. 231).

Os missionários católicos foram expulsos da área depois de 22 anos de serviço aos ianomâmis, de modo injusto e até hoje inexplicado.

Diante desta dramática situação, os bispos conclamam, em seu documento, a sociedade brasileira para que reverta este quadro e evite o genocídio do povo ianomâmi. Isto requer a revogação da portaria interministerial, a urgente demarcação das terras, a imediata retirada dos garimpeiros, com garantia de vida digna fora da terra indígena ou responsabilização penal dos responsáveis pelas desagregações do povo ianomâmi.

É missão evangélica defender os direitos dos povos indígenas que merecem total respeito e solidariedade como filhos de Deus.

Legado de Francisco Mendes

31/12/1988

O assassinato de Francisco Mendes marcou o fim de 1988 com tristeza e consternação. Este fato doloroso revela brutalidade e covardia. Por que tanta injustiça e violência contra um homem de bem, interessado em promover os direitos dos seringueiros, a preservação da natureza amazônica e a repartição justa da terra? Estamos ainda longe da sociedade justa, solidária e fraterna a que aspiramos.

1. A morte de Chico Mendes que nos estarrece, dentro e além de nossas fronteiras, mostra infelizmente como a resistência à reforma agrária está ligada, não só a um conceito abusivo do direito de propriedade, mas à vontade pertinaz de usar de meios ilícitos e perversos para impedir a distribuição equitativa da terra. Esse ponto deve ser aprofundado porque está na raiz da votação frustrante que recebeu o artigo sobre a reforma agrária na Constituinte, sob a pressão inexplicável da UDR. A violência, que durante estes últimos anos tem se abatido sobre sindicalistas, agentes de comunidade, advogados e padres, manifesta a consciência dos que não têm outros argumentos além da força e da arbitrariedade. De fato, quem ameaça e até assassina o próximo para excluí-lo do acesso à terra demonstra que não tem interesse pela justiça, mas apenas

pela salvaguarda dos bens que possui, até mesmo quando obtidos pelo recurso à grilagem e outros meios ilícitos.

2. O que mais entristece nesta longa história de violência no campo é o descaso e o esquecimento com que a sociedade acompanhou assassinatos e violências perpetrados no território nacional. Não se promovem inquéritos. Os processos travam em sua tramitação. Às vezes prendem-se os executores, deixando para sempre acobertados os verdadeiros responsáveis. Lembremo-nos da morosidade nos processos dos padres Josimo Tavares e Francisco Cavazzuti, do advogado Paulo Fontelles e de tantos outros. No caso de Francisco Mendes houve pronta atuação do governo em exigir a apuração do crime. Possa essa diligência anunciar o fim da impunidade que vem caracterizando as centenas de casos precedentes.

3. Cresce o clima de ameaças contra a vida. São grandes as listas de advogados, sindicalistas, sacerdotes, agentes de pastoral e seus familiares que recebem mensagens, avisando de atentados e eliminação da vida. Instaura-se, assim, um ambiente de tensão insustentável. Nestes casos a autoridade policial deve, não só garantir a segurança pessoal, mas proceder a imediata pesquisa sobre os responsáveis. Preocupa-nos, em especial, a recente ameaça contra o caro amigo Dom Moacyr Grechi, Bispo em Rio Branco.

A sociedade brasileira, diante da morte de Francisco Mendes, quer assumir, de modo mais organizado, suas responsabilidades em defesa da justiça. Nesta semana, em São Paulo, reuniram-se na casa do senador Severo Gomes representantes de muitas instituições, decididos a somar esforços pelo cumprimento da lei. A sociedade coloca-se de prontidão para atuar com presteza em casos como o assassinato de Chico Mendes. Assim, membros do Congresso, da imprensa, representantes dos operários e empresários, ecologistas, entidades como OAB e ABI, Comissão de Justiça e Paz e outras pela Igreja, desejam unir seu zelo pelo direito e pela concórdia social, assegurando que a lei seja respeitada e cumprida. O ano de 1989 recebe o legado de Francisco Mendes. Sua morte é fonte de vida. Nasce o ano marcado pela sua coragem e compromisso com a justiça. No dia 4 de janeiro, na sede da OAB em São Paulo, marcaram um encontro os primeiros representantes da sociedade civil, convocando todas as pessoas de boa vontade para a "Ação pela cidadania". Hão de se empenhar pela apuração do caso Chico Mendes, pela sobrevivência dos ianomâmis e pela defesa da vida dos ameaçados. Pedimos a Deus que abençoe esta iniciativa e o Ano-Novo, e nos auxilie a superar a crise nacional, encontrando caminhos de comunhão, solidariedade e verdadeira paz.

Ação pela cidadania

07/01/1989

No dia 4 de janeiro, em São Paulo, na sede da Ordem dos Advogados do Brasil, várias entidades assumiram em comum a missão de defender e promover os direitos do cidadão, zelando em especial pelo cumprimento da lei.

O principal objetivo da iniciativa é de assegurar a atuação da própria sociedade civil, principalmente quando é chamada a intervir em casos urgentes que requerem a pronta colaboração das entidades.

A Ação pela Cidadania respeita a identidade e o trabalho das várias instituições que já representam, com mérito, a sociedade civil. A novidade está na articulação de esforços em vista de uma ação mais eficaz.

A necessidade dessa iniciativa solidária fica patente diante da sensação de impotência frente às centenas de assassinatos e violência no campo. É inadmissível que a sociedade se omita, quando são divulgadas listas de cidadãos ameaçados de morte. O pior é que o assassinato se verifica e, na maioria dos casos, os mandantes ficam impunes. O caso recente da morte brutal de Francisco Mendes vem alertar com veemência a sociedade civil para que se mobilize, de modo organizado e permanente, em defesa da vida e pelo cumprimento da lei. Não é mais possível aceitar que inocentes sejam eliminados pela violência de grupos armados que buscam da força e desrespeitam a lei, infelizmente não sem cumplicidade e omissão de autoridades locais. Compareceram ao ato, convocados pelo senador Severo Gomes, no dia 4 de janeiro, membros do Congresso, como o senador Fernando Henrique Cardoso, deputado Fábio Feldmann e José Genoíno. A sessão presidida pelo dr. Márcio Thomaz Bastos, da OAB, contou com a presença da Comissão Teotônio Vilela, da CUT, da Comissão Justiça e Paz, de empresários, de órgão da imprensa e de vários representantes de organizações, para a defesa dos direitos humanos.

Após o lançamento da proposta usaram da palavra dr. Paulo Sérgio Pinheiro, dr. Dalmo Dallari, dr. Glauco de Morais, jornalista Janio de Freitas, deputados e participantes que vieram trazer adesão pessoal e de suas associações.

A Ação pela Cidadania se propõe, como primeiras tarefas, acompanhar a apuração da morte de Francisco Mendes, a defesa dos ianomâmis e das populações indígenas, e a salvaguarda dos ameaçados de morte, especialmente no campo.

Desejamos dar inteiro apoio a esta tomada de posição da sociedade civil no desejo de contribuir para observância da lei, o respeito à vida e as garantias da cidadania. A iniciativa recente poderá ser de enorme valor, na medida em que outros grupos e associações vierem somar sua adesão em defesa dos direitos fundamentais da pessoa humana. O anseio pela democracia deve incluir a crescente participação da sociedade civil na busca de novas formas para assumir com eficácia o dever de promover o bem comum.

Respeito à vida

14/01/1989

Entre as formas de violência que mais afligem à população está o acidente de trânsito. Nas estradas e ruas das grandes cidades encontra-se uma das causas de maior mortalidade no país. Acrescentamos a isso o número enorme de pessoas que perdem parentes e amigos e os que permanecem inválidos por toda a vida.

A questão de fundo é o respeito à vida própria e alheia. Há situações que nos fazem sofrer, mas que escapam a nosso controle como furacões, terremotos e enchentes. Mas, no caso dos acidentes de trânsito, é possível evitar desastres por um esforço conjunto para corrigir abusos. Não é, portanto, nem cristão, nem razoável continuar colocando em risco tantas vidas preciosas quando está a nosso alcance garantir maior segurança no trânsito.

Todos devemos nos empenhar para modificar esta situação calamitosa.

1) O primeiro trabalho a ser realizado é de educação cívica para cumprimento das leis. Desde a escola a criança precisa ser auxiliada para conhecer e respeitar as leis de trânsito. O rádio e a televisão poderiam ampliar em nível nacional campanhas. Torna-se indispensável controlar as condições físicas e psíquicas dos que são autorizados

a guiar, zelando, também, nos serviços públicos pelos horários de trabalho e descanso dos motoristas.

2) Outra área que requer especial atenção é a manutenção de carros e conservação de estradas. Tenho tido oportunidade de percorrer vários Estados do Brasil. Percebe-se o abandono de muitas estradas. Durante meses, em alguns lugares, a pista permanece estreita por desabamento, causando contínuos desastres. Eis uma tarefa urgente para a administração do Estado e da União.

3) A diminuição de desastres implica ainda a mudança de comportamento por parte dos motoristas para assegurar a obediência a sinais, limites de velocidade e lugares de estacionamento. Nas estradas, um dos maiores perigos está no acúmulo de caminhões. Não raro estas viaturas pesadas alcançam velocidade excessiva e forçam, a todo custo, passagem entre carros cheios de passageiros. Famílias inteiras morrem, vítimas destas colisões.

4) As condições subjetivas prejudicam a normalidade do trânsito. A dependência alcoólica e o esgotamento nervoso aumentam a insegurança e diminuem os reflexos. O clima de instabilidade no país favorece o nervosismo. Há ainda o medo de assaltos que leva as pessoas a violar sinais e a negar socorro na estrada.

Continuam morrendo mais pessoas no trânsito do que na guerra. Nas últimas semanas fui testemunha de vários acidentes. Houve desobediência à sinalização. Houve imprudência e excesso de velocidade. Estes desastres deviam ter sidos evitados.

A violência no trânsito reflete o descaso que se difundiu na sociedade sobre o valor da vida humana. O acatamento e respeito que devemos à Lei de Deus nos obriga a "não matar" e zelar pela vida do próximo como pela própria vida. O esforço conjunto para obedecer às leis de trânsito é, no fundo, um ato de amor.

A esperança se constrói

21/01/1989

Há razões para o desânimo e desconfiança. Mas há também para a esperança. Nosso povo alimentou a expectativa de uma vida mais humana. Sonhou antes das eleições. Manifestou suas aspirações. Assinou propostas e emendas. Acreditou nas promessas. Aplaudiu candidatos. Teve, porém, que enfrentar a dura prova da inflação que roubou dia a dia ao salário o seu poder aquisitivo. Os planos cruzados do passado acenderam uma pequena luz nas trevas. Cedo se apagou. Pão e leite, transporte e aluguel, remédio, tudo subiu sem regra. O povo ficou mais pobre, e mesmo sofrendo teve que se submeter para sobreviver.

As eleições mostraram que o povo, mesmo desnutrido e aflito, não perdeu a vontade de participar e de escolher, com mais liberdade, os candidatos.

Os últimos aumentos dias antes do "choque verão" desconcertaram os que aguardavam melhor resultado para o pacto social.

E agora? Os economistas, com mais preparo, poderão analisar a eficácia das medidas governamentais. Os menos afeitos à complexidade dos cálculos desejamos o bem do Brasil e queremos, mesmo com sacrifício, colaborar para que as condições do povo melhorem. Não há, aliás, outra alternativa. Não basta torcer para que as medidas deem certo, é preciso contribuir com o próprio esforço.

No entanto ouvindo a sabedoria popular percebemos que há condições indispensáveis para esta contribuição.

O povo é chamado a colaborar, mais necessita recuperar a confiança nas pessoas que nos guiam e nos programas que apresentam.

A primeira exigência é do exemplo que vem de cima. Os jornais nas últimas semanas noticiaram irregularidades que decepcionam a população. Assim, é incompreensível o número excessivo de assessores, funcionários e dependentes a serviço dos vereadores no Rio de Janeiro e outros municípios, conforme as notícias divulgadas. Por que tantos? Num momento de restrições é urgente rever esta situação e encontrar formas menos custosas de exercer o mandato. Os salários e benefícios dos representantes do povo nas assembleias legislativas e outros órgãos públicos devem se ajustar com mais solidariedade às limitações pelas quais passa a população. Seria de esperar que abrissem mão dos níveis altos já alcançados.

É indispensável que o exemplo de patriotismo e austeridade venha de cima. Neste mesmo nível fica a expectativa de que não haja despesas desnecessárias com festas, solenidades, viagens, reformas de gabinetes e outros gastos.

Outra sugestão é em benefício dos mais pobres. Todos percebemos que são os que mais sofrem os efeitos do atual "choque verão". Os preços dos alimentos, do transporte, remédios e roupas subiram muito mais do que o salário. Para compensar de algum modo, com rapidez, esta situação torna-se necessário promover outros benefícios que ajudem os mais pobres a enfrentar este tempo de restrições. Neste caso insere-se a merenda escolar, o passe do trabalhador e da criança, cestas alimentares para famílias de baixa renda, melhor serviço de saúde, multiplicação de casas populares e outros. Nosso povo merece o esforço inteligente e solícito para

Sociedade

amenizar os sofrimentos de que padece. Na mesma perspectiva fica o forte apelo aos que detém capital para que, ao invés de multiplicar seus rendimentos financeiros, procurem criar novas oportunidades de trabalho para os desfavorecidos.

O momento é de solidariedade. É hora de espírito fraterno e magnânimo. Apesar do pessimismo, temos que reunir as forças e colaborar. Confiamos em Deus que há de ajudar a vencer egoísmos e desânimo. A esperança não se encontra feita. A esperança se constrói.

Sistema carcerário

18/02/1989

A Semana Santa é tempo de conversão. O brutal assassinato realizado em represália aos detentos na Delegacia do parque São Lucas não pode mais se repetir.

Nosso sistema carcerário necessita de urgente reformulação.

1. Estamos, sem dúvida, de acordo ao lamentarmos o aumento de assaltos à mão armada contra pessoas, famílias, lojas e bancos. Há atrocidades inadmissíveis que exigem empenho da sociedade para preservar-se e defender-se contra tais injustiças. Temos, no entanto, obrigação de buscar a causa mais profunda de tal desordem social. Nosso país, infelizmente, apresenta ainda uma enorme desigualdade de nível de vida. Acrescenta-se ao sofrimento dos que padecem fome e miséria uma constante solicitação à inveja e ambição doentias. Quando alguns esbanjam dinheiro em gastos supérfluos, como podem os demais aceitar a condição de extrema penúria em que se encontram?

2. Os que cometem crime revelam, muitas vezes, forte desequilíbrio psíquico e necessitam, portanto, um tratamento médico adequado, além do esforço da sociedade para assegurar a sua imediata reclusão e evitar novos desatinos por parte dos infratores.

3. A experiência de visita a prisões e delegacias demonstra que as celas onde são confinados os detentos se encontram em

Sociedade

condição lamentável. São estreitas e mal cheirosas. Falta o mínimo de higiene. Alimentação escassa é escassa e de má qualidade. O suplício pior está no acúmulo de presos no mesmo recinto, numa convivência absurda que abre lugar para toda sorte de abusos, opressões e covardia.

4. O pessoal de serviço, não raro, é despreparado e, aos poucos, resvala na brutalidade, na corrupção e suborno. É realmente inadmissível que delegados e polícias tenham chegado à perversidade sádica de torturar até a morte por asfixia os 50 detentos do parque São Lucas. No entanto, esse caso extremo não é isolado. Multiplicam-se ainda nas prisões e delegacias as ameaças de tratamento arbitrário e cruel. Às vezes, o criminoso sente-se forçado a fugir para evitar os maus-tratos de que é vítima.

Fica aqui um apelo às autoridades administrativas e judiciárias. É preciso construir novos locais para detenção dos que praticam o crime. Nesses ambientes é indispensável criar a oportunidade de trabalho e de saída ocupação do tempo, abrindo a esperança de recuperação. Requer-se ainda a formação dos responsáveis pela custódia dos detentos e a garantia de defesa jurídica, conforme os direitos fundamentais da pessoa humana.

Para a ação pastoral da Igreja fica cada vez mais forte o desafio de contribuir para o atendimento religioso dos detentos e de suas famílias, aliado ao esforço da comunidade para acolher e reintegrar os infratores em fase de recuperação.

No parque São Lucas, em São Paulo, o povo, neste sábado, vai se reunir para participar da Via Sacra, pelas ruas do bairro pedindo a Deus perdão pela enorme injustiça cometida na delegacia.

A Quaresma prepara a Páscoa e tempo de conversão para todos nós. Rogamos a Deus para que cessem as atrocidades carcerárias e contribuamos para uma convivência marcada pelo respeito e amor à pessoa humana. Só esta atitude há de assegurar a mudança do coração e a tão desejada diminuição dos crimes em nosso país.

Pastoral da Terra

25/02/1989

Na semana passada circulou pela imprensa a notícia de que a Instituição Católica Misereor, da Alemanha Ocidental, que tem apoiado projetos pastorais da CNBB decidira cortar sua ajuda financeira para a Comissão de pastoral da Terra (CPT). Alegava inda algum jornal que esta atitude era devida ao fato de a Comissão de Pastoral da Terra ter utilizado dinheiro para compra de armas.

Esta última acusação renova, infelizmente, afirmações antigas e já suficientemente demonstradas falsas e malévolas. À Comissão Episcopal que dirige a Misereor foram oferecidos, na época, os esclarecimentos necessários.

Estamos conscientes da grave situação do homem do campo no Brasil. Infelizmente, conflitos e assassinatos se multiplicam, sem que a justiça atue com presteza e eficácia. A maioria dos casos permanece sem solução. A impunidade favorece o clima de violência. A Constituinte, que conseguiu firmar os direitos de cidadania e dos trabalhadores, ficou aquém das justas expectativas no que se refere à reforma agrária. A atual notícia da fusão de ministérios contribui para a impressão de que o Plano Nacional de Reforma Agrária deixa de ser prioridade para o governo. Por outro lado, há uma arregimentação de forças que resiste ao assentamento dos trabalhadores sem-terra.

Sociedade

Compreende-se que o trabalho realizado pela CPT – Comissão de Pastoral da Terra, em área complexa e conflitiva seja difícil, às vezes incompreendido e até hostilizado. Compreende-se, também, que, frente à situação de violência e injustiça seja necessário um continuo esforço para assegurar a prudência e acerto.

A atuação da Comissão de Pastoral da Terra, no entanto, veio em apoio dos trabalhadores rurais, muitas vezes em condição de extremo perigo, não sem grande sacrifício por parte dos agentes de pastoral. Conhecemos os sacrifícios de tantos agentes de pastoral que pagam, até com a própria vida, o preço de sua dedicação e solidariedade aos trabalhadores do campo. Algumas tensões sucedidas no âmbito de igrejas locais exigem, sem dúvida, um esforço de diálogo para rever e corrigir posições, e assegurar a unidade da pastoral de conjunto.

Isto requer por parte dos agentes de pastoral um empenho permanente para ouvir a Palavra de Deus, o ensinamento do magistério e encontrar, na vivência da comunidade cristã, a luz e força indispensáveis à missão.

A afirmação de que Misereor tenha decidido suspender seu apoio financeiro à Comissão de Pastoral da Terra é improcedente. A própria entidade, por telex, comunicou o desmentido aos órgãos de imprensa no Brasil. A diferença está no fato de as contribuições financeiras serem enviadas diretamente à CNBB, à qual competirá o repasse para a CPT.

Os organismos da CNBB procurarão garantir um canal permanente de comunicação com a direção da Misereor, para evitar informações distorcidas e assegurar os eventuais esclarecimentos. É louvável que a solidariedade de cristãos de outros países se manifeste sempre mais na busca de condições digna de vida para os desfavorecidos.

Em boa hora a Campanha da Fraternidade, deste ano, lembra o dever da verdade na comunicação. No momento em que se torna indispensável a união de todos para enfrentar os grandes desafios nacionais e, em especial, a questão agrária, devemos a todo custo evitar o desgaste de pseudoproblemas cuja base é a inverdade.

O importante é a continuar a ação pastoral, que associa católicos e evangélicos no ideal comum de promover a justiça social no campo, de modo firme e não violento, corajoso e paciente, conforme os princípios do Evangelho.

Esperança no horizonte

11/03/1989

Termina hoje, 11 de março, a 22ª Assembleia do Celam, Conselho Episcopal Latino-Americano. Além dos cinco bispos da Presidência e dos 13 dirigentes de departamentos e seções, compareceram o presidente e delegado especial de cada uma das 22 conferências episcopais católicas da América Latina. Ao todo, 58 membros com direito a voto.

Foi escolhida para a sede a pequena ilha de Curação, nas Antilhas Holandesas. Fica a menos de 60 km ao norte da Venezuela. Os 160 mil habitantes vivem em 440 quilômetros quadrados. A água é tirada do mar e dessalinizada. Fala-se o "papeamento", com origem nos idiomas espanhol, africano e português. A grande refinaria de petróleo garante um relativo bem-estar. A comunidade católica recebeu com euforia os visitantes. A celebração de abertura reuniu 10 mil fiéis no estádio e, durante a semana, o povo veio, em grupos, participar da Eucaristia.

Neste ambiente simples e acolhedor, procurou-se cumprir, à risca, a pauta dos trabalhos. A primeira fase foi dedicada a avaliar o plano quadrienal de evangelização, organizado pelo Celam. Sobressaíram entre os pontos positivos, a ênfase dada à catequese, a organização dos leigos, a formação dos seminaristas, e os esforços na Pastoral da Cultura e na Comunicação Social.

A segunda fase consistiu na apresentação dos relatórios das 22 conferências episcopais, sobre a situação do povo e a atuação da Igreja em cada país. Um traço comum em todo continente é o esforço para levar adiante, à luz do Concílio Vaticano II, a missão de evangelizar, com especial atenção às vítimas das injustiças sociais. Em plena crise da modernidade, é preciso vencer o vazio do secularismo, encontrar a síntese entre a técnica e os valores éticos, e oferecer a resposta do humanismo cristão. Na América Latina, marcada, ainda, pelas restrições à liberdade, impostas pelos regimes autoritários de esquerda e de direita, é preciso iluminar, com luz da transcendência, a dignidade da pessoa humana e afirmar seus direitos e deveres. Este é o fundamento da sociedade solidária, livre e democrática.

Entre as dificuldades, notamos o crescimento da violência, o empobrecimento do povo, a pressão da dívida externa, o tráfico de tóxicos que corrói a juventude, a permissividade moral, a desintegração da família e o desrespeito à vida nascente. Como reação, surgem os esforços comuns em bem da formação moral e religiosa, com especial empenho pelos jovens, pela família e comunicação, o diálogo e o amadurecimento democrático que favoreçam as urgentes transformações sociais, num clima de paz e de maior colaboração fraterna entre os países da América Latina.

Procedeu-se, ainda, à atualização dos Estatutos do Celam. As atenções voltam-se, agora, para 1992. Durante três anos as comunidades católicas vão participar do amplo programa de preparação à 4ª Conferência Latino-Americana, em Santo Domingos. Coincide com o 5º Centenário de evangelização da América. O anseio de vivermos, com fidelidade, a mensagem de Jesus Cristo projeta muita luz e esperança no horizonte da América Latina.

Educação é prioridade

29/04/1989

O momento é de crise com grandes decepções. Fábricas, escolas, serviços públicos estão intranquilos em nossos dias. Há quem reivindique mais direitos e aumento de salário. Não há dúvida de que as diferenças sociais são ainda, infelizmente, gritantes. É verdade, também, que o poder aquisitivo do salário mínimo brasileiro não conseguiu até agora ser recuperado. Isto acarreta descontentamento no seio da família, angústias com os pagamentos de aluguel, água, luz, remédios e alimentos.

No entanto, a solução não está em aumentar a instabilidade social nem em agravar a situação. É preciso muita compreensão, diálogo e vontade de promover os demais. Em tempo de desequilíbrio social temos que aprender a perceber as exigências éticas da ordem democrática. Este foi o tema da recente assembleia dos bispos em Itaici.

Entre os maiores obstáculos à concórdia está a corrupção que leva alguns a se favorecerem com lucros ilícitos. Igualmente grave é o atraso dos pagamentos públicos e o uso das estruturas do governo para assegurar ou obter benefícios políticos. Prejudica-se, assim, o primado do bem comum que se identifica com a promoção da dignidade e solidariedade humanas.

Neste contexto é necessário chamar a atenção da consciência nacional para a situação da educação em nosso país. Apesar das dificuldades, a criança e o jovem não podem sofrer danos na própria formação. Vamos somar esforços para garantir e recuperar o bom funcionamento da escola.

A realidade é penosa. Basta um rápido olhar sobre as instituições educacionais para percebermos quanto é urgente melhorar os prédios, às vezes, insuficientes e, não raro, em estado precário. Faltam vidros, carteiras e quadros. Em Mariana, há 18 escolas rurais, destas somente duas possuem instalações sanitárias.

Infelizmente, o corpo de professores, em muitos Estados, não recebe remuneração adequada. Nos últimos meses diminuíram os especialistas. Não há mais psicólogos, supervisores, orientador pedagógico, disciplinadores. Despediram-se os bibliotecários e os professores eventuais. Reduziram-se os encargos de limpeza. Se esses encargos oneravam na folha de pagamento, nem por isso, deixam de ser necessários. O detrimento e dos alunos. Resultado, cai o nível de ensino, cresce a evasão.

Para dificultar ainda mais a educação surgem exigências que não podem ser cumpridas pelos pais. Uniforme completos, cadernos, livros. Ainda há dias foi mandado embora da escola um aluno por não ter farda. Não bastaria uma camisa om escudo? Por que não simplificar? A merenda escolar substanciosa não pode faltar.

Nas escolas particulares o problema não é menor. A pressão é grande dos dois lados. Se a mensalidade é aumentada, a escola se torna elitista. Se não há acréscimo como retribuir os professores? Ao Estado compete destinar verbas públicas às escolas comunitárias.

Sociedade

Aqui fica um apelo, para além de partidos e facções, ao governo municipal e estadual para que assumam como prioridade a educação. É urgente rever os orçamentos e atribuir à escola a parte maior. O desenvolvimento do Brasil depende, em primeiro lugar, da formação integral, especialmente moral e religiosa, dos cidadãos. Não é razoável escolas fechadas, alunos parados, professores em greve. Façamos da educação nossa prioridade.

É preciso sempre dialogar

06/05/1989

A greve é, sem dúvida, um direito inerente à dignidade do trabalhador. Há situações de injustiça que exigem solução imediata. É, no entanto, a greve um recurso extremo por causa das inconveniências que acarreta para os trabalhadores, doadores de trabalho, e à sociedade inteira. Os efeitos negativos são mais árduos quando a greve atinge setores básicos e indispensáveis à vida cotidiana, como abastecimento de água, luz e gás, transporte público e, principalmente, serviços urgentes de saúde.

Assim, é importante no momento em que se determina a greve, estabelecer o equilíbrio entre as exigências do trabalhador e as consequências para os demais. Pode, de fato, uma intenção boa tornar-se inadequada pelos danos que ocasiona. É o que acontece quando é justo o anseio pelo aumento de salário – que ninguém discute – pode interromper por muitos dias as aulas das escolas. Em outros países, o excesso de greve prejudica muito a economia interna que agravou a situação dos mais pobres. A esse propósito há um conjunto de aspectos que precisam ser considerados:

1) É óbvio que o poder aquisitivo do salário mínimo no Brasil tem decrescido. Basta acompanhar as reivindicações de reposição salarial. Os metroviários, por exemplo, afirmam ter, segundo o Dieese, uma perda de 65% desde o ano passado.

2) A adequação de salários não pode depender somente de greves. Há outros caminhos. O método é de constante diálogo entre os que trabalham na área dos serviços públicos, empresários e dependentes do setor privado. Daí a conveniência das comissões de fábricas e do amadurecimento dos sindicatos. Quando há dificuldade em constituir grupos que dialogam, geram-se atritos e tensões que acabam por acarretar medidas extremas. Tudo isso supõe, é claro a decisão de setores privilegiados de abrir mão dos lucros excessivos. Os bancos alcançaram índices muito altos de lucratividade no ano passado.

3) A garantia de liberdade é o respeito ao direito do próximo. No ambiente democrático, a sociedade é chamada a descobrir os mecanismos de alto controle para evitar situações quase insolúveis, em que se deterioram as condições de diálogo e cria-se a instabilidade social com perigo de indisciplina, determinações arbitrárias e risco de intervenção policial.

4) Há uma questão mais séria em relação ao direito de greve. Hoje é grande o número dos que não têm acesso ao trabalho. Não contam com o auxílio desemprego e são forçados a viver de biscates e pequenas compensações. Em confronto com essa larga faixa da população, sem salário, percebe-se que o recurso à greve não deveria ser em benefício de uma determinada classe ou setor, mas antes de tudo para criar condições de trabalho para os que não o têm. Não é justo em nosso país que os maiores sacrifícios sejam os dos que pertencem à faixa mais pobre da população. Por incrível que pareça, muitas greves, ainda hoje, são em favor dos que têm salário mais alto.

É certo que permanece o direito à greve com justa causa. Não é possível, no entanto, esquecer a complexidade do quadro socioeconômico mais amplo. Isto nos obriga a todos a buscar condições de participação e consulta, para transformar o sistema do trabalho em retribuição salarial para que sejam adequados à dignidade do trabalhador, à luz de Deus.

A força não resolve, em profundidade, os problemas sociais. Temos que evitar os excessos às vezes cometidos durante as greves, como o uso da violência ou resistência aos que querem trabalhar. Nem as repressões autoritárias contribuem para a concórdia. O caminho é mesmo o do respeito recíproco e da busca em comum, pelo diálogo, de soluções viáveis. É preciso sempre dialogar, mas é também necessário deixar-se convencer diante das exigências da justiça e da fraternidade.

Erradicar a poliomielite

27/05/1989

Até o ano que vem a poliomielite pode ser vencida no Brasil. Depende apenas da mobilização da sociedade para a vacinação infantil. Estamos bem lembrados, sem dúvida, da Campanha do Soro Caseiro que conseguiu, graças à adesão do povo, atingir o Brasil inteiro e salvar dezenas de milhares de crianças. A desidratação mata 164 crianças por dia, conforme indicação do Ministério da Saúde. A campanha levada adiante pelo Ministério da Saúde teve a colaboração da Sociedade Brasileira de Pediatria, da Unicef, do Conselho Nacional das Igrejas Cristãs e das comunidades católicas através da Pastoral da Criança. O trabalho em conjunto alcançou resultados altamente positivos. A Pastoral da Criança já atinge 186 dioceses e dentro em pouco estará atuando nas demais. Pesquisa recente realizada pelo Ibase a respeito do soro caseiro constatou que em 2.612 comunidades carentes do Maranhão, Ceará, Pernambuco e Bahia, 77% dos entrevistados já conheciam o soro caseiro. A pesquisa envolveu 350 mil domicílios. É agora indispensável convocar as mesmas comunidades para uma nova campanha nacional, em favor da erradicação da poliomielite e da vacinação universal contra o sarampo, o tétano, difteria, coqueluche e tuberculose. Outros países conseguiram essa meta. Assim, Costa Rica, Cuba,

El Salvador, e em breve a Argentina e México. A colaboração da inteira sociedade é indispensável. No Brasil em 1980-81 a aplicação da vacina atingiu quase 100% das crianças entre 0 e 4 anos. De 1984 aos dias de hoje houve uma queda notável de 12% no comparecimento. É isto que agora requer da sociedade um empenho maior para que nenhuma criança fique sem os benefícios da imunização. Conforme o Ministério da Saúde, nosso país dispõe de vacina em quantidade suficiente, possui redes de distribuição e equipes habituadas para aplicar a vacina, mesmo em ambientes rurais e na selva.

Resta agora que a mobilização do povo venha ao encontro desta disponibilidade técnica. Sem dúvida, não faltará a colaboração da TV, do rádio e outros meios de comunicação, nem a contribuição das Igrejas e demais instituições. É neste sentido que as comunidades católicas devem cumprir com entusiasmo a sua missão. O santo padre João Paulo II, em audiência a 19 de janeiro de 1989, falando à Unicef e à Pastoral da Criança do Brasil, declarou que é necessário encontrar solução para o escandaloso problema da mortalidade infantil. A vida é dom de Deus. A criança tem direito a ser ajudada para conservar e desenvolver este dom. Não é justo que pela ignorância dos pais ou omissão da sociedade o dom precioso da vida fique ameaçado, acarretando a morte de tantas crianças no Brasil. Aqui fica o apelo para uma campanha solidária em bem da saúde da criança brasileira. Estamos no 30º aniversário da Declaração Universal dos Direitos da Criança. Intensifiquemos nossos esforços em bem de uma vacinação que cubra todo o território nacional e se torne um dever assumido por todos daqui para a frente. Que este apelo possa atingir de modo especial a consciência dos cristãos na certeza de que a promoção integral da pessoa humana obriga-nos diante de Deus a defender o dom sagrado da vida desde o primeiro momento da concepção e a promover este mesmo dom para que alcance a criança o desenvolvimento físico e espiritual a que tem direito.

A solução é a solidariedade

03/06/1989

A situação da Argentina nestes dias a todos comove e vale como sinal de alerta. A explosão popular pode se repetir e alastrar em outros países.

Estamos diante da angústia de um povo irmão que sofre os efeitos de forte desequilíbrio econômico, causado especialmente pela pesada dívida externa. Recursos que poderiam ser aplicados no país para obras sociais e bem-estar do povo são absorvidos pelo serviço da dívida. O mesmo acontece em outros países, como no Brasil, como enorme sacrifício para o povo.

Ninguém aprova ataques a mercados e casas de comércio, nem a represália policial que atira para matar. No entanto, a inflação desenfreada e a perda do poder aquisitivo e do salário arruínam, cada vez mais, a qualidade de vida de grande parte da população, acarretando indignação e insanidades. Precisamos refletir e pedir a Deus luzes para evitar, com rapidez, que a situação se deteriore ainda mais. Temos que encontrar soluções eficazes para os países da América Latina.

1) A primeira urgência é de solidariedade por parte das instituições e governos credores. Há exigência ética de renunciarem a prazos e formas de pagamento que escravizam a economia dos países devedores. Esta obrigação é ainda maior quando se consi-

deram os juros excessivos e inexplicáveis a que se submetem os países endividados.

2) As nações da América Latina devem estreitar os laços de amizade e cooperação. Requer-se ação política que aproxime os governos e permita programas comuns com acordos econômicos e intercâmbios culturais. Esta união firme poderá acelerar a solução de problemas, como a dívida externa, o narcotráfico e o uso de drogas, a perda de identidade cultural. Permitirá, ainda, encontrar formas novas de participação e até de encaminhar as primeiras experiências de mercado comum na América Latina.

3) A solidariedade entre nossos países exige medidas imediatas de diálogo diplomático ou cooperação para vir ao encontro de situações de extrema necessidade, como o impasse político no Paraná, o empobrecimento lamentável do Haiti, a urgência de paz para a América Central.

4) No âmbito de cada país requer-se um esforço de colaboração entre os dois segmentos da sociedade, eficácia de programas e participação popular. Aí está o exemplo do México, que acaba de lançar seu plano econômico para os próximos anos.

5) No Brasil, enquanto esperamos dias melhores, temos que multiplicar formas de partilha para diminuir a desigualdade econômica entre ricos e pobres. É preciso, com medidas inovadoras, assegurar o salário conveniente aos que menos ganham, sem com isso impossibilitar o desenvolvimento de pequenas empresas.

A mensagem do Evangelho nos obriga a buscar formas novas para viver o amor fraterno e a solidariedade, não só em nível pessoal, mas entre grupos e nações. Saques a mercados na Argentina, greves repetidas no Brasil, camponeses aguardando terra, há anos, não podem deixar de questionar fortemente a consciência cristã. Precisamos de que Deus nos abra os olhos e converta o coração. Para superar a ganância, os interesses individuais, a luta pelo poder, o recurso absurdo à violência e para unir esforços em vista do bem comum, só há um caminho – é o da verdadeira solidariedade fraterna.

Semana do Migrante

24/06/1989

Do dia 18 a 25 de junho celebra-se nas comunidades cristãs a Semana do Migrante. É a oportunidade de refletirmos sobre a condição de milhões de brasileiros que deixam o lugar onde nasceram para buscar outras áreas onde viver e trabalhar. Alguns partiram pela expectativa de melhorar as condições de vida. Outros foram obrigados a abandonar suas terras. Neste caso, encontram--se lavradores cujas áreas foram sendo requisitadas pelos grandes investimentos de monoculturas e criação de gado. É a situação, também, dos deslocamentos por causa das hidrelétricas. Em condição semelhante estão os índios compelidos a abandonar suas regiões, embrenhando-se nas matas e perdendo suas características culturais, num processo acelerado de aculturação aos novos ocupantes de suas áreas.

Pensamos nos milhares de trabalhadores sazonais que acabam por perder suas raízes, obrigados a buscar o ganha-pão nas mais variadas atividades. Calcula-se que são mais de 40% dos brasileiros que pertencem ao contingente dos migrantes. Há casos em que grupos partiram do Nordeste, desceram para o Sul, atravessaram o Mato Grosso e hoje penetram por Rondônia, Acre e chegam até Roraima. Não é apenas a terra que motiva a migração. Agora são os garimpos e as empresas de mineração que surgem como último recurso para os remanescentes dos grupos migrantes. Calculamos o sacrifício que significam estes contínuos deslocamentos: separação familiar, desgaste da saúde, enormes decepções.

Situação especialmente calamitosa é a das grandes empreiteiras que convocam milhares de trabalhadores para regiões distantes. Nessas áreas crescem os desmandos morais e a prostituição com enorme sofrimento da população local.

Diante das graves consequências do fluxo migratório do Brasil algumas atitudes humanitárias se impõem. A primeira é a do atendimento aos que chegam de longe. As comunidades devem acolhê-los e orientá-los em seus múltiplos problemas. Para isso muito ajuda a Pastoral dos Migrantes com os centros de serviços para o encaminhamento ao trabalho e apoio familiar.

É necessário, também, que os grupos migrantes saibam se unir com muita solidariedade para encontrar soluções adequadas às suas necessidades e reivindicarem seus direitos.

Não menos importante é a política nacional e local que procure assegurar a permanência dos lavradores nas áreas rurais e o assentamento condigno dos sem-terra. É necessário que se reveja, quanto antes, à luz do bem comum os projetos de hidrelétricas e monoculturas. O sofrimento e a luta dos migrantes nos levam a meditar na responsabilidade que temos diante de Deus para com nossos irmãos. No fim de nossa vida que diremos a Jesus Cristo? Será que ele nos dirá "era peregrino e me acolheste"?

Ilusão do cassino

08/07/1989

Em alguns estados está em pauta na Assembleia Legislativa a eventual legalização da abertura de cassinos. É o caso de Minas Gerais. O tema foi discutido e afastado pela Constituinte. Quais são as razões de ordem ética que impedem a legalização dos cassinos?

1) Cria-se na população a expectativa de enriquecimento fácil, em vez de valorizar-se o trabalho honesto e dignificante. A sofreguidão em conseguir, pela sorte e de repente, somas altas de dinheiro leva a desatinos sempre maiores. Quem não se lembra do drama de famílias arruinadas pela insanidade de um lance de roleta? Sob a perspectiva moral o mais grave é o desequilíbrio de valores que coloca a cobiça de lucro desmedido como movente principal da ação humana. Esta atitude está muito próxima da corrupção dos que, aliciados por vantagens pessoais, não temem, na vida pública, prejudicar o exercício da própria missão e lesar o bem comum.

2) O cassino é mais uma ilusão para o nosso povo, no momento em que precisa consolidar a esperança no estabelecimento de uma ordem econômica séria e fundada na dignidade do trabalho.

3) Há quem alegue o fato de que a abertura de cassinos poderá incentivar o turismo, aumentar o número de empregos, gerar recur-

sos para as obras sociais. Fazem comparações com a situação de outros países. O Brasil precisa sim, e quanto antes, oferecer novos empregos. Mas, através da competente capacitação de nossos jovens para que desenvolvam sua personalidade e enfrentem o desafio da tecnologia. O cassino não faz isso. Assegura forte lucro para os proprietários e multiplica alguns empregos inexpressivos para servidores humildes, que, para ganhar a vida, vem-se obrigados a participar de uma empresa que prejudica seus valores morais.

Quanto ao turismo e ao desenvolvimento da arte e cultura, devemos incentivá-los de outros modos mais inteligentes e sadios. Os grupos nacionais e internacionais que pretendem, através de cassinos, promover obras sociais podem, já agora, aplicar seus recursos em escolas, cooperativas e indústria de largo benefício para o povo.

4) Infelizmente, a promoção de cassinos acarreta outros efeitos negativos que lesam o bem comum e, especialmente, a juventude. Facilita-se o consumo de bebidas e até de drogas. O cassino favorece a vida noturna com detrimento da saúde, da convivência familiar e da educação dos filhos.

Quem ama o Brasil almeja ver nossa juventude formada para o cumprimento dos deveres, a solidariedade e o enfretamento dos grandes desafios sociais. Para isso, é preciso incentivar não o cassino, mas a iniciação ao trabalho, o estudo e o esporte.

A lei tem um valor pedagógico e não pode fazer concessões ao que traz detrimento moral.

Renovamos a confiança em nossos legisladores. Outras causas mais nobres merecem sua atenção. Ao abrigo de motivações ilusórias saberão, com firmeza, garantir pela lei os princípios da retidão da consciência, da partilha fraterna de bens, segundo o Evangelho e o devotamento ao bem público.

Educação e democracia

22/07/1989

À democracia é indispensável a participação. Para que a sociedade seja participativa requer-se que cada um tenha, pela educação, condições de promover desenvolvimento individual e social. Isto supõe a mobilização de todos os segmentos da sociedade para que a educação se torne, de fato, prioridade para o Brasil.

Nesta semana, de 17 a 21 de julho, dois eventos de âmbito nacional permitiram uma reflexão ampla e séria sobre a atual situação da educação no país. Realizou-se em Mariana, Minas Gerais, com a presença de 400 participantes, o 4º Congresso de Educação Pré-Escolar, promovido pela Amae, Associação Mineira de Assistência à Educação para crianças de até 6 anos. O outro encontro é o 13º Congresso da AEC, Associação de Educação Católica do Brasil, que reuniu, em Brasília, dois mil educadores.

O contato com estes abnegados educadores revela, ao mesmo tempo, muita preocupação e solicitude pelas crianças e jovens deste país.

1) Os indicadores sociais geram preocupação: 54% dos brasileiros, em extrema miséria, são crianças; 1/3 das famílias ganha menos de um salário mínimo. Ora, o desenvolvimento e vontade da criança depende da qualidade de vida, do ambiente familiar.

Além do sofrimento da pobreza vê-se o menor carente condenado ao analfabetismo. Não conseguem ingressar na escola. Estima-se que o número de crianças não atendidas no 1º grau variou, nos anos de 1985 a 1987 de 4,5 a 4,9 milhões ao ano. A frequência à escola revela que 11 milhões de crianças tiveram apenas entre duas e três horas de aula por dia letivo.

2) Há aqui uma questão básica, quanto às verbas destinadas à educação. No mudo para cada 100 mil pessoas há 556 soldados. O gasto militar médio para cada soldado é de US$ 20 mil por ano. Com apenas 1/5 dos gastos anuais com armas pode-se eliminar a fome e enfrentar os gastos da educação. Vê-se, portanto, que o problema não é a falta de recursos, mas a falha na hierarquia de valores. Em relação a Brasil é urgente que no orçamento público se dê prioridade à promoção de escolas de modo a oferecer a todos os brasileiros a educação a que têm direito.

3) É ponto de honra para a sociedade brasileira reconhecer a dignidade da missão do educador. Isto requer uma revisão das remunerações dadas ao professorado. Na escala de salários, em nosso país, houve uma progressiva depreciação até causar greves, nem sempre atendidas.

4) Está sendo elaborada a nova "Leis de diretrizes e Bases da Educação Nacional". Lembramos a necessidade da participação, do princípio de subsidiariedade, da colaboração da comunidade. Nesse contexto é indispensável garantir o direito de educar próprio da comunidade, ao abrigo das dependências políticas, das ideologias estatais. Daí se segue para o Estado a obrigação de garantir recursos às escolas privadas para que também a população carente tenha acesso, com liberdade, à educação conforme as próprias convicções familiares.

5) O ensino religioso é indispensável para assegurar o cultivo dos valores éticos, a resposta ao anseio de encontrar o sentido da própria existência na comunhão com os demais e com o próprio

Deus. É também a educação religiosa que fornece os motivos mais profundos para assumir na linha da justiça o compromisso com a transformação social.

Pedimos aos educadores que não desanimem nem se deixem abater diante das dificuldades. Deles depende a solução para a maior necessidade de nossa juventude. À sociedade inteira pertence apoiar os educadores para que possam exercer com dignidade, liberdade, amor e alegria a tarefa que Deus e a pátria lhes confiam.

Meninos do Brasil

29/07/1989

Uma passeata diferente percorreu, na quarta-feira, 26 de julho, as ruas de Belo Horizonte. Três mil crianças pobres caminharam de modo ordeiro ao longo da av. Afonso Pena até a Igreja de São José. Enorme bandeira nacional segura pelas bordas era carregada por um grupo de menores. Seguiam muitos outros, com cartazes e faixas, trazendo jornais, picolés, amendoim, pipoca e produtos de artesanato. Os adultos se comoveram, entre lágrimas e aplausos acolheram as crianças que subiam as escadarias da igreja. Dom Serafim de Araújo, arcebispo de Belo Horizonte, saudou-os com vibração e carinho: "Vocês são os meninos do Brasil". Dirigiu-lhes mensagem de esperança. Abriu-se, assim, promovido pela CNBB, o 1º Seminário Nacional de Pastoral do Menor, que terminará amanhã, dia 30.

O tema "A violência e a pedagogia de direitos" alerta sobre a urgência da sociedade se organizar, identificar as estruturas injustas que oprimem as famílias empobrecidas, propor-lhes leis adequadas e cobrar seu cumprimento de modo permanente.

Nos últimos anos, vários grupos têm-se reunido para assumir a causa da criança brasileira. Merecem especial referência as Semanas Ecumênicas do Menor que, em São Paulo, há nove anos reúnem educadores evangélicos e católicos de todo o país. Surge agora em nível nacional o encontro de 500 responsáveis pela Pastoral do Menor com o apoio da Arquidiocese de Belo Horizonte.

A importância singular deste evento está no lançamento oficial do "Estatuto da Criança e do Adolescente", que regulamenta o artigo 227 da Constituição. O texto acaba de ser apresentado às duas Casas do Congresso pelo senador Ronan Tito (PMDB) como projeto lei 193 e, na Câmara pelo deputado Nelson Aguiar (PDT), como projeto 1506. O documento é fruto do trabalho não só de juristas, mas do Fórum de Defesa dos Direitos da Criança e do Adolescente, que conta com a colaboração da Pastoral do Menor e de outras abnegadas entidades. Recebeu a contribuição de organizações como a Funabem e a rede das Febens.

Sem menosprezar os esforços jurídicos anteriores em benefício da criança, saudamos com entusiasmo 282 artigos do novo Estatuto, que receberá aperfeiçoamento dos congressistas e educadores de todo o país.

O texto apresenta a criança e o adolescente como sujeitos de direito e não como "meros objetos de medidas judiciais". Reconhece a condição peculiar da pessoa em desenvolvimento, atendendo o conjunto da população infanto-juvenil, e não apenas as que, até hoje, eram estigmatizadas como "menores" por se encontrarem, sem culpa, na condição lamentável de subcidadania. Distingue as políticas sociais básicas e programas de assistência social de caráter supletivo, bem como os serviços específicos de prevenção, atendimento médico e psicossocial às vítimas da negligência, maus-tratos, abusos, crueldades e opressão. Acrescenta a proteção jurídico-social que caberá a entidades da sociedade civil em defesa da infância e adolescência.

O Congresso Nacional por 435 votos a oito, numa estupenda demonstração de unanimidade, aprovou o artigo 227, que estabelece absoluta prioridade na defesa dos direitos da criança e do adolescente. Esperamos, agora, que em próxima votação o novo

Estatuto – carta de alforria da criança brasileira – seja sancionado por todos os congressistas, coroando o esforço de tantos juristas e educadores, unidos em bem da criança, para além de divergências teóricas e técnicas.

Será sinal sincero de reparação pelas injustiças até hoje cometidas. Será prova de respeito a Deus, que quer ver seus filhos amados, com direito à vida, ao sustento e pleno desenvolvimento. Será a grande clarinada de esperança para todas as meninas e meninos do Brasil.

Romaria do trabalhador

09/09/1989

A Basílica Nacional de Nossa Senhora Aparecida acolheu, no dia da pátria, vários milhares de operários. Realizou-se, pela segunda vez, a romaria dos trabalhadores, organizada pela Pastoral Operária. O lema "Mãe, este povo quer viver" procurou salientar o direito à vida, a rejeição da violência e a promoção da dignidade do trabalhador. Os romeiros vieram principalmente, de São Paulo, Rio de Janeiro, com grande presença de Minas Gerais e de vários Estados. Saudavam-se uns aos outros com amizade e alegria.

O dia 7 de setembro foi diferente para esses operários e suas famílias. Celebraram a festa da pátria, rezando e pedindo a Nossa Senhora Aparecida que obtenha de Deus a bênção para o Brasil. Precisamos da graça de Deus.

Os trabalhadores rezaram pela dignidade da vida. Para quantos os acidentes de trabalho têm lesado a saúde e colocado em perigo a própria sobrevivência. Hoje, a preocupação é, também, com a deterioração da qualidade de vida. Como pode um chefe de família, que recebe salário mínimo, sustentar sua mulher e filhos com oito cruzados por dia?

Elevaram preces a Deus para que cesse a violência. Há dez anos o operário Santo Dias foi morto covardemente quando procurava pacificar um tumulto. Lembremos os milhares de trabalhadores rurais, vítimas de grupos armados que, infelizmente, permanecem, na sua maior parte, impunes até hoje. A violência marca, também, centenas de milhares de crianças e jovens, obrigados a perambular pelas ruas, a lutar pela vida, porque suas famílias não têm condições de educá-los e alimentá-los. Rezaram ainda pelas populações indígenas, cujas terras continuam ameaçadas apesar da salvaguarda da nova Constituição. Durante a homilia, os romeiros foram convidados a ouvir a palavra de Jesus Cristo, que nos ensina o valor da união em comunidade, do perdão sincero para com os que oprimem seus irmãos e do empenho para transformar a sociedade, de modo a assegurar a dignidade de filhos de Deus. Segue-se daí a necessidade para os operários de se unirem e organizarem a promoção de seus direitos e a possibilidade de cumprirem seus deveres, através da elaboração de leis que atendam as justas expectativas. A mais séria reivindicação é a de poder trabalhar com salário conveniente. Quantos brasileiros não conseguem ter acesso ao trabalho! Igualmente é importante o direito de formar os próprios sindicatos que possam criar condições para o exercício digno de uma profissão. O movimento sindical tem, sem dúvida, muito que progredir, mas é indispensável para a concórdia social que os operários possam se organizar e, em diálogo objetivo, expressar seus anseios e colaborar para uma sociedade solidária.

    Durante a celebração da missa, no momento do ofertório, foram apresentados vários símbolos da vida operária. Impressionou uma grande cruz levada por trabalhadores, através da grande basílica, até chegar ao centro do altar. Os que a carregavam estavam oprimidos pelo peso da madeira. No entanto, o abraço da paz, a vibração dos cantos, a alegria do encontro mostrara que, apesar das dificuldades, é grande a energia de vida e a esperança cristã no coração dos operários presentes.

Sociedade

Aqui fica um apelo aos presidenciáveis para que assumam, de verdade, as exigências da justiça social, assegurando uma política voltada para a dignidade do trabalhador. Possam, em breve, os romeiros retornar ao santuário da padroeira do Brasil para agradecer a Deus a tão desejada transformação das estruturas do mundo do trabalho, sem a qual não é possível o exercício da dignidade do operário e a consolidação do regime democrático.

Escola família

23/09/1989

O preceito cristão da caridade inclui a cooperação do desenvolvimento integral da pessoa humana. Além do empenho constante pelo aprimoramento moral e religioso, temos que promover as condições dignas de vida para a população empobrecida. Isso requer criatividade de soluções concretas que permitam, apesar das dificuldades, despertar sempre mais a esperança. Vale aqui a sabedoria do provérbio oriental: "É melhor aceder uma vela do que blasfemar contra as trevas". Conheci de perto uma iniciativa que vale muitas velas acesas. Trata-se da Escola Família.

Nesta semana em Riacho de Santana, a sudoeste da Bahia, 15 grupos comemoravam 10 anos de fundação da Escola Família. Ali estavam mais de 2 mil representantes dos vários municípios vizinhos, num entrosamento fraterno e comunicativo. Passei horas felizes ao lado desse povo simples, ordeiro e trabalhador. De onde vem a alegria desses milhares de lavradores? A explicação está na experiência bem-sucedida da Escola Família. O mérito dessa escola especial está em alguns princípios e práticas de excepcional valor educativo. O princípio fundamental encontra-se em não desvincular o aluno do meio rural, do ambiente familiar e comunitário, graças à pedagogia da alternância, entre períodos passados na escola e outros na família. O segundo princípio é de valorizar a responsabilidade, a liberdade, a participação e cooperação voltada para o bem comum. Isso permite o exercício do trabalho de equipe o surgimento de lideranças. Em terceiro lugar procura-se favorecer o contato com a natureza, com a terra, ensinando a preservar o meio ambiente, florestas e rios, a conhecer as técnicas de plantio, os animais de criação e as plantas medicinais. O aluno é, aos poucos iniciado ao trabalho racional, sabendo-se valer de práticas tradicionais e dos benefícios da tecnologia. A Escola Família preocupa-se muito em garantir os valores morais e religiosos, a coesão familiar e a vida de comunidade.

A metodologia inclui a participação da família. O aluno vem da roça; passa em cada mês um período interno na escola. Volta, a seguir, para a família. Leva para casa tarefas completas e questionário a ser discutido pelos pais e que, posteriormente, serão colocados em comum com colegas e monitores. O plano pedagógico inclui visitas e estágios para conhecer ambientes diferentes daqueles em que vive. Entra assim em contato com cooperativas, laticínios, casas de comércio e pequenas indústrias. O currículo compreende as matérias indispensáveis ao reconhecimento oficial de 1º e 2º graus.

Os frutos do método são evidentes. Os filhos de lavradores permanecem enraizados na terra, adquirem vivencia comunitária e conseguem mais facilmente concluir o curso. Alguns já pensam em 3º grau, em modelos semelhantes.

A Escola Família nasceu na França há 50 anos. É fruto do zelo de um pároco de aldeia que lutava para adaptar a educação às condições dos jovens lavradores. Desenvolveu-se muito na África e alguns países da América Latina. No Brasil, sobressai a obra do Pe. Umberto Pietrogrande, Mepes, Movimento de Educação Promocional no Espírito Santo. Várias dioceses da Bahia contam hoje com Escola Família, reunidas na Aecofaba – Associação de

Escolas Comunitárias da Família Agrícola da Bahia, de fundação do Pe. Aldo Lucchetta.

Está previsto a abertura da Escola Família em Viçosa com a colaboração da Universidade Federal de Viçosa e o apoio do governo do Estado.

Os milhares de lavradores em Riacho de Santana agradeceram a Deus numa oração, feita de fé simples e forte os benefícios da Escola Família. Neste tempo de programas de presidenciáveis e elaboração de leis municipais, aqui fica a proposta para que se multiplique a Escola Família no Brasil, em bem da dignidade do homem e da mulher do campo.

Obrigado, Luiz Sales!

07/10/1989

Que grande alegria causou a volta de Luiz Sales a familiares, amigos e a todas as pessoas de boa vontade. Os 65 dias de sequestro foram tempo de muito sofrimento e opressão. Compreende-se que depois das primeiras notícias o sigilo tinha sido necessário para garantir a comunicação com os raptores. Imaginamos a dor, especialmente da família, temendo alguma violência contra Luiz Sales e aguardando a mensagem dos sequestradores. Agora, a notícia de sua libertação ressoou como o "Aleluia" do Dia de Páscoa. As lágrimas são de alegria e gratidão a Deus.

Não é possível, ainda, conhecer particularidades do sequestro e das condições a que foi submetido Luiz Sales no seu longo cativeiro. Há lições de vida que merecem aprofundamento.

Em primeiro lugar sobressaem a coragem e a intrepidez de Luiz Sales. É preciso ter uma têmpera e equilíbrio muito fortes para enfrentar, sem depressão psíquica, esta reclusão na incerteza do seu desfecho. A cada dia que passava aumentava o mistério e adiava-se a volta para casa. Acredito que a maior dificuldade não tenha sido a dos maus-tratos, mas a preocupação com a família. O segundo aspecto que caracteriza este sequestro é o recurso explícito a Deus da parte de Luiz Sales, da família e de tantos amigos. Na situação de angústia e perplexidade, intensificou-se a oração a Deus. Preces diárias e a celebração da Eucaristia eram oferecidas em sua casa. Em várias Igrejas tornou-se intenção constante a prece pela sua libertação. A oração de súplica era também de abandono e conformidade nas mãos Deus, na certeza de que ele haveria de conduzir os acontecimentos para o bem. O terceiro aspecto é o da união intensa de familiares e amigos que acompanharam o caso com discernimento, apoio recíproco e colaboração para enfrentar as exigências dos sequestradores e a exorbitância do resgate pedido. Há, no entanto, um quarto aspecto que nos faz refletir mais e que causa sentimento de tristeza, conforme as palavras de Luiz Sales. É a multiplicação dos sequestros, de atos de violência e terrorismo diante de uma sociedade insegura, vítima da perversidade de grupos para os quais a vida humana é objeto descartável, mero instrumento de vultoso ganho ilícito. Basta pensar nas recentes brutalidades ligadas ao narcotráfico da Colômbia. Assassinam covardemente vidas inocentes. Pensemos, também, nas vítimas de conflitos de terra no Brasil. Cresce o instinto de vingança e a vontade de fazer justiça com as próprias mãos como sucede nos linchamentos. Cabe aqui uma profunda reeducação da sociedade que vai desde a formação da criança até a mudança de comportamentos sociais. Devem ser revistos os programas de TV que favorecem cenas de violência, descontrole das paixões, lutas marciais com riscos da própria vida e até o incitamento ao crime. Requer-se o esforço conjunto da sociedade para vencer o abuso da bebida e combater o tráfico de drogas.

    Em meio ao seu cativeiro, na minúscula cela, enquanto sofria os efeitos da perversidade do sequestro, Luiz Sales confiou em Deus e Nossa Senhora e encontrou forças para rezar pelos que o maltratavam. Pediu a Deus pela sua conversão. Não teve ódio nem raiva. Convidou até aos sequestradores para rezarem com ele o Pai-Nosso, de mãos dadas, no momento da despedida. Não foi atendido. No entanto, mostrou que com a graça de Deus é possível cumprir o preceito de Cristo que nos ensina a amar a quem nos faz sofrer e a vencer o mal com o bem. Luiz Sales agradeceu aos que rezaram por sua vida. Somos nós que agradecemos a lição sublime que ele nos deu. Obrigado, Luiz Sales!

Modo de ver as coisas

28/04/1990

Em Itaici realiza-se a 28ª Assembleia Geral dos Bispos da CNBB. Nas comunidades católicas os fiéis oferecem preces e sacrifícios para obter de Deus graças especiais para seus pastores a fim de que se intensifique a comunhão e cresça sempre mais o zelo pastoral. Que sentido tem a oferta dessas orações e sacrifícios? Vale muito diante de Deus porque revelam amor gratuito, adesão às grandes causas e imitam assim o gesto salvador de Cristo que deu a sua vida por nós.

Nas semanas de convalescença, especialmente nos momentos de silêncio durante a noite quanto o sono custa a chegar, percebi melhor como há modos diferentes de ver as coisas. Podemos, com efeito, olhar para o mundo e constatar o egoísmo, a miséria, a maldade, as injustiças que marcam a história. Lembro-me das torturas pelas quais em tantos países, sem excluir o nosso, passaram os prisioneiros políticos, mostrando até que ponto pode chegar a insânia e a perversidade. Vendo as coisas tristes do mundo, ficamos perplexos e questionamos o próprio sentido da vida, sem às vezes saber como harmonizar tudo isso com a presença amorosa de Deus. O mundo deve ser visto de modo diferente. Uma enfermeira habituada ao sofrimento refletindo sobre a vida expressou-se com rara sabedoria: há coisas tristes que são bonitas. Permanece a tristeza da doença e do sofrimento. No entanto, permanece a beleza da doação, do amor gratuito que supera, de muito, à luz dos valores morais, as experiências negativas que nos entristecem.

Visitado nesses dias por um bispo amigo, trouxe-me ele a mensagem de uma senhora idosa e humilde internada numa casa de hansenianos. Procurou ela o bispo após a missa desejando, mesmo sem conhecer-me, enviar uma palavra de solidariedade. Expressou-se assim: "nada tenho para mandar a Dom Luciano, no entanto, peço a Deus que aceite a dor que sinto em minhas costas para que ele fique bom". Quem não percebe a beleza deste gesto e do mundo onde existem pessoas com esta generosidade? A enfermeira que afirmou que há coisas tristes que são belas contava com simplicidade um fato em sua vida que confirma a mesma verdade. Uma colega de trabalho ficou gravemente atingida por câncer e não tinha ninguém de sua família que pudesse dela cuidar. A enfermeira amiga, apesar de pobre, assumiu todo o encargo de conseguir internação e colaboração de outras pessoas, fazendo ela mesma companhia, durante meses, à colega até o final de sua vida. Tudo isso exigiu muita dedicação e sacrifício, revelando a beleza da doação gratuita.

Há coisas tristes que são bonitas e, se pouco a pouco olharmos o mundo à luz de Deus, começaremos a descobrir miríades de casos semelhantes que repetem a vida e o amor de Jesus Cristo, tornando presente também em nossos dias a beleza da solidariedade e do amor fraterno.

Neste mundo continuam acontecendo o ódio, a guerra, a corrupção dos inocentes, o tráfico de drogas, as injustiças sociais, a perda dos valores religiosos e tantas outras coisas tristes. É neste mesmo mundo que sucedem os grandes atos de generosidade que embelezam a história, entrelaçam nossas vidas, dão sentido ao sofrimento e nos permitem compreender melhor o dom de Jesus Cristo por nós. Aí está o valor da oração daqueles que, com a graça de Deus, oferecem sua vida pelos outros.

Nestes dias rezemos especialmente pelos bons resultados do encontro de Itaici.

A prioridade é a educação

05/05/1990

Encerrou-se ontem, em Itaici, a 28ª Assembleia Geral dos Bispos Católicos do Brasil. Além da experiência de oração, comunhão fraterna, trabalho e estudo, são importantes para o povo de Deus as orientações pastorais que em breve serão divulgadas. Entre elas têm prioridade o tema central da educação. É hora de todos os seguimentos da sociedade se unirem para renovar o sistema educativo do país, assegurando a formação integral da criança. São conhecidas as estatísticas do analfabetismo e da evasão escolas. Há necessidade de aprimorar a condição do professorado para que tenha uma retribuição digna. Os prédios são insuficientes e precisam de manutenção constante. O material escolar é caro e nem sempre adequado. Tudo isso nós sabemos. O importante agora é investir na escola como principal fato de superação do analfabetismo e garantia da formação integral da criança brasileira. A palavra dos bispos ao tratar da educação insiste na necessidade dos valores morais e religiosos, sem os quais não há promoção da dignidade da pessoa humana. Daí decorre a liberdade do direito de educar, para que a formação corresponda à opção dos pais e alunos e seja evitado qualquer monopólio ideológico e estatal.

O governo Collor anuncia seu compromisso com a educação. Trata-se agora de proceder a devida complementação das leis, a organização do sistema escolar nos municípios e Estados e a destinação efetiva e bem administrada das verbas.

Esse trabalho deverá, sem dúvida, contar com participação das entidades de mestres, pais e peritos em educação para quem se encontrem soluções bem adaptadas à criança brasileira, atendendo, como é óbvio, à diversidade de regiões. A expectativa é grande de ver nossa infância e juventude frequentarem com alegria e proveito a escola.

Permitam-me uma sugestão. Entendemos que a formação da criança, principalmente nas primeiras séries, é conveniente o acompanhamento do aluno por um período maior de horas, uma vez que uma grande parte dos pais deve atender o trabalho fora de casa ou deve encontrar-se impossibilitado por despreparo de acompanhar os filhos. Há quem proponha, a exemplo de outros países, um período escolar de oito a mais horas. Esta forma, embora viável, requer métodos especiais para que o ambiente único se torne agradável à criança. A proposta alternativa na qual encontro mais valores é de oferecer à criança dois ambientes complementares além da família: o primeiro é o da escola com sua organização disciplinar mais voltada para a instrução; o segundo ambiente é o do centro social bem adaptado às crianças onde podem desfrutar de recreação, acompanhamento nos deveres escolares, alimentação suplementar e, se possível, atendimento sanitário e médico. Haverá, neste caso, lugar para uma ampla colaboração da comunidade local em harmonia com as famílias. Na periferia de São Paulo, centenas de centros sociais comprovam a vantagem para o desenvolvimento da criança, desses dois espaços de vida complementares.

O importante é procurar fórmulas adequadas e enfrentar, com coragem, o desafio da educação de nossas crianças.

Alegro-me pensando nas propostas de Itaici, que hão de incentivar as escolas e as comunidades católicas com o esforço conjunto no campo educativo. Aqui fica o apelo aos nossos dirigentes e às entidades dedicadas à educação para que somem esforços e consigam, num amplo programa, modificar a situação desoladora do sistema escolar.

Hoje comemoramos no Brasil o Dia Mundial das Comunicações Sociais. É dia de agradecermos os abnegados esforços de todos que trabalham nesta área, esperando que abram sempre mais espaço para a educação.

Descobertas

19/05/1990

Os três meses de recuperação do acidente sofrido na estrada de Itabirito continuam a ser tempo de valiosas descobertas. Cresceu o espírito de fé e a confiança na oração, ao perceber melhor a presença de Deus nos acontecimentos da vida e em especial o sentido do sofrimento à luz do plano divino. A grande experiência do amor é a solidariedade, principalmente nos momentos difíceis da vida. Entendemos melhor a paixão do próprio Cristo enquanto quis experimentar, por amor, nossos sofrimentos e até passar pela morte.

Outra descoberta que permanecerá atuante em minha vida é a do apoio recebido de tantas pessoas que até hoje expressaram com amizade a sua união na fé e intercessão diante de Deus.

No entanto, a própria experiência de uma convalescência lenta, quase sempre deitado na cama e transportado em cadeira de rodas, fez conhecer melhor a situação dos que se encontram doentes e reduzidos em suas forças físicas. Minha situação é considerada transitória. Segundo os médicos, em breve voltarei a andar e a poder exercer minhas atividades pastorais. Penso, no entanto, naqueles que, pela situação de saúde e de idade, encontram-se necessitadas da atenção e do cuidado da família e dos amigos. Consideramos como são numerosos os que nascem com deficiências físicas, as

Sociedade

vítimas dos acidentes de trabalho e os idosos que não raro padecem de alguma doença.

A maior dificuldade é a solidão, em que a pessoa pode ficar relegada por falta de condições da família. O que mais faz sofrer é o descaso, fruto da rotina em considerar pessoa idosa ou deficiente à margem da vida. Esta atitude de descaso precisa mudar à luz da dignidade da pessoa humana. Doentes, idosos, deficientes, todos merecem estima, apreço e nosso devotamento. A atenção para com estes irmãos há de despertar em nós valores novos que só podem ser alcançados pelos que aprendem a superar o próprio egoísmo.

Nesses dias de convalescência, Deus me ajudou a compreender os deveres para com os irmãos necessitados. Abre-se aqui um horizonte de iniciativas no campo individual e social. Que atenção, quanto tempo dedicamos aos que sofrem deficiências? Cada um é chamado a refletir e a responder em sua própria vida. Podemos imaginar quantas pessoas, em nossos próprios lares, passaram a ser alvo de cuidados, de interesse em distraí-las e devotamento em atende-las no seu sofrimento.

A sociedade brasileira, marcada por este espírito humanitário e cristão, deverá rever suas iniciativas. Precisamos cuidar melhor dos lares para pessoas idosas. Que estes ambientes sejam assumidos pela comunidade local e sejam centro de atenções dos jovens. Temos que programar a nossa vida social de tal modo que possa acolher em igualdade de condições os portadores de deficiências físicas. Em especial é necessário rever e aprimorar as casas para deficientes mentais. Uma sociedade que sabe investir nestes empreendimentos estará oferecendo aos jovens valores que mereçam a doação da vida e ajudem a vencer o egoísmo da acumulação de bens, da busca desordenada do prazer e a ilusão das ambições fugazes.

As comunidades cristãs que encontram na Palavra de Deus o alimento são especialmente chamadas a redescobrir os grandes gestos de solidariedade de São Vicente de Paula, de São Camilo de Lellis, madre Tereza de Calcutá, irmã Dulce, cujas vidas foram dedicadas a aliviar o sofrimento dos irmãos.

Há poucos dias, um senhor pobre caiu sem sentidos na porta do barraco onde vive. Levaram-no os vizinhos ao hospital. Não foi possível permanecer internado. Perguntei, então, onde estava o pobre homem, sem ninguém e sem recursos. A resposta é bela. Uma família humilde da Sociedade de S. Vicente de Paula está cuidando até hoje deste irmão desprovido.

Façamos também nossas descobertas.

A vida vale muito

26/05/1990

A notícia da morte do jovem Netinho em Santa Cruz, Rio de Janeiro, deixou-nos a todos entristecidos. Aluno da oitava série, esforçava-se em seus estudos e levava adiante a vida como os seus companheiros. Não se trata aqui de julgar as causas do fim dramático a que chegou o jovem. A meu ver, há muitos atenuantes que nos ajudam a perceber o sofrimento e a solidão em que veio a se encontrar. Confiamos em Deus. Temos a certeza de que só ele pode penetrar no íntimo do coração humano e compreender com amor a cada um de seus filhos. Resta para nós a pergunta: que poderíamos ter feito para evitar que Netinho chegasse a tal desfecho?

Fatos como esse nos obrigam à constante revisão de nosso comportamento individual e à busca de formas de apoio entre as famílias, no auxílio recíproco para aperfeiçoarem a educação de seus filhos. O mesmo vale para o aprimoramento dos processos pedagógicos, dando preferência aos métodos que fortificam a confiança na pessoa humana.

Ao mesmo tempo que fazemos essas considerações, é preciso abrir os olhos para outra realidade: muitas crianças e jovens são barbaramente assassinados, ainda hoje, no Brasil. Não é fácil focalizar com objetividade o que sucede nos porões de nossas cidades.

Às vezes preferimos até pensar que tudo é apenas um pesadelo, fruto de nossa imaginação.

A verdade é constrangedora. Aí estão os relatórios com nomes, datas e depoimentos, dignos de fé pela seriedade dos declarantes. O trabalho da Pastoral do Menor, do Movimento Nacional dos Meninos de Meninas de Rua, as pesquisas dos institutos, o relato dos jornalistas comprova que, atualmente, em nosso país, há grupos de extermínio assassinando impunemente crianças e jovens. A proporção é de um assassinato por dia. O mais recente estudo a esse respeito é do jornalista Gilberto Dimenstein que coletou depoimentos sob o título: "A Guerra dos Meninos", examinando em especial as áreas urbanas de São Paulo, Rio, Recife, Salvador, Manaus, Vitória e Brasília.

O aspecto mais penoso dessa realidade está na convivência, no apoio de parte da sociedade, inclusive de membros da própria polícia. Os grupos de extermínio são mantidos, não raro, por lojistas e residentes de bairros, para livrá-los de eventuais assaltos dos supostos infratores. Não há julgamento. Não há defesa. Há tortura. Há sevícias. Há terror. Ninguém fala nada. Poderia o "justiceiro" vingar-se. Quem defenderá a vida dessas crianças? Quem conseguirá impedir que continuem atuando os grupos de extermínio, que matam por dinheiro, concedendo-se o pseudodireito de fazer justiça pelas próprias mãos.

Faço questão de acrescentar um depoimento mais forte. Durante muitos anos vivi e trabalhei pastoralmente na periferia de São Paulo. Era chamado pelas famílias para constatar a morte violenta de jovens, para levar aos parentes uma palavra de conforto, abençoar os menores assassinados e acompanhar o caixão à sepultura. Toda essa tristeza permanece dentro de mim. É chegado o momento de a sociedade brasileira agir com firmeza através de seus dirigentes para que a vida humana seja respeitada. É necessário que continuem os esforços em prol da infância abandonada.

Sociedade

É indispensável o esforço para a segurança pública, evitando e coibindo assaltos e crimes. É igualmente urgente que se respeite a dignidade da vida humana, garantindo às crianças e adolescentes das nossas cidades o direito de viver e de serem tratados com justiça. Vale muito a vida de cada um desses pequeninos, com os quais Jesus se identificou.

Que responderemos a Deus quando ele nos perguntar o que fizemos pela infância desamparada?

Desemprego

02/06/1990

A constante pregação do papa João Paulo II sobre doutrina social tem nos ajudado a compreender que a dignidade da pessoa humana exige o direito ao trabalho, que seja garantia da realização do indivíduo e fonte principal da manutenção de sua família. Ao governo cabe criar condições para que os cidadãos tenham acesso conveniente ao trabalho. O trabalho é, portanto, exigência ética que não pode faltar nas metas do governo, cuja missão é a de promover o bem comum.

Os últimos meses colocaram-nos em contato com os novos planos governamentais interessados, em especial, em frear a inflação insuportável para nosso povo. É evidente que para isso eram necessárias medidas firmes e definidas, implicando restrições econômicas para a população. Nosso dever de cidadão nos obriga a uma atitude de colaboração sem a qual nenhum plano poderá ser eficaz.

No entanto, as decisões governamentais precisam respeitar as exigências éticas entre as quais encontra-se o direito ao trabalho. Em outras palavras, não é lícito planejar o equilíbrio econômico do país à custa do sacrifício extremo de uma parte da população que se encontra, de repente, sem trabalho e sem esperança de novas atividades.

É claro que, ao defendermos o direito ao trabalho e ao lembrarmos a obrigação de evitar o desemprego, queremos nos referir a situações de justiça comutativa, nas quais a atividade Profissional é exercida com honestidade e merece o salário estipulado. Portanto, estamos de acordo com a revisão em nível nacional de fatos anômalos em que as pessoas são contratadas para serviços que não exercem, ou atuam com displicência, sem cumprir suas obrigações. Basta pensar na desproporção com que foram empregados colaboradores em muitos casos públicos.

Nossa preocupação é com aqueles que vivem de seu trabalho e que agora, da noite para o dia, perde o seu ganha-pão. Numa família, dois filhos perderam, nesta semana, o seu emprego. Falam em cortar milhares de operários nas grandes firmas. Nem se vê o critério para essas decisões que destroem a harmonia dos lares, criando situações de nervosismo, empobrecimento, medo e até desespero. Nossos dirigentes precisam encontrar soluções que sejam eticamente válidas.

De que adianta a uma empresa conservar a aparência de bem-estar à custa do desemprego de centenas de seus operários? Não seria mais justo viver a solidariedade, redistribuindo as oportunidades de salários e horários, para que ninguém perca seu pão? Os operários e empresários cristãos procurem se ajudar, para neste momento difícil, dar a todos exemplos de fraternidade e justiça social.

Aqui fica o veemente apelo aos organizadores do plano presidencial para que considerem o direito ao emprego como meta intrínseca ao desenvolvimento nacional. Cabe ao Brasil assegurar trabalho e salário a todos os seus filhos, evitando que o equilíbrio das estatísticas econômicas seja, ainda que transitoriamente, suportado pela angústia dos desempregados.

O bom resultado do novo governo tem que se identificar, ao mesmo tempo, com eficiente domínio da inflação e com a sagrada garantia do direito ao trabalho como corresponde à dignidade dos filhos de Deus. É para isso que todos somos chamados a colaborar.

Copa do Mundo

09/06/1990

Estamos entrando no ritmo da Copa. As crianças se entusiasmam. Nas ruas, aparecem desenhos e cartazes aludindo à vitória do Brasil. A televisão e os jornais vêm dedicando largo espaço à cobertura da nossa seleção. No meio da euforia de tantos, há também céticos e os desinteressados que insistem em sublinhar aspectos negativos do evento. O fato é este: o mundo volta-se para a Itália para acompanhar o grande espetáculo.

Já os gregos valorizavam o esporte, beleza das competições, o congraçamento das cidades e as virtudes indispensáveis ao bom desempenho, como a constância, o autodomínio e o espírito de participação. A história fez seu caminho. Multiplicaram-se as formas de esporte, dos campeonatos e os novos tipos de olimpíadas.

A Copa do Mundo traz a oportunidade de muitos valores. Percebe-se a consciência de união entre nações, um espírito pacífico de festa, a expectativa da beleza dos jogos que reúnem muitos na mesma vibração. Em cada país há uma misteriosa solidariedade entre adultos e jovens, empobrecidos e ricos na esperança de ver a própria seleção classificar-se vitoriosa no quadro final. É preciso, com discernimento, preservar os aspectos positivos e evitar falhas e vícios que possam prejudicar a grandeza do evento.

Nos últimos anos cresceu, a violência entre os jogadores e até mesmo entre os torcedores, mostrando como é difícil dominar as paixões, saber vencer e saber perder com a mesma nobreza, fazendo do jogo uma expressão de solidariedade e nunca de conflito e agressividade entre nações e grupos. Além da violência, há excessos que têm que ser evitados, como o abuso da bebida e as celebrações ruidosas, noite adentro, causando desmandos e desastres.

Outro aspecto que merece reflexão é a perda do senso lúdico. Não se pode negar que a dimensão econômica vem se sobrepondo ao esporte e transformando jogadores e jogos em peças de um vultuoso negócio entre clubes, criando na imaginação do desportista miragens de ganhos excessivos e injustificáveis.

Durante esses dias de campeonato, quando a atenção de tantos se volta para a Itália, continuam os problemas do nosso povo. A justa distração não deve nos alienar, mas estimular a descobrir soluções válidas para os desafios de emprego, casa, alimentação e melhor equacionamento da questão agrária, educação e saúde. Os postos de socorro e os serviços básicos exigem nesses dias um devotamento especial para que o cumprimento do dever seja assegurado, sem detrimento dos usuários. Infelizmente, a história das outras Copas lembra fatos lamentáveis.

Passados os dias do campeonato, voltará o Brasil à realidade. Teremos que nos perguntar qual o fruto de tudo isso. Foi apenas uma parada que proporcionou momentos de lazer? Que outros eventos e valores deveriam nos unir? Como gerar a solidariedade diante das metas vitais do nosso povo? O companheirismo que reúne por um momento os torcedores brasileiros diante da televisão não poderia se expressar de modo mais construtivo nas relações de justiça e trabalho?

Procuremos descobrir, também nós, que a vontade de Deus é de que no meio dos grandes desafios desta vida, consigamos irmanar nossas existências, vencendo distâncias e discriminações. Para os cristãos, as alegrias da vida e o prêmio final só serão válidos quando partilhados plenamente com os outros.

A saúde do povo

23/06/1990

As estatísticas que revelam a situação de desnutrição e doença de nosso povo têm sido, com frequência, publicadas nos jornais. A mortalidade infantil, principalmente no Nordeste, indica como estamos ainda longe de outras nações que conseguiram assegurar com eficiência e sobrevida dos recém-nascidos. As notícias mais recentes mostram a preocupação do ministro da Saúde com o atendimento hospitalar, apontando falhas e exigindo qualidades de serviço. Certo é que nosso povo precisa ser melhor ajudado a cuidar de sua saúde. Os esforços realizados nos últimos anos em áreas da periferia das grandes cidades denotam a eficácia dos movimentos populares ligados a esse setor. Criou-se um clima de prevenção às doenças infantis, com a colaboração de creches, postos de saúde e conselhos comunitários. A experiência é ainda pequena, mas coloca em evidência a necessidade de envolver a própria população, de modo organizado e consciente, no atendimento da saúde. É preciso investir mais na medicina preventiva e nas condições de saneamento, em especial no tratamento da água. Na semana passada, foi feito exame de verminose em uma escola de área pobre do interior de Minas e constatou-se a presença de vermes em todas as crianças. Nosso país tem 10% de deficientes físicos e mentais que, em grande parte, poderiam ter sido preservados e curados em sua infância.

No sistema hospitalar, embora criticado nas últimas semanas, temos que reconhecer o grau elevado de idealismo da parte de médicos e enfermeiros e o esforço, às vezes heroico, de atendimento aos mais pobres. No entanto, o número de leitos é insuficiente. Faltam hospitais nas áreas de maior densidade de população pobre, tanto nas capitais como no interior. Os doentes são obrigados a enfrentar longos trajetos à própria custa e não raro devem peregrinar de hospital em hospital à procura de vagas, com risco da própria vida. Após o sacrifício para ser internado, vê-se o doente vítima da escassez de recursos. Médicos abnegados sentem-se limitados, sem instrumentos e remédios necessários. A isto, é preciso acrescentar que o padrão de honorários de grande parte dos médicos e enfermeiros não correspondem ao trabalho árduo, principalmente se comparado a vultuosos salários de outros setores. Muito ganharia o sistema hospitalar se pudesse desenvolver a administração comunitária na tomada de decisões, assegurando a participação responsável de seus membros.

Que esperamos do governo? Sem dúvida é de se louvar o empenho pelo bom funcionamento na rede hospitalar. Isto inclui fiscalização adequada e solicitude para promover atendimento nas áreas de maior carência. É preciso evitar que as organizações governamentais atrasem as subvenções quando os serviços são prestados por entidades particulares. Houve muitas falhas nos últimos anos. No entanto, requer-se incentivo maior por parte do governo na aplicação de verbas à saúde. Não basta detectar falhas, é preciso criar condições para superá-las.

Os cristãos, seguindo o exemplo de Jesus Cristo, devem se empenhar para oferecer aos doentes o serviço inspirado pelo amor fraterno. Este compromisso evangélico obriga-nos, além da solicitude individual pela saúde do doente, a zelar pela ordem social justa em nosso país.

Valorizar já a educação

07/07/1990

Congressos e encontros de nível nacional, a observação cotidiana dos interessados em educação, revelam, infelizmente, que o Brasil atravessa momento crucial quanto ao nível do ensino público e a sobrevivência digna das escolas particulares. Não é mais possível atrasar decisões para salvar a escola no país.

O noticiário das últimas semanas, de modo insistente e aflitivo, elenca reivindicações de professores, greves escolares, declarações de entidades de classe, posicionamento das escolas particulares e recente apelo das 3.500 escolas católicas, todos indicando que o sistema escolar brasileiro precisa superar urgentemente a crise que vive.

Não é aceitável que alunos da rede pública fiquem sem aula durante tantas semanas. Mas, também não se entende por que colocar o professorado em situação de greve para obter uma remuneração digna e pontual como merece. No mesmo nível de preocupação, está a rede particular de ensino, sem poder atender ao encargo de funcionários e professores porque aguarda orientações por parte da autoridade legislativa, judiciária e executiva. Criou-se, até, em alguns setores a falsa impressão de que a direção dos estabelecimentos de ensino estava exorbitando ao pleitear o reajuste das mensalidades. O mais triste, no entanto, é que o atraso nas medidas governamentais contribui, nestes meses, para dilacerar a comunidade educativa, dividindo mestres e dirigentes, entidade de pais e alunos, levando até às ruas o transbordamento desta desunião. Sabemos que a comunidade educativa é indispensável para formar a cidadania, o hábito do diálogo e o discernimento democrático. Percebe-se, assim, quão longe se estende o efeito da crise em que se encontra a educação no Brasil.

Entre as urgências para a solução do problema, é preciso incluir, conforme o documento da CNBB em Itaici, o direito a uma educação de qualidade para todos; o dever do Estado de aplicar recursos; a garantia ao ensino religiosos, com respeito a opção pessoal; a oferta de educação alternativa para jovens e adultos da área rural e das periferias; a conveniente habilitação de cursos ligados ao trabalho e o direito dos pais e jovens de escolher o tipo de educação que responda melhor aos próprios princípios morais e religiosos. Isto significa que, conforme afirmava o ainda ontem o presidente da AEC, as escolas que defendem esses direitos devem contar com subsídios do governo e poder assim abrir, sem discriminações, suas portas a alunos das classes menos favorecidas.

O presidente Fernando Collor e seus ministros hão de ter o discernimento não só para, sem perda de tempo, investir na renovação do ensino público, mas garantir à rede particular a possibilidade de trabalhar com ideal, competência e paz a serviço da criança e dos jovens do Brasil.

O importante é que as soluções não podem mais tardar.

Há desânimo, desorientação, frustrações que pervagam o setor educativo do país. A sociedade brasileira, hoje mais esclarecida, precisa participar, a exemplo de outros países, para obter do Estado o cumprimento imediato de seus deveres em bem do setor que reúne dedicação, sacrifício e maior responsabilidade quanto ao futuro do nosso povo.

Queremos reforças, unido nossa voz à dos educadores brasileiros, o apelo à comissão que na Câmara se esforça por elaborar a nova lei e, em especial, ao presidente da República para que possam revalorizar já a educação no Brasil.

Nossos monumentos

14/07/1990

A tradição das gerações nas várias formas de cultura, desde a música e o canto popular até os monumentos de pedra e cal, conserva vivo entre nós o passado. Nossa história é feita de fé em Deus, de comunhão, embora sofrida entre as raças, de coragem, espontaneidade, manifestação do amor e carinho que outros povos não experimentaram na mesma proporção. É preciso manter atuantes os valores do passado. Tem crescido a atividade de iniciativa particular e de órgãos governamentais, como o Sphan, para recuperar e manter os monumentos que chegaram até nós. Sabemos, no entanto, como as cidades históricas lutam com enormes dificuldades para enfrentar os gatos vultosos e evitar o arruinamento das construções muitas fezes atingidas na sua estrutura básica.

Temos que encorajar os esforços constantes de grupos abnegados que encontramos em várias cidades do Brasil. É igualmente necessário animar o empenho com o qual as prefeituras locais, membros das comunidades, cultores da arte e a orientação técnica do Sphan vêm colocando em comum seu ideal e parcos recursos.

Entre os pioneiros beneméritos em Mariana, estão Dom Oscar de Oliveira e seus colaboradores, com a criação do Museu Arquidiocesano, arquivo de documentos e a preciosa coleção da música barroca.

Vale a pena lembrar algumas iniciativas recentes que continuam a tradição e podem sugerir caminhos para outras cidades. Chama a nossa atenção, em primeiro lugar, a colaboração da empresa privada, no sistema de adoção de um monumento. O grupo Wembley, de Belo Horizonte, sob a direção de José Alencar Gomes da Silva, presidente da Fiemg, assumiu em maio de 1989 o início das obras na igreja de Nossa Senhora da Conceição de Camargo, situada em lugar afastado, a 32 km do centro de Mariana. Contou com a colaboração do Sphan, incentivo do monsenhor Flávio Carneiro Rodrigues e o apoio do prefeito Cassio Neme. A obra já está para ser terminada. Outras empresas poderiam seguir o mesmo caminho.

O segundo caso, embora mais modesto, é de grande alcance cultural. O povo de Mariana ama a Igreja de Nossa Senhora do Rosário. Sua reforma ficou interrompida por falta de recursos. A comunidade reunida pelo padre Angelo Mosena percebeu melhor o seu dever de continuar ela mesma a obra. Padre Angelo, decidido e incansável, faleceu em acidente no mês de fevereiro. Hoje o povo já conseguiu, com o auxílio técnico do Sphan e com o trabalho e recursos da comunidade, reformar a fachada do templo.

Mais um exemplo encontramos na comunidade de Piranga, confiada ao jovem padre José Julião, que, com o apoio do padre José Feliciano Simões, a quem Ouro Preto deve a recuperação de vários monumentos, está conseguindo, pouco a pouco, motivar o povo para, mesmo com exíguos recursos, restaurar as construções que restam e abrir um museu de arte sacra local.

Mariana de Cláudio Manoel da Costa, de Alphonsus de Guimaraes, das telas de Athayde, das esculturas de Aleijadinho encontra hoje admiradores da arte entre os abnegados membros da Casa da Cultura e outras entidades.

O mérito dessas iniciativas em curso está na colaboração entre a orientação do Sphan, a Prefeitura local, as empresas privadas

Sociedade

e especialmente a participação do próprio povo, cada vez mais consciente de seus valores. Mariana completa no dia 16 de julho 294 anos de existência. Primeira vila e primeiro bispado de Minas, possa ela conservar, com zelo, seu passado e oferecer hoje a seus filhos condições dignas de trabalho e vida fraterna.

É o augúrio que fazemos para todas as cidades históricas do Brasil.

A terceira idade

21/07/1990

Parece tão fácil subir os degraus de uma escada. No entanto, quando estamos em cadeira de rodas, a situação é bem diferente. Uma das descobertas que Deus me concedeu nesses meses foi a de compreender um pouco melhor a condição dos idosos e daqueles que têm alguma deficiência física. As casas e cidades são programadas para pessoas que caminham, deslocam-se com desenvoltura, sobem com rapidez lances de escada. Já não é assim para muitas pessoas cujos movimentos são limitados pela idade, por doença ou acidente.

Essa pequena descoberta é uma chave para descerrarmos o enigma e sofrimento de muitas vidas. Como pode uma pessoa idosa alcançar o degrau de um ônibus? Já pensaram nas escadarias da entrada de igrejas e edifícios residenciais? Por incrível que pareça, uma das casas de atendimento a deficientes em Belo Horizonte encontra-se em um quarteirão em que todo o meio-fio é elevado e não há como passar da rua à calçada. Temos, sem dúvida, que rever os critérios de construção, para ampliar aos idosos e outros os serviços de que necessitam.

Outros aspectos não podem ser esquecidos. Um deles é a solidão. A falta de mobilidade vai cortando aos poucos o relacionamento com outros, acabando por isolar a pessoa de idade no seu pequeno mundo. Outra causa de limitação é o aspecto econômico. Pessoas que trabalharam a vida inteira sonhavam em ter um tempo de descanso, com respeito, dignidade e gratidão. Adquiriram o direito à conveniente aposentadoria. Que percebemos? Há, sem dúvida, algumas categorias conhecidas com proventos elevados que são até mesmo discutíveis. No entanto, a maior parte dos que se aposentaram recebem ainda pensão insuficiente. E acompanham, atônitos, as discussões dos querem desvincular o benefício atual da base do salário mínimo, reduzindo assim os recursos de muitos aposentados.

Entre as exigências éticas mais sagradas está a de zelarmos pela dignidade da pessoa humana, em todas as fases da vida, desde o primeiro momento da concepção. É isso que nos obriga a todos, especialmente às comunidades cristãs, a ter um interesse real pelas condições da terceira idade.

Em primeiro lugar é necessário reverenciar a sabedoria e a experiência dos que já passaram pelas vicissitudes e angústias da vida, encontrando soluções e acrisolando o próprio caráter. Lembro-me, com gratidão, das longas conversas com sacerdotes idosos, em que narravam seus trabalhos missionários, incluindo grandes caminhadas a pé, desprovidos de recursos, levando ao povo, com zelo incansável, a Palavra de Deus e os sacramentos. Quem de nós não tem que aprender dos lábios dos idosos, na própria família e comunidade, sua coragem, paciência e capacidade de realização?

Além disso, somos chamados a criar mais condições para que a vida dos idosos se torne agradável, apesar de seus sofrimentos e enfermidades. É preciso oferecer-lhes atividades, lazer e atendimento fisioterápico para renovar suas forças.

É claro que o melhor ambiente para uma pessoa idosa é o próprio lar. Sente-se em casa, unida às vivências do passado, cercada de carinho e compreensão. No entanto, nem sempre isso acontece. Abre-se assim um campo de criatividade para entidades beneficentes, públicas e particulares, que podem, a exemplo de outros países, melhorar as casas de acolhimento, colocando a serviço dos idosos não só o auxílio material, segurança, mas a presença e animação dos jovens, e a participação efetiva nas promoções da comunidade local.

Numa sociedade onde infelizmente aumentam o egoísmo e o descuido pelo próximo, temos que encontrar caminhos para praticar o amor gratuito e a generosidade. O zelo pelos idosos, onde quer que se encontrem, é pedra de toque dessa atitude cristã. Para cada um de nós, é hora de rever seu procedimento e de descobrir as pessoas que mais precisam de nosso interesse e tempo. A terceira idade não é assim apenas destinatária das atenções dos mais jovens, mas será agente de transformação de nosso comportamento, tornando-nos capazes de construir uma sociedade baseada no respeito e no amor à pessoa humana, conforme a vontade de Deus.

Os ianomâmis: apelo urgente

18/08/1990

Os índios ianomâmis, infelizmente, estão morrendo. Além da violência resultante da invasão de garimpeiros, as doenças alastram-se de modo assustador. Algumas comunidades, atendidas pela operação organizada para salvar a saúde dos ianomâmis, revelam índices elevados de malária, que continua infestando as tribos. Relatórios apontam até 91% de membros das comunidades com malária. Infecções respiratórias e gastroenterites aumentam entre os índios. Acrescentemos as infecções de pele, os casos de tuberculose, as doenças venéreas, os efeitos da bebida e a cárie dentária. No entanto, o que se torna cada dia mais grave é o efeito da desnutrição.

A fome ameaça a vida de milhares de ianomâmi. A presença dos garimpeiros e de outros que exploram a área causou mudança ambiental. A caça tornou-se rara e a pesca é feita muitas vezes em áreas contaminadas pelo mercúrio. O índio, doente e alterado em seus hábitos pela presença dos brancos, interrompeu a plantação. Os alimentos trazidos em socorro nem sempre alcançam o mesmo valor nutritivo dos que pertencem ao regime indígena. Nas pistas de pouso, ao redor das quais se aglomeram os garimpeiros, encontram-se, também, grupos de ianomâmi aguardando a esmola da comida.

As operações de socorro empreendidas pelo governo e por instituições religiosas e humanitárias são limitadas. Apesar do idealismo dos que trabalham em contato com os ianomâmis, pouco podem fazer se lhes faltar a infraestrutura de apoio. Torna-se, portanto, indispensável que sejam levados adiante o Plano Emergencial de Atenção à Saúde Ianomâmi (PEAs) e outras iniciativas semelhantes. No momento, o mais urgente é o alimento e o serviço de saúde. No entanto, não basta socorrer o índio doente. É preciso devolver aos ianomâmis o pleno uso de sua terra. Enquanto não se concretizar a retirada dos garimpeiros da área tradicionalmente ocupada pelos índios, os problemas permanecem e tendem a aumentar.

É preciso examinar de novo a questão das terras reservadas aos índios, uma vez que a portaria interministerial n. 160 de 13/09/88 criou 19 áreas descontínuas, abrindo, assim, passagens para garimpeiros, bem próximas às aldeias indígenas. É conhecida a sequência dos fatos: medida cautelar na Justiça Federal do DF, requerendo a retirada dos invasores e a interdição judicial da inteira área ianomâmi; decisão interlocutória do juiz Novely Vilanova Reis, concedendo o requerido; a interdição das pistas clandestinas; a mensagem do presidente da República ao Congresso Nacional para obter recursos e, assim, retirar os garimpeiros e realizar a operação emergencial de saúde.

Contrariamente ao que se pensava, criaram-se três reservas de garimpagem penetrando na área indígena. O governo atual determinou a destruição das pistas de pouso clandestinas. No entanto, apenas 13 pistas foram dinamitadas e, hoje, algumas já estão de novo em uso. É necessária e inadiável uma ação eficiente em bem da vida dos ianomâmis. Só o governo, neste momento, tem condições de uma ação imediata em favor dos índios.

A Ação pela Cidadania acaba de enviar telegrama ao presidente da República, solicitando que sejam intensificados os serviços para salvar a vida destes irmãos que são mais brasileiros do que nós e que, neste momento, não poderão vencer a fome e a doença sem uma atuação organizada e permanente de nossas autoridades.

Nossa consciência de cristãos, diante da situação calamitosa, extrema destes irmãos, obriga-nos a elevar a Deus preces e a colaborar com recursos, disponibilidade para integrar as ações de saúde a fim de que as populações indígenas no Brasil tenham seus direitos plenamente respeitados.

A vida dos ianomâmis depende de nós.

Vencer a fome

03/11/1990

As Nações Unidas, no início deste ano, difundiram cifras alarmantes: 15 crianças morrem, a cada minuto, de fome, no mundo. Quinhentos milhões de seres humanos sobrevivem em condições de extrema desnutrição. O santo padre, no Dia Mundial da Alimentação, há duas semanas, alertou-nos sobre a urgência de gestos concretos de solidariedade, da parte dos países ricos, em benefício dos desfavorecidos. "Como haverá a história de julgar a nossa geração que, tendo todos os meios para nutrir a população da Terra, recusa-se a fazê-lo, com indiferença fratricida?" A verdade é que os alimentos produzidos no mundo e, atualmente disponíveis, são suficientes para prover as necessidades da população de todos os países. Falta uma política de justa distribuição dos bens da terra. Falta a solidariedade fraterna do Evangelho. Precisamos, sem dúvida, considerar nossas obrigações para com países mais pobres e fazer um exame de consciência sobre o que acontece, hoje, com a grande parte do nosso povo. Reconhecemos os esforços para diminuir a inflação, no entanto, estamos atravessando um período árduo em que a fome e a desnutrição castigam as áreas de miséria do Brasil.

Conforme as estatísticas do IBGE (1989), 57.4 milhões de brasileiros fazem parte da população economicamente ativa: destes, a quarta parte (25.75%) ganha até um salário mínimo. A situação dos que sobrevivem com estes parcos recursos é de constante carência alimentar. Basta fazer alguns cálculos para perceber que os alimentos mais nutritivos não estão ao alcance do valor aquisitivo do salário mínimo: carne, frutas, legumes, laticínios. O povo desnutrido adoece e não tem condições de se tratar, pois o remédio custa demais para o bolso do pobre. A mendicância aumenta nas grandes cidades, onde, não apenas crianças, mas adultos, pedem comida pelas ruas. O êxodo do campo e a falta de trabalho urbano levam milhões de brasileiros ao empobrecimento, fazendo que muitos se degradassem, sem forças para vencer. Cresceu, assim, o número de sofredores de rua nas cidades de São Paulo, Rio de Janeiro e outras capitais. Os aposentados de baixa renda, que teriam direita à gratidão de seus concidadãos pelos anos de serviço, encontram-se, sem saber por que, vítimas de cortes em seus benefícios. A consequência é a mudança de hábitos de vida, com reflexos no sistema alimentar. Que fazer?

É claro que compete ao governo, em primeiro lugar, velar pelo bem-estar social do povo, não permitindo que a política econômica exija maiores sacrifícios na mesa do pobre. Isto exige o aumento das oportunidades de trabalho, bem diferente do atual clima de demissões e pressões, que desestimulam a indústria nacional. É inexplicável a demora em organizar o uso da terra e ampliar o trabalho rural. Temos que colaborar para uma política salarial justa. No Brasil, a diferença entre as faixas salariais é bem maior que em outros países. Aguardamos os efeitos positivos do entendimento nacional em curso. O espírito de solidariedade cristã que nos conduz às transformações sociais deve, também, promover gestos concretos, pessoais e comunitários. As comunidades cristãs, ao mesmo tempo em que se aplicam para colaborar no aperfeiçoamento das leis, estruturas sociais e serviços públicos precisam, com criatividade e eficiência, dar exemplo de urgente atendimento aos desfavorecidos, com especial atenção às crianças, idosos e enfermos.

Deus questiona a nossa consciência. Como rezar o Pai-Nosso sem comprometer-se com o pão de cada dia, que sacie a fome dos irmãos?

[Retificação: no artigo 27/10, sobre o Sínodo Episcopal, indicou-se o número de dez proposições em estudo nos grupos de trabalhos. O número exato era de 40 proposições.]

Onde morar?

17/11/1990

Entre as maiores preocupações do povo está a resposta à pergunta: onde morar? A situação é sempre mais difícil devido ao alto preço do aluguel em proporção aos salários. Recente estatística publicada pela Arquidiocese de São Paulo ajuda-nos a perceber o drama da moradia na maior cidade do Brasil.

Em quintais, casarões e cortiços concentram-se três milhões de pessoas. Quase todos encontram-se no grande centro da capital, onde há a média de 120 cortiços por quilômetro quadrado. Hoje o aluguel de um quarto custa mais de Cr$ 25 mil, sem contar a taxa de luz e água, às vezes exorbitante. Nestes ambientes falta a privacidade e é quase impossível ter descanso e segurança.

Em mais de 1.500 favelas vivem um milhão de pessoas. Casas de tábua, papelão e lata sem esgotos abrigam famílias inteiras, forçadas a conviver, não raro, com a presença de traficantes de tóxicos e delinquentes.

Há, além disso, loteamentos clandestinos, mal traçados, desprovidos de saneamento e outros serviços. Nesta condição encontra-se 2,4 milhões de habitantes. Não podemos esquecer, ainda, os grupos de sofredores de rua que, sem casa, perambulam pelas cidades e refugiam-se debaixo de pontes e viadutos. Mais de dez mil pessoas sobrevivem assim em São Paulo.

No Rio de Janeiro é ainda maior o número de favelas que, nos morros, ficam expostos ao perigo dos deslizamentos. Nas demais capitais do Brasil proliferam as favelas devido, em especial, à constante imigração da área rural. Infelizmente, os sofredores de rua encontram-se em todas as cidades, vítimas das intempéries, da fome, da violência e da perda do vínculo familiar. Quem mais sofre é a criança. Sem moradia fixa, os pais não podem oferecer ambiente normal e o aconchego indispensável à criação dos filhos. Diante deste quadro, é preciso que todos reconheçam o direito de cada cidadão à moradia digna. A família requer um lar que permita estabilidade, a formação dos filhos e a convenientes proximidade do trabalho. Para superar o déficit habitacional nas cidades é urgente reduzir a migração, oferecendo-se condições de vida e trabalho ao homem do campo. Daí a necessidade da política agrícola, agrária, que há tanto tempo esperamos no Brasil e que teria evitado o inchaço das cidades. Ao mesmo tempo, deve-se combater a especulação imobiliária, a ascensão desregrada dos aluguéis e investir na construção de bairros que ofereçam moradia condigna, incluindo além da casa, ambiente de lazer, atividades comunitárias e a devida proximidade dos serviços básicos.

A missão da Igreja, diante do desafio da moradia, é de anunciar a dignidade da pessoa à luz do Evangelho, promover a união, a justiça e a solidariedade e fomentar atitudes de serviço fraterno. Isto requer maior responsabilidade por parte dos governantes, conversão das atitudes que geram desigualdades sociais e o esforço na promoção dos desfavorecidos de modo que, graças à educação, possam ser agentes de desenvolvimento próprio e comunitário. Especial valor possuem as organizações que incentivam grupos e comunidades sob a forma de mutirões e serviços de apoio jurídico.

Nesses últimos anos, torna-se prioritária na ação de Igreja a Pastoral da Moradia, que desperta a consciência cristã para o dever de garantir um lar digno para todos.

No dia 2/12, na Arquidiocese de São Paulo, reúnem-se os agentes desta Pastoral para estudar e aperfeiçoar a contribuição que a Igreja procura oferecer ao desafio da moradia. A mesma preocupação, a mesma solicitude pastoral vai caracterizando o trabalho de outras dioceses para responder, diante de Deus, à angústia de milhões de brasileiros: onde morar?

Investir em educação

01/12/1990

O ano escolar está terminando. É preciso melhorar, em todo o país, o nível da educação. Conhecemos as deficiências. Requer-se esforço em conjunto para superá-las a tempo. Nesse sentido, pronunciaram-se os bispos católicos na Assembleia Geral, em Itaici, em abril deste ano.

A primeira preocupação é com a escola pública. O município e os novos governos estaduais terão que se unir para programar, com coragem e eficiência, profunda reestruturação das escolas. A solicitude pelo aluno exige empenho especial com os educadores na tríplice dimensão de garantir justo salário, maior participação no processo formativo e possibilitar constante aprimoramento em seu preparo profissional. Outro aspecto urgente é o de ampliar adequadas instalações para a aula e espaços para lazer e esportes. A situação de pobreza da maioria de nosso povo torna indispensável a merenda escolar. No entanto, o mais importante é restabelecer o clima de bom entendimento entre os educadores, pais e alunos, que favoreça, sem sobressaltos e interrupções, o andamento do ano escolar. A Constituição estabelece verbas destinadas à educação que, se forem bem administradas, hão de permitir aperfeiçoar, a curto prazo, as escolas públicas. Nesse esforço conjunto não se pode esquecer as árias formas para adaptar as escolas à diferente situação dos alunos, como as iniciativas em ambientes rurais os cursos profissionalizantes e o acompanhamento para deficientes e outros.

Promover a educação não significa apenas oferecer rede qualificada de escolas públicas. Implica, ainda, salvaguardar o direito que pais e alunos têm de escolher as escolas que melhor correspondem à própria cultura e aos princípios morais e religiosos. Este ponto é fundamental para o exercício da liberdade, sem a qual não há verdadeira cidadania. A história recente demonstra que os regimes totalitários serviram-se do sistema escolar para implantar suas ideologias, lesando inteiras gerações. Este direito à escola, organizado em função dos princípios morais e religiosos, precisa ser extensivo a todas as classes sociais. Daí a necessidade de formas conveniadas em educação, abertas a todos com recursos públicos. O tipo de escola comunitária não pode ser identificado com escola a pagamento, que pode ter outras finalidades e facilmente se torna elitista.

O ano de 1990 foi conturbado e sofrido para muitas escolas particulares. Perdeu-se o indispensável clima de paz, surgindo tenções entre mestres, diretores e alunos, que tornaram difícil qualquer negociação. Vários colégios estão a ponto de encerrar suas atividades. Isto seria grave detrimento para o Brasil. Temos rapidamente que restituir o diálogo e a participação entre os componentes da comunidade educativa.

Está em andamento o Plano Nacional de Alfabetização. As universidades brasileiras foram convocadas para dar sua colaboração técnica. Virá o momento de habilitar monitores a fim de iniciar quanto antes o trabalho direto em superação do analfabetismo. O amplo entendimento nacional não pode interessar-se apenas com aspectos econômicos, mas deve abranger a educação básica, sem a qual grande parte de nosso povo ficará à margem, não só do avanço tecnológico, como das exigências mínimas da cidadania.

Outros países deram exemplo de notável cooperação para vencer o analfabetismo. Esta é a nossa vez.

As comunidades cristãs, empenhadas na promoção da dignidade da pessoa, são agora incentivadas pela palavra dos bispos a se comprometerem, sempre mais, no aprimoramento das escolas e em toda forma de ação educativa.

Paz para todos

29/12/1990

Na celebração do Natal de Jesus Cristo, perguntei às crianças o que desejavam pedir a Deus. Cada uma foi respondendo, com candura e espontaneidade. Joana, de olhos vivos, levantou a mão para falar e disse: "A paz para o mundo inteiro". É a prece de todos nós, no início deste ano novo. Unimos nosso anseio ao do Santo Padre que afirmou com vigor: "A guerra é uma aventura sem retorno".

O ano que vai passando foi tempo de muita violência. Nunca se viu, na história recente, convocação de soldados tão numerosos e armados como no incidente do Golfo Pérsico. Ninguém pode prever as consequências de um conflito dessas proporções. Temos que acreditar na força do diálogo. O que não se resolve pela afirmação de direitos e pelo respeito à dignidade da vida humana, acaba levando ao uso da violência e à destruição sem retorno.

Em nível internacional, nossa oração se eleva a Deus para pedir o entendimento entre os povos, a capacidade de reconhecer o direito dos outros e a convivência no pluralismo até que possamos todos convergir na descoberta da verdade.

Contemplando o Brasil, percebemos que ainda não conseguimos superar a injusta distribuição de rendas, que obriga a maior parte da população a sobreviver em condições sub-humanas. A paz requer empenho em construir estruturas sociais justas para todos. A fim de que isso aconteça é indispensável reconhecer o desígnio de Deus para a humanidade. Filhos do mesmo pai, já nesta vida somos chamados à solidariedade que requer estima, respeito e partilha fraterna.

Ao desejarmos a paz, temos que rever o relacionamento nos ambientes de trabalho, no bairro em que moramos e, em particular, na própria família. A criança que rezava, pedindo a paz para todos, sonhava em conservar sempre a tranquilidade do lar com afeto de pais e parentes. Aqui está a grande oportunidade para um exame de consciência à luz de Deus. A sociedade tem sido conivente com ataques e desrespeitos à vida conjugal e familiar. Basta constatar os programas de televisão, o descaso pela fidelidade matrimonial e o aplauso a enredos de novela em que são constantes o adultério e as injustiças contra o lar. Que podemos fazer para melhorar as relações de família? O que as crianças mais anseiam é ver a compreensão entre pai e mãe. São graves, às vezes, as dificuldades que surgem dentro de casa. O importante é saber enfrentá-las, sem medo, na confiança recíproca, mostrando aos filhos a beleza do diálogo, do perdão e do verdadeiro amor.

 Em resposta ao direito que as crianças têm de encontrar aconchego familiar, merece especial louvor o esforço de tantos casais que, hoje, abrem suas portas para acolher aqueles que já não têm mais ambiente de família. Deus recompense tanta generosidade e permita que muitos tenham a coragem de dedicar seu amor às crianças sem lar.

 Para sermos capazes desta atitude de reconciliação permanente de abertura do coração e de aceitação do outro, é preciso acreditar na graça de Deus, que confirma a vontade no bem e dá forças para superarmos as limitações do egoísmo e as provações da vida.

A paz é, assim, fruto da fé em Deus e do recurso à oração humilde e frequente. A criança, de olhos vivos e voz clara, rezou certo na noite de Natal. Paz para o mundo inteiro. Sua prece a Jesus Cristo é convite para nós. Haverá paz no mundo se todos trabalharmos pela paz.

O perigo das estradas

05/01/1991

Todos sabemos quanto são numerosas as vítimas dos acidentes nas estradas. No início do ano, os jornais noticiaram, mais uma vez, desastres e mortes. A cada dia, entram nos hospitais pacientes com fraturas graves, desafiando a perícia dos ortopedistas. Não raro, permanecem sequelas: mutilação de membros, deficiências motoras e visuais. As estatísticas apontam a brutalidade inexorável dos acidentes rodoviários. Para muitas famílias, as festas deste fim e começo de ano tornaram-se dias de infortúnio e de tristeza. Procuramos, com vigor, a paz entre as nações. Não podemos nos esquecer de que as vítimas de acidente no trânsito equivalem e até superam as mortes por causa das guerras.

Um esforço coletivo, da parte de todos nós, poderá coibir abusos, educar procedimentos e reduzir sempre mais perigos e desastres de trânsito. Vale a pena lançar uma nova campanha nacional para evitar esses acidentes. O que está em questão é o respeito à sobrevivência própria e alheia, obediência à lei de Deus que nos obriga a "não matar" e a zelar pelo dom da vida. Não se trata apenas de chamar a atenção para leis positivas de trânsito. O importante é conhecer a seriedade e justiça das prescrições que regulamentam o cuidado nas estradas e áreas urbanas em defesa da vida humana.

Somos, portanto, chamados a examinar nosso comportamento.

Ao motorista cabe a maior responsabilidade. É quem mais precisa rever as próprias atitudes. A experiência dos profissionais da direção ensina que para guiar um veículo é necessário, além do preparo técnico, conservar o equilíbrio, evitando a pressa e a imprudência. É indispensável atender à sinalização, aos limites de velocidade e condições de ultrapassagem. A todo custo, quem dirige tem que se precaver contra o abuso da bebida e uso de drogas.

Entre as causas de acidente é comum a negligência na manutenção dos freios, direção, pneus e faróis. É dever e obrigação do poder público conservar melhor as estradas e a sinalização. Ao pedestre compete uma atitude de obediência às normas de trânsito. Mas, a maior atenção incumbe aos motociclistas que, não raro, descuidam da segurança pessoal e das normas, exageram na velocidade e acabam vítimas de desastres fatais.

É preciso esforço coletivo, com especial compromisso dos que mais podem influir na redução de acidentes. As escolas, desde cedo, devem formar as crianças para o respeito às leis. Requer-se seriedade e rigor nos exames de habilitação. Para os governos é ponto básico e constante conservação e fiscalização das estradas.

A coerência com esse esforço deverá nos levar a rever a prática, infelizmente comum, de corridas em alta velocidade, que colocam em risco a vida e induzem a juventude à atração para os mesmos perigos.

Hoje, 3 de janeiro, estou escrevendo estas reflexões no carro, ao lado do motorista, durante a viagem de volta a Mariana. Acabamos de passar pelo lugar do acidente que sofri, há dez meses. Amigos mandaram fazer duas placas para indicar a periculosidade da curva e evitar outros acidentes. As placas foram doadas ao DER e aguardam, há meses, sua colocação. Agradeço a Deus e a todos os que rezaram por mim a conservação de minha vida. Por isso mesmo, sinto-me chamado a colaborar com mais amor, para preservar a dos outros. Aqui fica a proposta da campanha nacional para evitar acidentes de trânsito e salvaguardar sempre melhor o dom da vida que Deus nos dá.

Campanha da Fraternidade

09/02/1991

Quem pensa no trabalho, lembra-se logo das dificuldades, do cansaço, de injustiças e até de frustrações. Mas pensa também na realização pessoal, na criatividade, na colaboração para o bem do próximo. O certo é que, para muitos, o trabalho representa a atividade que consome mais horas em nosso dia. O mundo do trabalho coloca-nos diante de tensões e conflitos, expectativas de leis justas que favoreçam o entendimento entre os grupos sociais.

A Campanha da Fraternidade/91 tem como tema "Fraternidade e Trabalho" e apresenta à nossa reflexão o anseio de que sejamos "solidários na dignidade do trabalho". A escolha comemora o centenário da encíclica *Rerum Novarum* do papa Leão 13 que, diante da dramática situação dos trabalhadores, na época, e de sua escandalosa pobreza, denuncia as injustiças e afirma que o respeito a Deus e ao próximo são indispensáveis para vencer os obstáculos dos conflitos sociais e levar ao compromisso com a justiça. Insistia na importância das associações de trabalhadores, como meio para alcançar as condições dignas de trabalho. Desde então, sucederam-se os ensinamentos pontifícios, desenvolvendo a Doutrina Social da Igreja. A mais recente encíclica sobre o tema é de 1987, *Sollicitudo Rei Socialis*, que explicita a solidariedade no trabalho como base do desenvolvimento.

Sociedade

O tempo da Quaresma, de quarta-feira de Cinzas à Semana Santa, prepara-nos à celebração do Mistério da Paixão, Morte e Ressurreição de Cristo. Cada ano renova-se o convite à oração e reflexão em comunidade, procurando cada um converter-se em seu coração. É oportunidade de revermos nossas atitudes para com o próximo, à luz do Evangelho. A realidade do trabalho envolve situação de pecado: a ganância leva, não raro, a explorar o próximo, tornando-se instrumento de injusta distribuição de bens e obrigando grande parte da população a trabalhos mal remunerados, expostos a acidentes em condições desumanas. Alguns nem alcançam emprego e vivem à margem da sociedade.

Diante desta situação, a Campanha da Fraternidade anuncia Jesus Cristo. Filhos do mesmo Pai, somos chamados a realizar, no mundo do trabalho, relações de justiça e fraternidade. É possível o diálogo e a compreensão entre os que respeitam a dignidade de cada pessoa humana. Organizações e sindicatos, trabalhadores e empresários, devem procurar não só os interesses grupais, mas a promoção do bem comum, em especial dos mais carentes.

Para reflexão das comunidades foi elaborado um manual, contendo o texto-base que propõe análise da situação, focalizando a história do trabalhador em nosso país: condições de vida, sistema de trabalho e formas de organização e solidariedade. Na segunda parte, apresenta o trabalho, à luz da Palavra de Deus, da experiência de Jesus e da Doutrina Social da Igreja. Seguem na terceira parte, proposta de ação pastoral que permitam superar situações conflitivas e realizar sempre mais a justiça e a fraternidade. Estatísticas, notas bibliográficas favorecem a compreensão a aprofundamento do tema.

A violência e a ganância, infelizmente, alimentam a guerra no Golfo Pérsico, com vítimas sempre mais numerosas. A resposta está no respeito à dignidade da pessoa humana que se expressa e consolida pelo trabalho em bem do próximo. Para superar problemas políticos e evitar conflitos armados, temos que resolver, pela raiz, as injustiças da questão social. O caminho para isto é a conversão a Deus e o esforço para sermos solidários na dignidade do trabalho. Este é o alcance da Campanha da Fraternidade – 1991.

Fraternidade no trabalho

16/02/1991

Ao abrir a Campanha da Fraternidade, na Quarta-feira de Cinzas, o santo padre convocou o povo brasileiro para refletir sobre o tema "Solidários na dignidade do trabalho", afirmando que cada um é chamado a dar sentido cristão ao trabalho. A exemplo de Jesus Cristo, pela liberdade responsável, devemos transformar nossa atividade em sinal e prova de amor a Deus e ao próximo. O trabalho cotidiano tornar-se assim, serviço, doação, ajuda, solidariedade aos demais. "O mundo criado por Deus reivindica a garantia de que todos de qualquer condição social, e cultural, tenham acesso aos bens necessários para atingir a própria santificação". Isto requer, conforme o santo padre, direito de todos ao trabalho, com remuneração adequada para si e sua família, de modo a ter vida digna no aspecto social, cultural e espiritual. É, portanto, compreensível a angústia cristã diante das injustiças e a necessidade de empenhar-se, afim de que se coloque em prática o ensinamento da Igreja, em matéria social, para que cresçam o respeito à dignidade humana e o amor fraterno.

Na mensagem ao mundo inteiro, por ocasião da Quaresma, João Paulo II faz novo apelo à solidariedade diante da pobreza, a fim de que cada um atue para o bem de todos, servindo os outros, em vez de explorá-los. Convida-nos a meditar sobre a parábola do Rico e de Lázaro, porque ignorar a multidão, sem o necessário para viver, nem esperança de futuro melhor, é tornar-se como "o rico que finge não ver o pobre Lázaro que sofre à sua porta".

A Campanha da Fraternidade exorta-nos à conversão, levando-nos a vencer o pecado que cria conflitos e injustiças e a assumir o trabalho como serviço aos irmãos. Com a graça de Deus, podemos evitar o egoísmo e transformar as relações de trabalho, construindo a convivência e colaboração fraternas.

A campanha estende-se a todos que pertencem ao mundo do trabalho, uma vez que o serviço aos outros é prestado nas diversas áreas da vida humana: agricultura, comércio e indústria, serviços públicos, profissões liberais, com especial atenção aos que sofrem desgaste de atividades árduas e mal remuneradas, ou que não têm acesso ao trabalho.

O objetivo da campanha é, portanto, de ajudar a descobrir a situação de não fraternidade, que existe no mundo do trabalho, e a urgência de evangelização. Trata-se de oferecer a todos condições de exercer o direito e o dever de contribuir, através do trabalho, para o bem comum. Segue-se a necessidade de assegurar a primazia da pessoa humana sobre o capital, o direito ao próprio desenvolvimento, à remuneração condigna, proteção da saúde e da vida, à livre organização dos trabalhadores e ao diálogo fraterno entre os grupos que atuam na empresa.

Nestes dias, os jornais, referindo-se ao texto-base divulgado pela CNBB, afirmaram inverdades, chegando a aludir a "ocupação de fábricas e terrenos como táticas no conflito de capital e trabalho". O texto, distribuído há meses, nas livrarias, está ao alcance de todos. É preciso lê-lo na íntegra não imaginar frases inexistentes, e captar a mensagem de verdade, justiça social e sobretudo, de fraternidade. À luz desses valores evangélicos, devemos com coragem, estar empenhados na promoção pelo trabalho, das dignidade e desenvolvimento integral dos empobrecidos.

Aproveitemos o tempo litúrgico da Quaresma para rezar, refletir e atuar sempre mais, para que se realize o projeto de Deus, justiça e paz, no mundo do trabalho.

Tempo de conversão

02/03/1991

Durante a Quaresma, as comunidades vão se empenhando na Campanha da Fraternidade. Com humildade somos chamados a rever a própria vida, a confrontá-la com o Evangelho para – com a graça divina – corrigir falhas e erros e melhorar nossa atitude para com Deus e o próximo. O tema "Solidários na dignidade do trabalho", indicado para a campanha deste ano, há de merecer nossa atenção. Em nível pessoal temos que valorizar toda pessoa humana, respeitar e compreender os demais, e mudar nosso comportamento para superar injustiças e falta de solidariedade. Isto vale para operários, empresários e todos que atuam no mundo do trabalho.

Há, no entanto, uma transformação necessária que atinge a própria organização da sociedade e que requer esforço conjunto para que possa se realizar.

Ao tratarmos da dignidade da vida humana, a ser promovida pelo trabalho, percebemos uma série de condições que devem ser asseguradas para todos, a começar dos mais necessitados.

É, pois, dever cristão, neste tempo litúrgico de preparação à Páscoa, assumirmos, diante de Deus, o compromisso de cidadãos empenhados nas exigências da justiça social, indispensável ao bem comum.

Sociedade

Entre as maiores urgências, emerge a necessidade de moradia conveniente. É este um dos motivos de maior angústia para o povo, que não consegue casa própria, sem pagar aluguel. Para muitas famílias de classe média, a majoração do IPTU, somada ao condomínio, desorganiza o orçamento doméstico e cria incertezas sobre a estabilidade domiciliar.

A área da saúde, apesar dos esforços mais recentes do governo, precisa continuar progredindo para evitar as filas enormes de ambulatórios e de atendimento do Inamps. Há dias, um hospital informava que não poderia assumir novos casos de tratamento por hemodiálise, devido aos altos custos exigidos. O preço dos remédios desafia a boa vontade popular.

Também o transporte pesa cada vez mais nos gastos familiares. O mesmo se diga da despesa com a educação dos filhos.

Em boa hora, portanto, o governo está procurando equacionar a questão salarial com a colaboração dos debates e propostas partidários. Eis aí o ponto central para a ética cristã: a dignidade da pessoa humana requer que cada trabalhador possa viver do próprio salário e com ele manter os que dele dependem.

Aqui fica o apelo em bem dos aposentados, para que nenhum benefício seja inferior ao salário mínimo. Acabo de receber carta, em nome de um pai de família, vítima de cegueira. Recebe menos que o salário mínimo e pergunta como poderá educar três filhos menores.

Entendemos, assim, quanto é ampla a obrigação de converter o próprio coração. Estende-se não só em nível pessoal, mas aos deveres sociais e políticos. O mais importante, no entanto, é nos deixarmos questionar no íntimo de nossa consciência, diante de Deus. O grande obstáculo é nosso egoísmo e dureza de coração.

Se, por um lado, cresce a necessidade de mudança, percebermos, também, que podemos contar com o auxílio de Deus para que se realize a desejada conversão interior. Que a oração e a penitência

411

destas semanas alcancem de Deus, sempre mais, a lucidez para vermos o que deve ser emendado e a coragem de colaborarmos, mesmo com sacrifício de nossa parte, para uma nova ordem social que assegure a todos as condições dignas de filhos de Deus.

Ano cem

04/05/1991

A terceira encíclica social de João Paulo II, publicada a 1º de maio, dia de São José Operário, recebeu o título de *Centosimus annus*. Comemora a famosa *Rerum Novarum* do papa Leão 13, sobre a questão operária, na qual em 1891 alertava o mundo sobre a condição lamentável a que o processo de industrialização estava reduzindo os trabalhadores.

A nova encíclica ajuda-nos a avaliar a mensagem profética de Leão 13, a perceber os frutos que veio produzindo, ler sob sua luz os eventos de hoje e discernir o caminho a percorrer no próximo milênio.

O texto de 113 páginas merece leitura atenta, refletida, tendo como contraponto a encíclica *Rerum Novarum*. O 1º capítulo analisa os traços característicos da encíclica de 1891. A seguir descreve "as coisas novas" que nos rodeiam. O capítulo 3º Focaliza o ano de 1989 com a imprevisível mudança do Leste europeu. Os dois capítulos seguintes retomam os temas da propriedade privada e da função do Estado. O último capítulo mostra a centralidade do homem dentro da sociedade. É o anúncio de Cristo que revela à pessoa humana toda a sua dignidade.

Não é possível dispensar o contato direto com o texto da encíclica que nos coloca diante das angústias, desvios, decepções, expectativas, desafios, lutas e esperanças da humanidade.

No dia 1º de maio foi lida nas comunidades católicas a mensagem dos bispos aos trabalhadores do Brasil. Palavra de solidariedade, união e compromisso. Manifestam os bispos o sofrimento diante de salários e aposentadorias insuficientes, do desemprego, da espera dos sem-terra e das condições precárias de trabalho. Lembram a importância da organização, dos trabalhadores e da colaboração entre operários e empresários, imbuídos de espírito cristão para promover a justiça e a concórdia social.

As reflexões de João Paulo II são para nós poderoso incentivo a fim de continuar procurando soluções para os graves problemas do mundo do trabalho. Demonstram o vício do "socialismo real", como sistema de Estado, que subordina o indivíduo ao funcionamento da máquina social e dos que a controlam. O erro está no desprezo da transcendência da pessoa humana e na negação de Deus. Daí se segue a luta de classes, sem nenhuma limitação ética ou jurídica que visa o interesse apenas de uma parte da sociedade e utiliza o princípio da força sobre o da razão. A afirmação da liberdade, desvinculada da verdade e do respeito aos outros, levou às guerras de 1914, 1945, pseudolegitimadas por ideologias marcadas pelo ódio e violência. A paz aparente encobriu a louca corrida às armas, absorvendo alta tecnologia e recursos indispensáveis ao desenvolvimento. Multiplicaram-se as lutas fraticidas e atos de terrorismo. Nos decênios posteriores em alguns países houve esforços para uma sociedade democrática; em outros estendeu-se o totalitarismo comunista. Surgiram, em reação, sistemas de segurança nacional. Difundiu-se a miragem de uma sociedade de consumo. A descolonização criou novas dependências econômicas. Apesar disso veio crescendo a defesa dos direitos humanos e expectativa do direito dos povos, embora ainda sem instrumentos eficazes para resolver conflitos internacionais.

A experiência sofrida de revezes e pequenas vitórias demonstra a lição de que não é possível compreender a pessoa humana considerando-a unilateralmente sob o aspecto econômico ou da pertença a uma classe social. É necessário considerar a pessoa na sua totalidade, em sua missão, inserindo-a na própria cultura, história e na sua relação fundamental a Deus. É o "Ano 100" da *Rerum Novarum*. Permanece novo e mais complexo o desafio de respeitar e promover a dignidade da pessoa humana.

Cassino dá prejuízo

11/05/1991

O assunto parecia sepultado. Não estava. Há quem de novo proponha projeto, na Câmera, de legalização dos cassinos. Não se trata aqui do lazer popular e dos pequenos jogos na base da sorte. A questão é outra. Quer-se permitir a alta indústria do jogo de azar. Confiamos no bom senso e no discernimento dos responsáveis do Legislativo e Executivo para que evitem uma decisão prejudicial ao Brasil.

Alega-se que o cassino seria fator de desenvolvimento econômico, pois favorece o turismo, potência as estâncias hidrominerais e outras, cria empregos e pode até beneficiar obras sociais e filantrópicas.

Esses argumentos são frágeis. Há outros modos de incentivar o turismo com nossas belezas naturais, valores artísticos e culturais, graças à recuperação de monumentos e inteiras áreas históricas. Não ajuda nosso povo a circulação pela cidade de apaixonados pelo jogo que, não raro, cedem à dependência da bebida, da vida noturna e dá mau exemplo de inatividade profissional. A oferta de empregos em cassinos oferece ao povo simples o contato com hábitos de vida que deterioram valores morais e induzem a comportamentos semelhantes. Se aplicar parte do lucro em obras sociais justificasse a abertura de cassinos, o mesmo raciocínio poderia servir para a provar a Máfia, o narcotráfico e outras atividades moralmente inaceitáveis.

O cerne da questão é de ordem ética.

Legalizar o cassino significa fomentar o jogo de azar, o ganho fácil, em vez de valorizar a educação, o preparo profissional e o trabalho honesto. Invertem-se os valores que devem orientar a sociedade. A expectativa do Brasil é a de oportunidades e condições adequadas de trabalho, de salário e aposentadoria convenientes. A dignidade da pessoa humana requer a qualidade de trabalho assegurada pela organização social.

Incentivar jogos de azar, provocar a miragem da sorte pela indústria sofisticada de cassinos, desequilibra o horizonte de vida da juventude, alicia para o lucro sem esforço e desprestigia o trabalho humano sério, dignificante, indispensável à promoção do bem comum. O pior é que o jogo atrai mais jogo. A história atesta o descontrole que leva os usuários de cassino a apostar sempre mais e perder bens patrimoniais, lesando de modo irrecuperável a própria situação econômica e o bem-estar familiar.

O Brasil precisa distribuir equitativamente sua renda e evitar o fenômeno dos marajás que concentram fortunas sem mérito pessoal. Em boa hora o presidente da República e a consciência nacional despertaram para esta anormalidade no corpo social. Ora, o ganho fácil no jogo de azar nada mais é do que a fábrica de outros marajás, que consomem em bens supérfluos recursos que poderiam acionar mais empregos e benefícios sociais.

Legalizar o erro não cria acerto, mas gera confusão na consciência e perverte a hierarquia de valores.

Os prefeitos que anseiam pela abertura de cassinos hão de encontrar outras soluções. É preciso acertar o caminho. Não é hora de iludir os justos anseios da promoção humana, da dignidade do trabalho e da solidariedade fraterna. O engodo de paliativos serve para distrair a atenção das verdadeiras metas sociais e acaba prejudicando a saúde psíquica e moral do povo brasileiro. O cassino dá prejuízo.

Família em foco

18/05/1991

Por que tanto ataque à família brasileira? Viajando pelas cidades do interior de Minas Gerais fico feliz vendo o povo simples. É nossa maior riqueza: a bondade, a acolhida, os costumes, a dedicação ao trabalho, a religiosidade de nossa gente. Apesar da parcimônia de bens e da vida árdua, permanece a união do casal, o cuidado com as crianças, o respeito aos pais. É a beleza da família alicerçada no amor sincero e na fé em Deus.

Esses valores preciosos, que outros países, aos poucos, perderam, estão sofrendo constantes ameaças e agressões no Brasil. Como se não bastasse a migração interna em busca de oportunidades de emprego e a atração das grandes cidades que dividem a família, tornou-se insistente o choque de mentalidade criados pelos programas de televisão. As crianças padecem a violência das casas que, desde cedo, confundem suas consciências, paralisam e até pervertem os esforços educativos da família e da escola. O que está hoje na alça da mira de muitos canais da TV é a própria dignidade do amor conjugal e da vida familiar. Insistem os produtores de TV em desrespeitar a honestidade do matrimônio e a tentar contra a fidelidade do casal e os deveres para com os filhos.

Todos percebem a brutalidade dos ataques às famílias, inseridos nos enredos de novelas e nas propagandas comerciais: ciúme, inveja, força do instinto, diálogos chulos e espetáculos chocantes. Não é admissível que se continuem apresentando senas explícitas de sexo libertino, traição conjugal e crimes passionais. Aonde se quer chegar? Será que não se percebe o mal que tudo isso causa ao nosso povo?

Cabe aqui duas reflexões. A primeira refere-se aos diretores de canais televisivos. A concessão de uso pelos governos faz-se tendo em vista o bem comum. É dentro, portanto, desse princípio que os programas devem ser organizados. Trata-se de algo anterior à própria censura, que precisa nascer da consciência do dever de que assume a responsabilidade de uso do canal. Os que adquirem televisões têm o direito de se beneficiar de programas condizentes com os valores e a dignidade da pessoa e da sociedade. A segunda reflexão é sobre compreensão da vida moral e do uso da liberdade. O horizonte é a verdade. A mera afirmação da própria vontade, sem regra, sem rumo, leva à desordem e ao desrespeito do outro. Infelizmente, as filosofias que inspiram larga parte da humanidade são materialistas, desconhecem os valores espirituais e a relação fundamental da pessoa humana com Deus. Isso vale para o liberalismo individualista e o socialismo marxista. Nos dois sistemas dá-se prioridade à dimensão econômica. A pessoa vira objeto. Importa a produção e o consumismo. A liberdade fica a serviço dessas concepções, sem vínculo com a verdade, sem respeito ao próximo. Não há fundamento para o amor, a doação conjugal e familiar, a generosidade e o sacrifício.

Nessa perspectiva de mero lucro, propõe-se ainda a legalização dos cassinos, sem considerar o grande dano moral para a família e o povo brasileiro. Aonde estamos?

Neste mês de maio, as comunidades cristãs se reúnem para louvar e agradecer a proteção da Mãe de Deus, que nos ensina a beleza do amor materno conjugal. A ela pedimos que sustente contra tantos ataques os valores mais profundos da família brasileira.

419

Amor de mãe

25/05/1991

No mês de maio firmou-se o costume de festejarmos o Dia das Mães. Na verdade, mãe é todo dia. E com razão. Quem pode agradecer, na justa medida, o que devemos à própria mãe? Estas celebrações de maio ajudam a reconhecer e valorizar mais o afeto materno que está na origem de outras formas de amor humano e nos ensina a beleza da gratuidade e do dom de si. Numa sociedade, na qual o aborto provocado ceifa milhões de vidas, antes de nascerem, resplandecem ainda mais o amor e o mérito das que, com coragem, aceitam e querem ser mães.

É grande a missão materna. Só Deus sabe quantos cuidados e sacrifícios recebemos de nossas mães até sermos capazes de andar, falar e assumir a vida. É esse amor forte, generoso e belo que nos ajuda a sermos pessoas e descobrirmos a própria dignidade. Cada um de nós sabe a importância de a criança ser amada, beijada, levada no colo e estreitada ao coração. A convivência com menores abandonados e meninos de rua demonstra a falta que faz o amor dos pais e, especialmente, o carinho materno. Todos precisamos de amor. Na ausência da própria mãe é preciso o afeto da família e dos amigos. A adoção, fruto de amor, dá à criança necessitada a certeza de que é querida e devolve a ela a confiança indispensável à vida.

Nesses dias somos convidados a externar a nossa gratidão à nossa mãe, a todas as mães e àquelas que, de algum modo, participam deste amor materno. Pensamos no devotamento das que cuidam de filhos enfermos ou com deficiência. Lembramos do sofrimento das mães separadas de seus filhos, das que carecem de recursos, das que trabalham sem medir sacrifícios para alimentar e educar a própria família. É esta energia maravilhosa de nossas mães, de esquecimento de si mesmas e doação que, a cada dia, renova a humanidade egoísta e violenta e garante que é possível acreditar no amor, no perdão e construir a paz. Que seria de nós sem o amor da mãe?

Nas comunidades cristãs a gratidão às mães se eleva mais alto. Mês de maio é mês da Maria Mãe de Jesus Cristo, Filho de Deus, nossa Mãe. No calvário, Jesus nos confiou à sua Mãe. É sublime a lição de seu amor materno. Ela acompanhou os discípulos, deu-nos exemplo de fé, aceitou o sofrimento e fortificou-nos na esperança. A todos acolhe como filhos.

Em muitas paróquias conserva-se a tradição, no mês de maio, de se colocar uma pequena coroa na imagem da Mãe de Deus. É uma homenagem singela, muito querida das crianças, que em procissão cantam, levam flores e expressam sua gratidão pelo amor materno da Maria. Podemos aprender com as crianças. No meio das preocupações e angústias procuremos renovar nossa piedade filial para aquela que Jesus nos deu por Mãe. Precisamos do seu amor. Ela, com ternura materna, convida-nos a rezar e rever a própria vida. Ela nos ajuda viver o Evangelho, na confiança em Deus e na comunhão fraterna. Ela nos comunica, em nome da Jesus, o zelo pelos mais necessitados, a coragem no sofrimento, o empenho por uma sociedade justa e solidária e a esperança da vida eterna.

A história continua marcada pela injustiça e pelo ódio. O mundo só poderá se transformar pelo amor. Não há outro caminho. Que a Mãe de Deus abençoe todas as mães, para que, com seu testemunho, ensine as novas gerações a acreditar no amor. Todos precisamos do amor de mãe.

Fornos apagados em Itabirito

01/06/1991

Há mais de seis meses as chaminés de Itabirito estão apagadas. Quem passava pela estrada de Belo Horizonte a Ouro Preto estava habituado a avistar a bela e possante chama da Usina Esperança, a mais antiga da América. Com capacidade para produzir 6.500 toneladas mensais, compreendendo ferro gusa, fundidos de ferro e aço, é das mais modernas usinas siderúrgicas do país.

O forno aceso era sinal de trabalho para as famílias de Itabirito. Durante quase um século, nasceram e cresceram, em volta dos fornos, milhares de operários, que encontravam na usina emprego, casa, salário e a vida em comunidade. Havia prosperidade, bem-estar e apreço à empresa. O medo era que um dia os altos-fornos se apagassem. Foi o que aconteceu. Hoje, 600 famílias aguardam a solução que será dada ao Complexo Queiroz Junior.

Enquanto as diligências jurídicas e as questões trabalhistas prosseguem, o povo precisou se organizar para enfrentar a dura realidade. O sindicato tomou as medidas indispensáveis. A Prefeitura vem assegurando a alimentação. Cresceu a solidariedade e o espírito comunitário. As crianças continuam frequentando a escola. Iniciativas de pequenos trabalhos de artesanato ocupam alguns operários. Outros conseguem serviço nas construções da cidade. No entanto, apesar disso, as semanas e os meses passam, aumentando

Sociedade

o sofrimento da maioria dos operários. Seguros-desemprego vão chegando ao fim. Os salários devidos não foram pagos. É preciso, agora, uma decisão que devolva trabalho a essa população. O patrimônio da usina equilibra e supera as dívidas e compromissos, tornando possível a expectativa da reabertura da usina.

Nos últimos dias, a situação aflitiva desses operários foi apresentada nos programas de televisão, pois algo de novo estava acontecendo em Itabirito. A união das famílias desempregadas veio se estreitando sempre mais com o apoio de grande parte da população. Decidiram intensificar o recurso a Deus. De acordo com os dois párocos da cidade, organizou-se durante nove dias momento forte de oração. Às 5 da manhã reuniam-se grupos, com velas acesas, e caminhavam rezando e cantando, em procissão. Atravessavam as instalações da usina e subiam morro acima até a Igrejinha, onde era celebrada a Eucaristia. A iniciativa foi crescendo cada dia com novas adesões. Nas celebrações finais da novena, apesar do horário matutino, havia 5 mil pessoas. Muitas crianças com bandeirinhas acompanhavam seus pais. Clima de fé e confiança em Deus, de ordem e amizade, transformava a tristeza das famílias, criava uma experiência de fraternidade até então desconhecida. No meio das dificuldades, rezavam pelos outros que sofrem no Brasil e no mundo o efeito da recessão e do desemprego. A oração sincera veio assim unir mais a todos, fortificar a paciência, a solidariedade e a partilha dos alimentos e parcos recursos disponíveis. Agora os representantes da comunidade aguardam a decisão judicial. O sonho de todos é que em breve os fornos sejam novamente acesos. Podemos imaginar a alegria que possuirá centenas de famílias. Será uma festa para a cidade inteira.

Procuremos ouvir o apelo de Itabirito. A colaboração das autoridades, o interesse de empresários poderão abreviar o sofrimento dessa população. Para todos nós, fica a bela lição dos operários. Dão-nos exemplo de organização, mútuo apoio, calor da amizade e fé cristã. Passados, os meses de aflição, há de permanecer o fruto da solidariedade e união. Não há revolta, nem ressentimento, nem individualismo. Ensinam-nos a confiar em Deus e colocar nele a esperança. Nas manhãs frias, antes do sol nascer, é comovente ver muitas pessoas idosas entre os operários e crianças caminhando até o alto do outeiro. Rezam em voz alta à Senhora da Conceição. Contam histórias do tempo de fartura e pedem a Deus que apresse o dia em que o fogo volte às chaminés de Itabirito.

A serviço da vida e da esperança

08/06/1991

Este é o título da mensagem da 1ª Assembleia Nacional dos Organismos do Povo de Deus. Vida e Esperança. Num total de 258 pessoas, reuniram-se em Itaici, de 1 a 4 de junho, como família de Deus, os representantes das várias vocações da Igreja Católica no Brasil. O encontro, há muito desejado, expressou a comunhão e participação do povo de Deus. Teve sua origem na CNBB, através de longa preparação, com reuniões mensais dos presidentes das principais agremiações de vida e serviço na Igreja.

Assim, dos seis organismos que professam a mesma fé, o mesmo Batismo na diversidade de carismas e ministérios, estavam presentes para trabalhar juntos: leigas e leigos (146), consagradas em institutos regulares (dez), religiosas e religiosos (52), diáconos (oito), presbíteros (32) e bispos (dez). Vieram a Itaici para assumir e aprofundar o objetivo geral da Ação Pastoral aprovado na 29ª Assembleia Nacional dos Bispos e contribuir na elaboração das diretrizes gerais para a Igreja no Brasil, durante o próximo quadriênio. Os primeiros textos foram analisados e enriquecidos no decorrer de vários meses, com a colaboração de dioceses, pastorais, comunidades e movimentos. A Comissão de Bispos, após a votação realizada em abril, pela CNBB, ficou responsável pela redação final que levará, agora, em conta as propostas e sugestões feitas na última semana pelos representantes dos organismos do povo de Deus. Esse enorme esforço de cooperação foi coroado com a vivência dos dias em Itaici, marcados pelas celebrações da fé, pela reflexão conjunta em grupos e plenários, e sobretudo, pelo clima de fraternidade e entusiasmo. O ponto de convergência foi a alegria em assumir o lema e o objetivo geral, que hão de animar a ação pastoral destes próximos anos e expressam a responsabilidade comum na missão de toda a Igreja: evangelizar.

O lema afirma que o centro de toda proclamação é o filho de Deus: "Jesus Cristo ontem, hoje e sempre". As palavras do objetivo resumem os elementos principais do anúncio: "Evangelizar com renovado ardor missionário, testemunhando Jesus Cristo, em comunhão fraterna, à luz da evangélica opção preferencial pelos pobres, para formar o povo de Deus e participar da construção de uma sociedade justa e solidária, a serviço da vida e da esperança, nas diferentes culturas, a caminho do Reino definitivo".

No anseio de compartilhar o fruto do encontro, escreveram a mensagem às irmãs e irmãos das comunidades, pastorais e movimentos eclesiais, sublinhando quatro pontos mais importantes:

1) A hora atual é de grandes desafios, mas é momento de graça e presença do Senhor Jesus que exige, na palavra de João Paulo II, "renovado ardor missionário". Isso significa a busca e experiência de Deus mais profunda e sede de sua palavra. Leva-nos a ouvir o clamor de tantos oprimidos e nos compromete sempre mais na construção de uma sociedade justa e fraterna e sem discriminações. Renova as comunidades, cada um de nós e toda a Igreja, procurando novos métodos e expressões que atendam às situações atuais.

2) A evangélica opção pelos pobres é reassumida na íntegra em continuidade com o Concílio Vaticano II, os documentos de Medellín e Puebla e as recentes encíclicas de João Paulo II.

3) A diversidade das culturas requer no processo de evangelização o esforço para respeitá-las, acolhendo valores que nela se encontram e oferecer a contribuição própria da mensagem de Jesus Cristo, com especial atenção às culturas marginalizadas e oprimidas.

4) Finalmente, diante das ameaças contra a vida e da injustiça distribuição de bens, é necessário proclamar Jesus Cristo, que nos liberta do pecado e da morte, dá-nos vida nova e alimenta a esperança.

A esperança de intensa comunhão fraterna foi para todos como diz a mensagem final: "Uma nova semente plantada no chão da Igreja". O sopro do Espírito Santo fez arder o nosso coração de amor por Jesus Cristo e nos deu muita coragem para anunciar o Evangelho. Vimos e experimentamos esse "sonho bom" acontecer.

Gestos que fazem bem

22/06/1991

Ontem à tarde, em Mariana, veio me visitar Elias. Amigo afeito ao trabalho, empenhado na vida de sua família, sem medir sacrifícios. Este homem simples, habituado à dureza e canseira do serviço cotidiano, estava radiante e desejoso de contar para outros o que tinha presenciado. Fiquei curioso em saber o motivo de sua satisfação.

"Vi, hoje, algo diferente", dizia-me. Comoveu-se. "Coisa linda mesmo", acrescentou. E foi narrando, aos poucos, o que atraíra tanto a sua atenção. Na rua encontrara-se com um jovem, sentado à soleira da porta. Percebeu que o rapaz só caminhava com o auxílio de muletas. Não possuía os pés e, mesmo assim, conseguia se deslocar, apoiando ao solo as muletas e a extremidade de uma das pernas. Trazia na mão livros e documentos de trabalho. O jovem aguardava alguém e aproveitou o tempo para conversar. Feliz, não se referia às limitações físicas, não se queixava da situação. Confiava em Deus e falava do trabalho e de seus planos. Veio, então, ao seu encontro uma jovem. Saudaram-se com afeto e alegria. Eram noivos. O rapaz segurando as muletas, pôs-se a caminho e ela, com delicadeza, descansando a sua mão sobre a do noivo, acompanhava-o, conversando animadamente.

Sociedade

Percebia-se a beleza do amor que supera diferenças físicas e atinge a pessoa no seu valor profundo. Ele se sentia querido e compreendido. Ela o amava de verdade.

Nesta sociedade em que cada um pensa somente em si mesmo e usa do próximo para vantagem pessoal, faz-nos bem descobrir gestos de amor sincero e puro.

Era esta a razão da alegria que transparecia no olhar de Elias, ao contar que vira e vivera o exemplo daqueles jovens, capazes de amar e construir a vida a dois, sem outra intenção de que a de dedicar-se um ao outro e fazer bem a muita gente.

São essas lições que nos ajudam a romper o círculo fechado do individualismo e viver a experiência da doação e do amor gratuito.

O grande impasse da sociedade brasileira está na injustiça social, na concentração demasiada de riquezas, sem atenção às necessidades dos outros. O coração de muitos está fechado. O mundo vai se tornando sempre mais egoísta e frio.

Temos que agradecer os exemplos que sacodem nossa mesquinhez. Quem não se impressiona com o testemunho dos pais da jovem aluna em São Paulo, vítima de brutal assassinato. Ofereceram os órgãos para transplante, que salvou três vidas.

A mesma grandeza de coração transparece no casal com cinco filhos, em Mariana, cuja vida é dedicada ao atendimento a deficientes físicos. Seu lar tornou-se, durante o dia, uma casa de acolhida para várias crianças pobres que necessitam de acompanhamento e exercício. Cantam e brincam. Aprendem a se relacionar com os outros e a trabalhar com as mãos. Um dia, o casal descobriu um recém-nascido largado na rua, franzino e enfermo. Parecia sem condições de sobreviver. O casal não teve dúvidas: obteve a guarda da criança em vista da doação e recebeu com amor a menininha, como nova filha, envolvendo-a com o mesmo afeto com que cuidam dos outros.

No meio da maldade e violência em que vivemos, há muita coisa bonita neste mundo. Todo gesto de bondade é sinal da grandeza de que é capaz o coração humano. É preciso aprender com o próprio Deus a gratuidade do amor. Está certo o amigo Elias que se comovia e alegrava vendo o rapaz de muletas caminhar apoiado na jovem que o amava. Lembremo-nos das palavras de Jesus: "É mais feliz quem dá do que quem recebe". O importante é querer fazer o bem. Aí está, nesta vida, o segredo da felicidade e a semente da sociedade nova, justa e fraterna.

Migrantes temporários

29/06/1991

Dia 25 de junho foi dedicado aos migrantes. Solicitude pastoral de bispos em cujas dioceses é mais forte a realidade nas migrações temporárias lançou, na semana passada, um documento – "Um Desafio à Igreja e à Sociedade: Migrantes Temporários". Este texto, de caráter pastoral, quer ser palavra de conforto e incentivo aos milhares de migrantes temporários e aos que com eles trabalham. Esta carta pastoral nasceu no 1º Encontro nacional sobre o Trabalho Sazonal, realizado em São Paulo em julho de 1990. Procura sensibilizar a Igreja e a sociedade sobre a condição dos migrantes temporários e estimular dioceses, paróquias e comunidades para o atendimento específico aos que se vem forçados a migrar, em busca de sobrevivência. A palavra dos bispos insere-se na Campanha da Fraternidade deste ano – Solidários na Dignidade do Trabalho –, à luz do centenário da *Rerum Novarum* e do ensinamento social da Igreja.

Tornam-se cada vez mais numerosos os migrantes temporários no Brasil: trabalhadores de cana, do algodão, da laranja e do café, da agroindústria do açúcar e do álcool são frequentes os migrantes sazonais, assim chamados por seguirem as estações do ano e as diferentes safras agrícolas. A atenção volta-se, também, para os canteiros de construção civil e obras de grandes projetos. Em geral provêm das áreas de miséria, em busca de trabalho. Submetem-se a condições aviltantes, ao afastamento da família durante meses, a mudanças culturais e, não raro, à perda da saúde. Alguns deixam até a pátria em busca de serviço além-fronteiras. Mais de 300 mil brasileiros encontram-se no Paraguai. Dos países fronteiriços, num movimento inverso, milhares de migrantes penetram no Brasil.

O documento convida para a solidariedade concreta com esses irmãos, incentivando à imitação de Cristo, bom pastor e bom samaritano, que acolhe e promove a vida de quem está caído à beira da estrada.

Nos últimos anos tem-se organizado o serviço pastoral dos migrantes que visa o atendimento imediato da pessoa e dos grupos, o apoio às organizações destes trabalhadores e o empenho em evitar todo tipo de migração forçada. Torna-se urgente uma política econômica que assegure o uso adequado de terra com um programa agrícola que ofereça aos trabalhadores o apoio necessário à produção e escoamento de produtos, bem como as condições dignas de vida. Permanece, ainda, o cruel quadro de violência no campo e o consequente êxodo rural.

Quanto antes, as leis e atuação dos responsáveis pelo país possam abrir possibilidade de efetiva diminuição das desigualdades sociais.

O documento dos bispos aponta para um amanhã mais promissor e alimenta a esperança de que a sociedade brasileira realize as transformações indispensáveis para oferecer aos contingentes de migrantes condições novas de trabalho e vida.

Ontem, dia 28 de junho, em Brasília, foram aprovadas por unanimidade pelo Conselho Permanente da CNBB as diretrizes gerais da Ação Pastoras da Igreja no Brasil, com 323 parágrafos. Em breve o texto estará sendo distribuído às dioceses para fomentar, com novo ardor missionário, o anúncio da vida e mensagem de Jesus Cristo para o povo brasileiro.

Esperança
para os povos indígenas

06/07/1991

Entre os problemas principais de nosso país está o cumprimento da Constituição e, por isso mesmo, a elaboração das leis que permitam implementar a Carta Magna. As áreas indígenas precisam, quanto antes, ser demarcadas para evitar a invasão constante por madeireiros e garimpeiros e o alargamento das grandes fazendas.

Nesta semana, realizou-se em Goiânia a Assembleia do Conselho Indigenista Missionário, cujo devotamento à causa das nações indígenas é digno de todo louvor. São pessoas abnegadas, religiosos e leigos, que se consagram a promover e defender a vida, cultura e organizações indígenas, oferecendo-lhes o testemunho dos serviços e os valores do Evangelho.

É o momento de reconhecer publicamente os méritos de Dom Erwin Krautler que esteve à frente da entidade durante oito anos, com válido auxílio de Antônio Brand, secretário-geral, e seus cooperadores. A história deste largo período de idealismo e sacrifício acaba de ser publicada sob o título "Testemunha de Resistência e Esperança", que contém os amplos relatórios apresentados à Assembleia dos Bispos em Itaici, de 1983 a 1991. Dom Erwin coloca-nos diante da situação de angústia dos povos indígenas. Desenvolve dois temas fundamentais. O primeiro é o tratamento da questão pelo Congresso Nacional no período constituinte e na atual conjuntura. O outro refere-se ao compromisso da Igreja com os povos indígenas. O livro oferece pontos para um severo exame de consciência e mostra quanto devemos fazer para atender as necessidades urgentes de nossos irmãos, ainda hoje desrespeitados em seus direitos.

Permanece central à questão da terra. Não é possível garantir isoladamente a sobrevivência física dos povos indígenas sem a defesa do meio ambiente e de sua cultura. Os rios continuam sendo poluídos a partir dos garimpos. Calcula-se em mais de 140 mil quilos de mercúrio lançados cada ano nos rios da Amazônia. O rio Madeira tem mais de dez mil dragas espalhadas pelo seu leito. Podemos imaginar a consequência para a flora e fauna aquáticas e para a saúde humana, resultantes da contaminação das águas. Em Rondônia há mais de 190 empresas de garimpos localizadas em áreas indígenas. Que pensar de milhares de quilômetros quadrados de florestas incinerados anualmente? Cresce a invasão das áreas indígenas por madeireiros. Apenas em Rondônia há 1.500 empresas que, em sua maioria, atuam em reservas de preservação permanente. O que é mais triste é o aliciamento de lideranças indígenas, cooptadas por grupos econômicos na extração e comércio de madeiras e minerais em suas áreas, não raro, com introdução de alcoolismo e drogas. Segue-se daí a drástica redução demográfica e até o extermínio de inteiras tribos pela violência e doença.

Nos últimos dias foi noticiada nova e louvável ação do governo em bem dos ianomâmis, com a retirada dos garimpeiros. É indispensável essa medida, mas precisa ser acompanhada de alternativas, em áreas não indígenas, que permitam a extração de minério e outras atividades para o enorme contingente de migrantes e desempregados. Urge, portanto, a demarcação dos territórios indígenas. É o ponto de honra de nossa Constituição que assegura aos índios brasileiros o direito à sua identidade étnico-cultural. Hoje, temos o dever de apoiar as organizações indígenas para que possam defender seus direitos. Entre as ações mais prementes está o empenho para que a justiça atue sem morosidade, evitando a impunidade de crimes.

Dom Erwin, em seu livro, questiona a nossa consciência. Que a leitura dos textos possa despertar em nossas comunidades cristãs e no povo brasileiro gestos concretos de solidariedade fraterna para o bem dos povos indígenas.

Que a nova presidência do Cimi, na pessoa de Dom Aparecido José Dias e seus colaboradores, continue oferecendo sinais de esperança, testemunho de dedicação generosa no respeito à identidade destes irmãos e no compromisso com a vida plena que Jesus Cristo aos outros quer conceder.

Meninos e bombeiros

13/07/1991

Eis um fato diferente: um caminhão do serviço militar e um ônibus do Corpo de Bombeiros servem de abrigo, no Rio, nestas noites passadas, para meninos e meninas de rua. Durante o dia, muitas destas crianças são acolhidas pela Associação Beneficente São Martinho, que não dispõe de alojamentos, mas cuida da alimentação e de curso de profissionalização para os menores. Na falta de outra acomodação, o juiz de menores teve a ideia de recorrer ao Corpo de Bombeiros, de modo a evitar que as crianças sem abrigo sofressem o frio da noite.

Há muitos valores neste gesto do juiz e dos bombeiros.

Antes de tudo, é um sinal de profunda compaixão e sensibilidade humana. Preocupar-se com as crianças abandonadas merece aplausos. A sociedade, aos poucos, está despertando para o grande número de menores carentes, mas estamos ainda longe de atendê-los convenientemente.

A ideia de utilizar ônibus e caminhões como abrigo imediato para menores, durante a noite, representa um esforço de cooperação entre o serviço público e as entidades não governamentais. Com efeito, a Associação São Martinho, promovida pela Igreja, faz enormes esforços para atender centenas de menores que antes perambulavam pelas ruas.

Aí encontram amparo e lazer durante as horas do dia. O desafio, porém, é grande demais. Requer-se apoio dos poderes públicos. Aqui está a fórmula que poderia ser ampliada. É indispensável a participação da própria sociedade. Numerosas entidades não governamentais oferecem o idealismo de agentes voluntários, cessão de locais e iniciativas beneméritas de instrução, alimento, iniciação ao trabalho e atendimento à saúde. Mas, estas entidades podem ampliar ainda mais seu serviço humanitário e cristão, se receberem a cooperação do governo municipal e estadual, mediante convênios. É uma forma econômica e adequada, uma vez que recorre a agentes de muita experiência e dedicação, reconhece seu esforço e assegura-lhes condições de servir melhor.

A curto prazo, mediante o auxílio de verbas governamentais poderão essas entidades que já atuam em bem da criança, atingir outras centenas de milhares de menores.

Com satisfação, percebemos que o próprio governo vai propondo e assumindo iniciativas que prometem favorecer a educação. Os projetos do tipo Ciep e Ciac, sem dúvida, denotam uma intenção séria de atendimento à criança. É provável que mais projetos venham a ser promovidos pelo governo, criando alternativas mais modestas, principalmente em cidades menores e áreas de periferia.

Muitas crianças no Rio, antes sem abrigo, vão continuar, nestes dias, pelo que parece, a serem acolhidas nos ônibus do Corpo de Bombeiros. Dormirão em tranquilidade por algum tempo. O importante será, agora, olhar para o futuro e buscar soluções estáveis para a situação das crianças carentes.

Duas causas mais fortes precisam ser consideradas. A primeira é a ausência de ambiente familiar agravada pela inexistência ou dissolução do vínculo conjugal. Outra causa é o empobrecimento crescente do povo e a falta de condições dignas de vida. As crianças de rua são vítimas inocentes do desvario de nossa sociedade. No fundo temos que reconhecer diante de Deus nosso pecado de egoísmo e omissão.

Enquanto aguardamos soluções mais eficazes, renovo meu caloroso aplauso ao Corpo de Bombeiros do Rio de Janeiro.

União pela moradia

27/07/1991

Quem não percebe a extrema necessidade de casa para morar? O déficit habitacional no Brasil aproxima-se de 15 milhões de moradias. São muito precárias as condições dos que se encontram obrigados a permanecer em favelas, cortiços e nas áreas mais pobres nas periferias das grandes cidades. A consequência é grave para a estabilidade das famílias e a educação dos filhos. Sem lar condigno, como podem sobreviver pais e filhos? Segue-se daí, também, o aumento descontrolado dos sofredores de rua. Não podem pagar a vaga da pensão. Não há albergues e abrigos suficientes para a noite. Ficam relegados à falta de higiene, à solidão, ao frio e à violência da noite.

Há sem dúvida esforços de entidades religiosas e beneficentes e, em nível de alguns municípios, uma tentativa de assegurar casa para o povo. Lembro o empenho pelos abrigos noturnos em São Paulo e o exemplo de prefeituras como a de Ouro Branco (MG), onde a maior parte das famílias já obteve pequeno lote com casa construída. No entanto, a verdade é que um dos maiores sofrimentos da população empobrecida é de não ter o próprio lar. As famílias estariam dispostas a fazer para isso os maiores sacrifícios; contudo, não conseguem financiamento ao alcance de suas posses.

Compreende-se, assim, que a Arquidiocese de São Paulo, diante do problema habitacional do maior complexo urbano da América do Sul, tenha escolhido a moradia como prioridade pastoral nos próximos anos. No recente encontro em Brasília, os coordenadores da Campanha da Fraternidade, com voto que unânime, indicaram, também, a moradia como tema da campanha para 1993 e já preparam o texto que servirá de reflexão para as comunidades. A construção de casas populares deveria ser meta principal dos planos socioeconômicos de nosso país. O povo precisa de casa para morar, que garanta o bem-estar indispensável à convivência familiar, ao descanso e, sobretudo, ao aconchego para a educação condigna dos filhos. O melhor investimento para resolver a dramática situação dos menores de rua é a promoção imediata de um plano de habitação em escala nacional. Poderia haver incentivos em nível de municípios, principalmente no interior, para impedir, ao mesmo tempo, a atração ilusória em direção às grandes cidades.

Está surgindo uma iniciativa que promete bons resultados. Reúnem-se, em Ipatinga (MG), hoje e amanhã os movimentos populares de moradia, de todo o Brasil, para apoiar a criação de um Fundo Nacional para Moradia Popular. Este fundo destina-se a implementar programas nacionais para trabalhadores de baixa renda que sofrem com os aluguéis, cortiços, favelas e que já se organizam em associações comunitárias de mutirão ou cooperativas habitacionais. Funcionará como forma de financiamento às famílias com renda menor que dez salários mínimos. Os recursos para o fundo, de acordo com o projeto, serão obtidos por parte da arrecadação do FGTS, imposto de renda e outras taxas públicas. O abaixo-assinado, que espera recolher um milhão de assinaturas de todo o país, será entregue ao Congresso Nacional, em novembro, apresentando um projeto de lei que cria o Fundo Nacional de Moradia Popular. Prevê-se a possibilidade de mutirão para construir as casas, o que reduz o custo e valoriza a experiência das associações comunitárias, com ótimos resultados já alcançados na periferia de São Paulo e outras áreas.

Merece, sem dúvida, solidariedade e respeito essa iniciativa, que oferece um caminho possível e que conta com a participação popular. Os apelos constantes da doutrina social da Igreja em favor da dignidade da família e da pessoa humana levam-nos a unir esforços e a apoiar as medidas que assegurem, quanto antes, condições honestas de moradia para nosso povo.

Esperança para os ianomâmis

10/08/1991

Os índios ianomâmis continuam necessitando de apoio e solidariedade para que seja garantido o direito à terra. A Constituição do Brasil, no artigo 231 reconhece os direitos originários dos índios à posse permanente das terras por eles tradicionalmente ocupadas. Isto inclui as áreas necessárias à sobrevivência física e cultural dos índios e à proteção do seu meio ambiente. É dever da União demarcar e defender estas áreas.

Infelizmente, os ianomâmis, que vivem em Roraima e no norte do Amazonas, têm padecido a invasão de garimpeiros e exploradores das riquezas locais, com os danos enormes que acarretam. Neste último período de poucos anos, calcula-se que 1.500 índios já tenham perecido por doenças e violência.

A situação ficou mais prejudicada com a criação, em janeiro de 1989, de 19 áreas descontínuas, separadas por florestas nacionais e um parque nacional. O decreto presidencial reduziu, assim, a área dos índios, tornando-a mais vulnerável à entrada de garimpeiros. O Ministério Público Federal propôs medida cautelar para assegurar a interdição da inteira área ocupada pelos ianomâmis. A medida foi acolhida incluindo a retirada dos invasores. Neste período, agravou-se o estado de saúde dos índios, em cujo socorro veio o governo federal, instituindo o Peas – Plano Emergencial de

Sociedade

Atenção à Saúde dos Ianomâmis. Três decretos – 98.890, 98.959, 98.960 – do governo anterior, em janeiro de 1990, criaram reservas de garimpagem, desrespeitando a área indígena interditada e atentando assim contra o livre exercício do Poder Judiciário. A "Ação pela Cidadania", que reúne instituições e pessoas em defesa do cumprimento da lei, assumiu a causa do povo ianomâmi e apresentou pedido para revogação dos três decretos que autorizavam a garimpagem na área indígena.

A medida revogatória, há poucas semanas, foi tomada pelo presidente Fernando Collor em corajosa defesa dos índios. No dia 7 de agosto, expressiva representação dos membros da "Ação pela Cidadania", tendo à frente Euclides Scalco, que preside a entidade, e o bispo de Roraima, Dom Aldo Mongiano, foi recebida em audiência pelo ministro Jarbas Passarinho, a fim de externar ao governo a satisfação pelo restabelecimento do direito dos ianomâmis às suas terras. O grupo manifestou ainda a esperança de que se cumpra, o quanto antes, a decisão judicial que interdita a inteira área de posse tradicional dos ianomâmis, desfazendo as 19 "ilhas" nas quais foram confinados. Que sejam procuradas outras áreas e justas soluções para os garimpeiros. Aguarda-se, assim, a notícia alvissareira que estabeleça a definitiva demarcação das terras ianomâmi e outras áreas indígenas, em cumprimento do artigo 231 da Constituição.

Começam a se abrir as nuvens em Roraima. Voltam a brilhar as primeiras estrelas no céu dos ianomâmis, vítimas de tanta violência e desilusão. O bem dos povos indígenas, assegurado pelas demarcações das terras, tem sido defendido pelos missionários, antropólogos, entidades humanitárias. Estão eles longe dos que pretendem internacionalizar a Amazônia. Sua atitude manifesta inequívoco espírito patriótico, inspira-se no respeito à dignidade dos filhos de Deus e merece o apoio da sociedade brasileira.

Aguardamos, agora, com esperança, o pleno cumprimento da lei.

Semana do Excepcional

31/08/1991

Em todo o Brasil, nestes dias, volta-se a atenção para os deficientes. Aqui fica nossa homenagem mais profunda aos que se dedicam à educação dos excepcionais. Em primeiro lugar, a seus pais. São aqueles que assumem a maior responsabilidade, não só pela permanente convivência, mas pela importância óbvia que seu amor tem na vida de seus filhos. Nem sempre o acompanhamento dos pais é possível, por razões de saúde, por tensões psíquicas e por despreparo. É claro, porém, que a presença, o carinho e a atuação da família permanecem o mais válido fator formativo das crianças e adolescentes excepcionais. Em continuidade com a solicitude de família, multiplicam-se os esforços das Associações de Pais e Amigos dos Excepcionais, Apae, em todo o Brasil.

O que mais impressiona no trabalho da Apae é o desvelo amoroso, manifestado pelos que se devotam a educar os deficientes. Nota-se grande idealismo nos que organizam a Apae e nela atuam. Tenho tido oportunidade de visitar alguma instituição da Apae e constatar que o segredo do sucesso está no alto grau de afeto e interesse pelos excepcionais.

Essa ação especializada em bem dos deficientes é indispensável, uma vez que necessitam de cuidados personalizados, que os auxiliem a criar confiança em si mesmos e a responder aos esforços

Sociedade

educativos. Depois de alguns meses de constante atenção e carinho, o progresso é visível e confortador. Nasce, aos poucos, um clima de amizade entre os que frequentam a Apae, sentem-se à vontade na própria escola e desabrocham como por encanto.

Diante da bela atuação da Apae, creio que cabem duas solicitações. A primeira é ao poder público, especialmente às Prefeituras, para que concedam todo apoio a fim de instalar e manter as escolas para excepcionais. As vagas são insuficientes. Nem é possível aumentar o número de alunos, sem assegurar o atendimento individual por parte de formadores competentes. Além disso, é preciso a colaboração da sociedade, através de suas instituições religiosas e humanitárias.

Essa cooperação pode assumir a forma de doação em alimento, material escolar, financiamento de novas instalações e áreas de lazer. O apelo para essa ajuda é maior quando se trata de atender a população mais carente e que tem, não raro, dificuldade na locomoção dos deficientes até a escola. Pequenos serviços voluntários da comunidade podem assegurar o transporte cotidiano desses alunos.

Há, no entanto, algo mais que depende de todos nós. É a atitude de espírito que devemos manifestar no trato com os excepcionais. Ensinam-nos os pedagogos que o deficiente requer uma atenção marcada pelo afeto, mas que o auxilie a se situar e agir normalmente na comunidade. O excepcional não quer compaixão. Anseia por tornar-se útil à comunidade e oferecer sua participação. É nosso dever abrir espaços generosos para integração do deficiente em todos os setores da vida pública. Aliás, sabemos quantas vezes os excepcionais revelam talentos, dotes de inteligência e arte que nos surpreendem. Cabe à comunidade proporcionar aos deficientes condições adequadas de colaboração na vida social.

Nesta semana podemos progredir ainda em duas dimensões. A primeira é a que se refere às comunidades cristãs que encontram na caridade evangélica recursos especiais de devotamento aos mais necessitados, chamados a cuidar, com preferência, dos que sofrem maiores limitações e requerem, às vezes, dedicação integral. Outra atitude atinge a todos. Trata-se de habilitar melhor a sociedade para acolher o deficiente. Isso se refere a uma série de diligências, que vão permitir a participação do excepcional na vida cotidiana. Lembro as rampas de acesso à igreja e lugares públicos, corrimão nas escadas, instalações sanitárias convenientes, salas de atendimento nas rodoviárias e aeroportos. A presença do excepcional entre nós é bênção de Deus e fator de promoção para toda a sociedade. Tornam-se mestres de coragem, paciência e amor à vida. Ajudam-nos a vencer o individualismo e a preocuparmo-nos mais com os outros.

Menores de rua

07/09/1991

O tema é complexo e exige a constante solicitude da sociedade. Fatos sucedidos em Belo Horizonte e outras capitais, como assassinatos de menores e apreensão sumária de centenas de adolescentes e crianças, não podem ser aprovados. A questão é mais ampla. Trata-se de percebermos a triste condição na qual vivem milhares de meninos e meninas, que perambulam pelas ruas das grandes cidades. Programas de TV e rádio alertam para a necessidade de proteger a população contra assaltos e atos de violência cometidos por menores. Estamos, sem dúvida, de acordo quanto à obrigação de se cuidar da segurança da sociedade e de procurar que sejam corrigidos e regenerados os infratores, evitando, em tempo, que formem grupos que atacam lojas, casas e passantes. No entanto, não é prendendo crianças e adolescentes que vamos resolver o problema.

A verdadeira questão é a atitude omissa da sociedade, diante do empobrecimento progressivo da maior parte da população. O fato é agravado pelo êxodo rural e pela dissolução da família, obrigada à constante mobilidade e a situações deprimentes nas periferias e cortiços das cidades. Todos sabemos que nosso país vai perdendo suas características rurais e não consegue acomodar nas zonas urbanas milhões de migrantes, que ficam expostos à miséria e degradação moral. É nesse contexto que as crianças e adolescentes tornam-se as maiores vítimas do desequilíbrio social de nossa pátria. Quando o lar se desfaz, para onde vão os filhos? De quem é a culpa? A solução não está em reprimir os menores. Menos ainda em considerá-los agressores da sociedade. A maior responsabilidade é nossa, dos adultos e, em especial, dos que têm o dever primário de zelar pelo bem comum.

Torna-se necessária uma ação conjunta e pedagógica que distribua melhor as competências, racionalize os serviços e assegure os recursos.

A primeira decisão deveria ser de apoiar o atual Estatuto da Criança e Adolescente, que oferece base sólida para a nova política nacional. É fruto da cooperação, da experiência e estudo de milhares de peritos. Temos a lei. Já é uma forte conquista. Precisamos agora criar condições para aplicar o estatuto com rapidez, pois desperta a corresponsabilidade e instaura o regime participativo da comunidade.

Além disso, diante do abandono em que vivem os menores, há medidas imediatas a serem empregadas. A mais urgente é a de desenvolver uma política agrária e agrícola que beneficie a população rural. No campo, não há crianças abandonadas. Esse é um fenômeno tipicamente urbano. Nas cidades, há iniciativas em curso que podem oferecer serviços mais eficientes, desde que devidamente subsidiados. Refiro-me às instituições mantidas pelas comunidades religiosas e entidades comunitárias. Valem-se do voluntariado, da generosidade, do idealismo, do espírito de sacrifício e dedicação, da criatividade nas iniciativas de artesanato, lazer, iniciação ao trabalho e à arte. Possuem instalações modestas, mas funcionais. Poderiam se beneficiar de convênios com os órgãos públicos. Requer-se que na partilha das verbas públicas seja dada prioridade à criança e ao adolescente.

Sociedade

É preciso evitar definitivamente que a violência, a pornografia e a depravação sejam difundidas nos meios de comunicação social. Como educar os jovens para a honestidade e o trabalho, quando os heróis de audiências agridem e destroem impunemente os valores básicos da pessoa humana?

Lembremo-nos de que onde há uma criança abandonada há alguém que a abandonou. A grande resposta de nossa parte, diante de Deus, é a de reconhecer nossas faltas e amar de verdade a nossos irmãos menores. Temos que assumir, de modo solidário, a dívida social contraída para com as milhões de crianças empobrecidas.

O santo padre João Paulo II acaba de nos dar belo exemplo. Recebeu o prêmio "Artífice da Paz", entregue pelo "Servizio Missionario Giovani" (Sermig), de Turim. Assinam o documento centenas de milhares de jovens italianos. Na ocasião entregaram ao papa uma oferta em dinheiro. O santo padre aceitou o dom e destinou-o integralmente aos meninos e meninas carentes do Brasil. O prêmio beneficiará o tratamento de crianças aidéticas e a recuperação dos menores de rua. Com este gesto de amor, o papa começou sua pregação ao povo brasileiro.

Semanas sociais

14/09/1991

A iniciativa do papa João Paulo II de marcar o centenário da *Rerum Novarum* de Leão 13 com uma nova encíclica e outras celebrações vem suscitando, em todo o mundo, ampla reflexão e aprofundamento sobre a doutrina social da Igreja.

Está programada pela CNBB uma semana social de 3 a 8 de novembro, reunido em Brasília estudiosos e pessoas comprometidas com a transformação da sociedade. Será ocasião para o diálogo franco sobre as principais questões do mundo do trabalho, à luz do magistério da Igreja. Este acontecimento, em nível nacional, é preparado por uma dezena de "semanas sociais" nas diferentes regiões do Brasil. Nestes dias, realiza-se, de 12 a 15 de setembro, em Manaus o encontro sobre "Vida e Esperança para Todos", que estuda as relações de trabalho na Amazônia, a ecologia e o meio ambiente e as organizações populares para a sobrevivência. À noite, a sessão é aberta a centenas de jovens e líderes comunitários Cresce, em todo país, o interesse e o entusiasmo pelas semanas sociais.

Recordando o caminho percorrido nos últimos decênios percebemos que, na América Latina, as assembleias de Medellín (1968) e Puebla (1979) favoreceram muito a difusão da doutrina e compromisso social.

O ponto central está na afirmação da dignidade da pessoa humana, que pelo trabalho, é chamada a colaborar na obra da criação de Deus. Seguem-se daí as exigências ética, os critérios de discernimento e as diretrizes de ação.

Na encíclica *Sollicitudo rei Socialis* (1987), João Paulo II recorda que a Igreja não pretende oferecer soluções técnicas para o problema do desenvolvimento. Propõe, no entanto, uma doutrina que defende a prioridade da ética sobre a economia e a técnica, do trabalho sobre o capital e proclama a transcendência da pessoa humana, destinada à comunhão com o próprio Deus e ao amor fraterno que nasce da dignidade comum da filiação divina. O grande desafio da doutrina social da Igreja está em levar à prática este amor fraterno, e universal, no respeito pleno aos direitos e deveres de cada pessoa humana. Aos operários e empresários cristãos pertence demonstrar que, pelo mútuo entendimento, é possível vencer distâncias, barreiras e ressentimentos e colaborar na construção da sociedade solidária.

As semanas sociais ajudam a perceber a injustiça existente nas relações de trabalho, na distribuição das riquezas e captar o anseio por condições dignas de vida. O importante será iluminar essas situações com a luz do Evangelho, promovendo o diálogo e a colaboração entre associações e classe. Não basta, no entanto, procurar a mera promoção humana, a paz, a justiça social, a recusa da violência e da guerra, o desenvolvimento dos povos e a preservação da natureza. A atuação do cristão deve acrescentar as exigências do amor fraternos, sempre capaz de reconciliação, e a promessa da vida eterna que nos permite superar a angústia da morte e participar da Ressurreição de Jesus Cristo.

No dia 7 de setembro, a 4ª Romaria dos Trabalhadores reuniu em Aparecida 80 mil pessoas. Cantos, símbolos e leituras lembravam a urgência do empenho comum para a transformação da sociedade brasileira. Havia nos romeiros algo mais. Era a alegria da fé e da confiança em Deus.

Esta é a força maravilhosa da esperança cristã que motiva sempre mais a promover a sociedade solidária e a concórdia social e, ao mesmo tempo, ajuda-nos a relativizar e transcender as realidades terrenas, buscando os valores da comunhão plena com Deus e entre nós.

Dignidade do trabalhador

09/11/1991

Eis o centro das reflexões que em Brasília, de 3 a 8 de novembro, ocupou 200 participantes da Semana Social Brasileira: assessores das pastorais, lideranças sindicais e empresariais, trabalhadores e estudiosos, procuraram colocar em comum os desafios e perspectivas sobre o mundo do trabalho. A iniciativa, coordenada pelo Setor da Pastoral Social da CNBB, foi longamente preparada por 12 semanas sociais em diversas regiões do país.

O evento celebrava o centenário da encíclica *Rerum Novarum*, de Leão 13, em consonância com o tema da Campanha da Fraternidade – 1991: "Solidários na dignidade do trabalho".

A recente pregação do papa João Paulo II no Brasil veio fortificar a convicção de que a concórdia social tem por fundamento próximo a dignidade da pessoa humana. À luz do Evangelho, cada pessoa tem valor insubstituível. Seguem-se como consequência direitos e deveres básicos da pessoa, entre os quais o direito ao trabalho.

Com efeito, é pelo trabalho que desenvolvemos nossas capacidades e contribuímos para a promoção dos outros. Não é preciso muito esforço para constatar a dura realidade do mundo do trabalho. Dois elementos saltam aos olhos: o primeiro é a pobreza imerecida

453

e crescente da maior parte da população; o segundo acusa a desigualdade gritante entre os que sofrem privações e o grupo restrito de brasileiros que acumulam terras, riquezas, benefícios da tecnologia. Essa desigualdade opõe-se ao ideal de fraternidade cristã, que somos chamados a realizar. O certo é que a poucas oportunidades de emprego, os salários são insuficientes, continuam numerosos os acidentes de trabalho. A progressiva degradação da qualidade de vida força o empobrecimento a cair na marginalização.

Em clima cordial e de respeito foi possível, durante seis dias, aprofundar temas candentes como: implicações da nova tecnologia, os empobrecidos e excluídos do mercado, economia e sociedade. Seguiram-se análises feitas pelos trabalhadores e outras, a partir dos empresários e suas organizações para terminar com a reflexão ético-teológica.

Na convicção de que o trabalho é superior ao capital, permanece o desafio concreto de assegurar a participação efetiva do trabalhador e a superação das desigualdades sociais, garantindo, no entanto, condições de eficácia e lucro para que a empresa, possa subsistir e prosperar.

Na solução deste desafio, à luz da Doutrina Social da Igreja, há duas dimensões que não podem faltar: solidariedade e transcendência. A primeira decorre da dignidade de toda pessoa e refere-se não só a às relações entre trabalhadores, mas ao empenho em resolver conflitos pelo diálogo, ou buscar, para além das reivindicações da própria classe, promover os excluídos do mercado do trabalho. Outra dimensão indispensável é o dos valores escatológicos, que, se por um lado relativizam, por outro dignificam a nobre luta pela justiça social no dizer de João Paulo II. Na atual conjuntura é preciso ter clareza sobre a sociedade que pretendemos construir e saber conjugar esforços para realizá-la. Isto requer, porém, para todos a conversão interior. Assim, somente será possível, para uns, abrir mão do egoísmo e privilégios e, para outros, vencer definitivamente a tentação da violência e de formas novas de dominação. A semana de estudos veio confirmar que a tarefa é complexa, mas pertence à esperança cristã ultrapassar a fase das denúncias com a ação concreta, coesa e fraterna em prol da justiça social.

Direito à educação integral

23/11/1991

Estamos todos de acordo quanto à urgência de o Brasil investir mais em educação. Entre os objetivos indispensáveis a uma retomada de nosso desenvolvimento está a garantia de educação básica para todas as crianças.

Em 30/09/90, no 1º Encontro Mundial de Cúpula pela Criança, com a presença de 71 presidentes e primeiros-ministros, o Brasil firmou compromisso de empenhar-se para que, até o ano 2000, sejam alcançadas metas escolhidas como fundamentais na promoção da vida das crianças. Um desses objetivos assumidos é o de assegurar a educação básica – a conclusão do 1º grau completo – para, pelo menos, 80% das crianças de 7 a 14 anos.

Em 1989, no Brasil, 18,8% da população de 15 anos ou mais, ainda não tinha vencido o analfabetismo. De cem crianças que iniciam a 1ª série, apenas 38 terminam a 4ª série e somente 13 chegam à 8ª série. Temos, portanto, que despender enorme esforço para conseguir que até o ano 2000, a maior parte da infância brasileira possa concluir oito anos de escolaridade.

A educação básica de todas as crianças é pré-requisito para os programas de saneamento e saúde, de conservação da natureza, para o acesso ao trabalho com tecnologia evoluída, garantia de

Sociedade

produtividade e o uso dos meios de comunicação social. O mais importante, no entanto, não é a evidente necessidade da educação para que haja crescimento econômico, mas é o resgate da cidadania, pela oferta de condições que permitam a todas as crianças desenvolver-se plenamente e atuar na promoção da sociedade livre e democrática.

Em boa hora, portanto, vemos surgir projetos de âmbito nacional para enfrentar esse desafio, desde a construção de prédios até a capacitação e adequada remuneração dos educadores. Está em discussão no Congresso a Lei de Diretrizes e Bases da Educação que, como esperamos, há de contribuir para melhorar o sistema escolar brasileiro.

É preciso, no entanto, neste empenho comum para a educação de qualidade, assegurar a formação integral, que inclua, em primeiro lugar, os valores morais e religiosos, indispensáveis para plena realização da pessoa humana. Com efeito, é graças à transmissão desses valores que a criança poderá encontrar critérios para julgar com acerto, fortalecer o caráter e a vontade de participar na promoção do bem comum e serviço do próximo e, em especial, descobrir a transcendência do espírito humano e a sua abertura, livre e confiante, à comunhão com Deus e os irmãos.

Na atual crise da sociedade, quando a infância e a adolescência são fortemente atraídas pelo consumismo, pelo ganho fácil, pelo prazer descontrolado, e podem até sucumbir à tentação do tóxico, da violência e do desespero, trona-se muito mais forte a necessidade do ensino de valores éticos e religiosos, não só na família, mas também na escola. Na elaboração da Lei, portanto, "assegura-se o direito do ensino religioso nas escolas públicas, como dever do Estado, sem qualquer discriminação". Apoiamos, assim, o art. 50 da Lei 1.258-A/88, conforme o projeto Jorge Hage, que, de modo coerente garante aos professores do ensino religioso, como aos demais professores, os mesmos direitos à remuneração pelo Estado.

Unamos nossos esforços para que todas as crianças brasileiras tenham, quanto antes, direito à educação plena, de acordo com os princípios religiosos e morais de suas famílias. Assim, no coração das crianças estaremos plantando a semente da recuperação desses valores em todo o país.

Caminhos a nosso alcance

04/01/1992

Um rápido olhar sobre as previsões para o Ano-Novo e a leitura das crônicas de jornais manifestam a consciência de dificuldades, apreensões e até pessimismo. No entanto, está em questão o bem do povo carente e não podemos deixar, em 1992, de procurar caminhos a nosso alcance para diminuir sacrifícios e assegurar condições dignas de vida.

Entre as principais expectativas está a retomada do entendimento nacional que não pode tardar e requer vontade de cooperar, por parte da sociedade. Temos que continuar reduzindo a inflação, mas sem acarretar desemprego. Na perspectiva das grandes decisões surge, sem dúvida, o programa para melhor uso da terra. As recentes disposições governamentais fazem pensar que 1992 poderá responder, enfim, aos anseios de milhões de trabalhadores da zona rural. Acreditamos que as terras indígenas continuem a ser demarcadas. Esperamos, também, que, quanto antes, seja possível iniciar o programa de alfabetização. Requer-se ainda rapidez nos programas de atendimento à saúde, escola, moradia e combate à violência. Em todas estas iniciativas deve-se fomentar a organização e a participação do próprio povo, uma vez que é direito e dever do cidadão o de contribuir na promoção do bem comum.

Vencendo as resistências da desilusão, procuremos todos somar forças e partir para ofensiva, em auxílio do povo mais carente. Isto requer atitudes morais como a resistência à corrupção, à cobiça e à busca de privilégios. Esta mudança de comportamento interior exige a graça de Deus. Salientamos alguns exemplos que estão sendo realizados em vários municípios. Na área de saúde, o trabalho de várias organizações, entre as quais a Pastoral da Criança, graças à atuação de milhares de líderes, tem permitido reduzir rapidamente a mortalidade infantil, assegurando o programa de vacinação, aleitamento materno, reidratação oral. No Nordeste, algumas cidades oferecem resultados surpreendentes, alcançados nestes dois últimos anos. É indispensável também que em cada município se promova a colaboração das instituições locais para atendimento das crianças carentes e meninos de rua, aplicando, quanto antes, o Estatuto da Criança e do Adolescente.

É indispensável que se possa assegurar, em cada município, a frequência de todas as crianças à escola, investindo esforços nas áreas rurais, com melhoria dos prédios, atenção aos professores, que enfrentam enormes sacrifícios. São estes professores abnegados os grandes artífices na promoção das famílias do campo.

Deve-se insistir ainda na educação da criança deficiente, apoiando com grupos de novos sócios as beneméritas Apaes. Os conselhos municipais de acompanhamento aos cárceres oferecem apoio da comunidade no auxílio às famílias dos detentos, colaboração nas condições de saúde, alimentação e serviços judiciários. As comunidades locais podem ainda atender os idosos, colaborando com as instituições existentes, por exemplo, com os numerosos lares mantidos pelos Vicentinos.

Há sempre famílias que lutam para construir sua própria casa. Aos jovens fica a proposta de apoiar as organizações populares de moradia, reforçando os grupos que trabalham em mutirão na construção de casa. O certo é que nosso povo carente e sofrido merece a colaboração de todos. As comunidades cristãs são chamadas a se empenhar ainda mais em virtude de sua missão evangelizadora. É chegado o momento de novos esforços da parte dos cristãos para que se comprometam na promoção do bem comum, assegurando sempre, na sociedade, a presença dos valores evangélicos, do amor gratuito, da solidariedade, do atendimento aos mais necessitados e, para além das vicissitudes atuais, a esperança de vida eterna.

Investir no campo

11/01/1992

Há, ainda hoje, os que são céticos diante de programas em favor do homem do campo. Para que assentar famílias na terra? Não vão conseguir trabalhar e produzir. Acabam abandonando a terra. Ou, então, as famílias conseguem plantar e ter bom rendimento. Mas, ao progredirem, aos poucos, deixam-se atrair pelas vantagens da cidade, desejando educar os filhos na escola e alcançar o bem-estar que o campo não oferece.

Entre os vários caminhos para resolver este impasse, gostaria de salientar os bons resultados da Escola Família Agrícola e as perspectivas que abre para o futuro da população rural.

Não deixa de ser lamentável o êxodo rural que, durante decênios, veio sacrificando grande parte do nosso povo. 73% dos brasileiros vivem, hoje, nas zonas urbanas. As cidades incharam sem poder absorver os novos contingentes. As famílias perderam suas raízes culturais e vieram, aos poucos, a se desagregar, causando o abandono dos filhos e o aumento da miséria e mendicância. Infelizmente, a recessão continua agravando o problema com a falta de empregos nas cidades.

Os fatos são bem conhecidos, mas ajudam a compreender o valor das Escolas Família Agrícola.

Sociedade

Trata-se de escolas organizadas com a participação dos pequenos agricultores. Associam-se e formam uma entidade educativa que alterna, em períodos de 15 dias, a presença intensiva na escola e a permanência na própria família. Assim, permanece, salvo o mais importante, o vínculo do aluno com o próprio lar e a terra. O período escolar oferece além das aulas de 1º e 2º graus, os conhecimentos mais adequados ao trabalho rural. As idas e vindas contínuas permitem o diálogo benéfico entre os hábitos familiares de plantio e criação com as orientações dos monitores. A consequência é imediata e surpreendente para a melhoria da qualidade de vida dos pequenos agricultores.

No Brasil, há mais de 50 escolas, frequentes na Bahia, Espírito Santo e Piauí, reunidas em entidades como a Aecopaba (Associação das Escolas Comunitárias Família Agrícola da Bahia) e Mepes (Movimento Educacional e Promocional do Espírito Santo). A iniciativa nasceu na França, em 1937, e conta hoje com 500 escolas. Desenvolveu-se bem na Itália, outros países da Europa, 12 países da América Latina e já se difunde na África.

O resultado mais significativo no Brasil é o fato de 80% dos alunos formados terem optado até hoje por continuar trabalhando no campo, com o benefício da educação e saúde para os filhos das organizações populares e cooperativas que, aos poucos, foram nascendo e da melhoria de produção.

Aqui fica uma palavra de reconhecimento pelo esforço pioneiro do padre Humberto Pietrogrande, no Espírito Santo e Piauí, e do padre Aldo Lucheta, na Bahia. Nesta semana surgiu a notícia promissora de que o reitor e o Conselho da Universidade Federal de Viçosa estão dispostos a apoiar as Escolas Família Agrícola, com a possibilidade até de abertura do 3º grau em Riacho de Santana, sempre no método de permanência alterada entre o campo e a escola.

Hoje, quando se torna mais firme a esperança da reforma agrária no Brasil, será muito conveniente que o novo programa inclua a promoção das Escolas Família Agrícola, que assegure a constante melhoria de condições de vida e trabalho na zona rural.

Na atual crise, que todos pedimos a Deus nos ajude quanto antes a superar, é preciso investir no campo e resgatar a dívida social contraída com os pequenos agricultores.

Utopia e cortiços

18/01/1992

Quem vive em cortiços sabe como é dura e difícil a vida. O visitante ocasional apenas de longe consegue captar o drama de quase 3 milhões de habitantes na capital paulista. Moram em casas velhas, divididas em minúsculos quartos, alguns sem janelas. Os sanitários são comuns e insuficientes. A água para cozinha e asseio é colhida em baldes. Conversas, som de rádio passam através da parede de madeira ou papelão. Não há privacidade. Tudo isso com aluguel caro e implacavelmente cobrado no final de cada mês, obrigando os insolventes à rotatividade de habitação. Eis aí o sofrimento de muitas famílias à espera de moradia mais humana.

Diante desse fato, há desconhecimento e apatia por parte de alguns. Os responsáveis pelo município esforçam-se por encontrar soluções. Surgem organizações populares em busca de novos planos habitacionais, até com auxílio de mutirão.

Enquanto soluções mais amplas são estudadas, vale a pena conhecermos o trabalho de algumas comunidades paroquiais na Mooca, zona leste de São Paulo. Esta é uma área onde há maior número de cortiços.

Em algumas páginas datilografadas, narram o resultado dos esforços em favor dos cortiçados. Com o título "A utopia começa a se tornar realidade", descrevem o caminho percorrido.

Membros da paróquia São Rafael, na Mooca, entraram em contato com várias instituições procurando experiências e iniciativas que pudessem servir de exemplo. Nasceu assim um núcleo da Associação Internacional de Desenvolvimento (Assindes), à semelhança do que existe no Sermig (Serviço Missionário Giovani) em Turim. É uma organização em que os sócios unem a vida de oração e estudo a um intenso trabalho pelo bem dos carentes. Em São Paulo, a Assindes tem vários grupos e mantém a Casa Vida para crianças aidéticas. Nos bairros da periferia, promove atendimento a meninos e meninas pobres. Agora, a Paróquia de São Rafael procura ajudar moradores de cortiço.

Conseguiram adquirir um terreno de 500 m², em área mais afastada para construir pequeno prédio onde abrigar 19 famílias carentes. A colaboração gratuita de engenheiros e o apoio da Prefeitura permitiram elaborar um projeto-piloto que poderá ser modelo para outras edificações. A obra foi iniciada em agosto de 1991. Houve dificuldades nas fundações, que exigiram 63 estacas profundas de concreto. Vencida esta fase, a construção cresceu em ritmo acelerado e chega ao 5º andar neste mês. Visitei o prédio na semana passada. Cada apartamento tem dois dormitórios, sala, banheiro e cozinha. Neste período de acabamento, 19 famílias de cortiçados estão sendo convidadas a programar a convivência na moradia nova. O plano prevê que dentro de alguns anos, mediante pagamento de aluguel equivalente ao do cortiço, possam receber o título de propriedade.

O espírito da Assindes é marcado pela partilha e solidariedade. Os membros que se associam oferecem alguma contribuição para sustentar as iniciativas. Com esses recursos será possível levar adiante novos projetos. Para edificação do 1º prédio, muito ajudou a colaboração do Sermig de Turim.

A visita à obra e o contato com os membros da Assindes demonstraram que é possível realizar a "utopia" de uma sociedade em que as pessoas se alegram ao promover o bem dos demais. Eis aqui uma porta aberta para outras iniciativas generosas.

Os sócios da Assindes encontraram na oração e na Palavra de Deus a fonte para o espírito de partilha e dedicação ao próximo. Fica o convite para mais pessoas unirem seus esforços e realizar a utopia de moradia digna para milhares de cortiçados. Quando isso acontecer, estará mais próxima a grande utopia do mundo fraterno.

Os sinos de Vila Rica

25/01/1992

Há duas semanas chove sem parar em Ouro Preto. É mais uma ameaça para os telhados e construções do século 18 na cidade onde se acha o maior acervo de arquitetura barroca do mundo. Nesta quinta feira, 23 de janeiro, os passantes se admiravam com o movimento à porta do velho casarão de Tomás Antônio Gonzaga. Que estava acontecendo? Reuniram-se, a convite do prefeito Wilson Milagres, representantes do governo e povo, universidades, empresas, artes e Igreja. Tratava-se da assinatura de importante convênio para levar a termo a restauração da Igreja de São Francisco de Assis. Esta obra de arquitetura, iniciada em 1766, da Venerável Ordem Terceira de Penitência, marca o apogeu do Barroco Mineiro. Altar-Mor, esculturas de arco-cruzeiro em pedra-sabão, púlpitos e lavabos conservam a arte inigualável de Aleijadinho, que projetou e decorou a Igreja. O teto da nave recebeu monumental pintura da Glorificação da Virgem Maria, em perspectivas e cores vivas, obra-prima de Manuel da Costa Ataíde. A ele também se devem painéis, lambris, pintura e douramento das talhas, terminados em 1812. Esse tesouro de inestimável valor veio se deteriorando. Assim, desde 1984, com a colaboração da Escola de Belas Artes da UFMG, realizaram-se trabalhos de substituição de telhado e fixação da pintura da nave. Estudos da

Universidade Federal de Ouro Preto acusaram trincas na cimalha central e no fecho do arco-cruzeiro, com degradação na argamassa de alvenaria. Estes serviços e outras obras necessárias, que exigem custosos investimentos, foram assumidos pela Companhia Vale do rio Doce, numa cooperação da empresa em bem da cultura, como já aconteceu em alguns outros casos. Aí está a razão do convênio do vice-governador de Minas Gerais.

Três aspectos merecem destaque. O primeiro é o notável entrosamento das forças vivas da sociedade. Além da participação da empresa patrocinadora, estava já em curso a iniciativa da Prefeitura e comunidade local, da comissão de Arte da Arquidiocese de Mariana, o apoio técnico e cientifico da Universidade de Ouro Preto, a supervisão do Instituto Brasileiro e Patrimônio Cultural e da Secretaria de Cultura do Estado. A união dessas forças alimenta a esperança de outras realizações para preservar a memória nacional.

Em segundo lugar, é preciso reconhecer que a participação de empresas nesse tipo de empreendimento, já verificada no governo Sarney, acaba de ser agora facilitada pela lei que permite aplicar parte dos impostos na promoção da cultura. O embaixador Sérgio Rouanet, autor da proposta da nova lei e secretário de Cultura da Presidência da República, compareceu ao ato e recebeu homenagem dos presentes.

O terceiro destaque da manhã de quinta-feira era o anseio comum de unir e interesse pela restauração de monumentos e obras de arte ao urgente compromisso social de que necessita o país. Com efeito, a vida do povo e o mais precioso patrimônio a preservar e promover. Assim, o justo zelo pela salvaguarda de nossa memória e cultura torna-se símbolo e semente do esforço ainda maior da sociedade para eliminar a miséria e realizar a solidariedade fraterna.

Os sinos da Igreja de São Francisco vão replicar festivos em Ouro Preto no dia 21 de abril, reabrindo as portas ao culto e conclamando-nos a testemunhar a própria fé cristã na promoção de vida digna para todos.

Juventude, caminho aberto

15/02/1992

No próximo mês abre-se a Campanha da Fraternidade de 1992. O tema é da Juventude. No meio da crise do mundo moderno e na situação atual pela qual passa o país, torna-se mais difícil para os jovens discernir valores e assumir, com coragem, o desafio da vida. Há, não raro, um ambiente de desânimo e desilusão. Infelizmente, a bebida e o tóxico funcionam cada vez mais como válvula de escape, causando alienação e destruindo as melhores energias de nossos jovens. O autoritarismo que marcou a vida política dos decênios precedentes, aliado à violência e à atração do bem-estar, do ganho fácil, bloqueou a liberdade, e afastou a muitos do esforço para formar o próprio caráter e dedicar a vida aos grandes ideais. Assim, a geração passada legou à juventude a imagem de um mundo conflitante e egoísta. Há muito que fazer para despertar nos jovens a esperança e alegria de viver.

A Campanha da Fraternidade apresenta o lema: "Juventude, caminho aberto". Procuremos, quanto antes, retirar os obstáculos, desanuviar o horizonte, para que os jovens possam enfrentar o presente e unidos, construir novo tipo de sociedade, marcado pelo amor a Deus e ao próximo.

O cartaz da campanha mostra um jovem – rapaz ou moça – que sobe os degraus da escada, abre a porta e descortina, diante de

Sociedade

si, o impacto da grande cidade com seu fascínio e mistério, ilusões, sofrimento. Ao longe, a cruz de Cristo ilumina toda a realidade, alimenta a coragem e comunica os valores do amor fraterno, do perdão e a vitória sobre o pecado e a morte.

Para todos nós, é o momento de nos colocarmos ao lado dos jovens para que possam experimentar o apreço e apoio. Aos que sofrem os efeitos da miséria e que se vem marginalizados, o importante é que acreditem na vida. Merecem o empenho da sociedade para assegurar as urgentes transformações sociais. É preciso, quanto antes, resolver o problema da educação básica e do trabalho. Qual é a ação evangelizadora da Igreja em bem deles?

As comunidades cristãs deveriam se aplicar a promover a alfabetização dos jovens do bairro e apoiar as escolas nas periferias das grandes cidades, e para filhos de agricultores nas áreas rurais.

Através desses gestos concretos de fraternidade, muitos jovens hão de descobrir a beleza da mensagem cristã.

A juventude, principalmente da classe alta, vítima do consumismo, experimenta, ao mesmo tempo, a frustração e a sede desordenada do prazer. Ajudemos a estes jovens, mostrando-lhes a alegria do dom de si e da dedicação ao próximo. As comunidades procurem descobrir oportunidades de serviço que sensibilizem os jovens a sair do individualismo e deixarem-se atrair pelo ideal cristão da solidariedade. O amor é mais forte que o egoísmo. O testemunho dos membros atuantes da comunidade é indispensável para conseguir despertar nos jovens esta conversão interior.

Quanto aos jovens que escaparam da pobreza extrema e da riqueza alienante, é preciso que se sintam amados e valorizados pela família e pelas comunidades. Devem ocupar seu espírito de liberdade e criatividade, tendo o direito de ser jovem, de sonhar e de lutar como sujeito e agente de transformações na sociedade e na própria Igreja. Agora é a vez dos mais jovens.

As comunidades cristãs podem ajuda-los com o apoio da oração, da confiança, do testemunho da fé, com o anuncio da mensagem de Jesus Cristo. É o momento, para que, nas paróquias e comunidades, se incentive a Pastoral da Juventude. Procuremos que o caminho esteja aberto, para poderem realizar o bem, que até hoje não conseguimos lhes oferecer. Nossa alegria há de ser a de vê-los felizes. A resposta dos jovens será o rejuvenescimento da própria Igreja e da sociedade brasileira.

Comentário: Dom Luciano aborda o tema da Juventude, inspirado na Campanha da Fraternidade de 1992 – Juventude Caminho Aberto. Dom Luciano lembra a atual situação dos jovens, que viviam sem esperança numa época marcada por diversos acontecimentos que afetavam diretamente a vida da juventude, tais como as drogas, a violência, a falta de políticas públicas que beneficiassem a juventude. O caminho dos jovens é um contínuo descobrir-se, vivem intensamente o hoje. É preciso que os jovens voltem o seu olhar para Cristo afim de retomarem a alegria de viver.

Amor sem fronteiras

22/02/1992

Após decênios de guerras, conflitos, divisão entre Primeiro e Terceiro Mundo, é preciso que a nova geração possa nascer marcada pela solidariedade. Parece grande demais este ideal, no entanto, vale a pena tentar realiza-lo. Não só é a única saída válida para a humanidade, mas significa também, para cada pessoa humana, a experiência da superação do próprio individualismo e a alegria do amor gratuito, que Jesus Cristo nos ensina e coloca no centro de sua mensagem de vida.

Como promover esta solidariedade?

Além dos gestos pessoais e da indispensável conversão interior de cada um, torna-se necessária a expressão de solidariedade entre grupos, nações e povos. As alianças nos confrontos militares devem suceder as comunidades econômicas, as facilidades aduaneiras, o intercâmbio cultural e, mais ainda, a solicitude pelas nações não desenvolvidas e ameaçadas de ficar à margem de todo progresso.

Há sinais de esperança que, embora modestos, podem crescer e atrair a nova geração. Nesta perspectiva incluem-se as vocações missionarias, motivadas por valores religiosos e humanitários, os voluntários da Cruz Vermelha, organizações internacionais de promoção filantrópica que, cada vez mais, atuam, sem medir sacrifícios, nas áreas carentes. Há, também hoje, gestos que merecem ser conhecidos e incentivados. Demonstram que é possível encontrar formas sugestivas de cooperação internacional. Na Itália e em outros países da Europa surgem grupos sinceramente interessados em oferecer seus serviços em bem de meninos e meninas de rua. Propõe-se agora uma ligação entre municípios e cidades do Primeiro e Terceiro Mundos. É neste contexto que a inteira província de Roma está assumindo três projetos de promoção humana: em Salvador, em favor dos educadores dos meninos de rua, da organização Axé; apoio a 30 escolas agrícolas da vários Estados do Brasil, e a manutenção de uma creche em Feira de Santana.

A iniciativa pode servir de modelo estabelecendo-se uma verdadeira rede unindo, dois a dois, municípios do Brasil e outros países que desejam promover as crianças empobrecidas de nossas cidades. Por outro lado, haveria reciprocidade de nossa parte, pois poderíamos oferecer intercâmbio cultural e gestos de fraternidade. Para maior experiência de solidariedade entre os municípios interligados seria conveniente valorizar os atuais conselhos municipais previstos pelo Estatuto da Criança e do Adolescente. A esses conselhos caberia elaborar e propor projetos mais urgentes de cada município e entrar em contato com a cidade-irmã. As presidências do CBIA e LBA poderiam acompanhar o intercâmbio, com sua capacitação técnica e visão de conjunto. Em pouco tempo teremos uma experiência vasta de solidariedade, que há de aproximar os povos, oferecendo à nova geração a imagem de um mundo de concórdia e paz.

A província de Roma, para levar à frente o programa de cooperação, enviou, há dias a Salvador uma delegação presidida pelo dr. Roberto Lovari, com a presença do deputado Oddi e representantes de vários partidos. Visitaram vários locais e o resultado foi a decisão de promover, já neste mês, os três projetos em bem de nossas crianças. Além disso, para alargar o âmbito da participação, decidiram sensibilizar estudantes e professores universitários sobre os problemas dos jovens no Brasil e no Terceiro Mundo. Em todas as escolas de Roma será efetuada uma "jornada de solidariedade" em favor dos meninos de rua, incluindo concurso de monografia e mensagens.

Aqui fica a sugestão. A fórmula, se assumidas por outras cidades, poderá ter resultados rápidos e surpreendentes. Mais do que os recursos materiais oferecidos, o que importa é o espírito solidário e cristão que este intercâmbio promove em favor da nova geração. O amor não tem fronteiras.

Menores e carnaval

29/02/1992

Está prevista uma operação para retirar das ruas, em São Paulo, dois mil jovens infratores. É evidente que a sociedade não pode ser omissa diante do aumento de infrações, mais ainda quando crescem assaltos a mão armada e atentados à vida. Em primeiro lugar, temos que distinguir pobreza e violência. A maior parte dos meninos de rua vivem na miséria, vítimas da desigualdade social. A rua torna-se ganha-pão e refúgio, na falta de solução melhor. Estes menores necessitam ser auxiliados por educadores especializados que os encaminhem para centros de atendimento. Tem dado bons resultados a cooperação de casais, principalmente de comunidades católicas e evangélicas, que se dispõem a acompanhar cada caso, apoiando e orientando o menor e seus familiares. Além disso, ajuda muito manter centros, onde o menor é auxiliado a entrar na escola e iniciar-se na profissionalização. Graças a Deus, hoje multiplicam-se os atendimentos, e muito se espera dos conselhos municipais e tutelares, previstos pelo Estatuto da Criança e do Adolescente. Já se nota, hoje, uma consciência mais responsável por parte da comunidade. Nos casos de meninos pobres que perambulam pelas ruas, portanto, o uso da violência não só é contraproducente, mas altamente injusto, pois castiga a criança em vez de procurar a mudança de comportamento por parte da sociedade inteira.

Nos casos, infelizmente existentes, de menores infratores, exige-se recolhimento a centros adequados que possam, no mesmo tempo, garantir a segurança da sociedade e auxiliar o jovem a se recuperar. Lamentáveis atos de truculência, uso da tortura e até extermínio de menores, por parte de justiceiros e até da polícia, não podem permanecer impunes e só pioram a situação, injetando mais violência no coração dos menores.

Acaba de ser aprovado em Brasília dia 27/02 o relatório da CPI que identifica 15 grupos de extermínio, apenas no Estado do Rio de Janeiro. Este relatório é altamente estarrecedor e questiona a consciência nacional.

O esforço para atender ao menor infrator requer preparo especializado dos corpos de segurança e instituições de reeducação, onde se valorize o trabalho e se assegure o acompanhamento individual.

O zelo pelo comportamento ético, segurança pública e bem--estar da sociedade tem que nos levar a repensar o Carnaval. Ninguém é contra a arte, a coreografia, a beleza das danças e cantos e a alegria do povo. Há, porém, abusos crescentes. Os dias de festejo prolongam-se pela semana adentro. Há lugares em que o som do trio elétrico atravessa a noite e a madrugada. O uso do álcool e da droga altera ainda mais os ânimos, causa desordem e aumenta o índice de criminalidade. O mais triste é a permissividade e devassidão moral, difundida pela televisão, com consequências nefastas para a pessoa, a família, deformando a consciência de nossa juventude.

Assim como os desastres ecológicos atentam contra a natureza, o Carnaval vem se tornando, infelizmente, ocasião de grave ofensa a Deus e de verdadeiro desastre axiológico, numa violenta hecatombe de valores morais. Como a sociedade poderá evitar a criminalidade dos menores de rua e recuperar estes jovens, quando demonstra desvario de comportamento tão grande nestes dias de Carnaval?

A Quaresma que nos prepara para a Páscoa recorda, a cada ano, o dever de conversão interior. Vamos assumir, com amor, os menores para que encontrem a própria dignidade e o caminho da verdade e da justiça. Mas, para isso, a sociedade brasileira precisa, diante de Deus, coibir os abusos do Carnaval e descobrir o modo honesto e inteligente de expressar a arte e a alegria popular.

A Obra Kolping abre caminhos

14/03/1992

Nesse ano de 1992, as comunidades cristãs dirigem sua atenção prioritária aos jovens. Este é o apelo da Campanha da Fraternidade. A maior parte das moças e rapazes de nosso país pertencem a famílias de trabalhadores e tornam-se, desde cedo, também eles, trabalhadores. No Brasil, 33% da população economicamente ativa têm menos de 25 anos. Assim, de cada três trabalhadores um é jovem. Sem experiência e sem preparo profissional, cerca de um milhão de jovens entram, anualmente, no mercado de trabalho, submetendo-se a qualquer tipo de serviço e remuneração. Quase a metade dos jovens trabalhadores não tem carteira assinada. Não raro, vem-se obrigados a abandonar os estudos para não perder o trabalho, perdendo a oportunidade de emprego técnico e especializado. Tudo isso faz compreender a importância de uma ação coesa e eficiente em bem do jovem trabalhador.

Entre as muitas iniciativas meritórias destaca-se a atuação da obra de Adolfo Kolping, precursor das grandes encíclicas sociais da Igreja.

Há mais de cem anos, em 1865, faleceu em Colônia, Alemanha, o padre Adolfo, incansável apóstolo em favor da vida digna dos trabalhadores. A 27 de outubro de 1991, este insigne batalhador da causa operária foi apresentado como exemplo de vida cristã e elevado pelo papa João Paulo II à glória dos altares, diante de uma multidão de jovens trabalhadores e fiéis na praça de São Pedro, em Roma. O virtuoso sacerdote, que passou, ele mesmo, pela experiência de artesão, procurava com a luz do Evangelho iluminar as relações entre trabalho e capital, na época em que a injustiça, a exploração e o ódio atormentavam a situação dos artesãos e operários das fábricas do século 19, quando ainda não havia adequada legislação social. Com paciência e tenacidade, esforçou-se com seus colaboradores, por escritos e ações concretas, para humanizar o mundo do trabalho. Animado pela fé em Jesus Cristo e pela amizade a seus companheiros, empenhou-se para reuni-los, exortando-os a superar o isolamento e a resignação diante dos desafios. Ensinava a encontrar na oração e na Palavra de Deus a força interior para santificar a família e o trabalho. Encorajou seus amigos trabalhadores a não descuidar a questão social e a participar ativamente na vida política, para que a força dos valores evangélicos ajudasse na renovação das estruturas sociais iníquas. A influência de padre Adolfo e sua obra se desenvolveu em vários países. No Brasil, surgiu há vinte anos, em 18 estados e 107 municípios. A obra Kolping incentiva pequenos grupos familiares, conscientes de sua fé cristã que, unidos, sem paternalismo, procuram assumir suas responsabilidades sociopolíticas. Há cooperativas, escolas, cursos profissionalizantes, inúmeras em bem dos trabalhadores, atendendo, em especial, à promoção da mulher, do menor e do idoso.

    Nesta semana, está se realizando em nosso continente a 28ª Assembleia Geral das Associações Kolping. Reúnem-se em Itaici, sob a direção do reverendo monsenhor Heinrich Festing, cerca de 300 representantes das principais nações para aprofundar o tema: "Semear a fé é colher a vida", conforme os ensinamentos do missionário da juventude trabalhadora.

Sociedade

A Obra Kolping é uma escola de vida que está ajudando muitos jovens a descobrir o valor da religião, da família, do trabalho e a acreditar na força da união a serviço de relações humanas mais justas e solidárias. O testemunho do padre Adolfo Kolping e de seus seguidores poderá nessa Campanha da Fraternidade abrir caminhos para nossa juventude trabalhadora.

"Quem semeia fé, colhe a vida."

Vila Barraginha

21/03/1992

Que tristeza tão forte apoderou-se de todos nós diante das cenas comoventes da catástrofe em Contagem. Toneladas de terra deslizaram, encosta abaixo, destruindo grande parte da vila Barraginha. Em poucos minutos, numa área de quatro hectares restaram apenas escombros das centenas de barracos. Não sabemos quantos corpos ficaram sepultados sob a terrível avalanche. A maioria eram crianças. Os sobreviventes, em meio ao desespero, procuravam salvar os parentes ajudados pelo corpo de bombeiros que, com as mãos, removiam destroços, resgatavam dezenas de vidas e encaminhavam as pessoas feridas, logo, para os hospitais. Um grupo numeroso de operários, no final do turno da fábrica, voltava para o lar. Tudo destruído. Ficaram paralisados pela angústia, sem saber como agir. Outros muitos gritavam, aguardando notícias de seus familiares. Foram horas intermináveis de incansável trabalho em busca de vidas. Agora o padecimento continua nas famílias dizimadas, nas crianças sem pais, nos feridos e mutilados, nos moradores sem casa, sem nada. Houve exemplar devotamento das centenas de soldados do corpo de Bombeiros, Polícia Militar, voluntários da Defesa Civil, Cruz Vermelha mineira, enfermeiros e solidariedade de muita gente boa que aparece nessas horas, pronta a ajudar sem medir sacrifício. Todo o país está ainda sob intensa comoção.

No meio de tanta dor, o coração volta-se aflito para Deus, numa atitude de abandono à sua misericórdia infinita, e súplica pelo descanso eterno dos que faleceram e conforto para suas famílias. Pedimos que nos ensine a tosos a vencer o egoísmo e a apatia diante de extrema miséria em que vivem tantos irmãos em nossas cidades.

Por que cerca de 200 casas foram arrastadas e encobertas pela terra? Será que esta tragédia não poderia ter sido evitada? Do drama da Vila Barraginha seguem-se duas consequências. A primeira é a urgência de uma política habitacional adequada, que atenda as 15 milhões de famílias sem moradia no Brasil. Isto significa a atuação inteligente para reduzir o fluxo migratório da zona rural, mediante planejamento agrário e agrícola com assentamento imediato e condigno das famílias sem abrigo. O atual Programa da Terra começa a oferecer alguma solução, mas deve ser incrementado pelo apoio dos Estados e municípios. Em relação às enormes populações que já estão nas cidades, é prioritária a construção de bairros populares com casas acessíveis à renda familiar. Nesses bairros não podem faltar os serviços necessários, área de lazer para as crianças, creches, postos de saúde e centros comunitários.

A outra exigência atinge a todos nós e diz respeito ao tipo de sociedade que estamos enfrentando no qual crescem o individualismo e a acumulação de bens, tornando cada vez maior a desigualdade social e o descaso pela miséria. Uma tragédia como a de Barraginha, serve como sinal e suscita em nós diante de Deus, o dever da solidariedade fraterna. Cada um pode sempre descobrir ao seu redor pessoas que precisam de apoio para tratamento de saúde, reforço alimentar, pagamento de aluguel. Mais que isso. Temos que nos associar, principalmente nas comunidades cristãs, para organizar melhor os serviços de promoção social.

O sofrimento de Barraginha precisa despertar a fé cristã e a consciência cívica para uma profunda mudança comportamental. Os bombeiros, com cuidado, conseguiram resgatar o corpo de uma mulher. Estava morta, segurando o filhinho nos braços. Era de cortar o coração. Isso não pode mais acontecer. Mães e crianças de nosso povo precisam viver. Não basta procurar a causa do deslizamento que soterrou centenas de corpos. É necessário que não haja mais favelas nem cortiços. Pensemos diante de Deus, que podemos, que devemos fazer.

De braços abertos

25/04/1992

Armando Testa é artista e publicitário famoso na Itália. Foi ele quem criou o logotipo para a nova campanha em favor das crianças do Terceiro Mundo. O traçado é simples: um rosto pequenino e estilizado sorri entre rabiscos azuis que parecem, ao mesmo tempo, dois braços abertos para o alto ou duas asas como as de anjo. Sob o desenho a frase: "Vida para as crianças". Em italiano os dizeres são mais fortes: "Uma vita ai bambini". Não apenas que vivam, mas insinua que esta vida seja digna. Eis aí a mais recente iniciativa da comunidade católica de Turim que, com meritória constância, vem assumindo a causa do menor. A intenção é de sensibilizar sempre mais o povo italiano.

Nesses dois últimos dias, esteve entre nós, no Rio de Janeiro. Ernesto Olivero, que lidera, em Turim, há mais de 30 anos, estas comunidades de jovens cristãos. Reuniram-se representantes de quatro grupos que já colaboraram com o CIS, "Cooperativa Internacionale per lo Sviluppo".

Atuam na Bahia, Sergipe, Minas Gerais, São Paulo e Rio de Janeiro. Está agora começando o núcleo de Pernambuco e Paraíba.

Dois pontos emergiram como prioritários nessa reflexão em bem da criança e do adolescente. Primeiro, é a necessidade de que se constitua, aos poucos, uma verdadeira comunidade de trabalho e entre os agentes da pastoral. Servir a criança carente é ideal que estreita os laços de amizade e conduz as pessoas a se organizarem de modo estável e a terem uma visão abrangente da situação do menor. Estas comunidades encontram sua inspiração na Palavra de Deus e na oração. Esse é o segredo de tantos anos de atuação do grupo italiano, cuja intensa atividade social tem sua fonte nas exigências da fé cristã. O segundo ponto refere-se à insistência na formação dos agentes de pastoral. Os desafios são complexos e requerem capacitação. Quem trabalha com a criança carente deve saber amá-la, compreendê-la e merecer sua confiança.

A experiência do grupo de Turim que promove a nova campanha demonstra que o principal não são os recursos materiais. O povo é generoso e quer contribuir. Mas deve-se conseguir a coesão do grupo local que garanta a liderança e convide as pessoas a se associarem. A lição é muito útil para nós. Os auxílios financeiros da Itália ou de outra nação amiga permitem realizar alguns projetos. No entanto, a melhor ajuda é a de nos transmitir esse espírito de união criativa e devotamento à causa do menor. Havendo essa convicção e idealismo, poderemos nós mesmos gerar as atitudes, os recursos indispensáveis à promoção das crianças carentes.

Com essa mesma inspiração atua e cresce em todas as dioceses a Pastoral da Criança e do Adolescente, levando adiante um programa amplo que começa na promoção da família e se estende pela abertura de centros educativos, de cursos profissionalizantes, equipes de contato com meninos de rua até os esforços para a recuperação do menor infrator. Entre todos os projetos, e sem descuidar das diferentes situações, parece mais urgente consolidar e multiplicar as escolas nas áreas rurais. São a melhor experiência de união de forças em bem dos adolescentes, ajudando-os a amar o ambiente familiar e a vida no campo, com o auxílio da técnica e apoio da comunidade local.

Sociedade

Os braços azuis do logotipo do artista Armando Testa estão estendidos para nós, esperando que lhes demos as mãos. Vamos formar estes grupos de amigos das crianças comprometidos com o dom da vida que Deus lhes dá. Meninos e meninas de rua, menores carentes das periferias, hão de se tornar, assim, força aglutinadora de nossos esforços dispersos. Os rabiscos azuis – braços ou asas – podem estreitar e unir, numa ciranda de vida nova, a sociedade desanimada. "Uma vita ai bambini". A causa é santa. De braços dados, vamos todos cirandar.

ECO-92

29/05/1992

A seca do Nordeste torna o solo rachado, árido e improdutivo. Lembro-me dos açudes vazios e do gado morrendo. Espetáculo desolador. As famílias, sem outra opção, abandonam a terra e partem em busca de sobrevivência. Além desses sinais do planeta que envelhece, há desgastes provocados pelo próprio homem. Pensamos na poluição dos rios, nas queimadas de campos e florestas. Pior que tudo, a explosão da bomba atômica, o desastre das usinas nucleares e a deterioração da camada atmosférica. A vida vai aos poucos sendo destruída. O futuro da humanidade está ameaçado.

Entendemos, portanto, a importância do Fórum Global, Cúpula da terra ou Eco-92, que vai se realizar no Rio de Janeiro. Cresce a responsabilidade dos povos diante da conservação da natureza. É preciso preservar as matas que restam, salvar animais, peixes e micro-organismos. Há uma série de medidas a tomar contra o desperdício dos recursos naturais, causado pela civilização consumista, por guerras com enormes bombardeios, incêndios, vazamento de combustível nos mares e experiências de explosões nucleares. Tudo isso pode e deve ser evitado. Compreende-se, assim, a aliança entre chefes de governo, cientistas, grupos jovens, instituições humanitárias e religiosas para valorizar a ecologia e preservar a natureza. É bela essa surpreendente conspiração em favor da vida.

Sociedade

No desejo de somar forças, a Igreja Católica no Brasil acaba de divulgar mensagem alentadora para ser lida nas paróquias e comunidades, no próximo dia 7 de junho. O texto ajuda a refletir sobre o significado sagrado da natureza, criada por Deus e sobre a obrigação de encontrar caminhos a fim de que o mundo seja mais humano e habitável.

"Deus criou o céu e a terra", afirma o livro do Gênesis. A criação manifesta a beleza, a bondade e gratuidade do próprio Deus que, durante milhões de anos-luz, preparou o universo para acolher o homem e mulher, feito à imagem e semelhança divina, que deveriam descobrir o amor do Criador, zelar pela sua obra, reconhecer os benefícios recebidos e alcançar o pleno desenvolvimento.

A mensagem da Igreja, marcada de otimismo e esperança, insiste no dever comum de promover a ecologia. Ninguém pode se eximir. Lembra, no entanto o texto que essa colaboração universal para respeitar a natureza alcança seu sentido quando valoriza, em primeiro lugar, a vida de cada pessoa e de todos os povos da terra. De que serviria salvar os animais em extinção, rios, mares e florestas e, ao mesmo tempo, omitir-se gravemente diante da esterilização, do aborto provocado e da miséria mortífera que atinge milhões de empobrecidos.

Muitos países que estão na vanguarda da promoção ecológica devem rever sua atitude diante da dívida externa que, cada vez mais, reduz a sobrevivência dos povos do Terceiro Mundo e das pressões descabidas para obter, inclusive no Brasil, o patenteamento dos micro-organismos em si, induzindo a patentear a própria vida humana.

Para nós, brasileiros, a Eco-92 leva-nos, sem dúvida, a importantes compromissos para evitar a pesca e caça predatórias, a população das águas e destruição das matas. Creio, no entanto, que dois pontos têm prioridade: a decisão política de concluir a demarcação das terras indígenas e o cumprimento do "Pacto pela Infância" firmado pelos governadores.

O respeito à vida humana é o mais belo hino de louvor e gratidão a Deus, que nos criou por amor.

ECO-92, e depois?

06/06/1992

Há poucos dias, antes da Eco-92, realizou-se em Brasília um seminário sobre "Ecologia e Desenvolvimento", organizado pelo setor Pastoral-Social da CNBB. Os resultados estão para ser publicados.

Algumas propostas, no entanto, podem oferecer desde já caminhos para resolver os impasses da questão ambiental. Na mesma perspectiva situa-se a afirmação do presidente Fernando Collor, em entrevista aos jornais no dia 2 de junho: "Não pode haver um planeta ambientalmente saudável e um mundo socialmente injusto". É preciso assumir uma atitude ética de corresponsabilidade, empenhando-se na construção de uma sociedade marcada pela justiça e amor solidário. Com efeito, de que adiantaria discutir tanto a questão ambiental, cuidando, com zelo, para que o planeta seja "saudável", sem levar em conta as exigências fundamentais da pessoa humana?

A Eco-92 vai passar. E depois? Que faremos para garantir a sobrevivência condigna da maior parte da humanidade que hoje sofre miséria e degradação?

Entre os aspectos apresentados no seminário realizado em Brasília, chamo a atenção para três conclusões mais urgentes. A primeira refere-se à dignidade da pessoa humana e ao respeito às diferenças entre as culturas com suas características e valores. É indispensável criar e ampliar a consciência de que as gerações futuras devem ser amadas e protegidas por nós! Para elas conservamos a natureza. Segue-se, ainda, a obrigação de promover a integração e solidariedade entre os povos, com especial precedência dos países mais pobres.

Em relação ao desgaste da natureza, temos todos que procurar mudança em nossos hábitos de vida, superando a acumulação egoísta e desordenada de bens e o consumismo que acarreta o desperdício. Insere-se na mesma consideração a necessidade de democratizar o acesso e uso do solo agrário e urbano, que permita preservar os recursos naturais e desenvolver uma agricultura ecológica, voltada para produzir alimentos suficientes para todos.

Em nível de política internacional, requer-se a curto prazo a redução dos gastos bélicos, empregando essas vultuosas somas em programa de recuperação do meio ambiente, de saneamento básico e melhoria das condições de vida para população carente. É preciso, ainda, aliviar o torniquete da dívida externa, que mantém desigualdades entre os povos e paralisa e esforço de desenvolvimento do Terceiro Mundo. Para evitar formas mais sofisticadas de colonialismo é necessário impedir, a todo custo, o patenteamento da vida e o consequente monopólio de grupos econômicos.

Esses esforços são indispensáveis para que surja uma nova ordem social e política que preserve o meio ambiente.

Diante do grandioso aparato da Eco-92, um homem do povo, segurando o filhinho pela mão, perguntava: "De que serve tudo isso para nós?".

A resposta está na compreensão de que o compromisso ecológico começa pela promoção da pessoa humana e, portanto, por programas que atendam, com urgência, às necessidades básicas das crianças e dos mais pobres e desempatados de nosso país. Assim a verdadeira ecologia é aquela que coincide com a intenção criativa de Deus que, ao zelar pela beleza da terra, quer desde já a vida para todos seus filhos.

Estamos juntos

04/07/1992

Estas são as palavras escritas na cela forte do presídio em São José dos Campos (SP). A porta permanece sempre aberta. O local foi transformado em capela. No centro da parede vê-se um grande crucifixo, com a Bíblia e a frase que resume o trabalho da Apac – Associação de Proteção e Assistência aos Condenados. Nessa prisão diferente, os detentos aprendem, desde cedo, a contar como auxílio de Jesus Cristo, que os ama e que passou, ele mesmo, pela experiência do cárcere e do padecimento da cruz entre dois condenados.

"Estamos juntos" é o lema que significa o apoio que a Apac quer oferecer aos presos e a responsabilidade que cada detento deve assumir de ajudar seus companheiros.

Esse espírito de solidariedade e confiança transformou o antigo presídio Humaitá numa casa de reabilitação. Paredes brancas, decoradas com frases de esperança. Celas arejadas e bem arrumadas. Não há guardas armados. As chaves da cadeia são controladas pelos próprios presos. O tempo passa depressa entre cursos profissionalizantes. Estudos garantem a alfabetização e podem se estender até o nível universitário. Artesanato e música. Vale a pena ver.

Qual o fruto deste enorme esforço pedagógico?

O mais significativo é a verdadeira regeneração dos condenados. Enquanto a reincidência criminal nas prisões brasileiras é de 80% aproximadamente, nesse presídio modelar o índice é de apenas 3,8%, considerado pelas Nações Unidas um dos melhores resultados do mundo inteiro.

Que é, afinal, a Apac? É uma entidade civil que atua na fase da execução da pena, colaborando com a Justiça do Estado na missão pedagógica de prepara o preso para voltar ao convívio social. A Apac age em favor dos condenados, procurando sua regeneração, respeitando seus direitos e dando assistência nos termos do que prevê a lei, estendendo sua atividade até aos familiares dos detentos. Serve, assim, à sociedade, ajudando o preso a reabilitar-se e promover o bem comum. O método supõe a cooperação da própria comunidade que aprende a acreditar na recuperação do preso e oferecer a sua contribuição.

O segredo da Apac está na confiança na ação de Deus e na correção e aprimoramento moral do preso.

Saudamos, pois, com entusiasmo, a realização do 3º Congresso Nacional das 130 entidades que seguem o método da Apac, reunidas de 3 a 5 de julho em São José dos Campos.

Esse trabalho foi iniciado pela coragem e idealismo do dr. Mário Ottoboni, presidente da confederação dessas associações (Cobrapac), que atuam em quase todos os Estados. Abrindo o congresso o bispo diocesano Dom Nelson Westrupp descreveu a Apac, em poucas palavras: "O amor transforma".

Diante dos milhares de infratores, vítimas, não raro desde a infância, da miséria e do descaso da sociedade, a grande fórmula é o amor, que nos faz descobrir o dever de cooperarmos para a reabilitação do detento. O sistema carcerário, infelizmente, está bem longe, ainda, do ideal da Apac. Prisões desumanas, escuras e superlotadas. Nelas impera a violência, a promiscuidade e a corrupção. Prisioneiros abandonados pela sociedade, sem esperança. Temos muito que aprender com os membros abnegados da Apac. O mais importante é a lição de confiar em Deus que nos ensina a vencer o mal com o bem (Rm 12,21). Ele não desiste de perdoar e levantar quem errou. Ele quer que façamos festa pela recuperação do irmão que tinha se perdido (Lc 15,32).

Esse espírito de solidariedade fraterna há de modificar nosso sistema carcerário e evitar, na raiz, que os jovens de hoje tornem-se infratores.

A recuperação dos detentos depende de nós. Estamos juntos?

TV e liberdade

11/07/1992

Há poucos dias, um juiz conseguiu sustar a projeção na TV de um filme prejudicial, especialmente aos menores, firmando-se no Estatuto da Criança e do Adolescente.

Há contradições entre o direito à liberdade e a medida restritiva?

É preciso que nos entendamos. Liberdade é a abertura, sem limites, ao bem. Somos destinados a ser plenamente felizes. Sem restrições. O horizonte da realização humana é a verdade, o belo, o bem. Nenhum bem menor deve nos aprisionar. Abertos à plenitude, somos, por isso, capazes de escolher entre bens limitados. Acontece, no entanto, que experiência da livre escolha pode ser erroneamente entendida, como opção entre o bem e o mal. Escolher o mal não é um bem. É uma falha a ser evitada, uma degenerescência da liberdade. O respeito pela dignidade da pessoa move-nos, portanto, a contribuir para que se evitem falhas e erros no processo de escolha, permanecendo a pessoa fiel na abertura ao bem absoluto, sem limites. Alguns exemplos. Estrada asfaltada e carro possante. Vale qualquer velocidade? Pode-se pisar até o fim no acelerador? O motorista precisa ser ajudado a não cometer acidentes contra si e contra os outros. Daí sinais, quebra-molas, apitos e multas.

A intenção não é de coibir a liberdade, mas de impedir desastres. Compreendemos, portanto, as leis do trânsito.

Quem paga o direito de viajar de avião, nem por isso pode, a seu bel-prazer, em pleno voo – a milhares de metros de altura – abrir a porta. Será impedido pelos demais passageiros.

Na área política, a eleição de governantes não lhes faculta impor suas arbitrariedades, aproveitar-se do cargo em benefício próprio ou dominar o povo. Quando, porém, alguém não sabe se autocontrolar é justo que seja auxiliado e que sejam defendidos os direitos dos demais, exigindo o reto desempenho no uso da liberdade.

Isso não restringe a liberdade, pelo contrário, firma e consolida seu valor para que não descambe em abuso, libertinagem ou dominação dos outros.

O mesmo se requer no campo da comunicação social e da criatividade artística. A liberdade de conceber e de expressar-se, a vontade de captar e difundir valores precisam respeitar, sempre, a abertura para o bem e o belo. Assim, deve-se evitar a difusão e propaganda da violência, o incentivo à tortura, à permissividade moral, à perversidade, ao ódio, a vingança. Tudo isso desrespeita a dignidade da pessoa. Não faz bem a ninguém. Nem pode alguém escudar-se no direito à pseudoliberdade para impunemente destruir valores.

Na área da comunicação social é indispensável o aprendizado da autocrítica e, também, o empenho preventivo e coercitivo da sociedade para garantir a fidelidade ao bem.

Estamos, infelizmente, lembrados dos tempos de arbitrariedade e asfixia da liberdade, quando, em nome da ordem e segurança, lesaram-se valores fundamentais, impondo normas injustas, torturando pessoas, eliminando direitos e vidas. Ninguém quer que isso se repita. Foram graves abusos da liberdade. O que afirmamos é muito diferente. Defendemos que a sociedade possa zelar pelo reto uso da liberdade e de auxiliar na promoção do bem comum.

No caso do impedimento à exibição do filme pela televisão, não havia nem sequer intenção artística, mas ganância econômica, visando, sem escrúpulos, a conquista de maior audiência. Assim como liberdade na área política não inclui o direito de vilipendiar os valores éticos, também a ambição econômica não pode prevalecer sobre a dignidade da pessoa, espezinhando o direito das crianças e adolescentes.

Deus quer que sejamos livres e felizes. Mas o segredo da felicidade está em sermos fiéis à verdade e às exigências do amor.

Paixão pela vida

01/08/1992

Ao anoitecer, vão, pouco a pouco, chegando ao Centro Esportivo da Mooca, em São Paulo, homens e mulheres, catadores de papel e outros desabrigados, que fazem parte do enorme contingente do "Povo da Rua". Durante a noite, o espaço é transformado em "Abrigo de Frio". A iniciativa começou no inverno do ano passado, fruto do zelo do padre Julio Lancelotti e de seus paroquianos. Atualmente, são oito abrigos no centro da capital. Nasceram com a colaboração da Prefeitura de São Paulo e de várias instituições religiosas e filantrópicas. Dedicam-se a esse trabalho especialmente as comunidades católica e metodista.

O abrigo mais conhecido funciona na Mooca, na rua Taquari. Acolhe até 200 pessoas. Meio escondidos pela escuridão, isolados ou em pequenos grupos, vão entrando, no salão de esportes, estes irmãos tantas vezes esquecidos por nós. São recebidos com afeto. Recebem um pequeno colchão e cobertores que ficam marcados com o próprio número para a noite seguinte. É-lhes oferecido chá quente com pão. Ambiente de misteriosa paz e fraternidade. Tudo é bem ordenado. Às 22 horas a luz enfraquece e descansam até as primeiras horas da manhã, quando o local é liberado para as atividades esportivas. Aí trabalham agentes de pastoral abnegados. Na maior parte são voluntários. Nem falta a visita amiga do padre

Júlio, de irmã Judite, irmã Marta e outras religiosas e paroquianos. Tive a ocasião de visitar o local, há dois dias. Na véspera, haviam comparecido 115 pessoas. Naquela noite, o número não seria menor. Constatei a solidariedade que havia entre eles. Apesar dos rostos cansados e sofridos, encontravam ainda forças para se saudarem e até sorrir. Um deles, fitou-me com cordialidade e disse "Deus te abençoe". Raras vezes uma bênção calou tão fundo no meu coração.

Sem dúvida, seria muito conveniente que houvesse emprego fixo, habitação e alimento para todos esses irmãos necessitados. Eis aí um desafio para a cidade de São Paulo. Enquanto, porém, condições melhores de vida não acontecem, temos que reconhecer o esforço fraterno de tantas pessoas que procuram com amor mitigar os padecimentos do "Povo da Rua".

Além do abrigo da Mooca, há dois maiores, o do viaduto Pedroso e do viaduto 9 de Julho. Cinco outros encontram-se no Bom Retiro, Penha e Santa Cecília. Algum abrigo oferece atividade durante o dia, é o caso da Fraternidade Povo de Rua, da Radical Leste, à rua Placidina.

Serve de exemplo, quanto ao atendimento diurno, o Centro Comunitário S. Martinho de Lima, inaugurado por Dom Paulo Evaristo, há três anos e mantido pela Paróquia S. Miguel. Fica no Belenzinho, sob o viaduto cedido pela prefeitura. Na organização coopera o próprio Povo da Rua. O ambiente é acolhedor. São amigos. Sentem-se à vontade. Podem cuidar do asseio pessoal. Encontram, serviços de enfermagem, documentação, pequenas distrações, iniciação ao trabalho e artesanato. Na última quinta--feira, à hora do almoço, o número superou as expectativas. Havia 400 homens.

Nestes dias, a Arquidiocese de São Paulo promoveu a 10ª Semana de Fé e Compromisso Social, sob o título "Em defesa da vida". A cada noite numeroso público lotava a catedral. Um grupo do "Povo da Rua" abriu a sessão da última manhã sobre o tema

"Paixão pela vida". Apresentaram fotografias com as situações da rua e as atividades comunitárias que desenvolvem. Foi comovente a mensagem de união e coragem. Seu esforço para lutar e sobreviver é a mais forte prova da "Paixão pela vida". Nestes tempos de crise nacional, quando nos entristecemos com o egoísmo e a corrupção, precisamos aprender com o "Povo da Rua" a lição de fraternidade e esperança.

Vida e esperança

22/08/1992

A certeza da proteção de Deus, prova de seu amor para conosco, sustenta a confiança que vamos superar os desafios em âmbito nacional. Além do episódio maior, para o qual convergem as atenções do país, aguardando parecer da CPI, permanece a questão mais profunda e abrangente – a raiz do problema –, a crise ética. Para superá-la, requer-se ampla mudança comportamental que afaste, definitivamente, a corrupção em todos os níveis. Às vésperas de novas eleições, precisamos identificar os candidatos comprometidos com o serviço do povo e decididos a respeitar as exigências éticas.

Entre apreensões e expectativas, faz-nos bem descobrir sinais de vida e esperança. Acabo de participar, na última quinta-feira, 20 de agosto, de um evento realmente promissor, em Riacho de Santana (BA).

Estavam reunidos membros de 22 Escolas Família-Agrícola, que formam a associação destas escolas na Bahia, Aecofaba. Havia mais de duas mil pessoas, de várias comunidades. Impressionava a alegria deste povo simples, sofrido, trabalhador e organizado. São escolas que nascem da união das famílias de agricultores, interessados em assegurar a seus filhos uma formação adequada à própria cultura rural. O método prevê períodos alternados, de

Sociedade

15 dias, de permanência intensiva na escola e na família. A experiência de mais de 25 anos tornou-se, hoje, conhecida por terem conseguido consolidar em milhares de jovens o amor à terra e ao desenvolvimento das áreas do sertão.

Que havia de novo naquela manhã em Riacho?

Grande concentração do povo, tendo à frente o bispo de Caetité, Dom Alberto Rezende, padre Aldo Luchetta, fundador das escolas, e Joaquim Nogueira, seu atual presidente. Durante a liturgia eucarística, as comunidades ofereceram os frutos da terra, os instrumentos de trabalho e os símbolos da têmpera e coragem da mulher camponesa.

Em pauta três realizações. Inaugurava-se a Rádio Aecofaba, sob o título de Nossa Senhora de Guadalupe, padroeira da América Latina. Haverá programas adaptados à família do campo, à cultura do sertão. O povo estava exultante.

Apesar do sol a pino, a multidão se deslocou, a seguir, para festejar a construção de 30 prédios preparados para o funcionamento da escola de 3º grau que formará, em pleno sertão baiano, técnicos e especialistas rurais. Surge, assim, a Faculdade de Agronomia do Pequeno Agricultor, a Fapa, modesta, funcional, orgulho daquele povo simples. Na ocasião, jovens plantaram 22 árvores, significando as escolas-família que já funcionam na Bahia.

O povo caminhou ainda e rodeou a nova sede da União Nacional das Escolas-Família do Brasil – Unefab. Nascida há dez anos, agrega hoje 70 escolas em vários Estados.

Compareceu ao ato Ernesto Olivero, vindo especialmente de Turim, com uma equipe de sete membros do Serviço Missionário Jovem – Sermig –, que durante anos tem contribuído com seu espírito de forte espiritualidade e doação desinteressada.

Em Riacho de Santana, temos o exemplo de cooperação entre as forças vivas da sociedade. Aí estavam as famílias unidas, o apoio das prefeituras da região, a atuação corajosa do bispo, do clero e das pastorais, o auxílio da CBIA, a adesão da Universidade Federal de Viçosa e a solidariedade do Grupo Missionário de Turim. Desta admirável cooperação, resulta em ambiente de fraternidade e entusiasmo. Crescem a participação comunitária e a valorização do pequeno agricultor. Quando os valores éticos são respeitados, tudo dá certo. Esta é a fórmula correta. A prova estava no olhar das crianças. Transpareciam no seu rostinho sertanejo a saúde, a tranquilidade e a alegria. No horizonte do Brasil em crise, há muita vida e esperança.

Pavilhão 9

10/10/1992

Estamos estarrecidos com a chacina de presos no pavilhão 9 da Casa de Detenção em São Paulo. Diante de Deus, não podemos aceitar que fatos como este aconteçam. Como admitir que responsáveis pela guarda de presos tenham perdido o autodomínio e executado, durante horas, com requintes de perversidade, mais de 111 detentos?

O hediondo massacre na semana passada abalou o mundo inteiro e necessita ser, quanto antes, apurado. Acreditamos nas diligências por parte do Estado e no pronto acompanhamento do ministro da Justiça, do procurador-geral da República e da Comissão de Defesa à Pessoa Humana. Houve já afastamento e substituição de comandantes da PM que participaram da invasão, do diretor da Casa de Detenção e do secretário da Segurança. Aguardamos os relatórios, a apuração da responsabilidade e a indispensável punição dos que, de modo tão bárbaro, perpetraram matança sem precedente na história dos presídios. O terrível assassinato revela desmando que precisam ser definitivamente coibidos.

Durante cinco anos, de 1955 a 1960, exerci em Roma o atendimento religioso numa prisão. Nunca mais me esquecerei de todo o horror que vi. Desde então, acompanho, com tristeza, a condição lamentável em que se encontra a maioria dos presídios.

Não basta a indignação diante da chacina, temos que atingir suas causas a fim de evitar, para sempre, fatos semelhantes.

A primeira medida, e a mais urgente, é a reforma de nosso sistema carcerário. As prisões estão superlotadas e imundas. Entre os presos tornou-se comum a promiscuidade sexual, a formação de grupos rivais, o uso de droga e a violência. Misturam-se presidiários perigosos com aqueles que nem sequer foram julgados. A administração da Justiça tarda, criando situações abusivas, de detentos sem defesa, cumprindo pena por crime não cometidos. Nos presídios maiores, a vida fica constantemente ameaçada, gerando clima de insuportável inquietação e pavor. O caso é agravado hoje pelo contágio do vírus da Aids. Em São Paulo, 20% dos 51.600 presos nos cárceres do Estado já estão contaminados.

A reforma do sistema presidiário requer não só recursos, mas clareza de princípios pedagógicos. Os benefícios são surpreendentes no atendimento de detentos quando o método visa à recuperação do culpado e conta com a cooperação constante da comunidade local. Há experiências notáveis em alguns países e serve de exemplo no Brasil o trabalho realizado no presídio de Humaitá, em São José dos Campos (SP).

A segunda exigência refere-se à necessidade de conveniente preparo por parte da polícia que atua nos presídios. Este serviço é, sem dúvida, árduo e exposto a muitos perigos, mas requer, por isso mesmo, especial capacitação e salário condigno. Infelizmente, o abuso da violência por parte da polícia penetrou nas prisões e delegacias. As estatísticas divulgadas nestes dias indicam que no Estado de São Paulo, a cada sete horas há um morto, vítima de ação policial. Esta prática significa que muitos policiais atiram para matar. A sociedade não pode ser conivente com o desrespeito à Justiça, implantando um regime de execução sumária de terror policial. Presídios desumanos e despreparo dos membros da polícia poderão, a qualquer momento, levar a novos desatinos. O enorme

Sociedade

sacrifício de tantas vidas no Pavilhão 9 precisa marcar mudança radical do sistema carcerário no Brasil.

Da parte da Igreja, procuremos intensificar a ação pastoral nos presídios, que ofereça aos detentos os valores do Evangelho para um convívio humano entre eles e sua regeneração.

Rejeição ou solidariedade

14/11/1992

Eis a questão. Estamos assistindo na Europa e até em nosso continente ao aparecimento de juventude agressiva e violenta, que assume formas radicais de nacionalismo. Não é fácil discernir o conteúdo destes movimentos. Ficamos, no entanto, preocupados com o fato de serem jovens, quase todos de 15 a 25 anos, que se deixam atrair pela violência. Na Alemanha Oriental, os "naziskins" reagem contra o direito de asilo e rejeitam os estrangeiros. Alguns grupos são libertários e acabam resvalando na anarquia. O fenômeno destes jovens cresceu recentemente e está ligado, por um lado, ao vazio de valores e à insatisfação humana de consumismo desenfreado e, por outro lado, à falta de trabalho para a juventude.

Na Alemanha Oriental há um fato peculiar originado no período comunista. Operários do Vietnã e outras áreas estão hoje a cargo do governo. Isto provoca desaprovação dos jovens que, vítimas do egoísmo, sentem-se preteridos. Outro fator que não podemos esquecer e atinge fortemente os jovens é a distância entre as gerações e a consequente falta de diálogo com os pais.

Ante esta realidade, duas reações estão surgindo. A primeira é conhecida pelas manchetes de jornais e programas de televisão. São as gigantescas manifestações nas praças de capitais. Em Berlim, 200 mil pessoas expressaram sua repulsa contra a violência e afirmaram seus ideais de convivência pacífica e aceitação humanitária dos estrangeiros. Isto revela quanto está presente, na maior parte do povo europeu, a lembrança das terríveis injustiças da última guerra. Outra reação, não menos significativa, é a do interesse de muitos jovens europeus pela promoção das nações africanas, da América Latina e do Terceiro Mundo. Organizam-se para recolher mantimentos e remédios. Estudam os problemas e sonham com um mundo solidário. Nesta semana, na Itália, dois eventos provam este bom espírito. Na Universidade de Macerata, realizou-se um congresso sobre os direitos dos menores no Brasil. Analisaram durante dias as condições dos meninos de rua e a resposta oferecida pelo novo Estatuto da Criança e do Adolescente. Havia um notável interesse por parte dos professores e universitários. Dias depois, em Roma, promoveram nas escolas de segundo grau estudos sobre o mesmo tema. A participação surpreendeu os organizadores. Ontem, sexta-feira, dia 13 de novembro, distribuíram 50 mil exemplares de um livro sobre os menores no Brasil. A consequência é o esforço destas escolas para promover projetos de recuperação dos meninos de rua em Salvador e, também, apoiar as escolas para crianças no interior da Bahia, Minas Gerais e Espírito Santo.

Ao mesmo tempo, crescem o joio e o trigo. Existe em alguns jovens "naziskins" a atração da violência, mas em muitos outros é o ideal de solidariedade que penetra no coração, vencendo barreiras de nações e raças. É preciso olhar para o futuro com objetividade e otimismo. Em Santo Domingo, os bispos da América Latina renovaram a opção pelos jovens, força e esperança da Igreja e do continente. Para o Brasil o momento é de vital importância. Temos que investir em educação e confiar em Deus e na nova geração.

Luta contra Aids

28/11/1992

O "Dia Mundial de Luta Contra a Aids" será celebrado a 1º de dezembro. Realizou-se pela primeira vez em 1988, apoiado pela Assembleia Mundial de Saúde.

O alastramento da Aids adquiriu aspectos preocupantes em todo mundo. Os casos de Aids em adultos, notificados à Organização Mundial da Saúde, ultrapassaram 500 mil. O número real é maior. As crianças infectadas pelo HIV são sempre mais numerosas. Teme-se até que no final do século cada família tenha um doente com Aids.

O Brasil está entre os países que têm mais vítimas com AIDS e procura intensificar a luta contra esta doença. A cada ano, as mensagens do Dia Mundial da Aids alcançam uma audiência maior, à medida que aumenta o número de participantes e atividades. O tema proposto para este ano é o de "Um Compromisso da Comunidade", conclamando a todos para uma ação conjunta de informação de tratamento da doença.

A Igreja Católica deseja colaborar cada vez mais e está difundindo, nestes dias, para todas as comunidades um documento que apresenta algumas pistas de reflexão e ação.

É indispensável a educação preventiva. A Aids não é apenas um problema biomédico. Insere-se num contexto mais amplo. As medidas capazes de combater esta doença são as previstas pala educação e mudança de mentalidade e comportamento.

É preciso incentivar a pesquisa científica e encontrar formas concretas de atender às necessidades dos portadores do vírus HIV e dos doentes com Aids. A educação permite identificar as formas de contato e de transmissão para evitá-las por comportamento consciente. A educação dará uma visão sadia da sexualidade humana e das exigências éticas para plena realização da pessoa e da vida conjugal, conforme o Plano do Criador.

Como ajudar as pessoas doentes de Aids?

A vida e ensinamento de Jesus Cristo nos ensinam a sermos solidários, procurando entender os que sofrem, praticando a caridade no atendimento a eles e a seus familiares. O compromisso solidário deve não somente oferecer cuidados terapêuticos, mas reconhecer a dignidade da pessoa, infundindo-lhe força e coragem, à luz da fé e do amor cristão.

O atendimento à família é fundamental para que possam seus membros dar toda atenção a seus doentes.

Como apoiar a luta contra a Aids?

Há cuidados indispensáveis. Evitar o contágio na transfusão de sangue e no uso de seringas. Temos que cercear o narcotráfico e o uso da droga que transmite em larga escala a Aids. É preciso apoiar programas educativos, especialmente para jovens. É importante, em especial, incentivar o compromisso humano e evangélico com o valor da vida, o respeito ao outro. Urge, como sinal de verdadeiro amor cristão, organizar, superando medos e preconceitos, uma ação pastoral que atenda em casas de apoio as vítimas sem recursos e sem família.

A luta contra a Adis exige, além dos cuidados médicos, uma ação educativa continuada e um comportamento coerente com os princípios éticos. No entanto, quem é vítima da Aids, ainda que não encontre remédio científico precisa receber sempre o amor e a dedicação dos que creem em Jesus Cristo.

Luta contra a miséria

19/12/1992

As imagens da Somália nos estarrecem. É a fome mais atroz destruindo vidas inocentes e indefesas. Graças a Deus, começou a operação humanitária das Nações Unidas levando alimento e remédios ás multidões famintas. Enfim, uma resposta. Fica muito por fazer. E as crianças desnutridas do mundo inteiro? Morrem mais de dez milhões a cada ano.

Não podemos esconder nosso constrangimento ao pensar que, também no Brasil, há bolsões de pobreza. Os noticiários dos últimos dias divulgaram cenas dos catadores de lixo, sofredores de rua, moradores de favelas e cortiços. Sem esquecer a Somália, que faremos para erradicar a miséria que atormenta tantos irmãos perto de nós?

Na tarde de 15 de dezembro, reuniram-se na Universidade Federal do Rio de Janeiro as entidades promotoras do movimento Ética na Política para avaliar a conjuntura nacional. Termina a fase do impeachment. Permanecem, no entanto, exigências éticas nos vários campos da vida pessoal e da sociedade.

O foco da questão está na pobreza crescente. A miséria é imoral. É preciso portanto, um esforço conjunto para reconhecer este fato e buscar soluções viáveis e eficazes.

A imoralidade da miséria não está apenas na carência extrema em que sobrevivem milhões de brasileiros. Há algo mais profundo. É a injustiça social, resultante do crescente, entre a pobreza da maioria e, o nível elevado da vida dos mais ricos. Diante desta desigualdade, como afirmar a ética que requer o respeito aos direitos do cidadão? Como salvar a fraternidade cristã?

As entidades presentes ao ato público, na Urca, recordaram a pregação de Dom Helder Câmara, incansável profeta do "Ano 2000, sem miséria". Ouviram a palavra de Herbert de Souza, Marcelo Lavenere e Cristóvão Buarque de Holanda, a mensagem da CNBB e das igrejas evangélicas. Todos decidiram-se a cerrar fileiras e iniciar um movimento nacional para enfrentar e superar a situação de extrema pobreza. Nasceu, assim, a Ação da Cidadania Contra a Miséria. É um grito a favor da vida e da esperança. Temos que apostar no senso humanitário e patriótico e nas forças da mensagem evangélica.

Que fazer? Está certo o presidente Itamar ao insistir nas metas sociais. São necessárias medidas concretas e a atuação da sociedade organizada. Em breve, nova reunião das entidades há de sugerir pistas para um amplo programa de ação suprapartidária, que envolva a todos. A ideia é de suscitar em cada município e nos vários setores das grandes cidades a formação de "Conselhos de Cidadania" que elaboram projetos para imediata realização, contato com a colaboração do voluntariado, das entidades religiosas, filantrópicas, da juventude, sindicatos e empresários, com assessoria das universidades e apoio da prefeitura e outras instâncias governamentais. As áreas prioritárias serão as de educação, saúde e alimentação.

O importante não é só o resultado material dos projetos, mas o efeito de unir forças e promover a participação popular. O Natal vem aí. Temos que acabar com a miséria, aqui e na Somália. Esta é a vontade de Deus e a mais forte expressão ética da cidadania.

# PARTE III
Política

Por que discutir a questão da política nos escritos de Dom Luciano? Esta é a pergunta que motivou o grupo de pesquisa a ler e a investigar sobre a temática, procurando perceber a presença profética de Dom Luciano nos principais acontecimentos políticos correspondentes aos anos de 1988 a 1992.

"O espetáculo na política brasileira" (1988-1992)

Para adentrarmos nestes textos sobre a política, é viável uma consideração geral sobre o panorama político-social e econômico do Brasil que vai de 1988 a 1992, ainda que em forma de espetáculo.[1] Este momento histórico corresponde ao período no qual se encontram os artigos aqui selecionados para este segundo volume do livro *Dizer o Testemunho*.

De início, vale ressaltar que o ano de 1988 foi o ano da aprovação da Nova Constituinte do Brasil. O que não acontecia desde 1960, ocorreu em 1989: as eleições diretas para a Presidência da República. Após grande apoio da mídia, Fernando Collor de Mello, que se autointitulava "caçador de marajás", foi eleito presidente da República com 35 milhões de votos.

Nesse mesmo ano de 1989, do ponto de vista econômico, como consequência do fracasso do chamado "Plano Verão" de José Sarney, o Brasil atravessou a "pior crise de sua história" e, mesmo

---

[1] SANTOS, Anderson. *O espetáculo na política brasileira: a despolitização do político através das imagens de Fernando Collor nas capas da revista VEJA (1988-1992)*. Disponível em: <http://www.humanas.ufpr.br/site/evento/SociologiaPolitica/GTs-ONLINE/GT3/EixoI/espetaculo-politica-brasileira-Anderson-Santos.pdf>. Acesso em: 31 ago. 2013.

com a vitória de Collor, no final do referido ano, a inflação do país estava com um recorde de 1.764,83%.

Em 1990, após assumir o governo, o então presidente Fernando Collor confisca a poupança e as contas correntes, gerando um forte impacto para o povo brasileiro. Ainda nesse ano, houve as eleições gerais no Brasil (Governos Estaduais e Assembleias, Senado, Câmara de Deputados).

Em 1991, com o congelamento dos preços, salários e imposição do aumento de tarifas públicas, a aprovação popular do presidente Fernando Collor de Melo cai para 22%. O descontentamento agravou-se, culminando no seu *impeachment* em 1992, com amplas manifestações de rua, em que aparecem os "cara-pintadas".

Do período que vai de 1988 a 1992, além dos elementos citados acima, alguns fatos da história nacional e mundial também tiveram grande repercussão nos escritos de Dom Luciano. Dentre eles pode-se destacar: o assassinato de Francisco Alves Mendes Filho, o Chico Mendes, em 22 de dezembro de 1988; a queda do muro de Berlim em 1989 e o massacre no Carandiru em São Paulo, em 1992.

Ainda ligado a esse período da história, e com olhar de esperança, destaca-se: o reconhecimento às comunidades indígenas do direito de utilização de suas línguas maternas no processo de aprendizagem, consolidado na Constituição de 1988; a instituição do Estatuto da Criança e do Adolescente (ECA), em 1990; a ECO-92, ocorrida no Rio, que assina a Convenção sobre a Diversidade Biológica; ao longo desses anos houve também encontros do Movimento Nacional de Direitos Humanos (MNDH).[2]

---

[2] Cf. LINHA DO TEMPO DOS DIREITOS HUMANOS NO BRASIL. Disponível em: <http://www.dhnet.org.br/tempo/tempo_br.htm#sec20>. Acesso em: 31 ago. 2013.

O olhar *crítico e profético* de Dom Luciano sobre a realidade

Analisando os textos em seu contexto, deparamo-nos com o *olhar atento* de Dom Luciano que enxerga cada situação de modo *crítico e profético*. Dentre as suas preocupações, a partir dos artigos,[3] estão: a questão da política mundial, a paz no mundo, um olhar sobre a América Latina que faz memória aos 500 anos de história da colonização e que se preparava para a Conferência de Santo Domingo (1992), as Nações Unidas e o Direito da Criança, a questão da ética e os cassinos, os problemas internos do país, sejam eles de ordem social, política, econômica, dentre outros.

No tocante ao Direito da Criança, embora seu Estatuto tenha sido reconhecido somente em 1989, no ano anterior, em 1988, Dom Luciano já levantava questões sobre a redução de natalidade e sobre a menoridade penal (cf. ALMEIDA, Dom Luciano. *Direito do menor*, 23/07/1988). De modo crítico e *crístico*, no texto intitulado "16 ou 18?", de 23/07/1988, ele analisa profundamente a situação do menor, apresentando alguns elementos para reflexão: a questão da lei, a educação dos jovens que migram para as grandes cidades e são obrigados a morar na periferia, o desafio da integração do jovem na sociedade. Sobre a redução da imputabilidade penal, assim se expressa: "o que não se entende é a redução para 16 anos da imputabilidade do crime. Seria grave injustiça, acarretando consequências dificilmente remediáveis para a reeducação da juventude com desvio de conduta".

---

[3] Os artigos aqui citados foram escritos no período em que Dom Luciano era presidente da CNBB.

Dom Luciano e a "paciência de ser"

Desde 1989, Dom Luciano já fazia "apelo ao Congresso" para a elaboração de leis complementares exigidas pela própria Constituição (01/07/1989). Sempre em seus artigos, pode-se ver um pensador e um profeta com os pés no chão da sua história, mas também com o olhar voltado para o futuro; um homem de *esperança*, que sabia esperar o tempo de maturação, o tempo da palavra certa, na hora certa e do jeito certo, sempre à maneira do que se pode chamar de "paciência de ser".[4] Tal sabedoria adquirida ao longo da vida, e que lhe fez saber esperar, pode ser vista em Dom Luciano na sua própria postura diante da política.

Contrariamente ao que se pode pensar em relação à "paciência", Dom Luciano sabia o tempo certo de dar à luz questões e o tempo oportuno do dizer – do dizer o testemunho.[5] A modo do profeta João Batista, "voz que grita no deserto", o dizer de Dom Luciano é iluminador e provoca mudanças, e, sem ferir o *tempo* do ser, sabia esperar...

"Em quem votar?" – Uma questão de liberdade de escolha e discernimento

No artigo de 12/08/1989, Dom Luciano perguntava: "Em quem votar?" e dizia em tom profético que a Igreja não tem candidato nem partido, mas que ela, respeitando a liberdade de escolha, deve sempre apresentar critérios para o discernimento.

---

[4] Aqui fazemos alusão ao título da obra *A paciência de ser*, do jesuíta Paul Gilbert, traduzido pela Editora Loyola, 2005.

[5] "Dizer entendido a modo profético, na significância do um-para-o-outro, como glória do Infinito". Aqui fazemos alusão ao pensador Emmanuel Levinas em sua obra Autrement qu'être, que neste livro propõe uma relação fecunda entre o testemunho e profetismo.

Em 24/09/1988, escrevendo sobre as eleições, ele oferece três condições para o amadurecimento da consciência política:

1º) o candidato deve ter respeito e promover a dignidade humana, o bem comum;
2º) deve valorizar a participação popular: organizações, movimentos, sindicatos; e
3º) deve ter poucos gastos nas campanhas eleitorais.

No artigo de 12/11/1988, intitulado "votar bem", apresenta os seguintes pontos para o discernimento do eleitor:

1) não deixar de votar nem votar em branco;
2) não vender o voto;
3) conhecer o candidato;
4) examinar o programa do candidato e se o partido respeita a dignidade da pessoa humana.

E em 19/11/1988, após o processo eleitoral, apresenta algumas conclusões no texto intitulado "Lição das urnas":

1) os votos nulos e em branco mostram o descontentamento com a situação atual do país;
2) o voto funcionou como instrumento de manifestação popular;
3) os candidatos que gastaram muito na campanha não ganharam; eles próprios se desmereceram;
4) houve a procura de um pluralismo democrático com a vitória de vários partidos;
5) o povo quer caminhos novos para o país, para a promoção da dignidade humana.

Estes textos, na sequência, mostram o olhar atento e profético de Dom Luciano, que mesmo com as suas obrigações religiosas de bispo acompanhava com interesse a situação política do país.

No artigo intitulado "Igreja e política" (02/12/1989), Dom Luciano diz que é em virtude de sua missão evangélica que a Igreja se preocupa com a realização plena da pessoa humana, e por isso também se atém à dimensão política. A Igreja atua politicamente no nível das exigências éticas que presidem as decisões e as ações políticas. Para isso apresenta princípios, critérios e valores para a formação do senso crítico. Sua atuação está para além de partidos e candidatos. A unidade da Igreja na política não está na coincidência partidária, mas na seriedade e compromisso com as causas comuns do respeito à liberdade de escolha, da garantia de verdade e de concórdia social; daí o apelo à união de forças e à superação das diferenças partidárias para o bem do Brasil.

E como era de esperar, um pouco antes das eleições de 1990, Dom Luciano fez uma análise crítica da propaganda eleitoral nos seguintes termos: "é lamentável que candidatos, de comprovada sensibilidade política e capacitação para ajudar o povo, dediquem os minutos disponíveis para se referirem a períodos anteriores de governo, insistindo nas críticas e apenas interessados, ao que parece, mais em diminuir o contendor do que em apresentar seus objetivos e soluções, se eleitos" (ALMEIDA, *Tempo de eleições*, 25/08/1990).

Dom Luciano e a missão além-fronteiras

As preocupações de Dom Luciano também se estendem a outros problemas, como é o caso das drogas que prejudicam a vida de tantos jovens. "Como ajudar os jovens?", pergunta no artigo intitulado "Escravidão jovem", de 17/02/1990.

No tocante ao desafio da fome, assim rezava: "Pai nosso, este povo passa fome, o pão de cada dia dai-nos hoje" (ALMEIDA, *Hora da solidariedade*, 03/02/1990). Quanto à violência, tanto da cidade quanto do campo, preocupa-o a questão da demarcação das terras indígenas (ALMEIDA, *Ianomâmi*, 13/01/1990) e dos garimpeiros.

Dentre outras questões, defendia também a soberania da Amazônia (21/09/1991), a valorização dos municípios, chegando a citar casos específicos como da cidade de Mariana (18/07/1992). E assim, de Norte a Sul do país, e também ultrapassando as próprias fronteiras, Dom Luciano não media esforços para *ser próximo* de todos, a ponto de ser reconhecido popularmente como o "bom samaritano".

A opção pela vida e pela paz no mundo

Dom Luciano tinha uma postura clara sobre a vida, como dom de Deus, com base em duas verdades fundamentais: "a primeira é a capacidade que todos temos de superar o mal e de refazermos o caminho do bem. Ninguém é tão mau que não possa se converter. (...) A segunda verdade é a da responsabilidade fraterna. Quando alguém erra, a culpa é nossa também..." (ALMEIDA, *Direito à vida e pena de morte*, 23/03/1991).

Outras questões, de conotação mundial, também estão presentes no pensamento de Dom Luciano, como: *A paz de Pequim* (10/06/1989), no qual cita a Comissão de Paz e Justiça (02/02/1991), e a questão da paz no Oriente Médio (11/08/1990). Todas estas questões de fundo sobre a paz também estão relacionadas a temas de religião. No artigo intitulado "Encontro do século", de 09/12/1989, cita o encontro de João Paulo II com Mikhail Gorbatchev (cf. também o artigo de 24/08/1991).

Outra preocupação de Dom Luciano era com a paz no Líbano, o país dos cedros: "a nova ordem internacional baseia-se nos direitos e deveres, cujo fundamento é a dignidade da pessoa humana e o respeito recíproco entre os países. (...) Precisamos alcançar a firme convicção de que o recurso às armas é absurdo" (ALMEIDA, *Reconstruir a paz*, 18/01/1991). Quanto a este assunto, ele insistia em algumas ideias, tais como: a defesa da liberdade e da soberania do Líbano contra as interferências das tropas estrangeiras em seu território; o apelo às nações de grande influência a se unirem na luta contra a destruição do Líbano e a crítica à insensibilidade da maior parte do mundo em relação à triste realidade vivenciada no Líbano (cf. ALMEIDA, *Pela vida do Líbano*, 22/04/1989; *O Líbano precisa viver*, 19/08/1989).

É preciso confiar em Deus e acreditar no Brasil!

Em todos os aspectos Dom Luciano mostrava-se atento a seu tempo, situado nas questões sociais, políticas e econômicas, mas, por outro lado, era um homem além de seu tempo. Podemos dizer que somente um profeta da esperança consegue ver e tocar as realidades mantendo a chama viva do amor de Deus no dinamismo da missão da Igreja. Mesmo em meio às crises oriundas do *impeachment* de Fernando Collor, Dom Luciano exortava as pessoas "a confiar em Deus e [a] acreditar no Brasil" (03/10/1992); "no meio do nevoeiro e da crise penosa, procuraremos colocar na direção dos municípios pessoas comprometidas com os valores éticos e dedicadas a promover, em primeiro lugar, o bem do povo" (19/09/1992).

Sua esperança se fundamenta no espírito evangélico que se torna visível na comunhão eclesial. Basta ver o artigo de 26/09/1992, no qual ele fala com alegria sobre a Conferência de Santo Domingo, que estava prestes a acontecer, de 12 a 28 de outubro. E, mesmo consciente da fragilidade humana, acreditava profundamente no ser humano: "a realização da pessoa humana encontra-se na sua abertura à comunhão de amor com os outros e com o próprio Deus" (ALMEIDA, *O poder da Igreja*, 17/09/1988).

A ilusão de ganhar vida fácil!

O pensamento de Dom Luciano era pautado pela reflexão filosófica e teológica. Ele encontra aí argumentos sólidos para dialogar com as várias situações da vida e inspiração para orientar as famílias na educação dos filhos ante o ensurdecedor poder dos jogos que corrompem a consciência e iludem milhares de pessoas com promessas de vida fácil. Eis um tema que sempre incomodou o bispo dos pobres: os chamados cassinos, e que o levou a apresentar sérias razões para criticá-los: "Quem aposta na sorte denota anseio de ganhar dinheiro fácil. Cessa a perspectiva de trabalho sério e a cooperação para o bem dos demais. Inverte-se, assim, a hierarquia de valores da juventude. A curiosidade inicial pelo jogo e o desejo de distrair-se degenera rapidamente na sofreguidão de ganhar muito e torna-se vício que acaba por consumir os recursos necessários à família. A história dos cassinos atesta ainda hoje a destruição de lares e de muitas vidas. Amplia-se a vida noturna com os desmandos que acarreta para a pessoa e o ambiente familiar. As sequelas são óbvias: abuso do álcool, dependência da droga, aumento da prostituição. Quem sai lucrando em tudo isso? São os proprietários de casas de jogo. Forma-se uma verdadeira máfia onde corre o dinheiro sem freio e até a violência" (ALMEIDA, *Ética e cassinos*, 12/12/1992).

Como buscar o amadurecimento democrático em tempo de crise?

A título de conclusão, apresentamos um texto de Dom Luciano de 08/08/1992, intitulado *Lições da crise*, em que afirma: "Diante dos recentes acontecimentos, vêm-se reunindo grupos representativos da sociedade para avaliar a situação e buscar saídas para a crise. No dia 6 de agosto foi a vez de Belo Horizonte. Um denominador comum nestes encontros é a indignação ante a corrupção impune e o reconhecimento da necessidade de respeitar a ética na vida política". Tais encontros, segundo o parecer de Dom Luciano, oferecem oportunidade para o amadurecimento democrático.

Não podemos deixar de mencionar um artigo muito sugestivo para a temática em questão, que é a ética na política, no qual Dom Luciano continua a apontar caminhos para a saída da crise: "O respeito aos valores éticos na ordem sociopolítica deve ser a pedra angular de uma sociedade solidária, conforme os princípios cristãos".

Seguem-se daí consequências urgentes. É preciso que o exemplo venha de cima. Os que assumem funções de responsabilidade na condução dos negócios públicos se esforcem por ter um comportamento de integridade moral que promova o bem comum acima dos interesses pessoais. Sem mudança de atitude ética não conseguiremos retificar a vida política do Brasil.

Para Dom Luciano, outra exigência ética inadiável refere-se ao fator tempo. Para ele não se devem atrasar as soluções viáveis, das quais depende a sobrevivência digna dos mais carentes.

Para o bispo do amor, enquanto a situação de crise permanece complexa, é urgente ultrapassar a fase de denúncia, protesto e apatia para passar a ações construtivas. A promoção efetiva do bem comum e os gestos concretos de fraternidade hão de vencer o egoísmo que está na raiz da acumulação indébita de bens e poder. Nada é mais gratificante e capaz de alimentar o idealismo do que a alegria de colaborar para que os empobrecidos tenham condições dignas de trabalho e vida. Para Dom Luciano, num contexto de crise, três ações conjuntas não podem faltar:

a) esforço para garantir moradia; a casa é indispensável para a coesão e estabilidade familiar;

b) empenho em debelar o analfabetismo e assegurar a educação básica para crianças e adolescentes;

c) atenção maior à saúde, com a promoção da medicina preventiva, saneamento básico, tratamento de água.

Para que tudo isso aconteça, é necessária a prática do amor gratuito e solidário: "(...) O amor gratuito e solidário que o Evangelho nos ensina é a melhor expressão dos valores éticos e está na raiz e no termo de toda ação política" (ALMEIDA, Dom Luciano. *Ética na política*, 27/06/1992).

São por estas e outras razões que se pode dizer: ele tinha razão que a própria razão desconhecia. Ele tinha uma *sapientia cordis* que o tornava capaz de *ver* com o coração, e na paciência do ser, sem violar a lógica da vida, tinha pressa na prática do bem. Ele tinha razão no dizer "Eis-me aqui, envia-me", como fazia o profeta (Is 6,8). E os mais pobres e santos do Senhor entendiam...

16 ou 18?

23/07/1988

A última fase dos trabalhos da Constituinte vai examinar e votar emendas sobre vários pontos que pareciam já estabelecidos. Há uma questão que requer especial discernimento. É a da idade a partir da qual o jovem que comete atos contrários à ordem legal torna-se imputável diante da lei. Como autor de infração penal. Na ocasião do debate no Congresso confirmou-se a idade de 18 anos, a partir da qual o jovem é considerado responsável por seus atos diante da lei, devendo em caso de infração receber o tratamento que compete a autor de crime. O texto consta no art. 231 do substitutivo Bernardo Cabral: "São penalmente inimputáveis os menores de 18 anos, sujeitos às normas de legislação especial".

A votação em favor da idade de 18 anos funda-se na razão de que os menores são os que mais sofrem as consequências da degradação ética da sociedade e das estruturas sociopolíticas e econômicas injustas. À medida que crescem as desigualdades sociais e a decadência moral, aumenta o número de menores empobrecidos, expostos a desvio de conduta. De quem é a culpa?

No Brasil, o êxodo rural e o inchaço das cidades têm crescido sem parar. O enorme contingente de migrantes vê-se obrigado a aglomerar-se nas periferias, favelas e cortiços. As famílias se desagregam e não conseguem oferecer condições dignas de vida para seus filhos. Tornam-se, assim, indefesos e vítimas, não raro, do aliciamento à vadiagem, delinquência e outros perigos.

O que mais faz sofrer é o fato desses menores perderem a oportunidade de frequentar a escola e de alcançar um trabalho qualificado. A sociedade que não possibilita a esses menores a educação e condições normais de desenvolvimento, acaba por condená-los e rejeitá-los.

Em boa hora perceberam nossos legisladores que em relação aos menores que contrariam a ordem legal o aspecto punitivo da lei, cede sempre lugar à tarefa reeducativa. Estamos, é claro, de acordo quanto ao fato de que o menor que lesa gravemente a ordem legal e atenta contra a vida de inocentes, precisa ser tratado com rigor para que cesse de fazer o mal e modifique seu comportamento. Mesmo neste caso a ação coercitiva deverá visar sempre a correção do menor e sua integração social. Cremos no auxílio de Deus e na força da solidariedade humana.

No debate constituinte valeram mais as razões do bom senso e votou-se, como era de esperar, em favor do menor de 18 anos.

No entanto, concedeu-se ao brasileiro que completa 16 anos o direito de votar. Essa decisão, embora obedeça a razões diferentes, veio interferir, para alguns, no tema da imputabilidade penal aos 18 anos. Há quem argumente por paridade, alegando que, se o jovem tem aos 16 anos capacidade para votar, deve também ser com a mesma idade considerado responsável de seus atos diante da lei.

É possível, no entanto, compreender a posição de quem defende a idade de 16 anos para o voto e de 18 anos para a imputabilidade penal. São, com efeito, situações diferentes.

Não parece tão difícil introduzir a juventude na vida pública do país, com vantagens para seu amadurecimento integral. Não se vê, contudo, como assegurar a jovens de 16 anos, marginalizados pela sociedade, condição de serem plenamente responsáveis de seus atos.

Por ocasião da análise de emenda, pode ser que haja razões plausíveis que aconselhem exigir 18 anos para o exercício do direito de voto, pelo menos enquanto se procura formar melhor a consciência política dos jovens. O que não se entende é a redução para 16 anos da imputabilidade do crime. Seria grave injustiça, acarretando consequências dificilmente remediáveis para a reeducação da juventude com desvio de conduta.

Estas reflexões são comuns aos que se dedicam a acompanhar e formar os meninos de rua. Fica como proposta modesta aos constituintes, na esperança de uma recuperação mais rápida e eficaz dos milhares de menores, que agridem a sociedade, mais são também, infelizmente, vítimas desta mesma sociedade.

A raiz é a mesma

13/08/1988

Nas últimas semanas, jornais de grande difusão deram notícia de estatísticas recentes sobre a queda da taxa de natalidade no Brasil, decorrente, em especial, da diminuição de fecundidade. O Brasil entre 1980 e 1986, apresentou uma alteração de 44 para 29 nascimentos por mil habitantes ao ano. Mudança tão forte aconteceu em outros países num período de mais de 30 a 40 anos.

Os indicadores demográficos, publicados pelo IBGE em 1988 correspondem aos da Unicef. Uma das causas mais graves desta alteração é o uso mais frequente de anticonceptivos consequência de uma mentalidade contrária à vida. Um dos fatores que, sem dúvida, contribui para isso é a fragilidade do vínculo entre os cônjuges. Quem vai assumir a responsabilidade de ter filhos, quando considera efêmera, a própria convivência conjugal? Por outro lado, a permissividade moral vem favorecendo a prática sexual, sem compromisso recíproco entre os parceiros e sem nenhum desejo de aceitar a eventualidade de um nascimento.

As estatísticas acrescentam um novo dado, considerado alarmante pelos estudiosos da demografia. A rápida modificação dos índices de fecundidade é maior no Norte e Nordeste do Brasil, por causa do uso mais frequente da esterilização. Ora, é inadmissível pensar que onde os índices de educação são mais baixos, que justamente nestas áreas, as mulheres tenham optado conscientemente por este processo. A hipótese mais plausível é a de que tenha havido, por ocasião da cesariana, muitas vezes desnecessárias, indução por aconselhamento médico. Os índices são tão altos que levantam a dúvida sobre a existência da necessária informação prévia por parte do médico. Aqui, é preciso perguntar sobre qual é a posição dos responsáveis pela política de saúde em nosso país. Houve omissão diante de entidades que atuam, promovendo a campanha antinatalista, ou houve até convivência e incentivo? As cartilhas de divulgação lançadas pelo governo insistem nos métodos anticoncepcionais, sem nenhuma alusão eficaz ao valor da vida e a formação do critério ético para escolha dos métodos naturais. Qual a causa dessa atitude?

A Igreja insiste em lembrar o plano de Deus, revelado por Jesus Cristo. O cerne da questão está no valor da vida e na dignidade da pessoa humana. O aborto provocado é atentado direto à vida humana nascente. A esterilização é prática que asfixia radicalmente a abertura a vida. Pior é quando estes processos nefastos são impostos aos pobres por ideologia opressora.

A injustiça social é fruto da concentração desmedida de bens que nasce do egoísmo, que se desinteressa do bem-estar dos demais. Esse mesmo egoísmo fecha a pessoa sobre si mesma, ofusca o juízo moral, levando a recorrer à esterilização e até ao aborto.

Nas visitas às cidades do interior, na Arquidiocese de Mariana, descubro mais a beleza do povo simples. Ontem, em Senador Firmino, MG, contemplava o povo unido e amigo, de costumes cristãos. O que mais encanta é ver o amor dos pais aos filhos. Há no ambiente uma alegria contagiante. A lição vale para nós.

O que se requer agora é mudança de postura ética no acatamento à vontade do criador e as possibilidades que a própria natureza oferece à ciência. Quem se abre à vida, aprende a promover a dignidade de seu semelhante. Descobre o valor do amor gratuito e do vínculo matrimonial fiel e estável. Respeita as exigências da natureza do planejamento familiar e acolhe a vida que nasce. Empenha-se por melhores condições socioeconômicas. Entende o alcance da distribuição mais equitativa da terra, do direito dos trabalhadores e do maior valor aquisitivo dos salários.

No debate da Constituinte, as comunidades católicas lutam pelo matrimônio uno e indissolúvel, pela defesa da vida humana, desde o primeiro momento de sua concepção e pela reforma agrária. Parecem pontos diferentes. Mas, a raiz é a mesma. Trata-se sempre de promover a dignidade da pessoa humana.

Direito do menor

03/09/1988

Entre os pontos positivos da nova Constituição, sem dúvida, somos levados a reconhecer o avanço dos artigos referentes aos índios, aos trabalhadores e à ecologia. O texto sobre a criança e o adolescente representa apreciável ganho. A insistência em afirmar que constituem "prioridade absoluta" não só na lei, mas na vida do país revela um espírito novo que deverá influenciar, quanto antes, toda a sociedade.

A primeira consequência deste posicionamento deverá se expressar no favorecimento da educação, garantindo que se estenda a todos e evitando o drama da evasão escolar. Maiores verbas nos municípios e Estados, com rapidez, hão de beneficiar o sistema escolar, tornando-o mais adequado às diversas regiões. Espera-se, também, melhor atendimento ao professorado que, até hoje, recebe retribuição aquém de seu trabalho e dedicação. Houve reconhecimento do direito de aposentadoria na rede estatal para a professora a 25 anos e para o professor a 30 anos de exercício profissional. Não se compreende, contudo, porque não incluir no benefício os professores da rede particular que exercem com igual devotamento, o mesmo trabalho. A esperança é grande, de que em breve, maior número de crianças possam terminar o primeiro grau. O progresso das nações desenvolvidas começou e se mantém através dos incentivos à educação.

A área da saúde precisará atender, com mais eficácia as crianças para que possam livrar-se das doenças, da desnutrição e evitar o agravamento das deficiências físicas e mentais. Urgente é o tratamento odontológico. Quem não se entristece percebendo o estado dentário da maioria das nossas crianças? A merenda escolar tem sido de grande valor. É necessário aprimorá-la, garantindo sua qualidade nutritiva. O programa do leite beneficiou muito a população carente. No entanto, o baixo salário dos pais não pode ainda oferecer alimentação conveniente para a maior parte das crianças brasileiras.

A Lei Magna inovou ao assegurar ao menor, a quem se atribui infração, a garantia de conhecer a acusação que lhe é imputada, e contar com o apoio da atuação dos advogados. Será assim preservado o menor de injustiças que marcaram, infelizmente, os que até hoje foram obrigados a permanecer nas instituições do Estado.

Os novos dispositivos constitucionais abrem, agora, lugar para um sistema de educação do menor mais justo e eficiente, em boa hora os membros da Constituinte confirmaram a idade de 18 anos para início da imputabilidade criminal.

Estes avanços estavam na aspiração dos educadores que acreditam na ação de Deus, na força do amor e na capacidade de recuperar a pessoa humana.

Temos notícia de que a Febem, principalmente nos últimos tempos, tem procurado coibir a violência e os abusos da repressão. Ataques foram dirigidos nas últimas semanas contra a instituição. Queremos nos associar à Pastoral do Menor, em apoio aos esforços da atual direção. Esperamos que a nova lei orgânica dos municípios dê, também, "prioridade absoluta" à criança e ao adolescente.

Se nos unirmos para que as crianças do Brasil tenham lar, afeto, educação e saúde, diminuirá sempre mais o número dos que são levados para a Febem.

Merece, portanto, louvor o novo direito do menor. Peçamos a Deus a graça de colocá-lo, quanto antes, em execução.

Violência no campo

10/09/1988

Acabam de ser divulgados pela Anistia Internacional dois relatórios sobre violência nas áreas rurais do Brasil. O tema, infelizmente, não é novo. A história do último decênio ao mesmo tempo que expressa o processo de democratização do país, que culminou na votação da Lei Magna, no entanto, também é história de brutal violência nos conflitos agrários.

A triste realidade é de que o assassinato de camponeses, líderes e assessores tem crescido. Em 1986, houve 744 conflitos, envolvendo 800 mil pessoas e causando 137 assassinatos. No ano de 1987, os conflitos atingiram um milhão e 300 mil pessoas e provocaram 144 assassinatos, conforme os dados da CPT.

Na raiz desta situação permanece a injusta concentração das terras numa estrutura fundiária que, ao invés de agilizar a reforma agrária, tem acarretado o aumento do latifúndio. A última votação deveria ter privilegiado o cumprimento da função social da propriedade agrária; no entanto, foi celebrada como vitória dos que explicitamente se opõem à distribuição mais equitativa da terra. A pregação constante do papa João Paulo II, insistindo nas exigências éticas da solidariedade e na urgência de promover os lavradores sem-terra, parece não ter sido ouvida por grande parte de nossos representantes no Congresso. Sem reforma agrária perduram a injustiça fundiária e a violência no campo.

Há, no entanto, aspectos dramáticos na atual situação brasileira. O primeiro é a livre atuação de grupos paramilitares a serviço do latifundiário. Expulsam lavradores e índios. Destroem casas. Queimam roças. Chegam até a brutais torturas e assassinatos de inocentes. O mais urgente é que sejam desarmados os jagunços e que se assegure a atuação da polícia na sua verdadeira função de proteger as vítimas da violência. Infelizmente, a política militar dos Estados é, às vezes, responsabilizada por prisões ilegais, maus-tratos e torturas e até por assassinatos.

O que mais se lastima no quadro da violência fundiária é a impunidade dos assassinos e dos mandantes. Com efeito, muitos crimes não são registrados, falham as investigações, extraviam-se documentos e suspeitos de crime permanecem em ostensiva liberdade. Como explicar a tolerância das autoridades locais, especialmente no caso da impunidade dos mandantes? Há processos esperando há mais de dez anos para serem julgados, desde 1980 mil pessoas foram assassinadas em conflitos de terra e somente em três casos a justiça condenou os culpados. Lembro o caso do padre Josimo Tavares, assassinado pelas costas, há dois anos. Onde estão os acusados? Não podemos pactuar com a violência e permitir que a vida de inocentes seja eliminada. As causas da violência são estruturais e requer-se um trabalho sério para assegurar condições dignas de vida a milhões de brasileiros sem terra. Por que tanta resistência à reforma agrária, feita de modo ordenado e pacífico? O PNRA anunciou o assentamento de 450 mil famílias em dois anos. As estatísticas revelam que os assentamentos realizados não atingiram nem 5% desta meta.

Permanece a confiança em Deus. Permanece também a esperança de que a consciência nacional, mais bem esclarecida sobre a injustiça da questão fundiária e convertida, abra-se mais às exigências da sociedade fraterna à luz do Evangelho. A lei ordinária poderá expressar esta esperança.

O poder da Igreja

17/09/1988

O grande desafio dos dias de hoje é o de encontrar um caminho novo para a humanidade. Os dois grandes blocos do Leste e Oeste que disputam a liderança política e econômica do mundo não conseguem captar as verdadeiras aspirações, individuais e coletivas, da pessoa humana. O capitalismo liberal por mais que dê a impressão de bem-estar, acaba de fato, criando enormes desigualdades sociais. Cresce o egoísmo e a concentração de riquezas. A aparência de um discurso que enaltece a liberdade, termina por acarretar injustiça e opressão. No campo mundial o efeito é também desastroso, porque gera o bem-estar das nações desenvolvidas à custa da marginalização das nações do Terceiro Mundo, sufocadas pela dívida externa, e pelas barreiras de mercado, criando dependência sempre maior em relação aos países do Primeiro Mundo.

Por outro lado, o coletivismo marxista não só é inaceitável por suas premissas materialistas e ateias, que repugnam a pessoa humana aberta ao transcendente, mas de fato, historicamente, acarreta ainda hoje, violenta asfixia à liberdade de consciência, tornando urgente o processo da "perestroika".

Os dois sistemas causam profunda desilusão. Embora diferentes, têm uma falha radical comum, como ensina João Paulo II em sua última encíclica. Exacerbam o ter sobre o ser. Identificam o bem-estar com o mero progresso econômico e acreditam no sonho da indefinida acumulação de bens como resposta ao anseio de felicidade da pessoa humana. Entende-se porque recorrem, então, às armas para defender e aumentar os bens armazenados.

O caminho para o futuro é outro. É preciso devolver à pessoa humana a alegria de redescobrir a prioridade de sua dimensão cultural e religiosa. A realização da pessoa encontra-se na sua abertura à comunhão de amor com os outros e com o próprio Deus. O novo caminho passa pela solidariedade que é a superação do egoísmo e a determinação firme de promover os direitos dos demais e o bem comum.

Será possível, em nível de pessoas e nações, sermos capazes de viver esta solidariedade, de reconstruir a fraternidade, de buscarmos os bens dos mais pobres à custa de nossos privilégios?

A resposta cristã crê na presença e colaboração de Deus. A palavra e a vida de Jesus Cristo não só garantem um desfecho positivo para a história, mas nos obrigam, desde já, a construir a sociedade justa e fraterna, sinal do Reino de Deus.

Frente ao desafio de novos caminhos, onde está o poder da Igreja? Não está nas armas, nem na força e persuasão. Está no testemunho de amor e solidariedade, principalmente dos pobres que, com a graça de Deus, é capaz de transformar as estruturas injustas.

Tudo isso, no entanto, requer oração. Ninguém faz o bem sem Deus, é pela oração que descobrimos o plano de Deus. É pela oração que superamos o pessimismo e o desespero. É na oração que vencemos o egoísmo e reconhecemos a dignidade do pobre. A oração nos assegura a luz e força de Deus e nos enraíza na esperança.

Numa palavra, o poder da Igreja está na oração.

Eleições

24/09/1988

A participação no processo democrático tem como ponto importante a escolha dos representantes do povo. Com efeito, são eles que deverão agir em nome dos cidadãos na elaboração das leis e nos cargos executivos. É esta ação política que há de permitir a transformação da sociedade por meios pacíficos. Daí, a necessidade de que haja uma consciência sempre mais esclarecida e convicta da parte de cada um e das organizações populares de prestarem sua colaboração para que as eleições se realizem de forma responsável e livre.

A este respeito é conveniente atender a três condições que ajudam no amadurecimento da consciência política.

A primeira é a compreensão de que do ponto de vista dos valores, a política busca uma forma de convivência entre pessoas e grupos que contribua para a realização do bem comum. No cerne da política deve estar o respeito e promoção à dignidade da pessoa humana. Isto vale como critério para escolha de candidatos, partidos e processos eletivos. Neste sentido é preciso que o voto consciente exclua os que ao pretender atuar na política, de fato, buscam privilégios e benefícios pessoais. Mais ainda, é necessário ter garantia da honestidade do candidato. Já é tempo de ser superado o escândalo da corrupção. Há, sem dúvida, candidatos que demonstraram administração competente e proba. São os que merecem o voto.

A segunda condição é a valorização da participação popular. Cresce, com efeito, no povo a consciência da responsabilidade de influir no processo político. Isto se faz através de organizações, movimentos, sindicatos, grupos de reflexão que sabem expressar suas aspirações, assumir seus direitos e deveres. Para que isto aconteça de modo eficaz, é preciso garantir o acesso à informação verídica, à frequência de debates, para esclarecer objetivos e metas no exercício de consultas e deliberações com ampla participação popular. A enorme força dos movimentos não deveria se expressar apenas em reivindicações e conflitos, mas encontrar instrumentos adequados para convergência de esforços pacíficos que transformem as situações injustas. As emendas populares manifestaram de modo evidente o grau de amadurecimento de nosso povo. Os artigos da nova Carta garantem a participação popular na vida política do país. Torna-se, portanto, critério para escolha de candidatos a esperança de que no exercício de sua missão, sejam capazes de manter-se em contato constante com as organizações populares.

A terceira condição atinge mais diretamente o processo eleitoral. O povo pobre que sofre reduções quase insuportáveis no poder aquisitivo do salário, como pode aceitar gastos tão vultosos na campanha eleitoral? Este esbanjamento revela a falta extrema de sensibilidade pelo sofrimento do povo. Quem durante a campanha afronta assim os pobres será capaz depois de cuidar do bem comum e de promover, com prioridade, os mais necessitados?

A eleição de novembro escolherá os vereadores que irão propor e votar a nova lei orgânica do município, da qual dependerão a extensão de poderes do prefeito e da Câmara, a destinação das terras públicas, a organização escolar e tantos outros benefícios.

A Igreja no Brasil procurou acompanhar o processo da nova Carta Magna. Ela o fez em decorrência de sua missão evangélica. Empenhou-se para que fossem respeitadas as exigências da dignidade da pessoa humana. Trabalhou pelos instrumentos democráticos que permitem a participação ativa nas decisões de interesses coletivos. É seu dever continuar animando os cristãos e as comunidades a progredir na educação política, à luz dos critérios evangélicos para exercer com responsabilidade os deveres inerentes da cidadania.

Num momento tão crucial para os destinos do Brasil, não pode faltar ao cristão o recurso a Deus nem a participação política como mediação privilegiada da caridade. Ninguém pode amar a seu irmão e omitir-se diante das exigências do bem comum.

Votar bem

12/11/1988

Aproxima-se o dia 15 de novembro.

Milhares de candidatos em todo o país procuram mostrar seu valor nos horários políticos de televisão, na propaganda pelo rádio, em debates e apresentações de programas. Multiplicaram comícios, folhetos e cartazes. Aguardam agora o resultado do voto popular. E o eleitor? A pesquisa revela diminuição no número de indecisos. O processo constituinte serviu, messes passados, para despertar pessoas e grupos a participar da política. As emendas com milhões de assinaturas marcaram a história da nova Constituição.

Nas comunidades católicas venceu a consciência do dever de votar.

Quem ama Deus e o próximo, como Jesus Cristo nos ensina, tem obrigação de zelar pela sua família, cidade, Estado e o Brasil.

Alguns pontos podem ajudar ao eleitor na escolha do candidato:

1) O voto é importante. Seu voto pode mudar a situação. Não deixe de votar. Não entregue seu voto em branco. Não anule o voto.
2) Vote com liberdade. Não venda seu voto. Não acredite em promessas absurdas.

Quem quiser comprar seu voto com favores e presentes não merece sua confiança. Nem acredite em quem gasta demais com propagandas. Quem esbanja assim mostra que não compreende o sofrimento do povo que está passando necessidades e até fome.

3) Procure conhecer seu candidato. Verifique se é honesto com a família e na administração pública. Veja se ele está decidido a colaborar com as organizações autênticas do povo, abrindo espaço para a participação popular.

4) Examine o programa do candidato e os partidos para ver se respeita e promove a dignidade da pessoa humana, a defesa do pleno direito à vida, à liberdade religiosa, à família, ao trabalho, e no compromisso da justiça social, especialmente com a causa dos empobrecidos.

A Igreja anima os cristãos leigos, membros de comunidade, a assumirem suas obrigações políticas através da militância partidária, para que, a presença de valores evangélicos contribua para a construção da sociedade fraterna.

Não se aprovam, no entanto, candidatura de militância de padres e religiosos para que posições públicas partidárias não venham a dividir a comunidade e prejudicar o ministério da união.

Nestes dias nossa obrigação é também de rezar. Em nossas preces roguemos para que os candidatos e candidatas que forem eleitos respeitem a lei de Deus, tenham forte amor à pátria, colocando o bem comum acima de todo interesse pessoal e partidário.

Peçamos a Deus que abençoe o Brasil e nos ajude a votar bem.

Lição das urnas

19/11/1988

As apurações vão terminando. Os resultados estão aí. Há muito que aprender. Uma coisa é certa: mudou o quadro político do Brasil. Onde havia muito voto para partidos e grupos políticos, pouco resta hoje da influência e vitória de outros tempos.

Algumas conclusões se impõem:

1) O voto de 15 de novembro é largamente indicativo do descontentamento com a situação atual do Brasil. Muitos votos nulos e outros entregues em branco confirmam a mesma posição. O voto dado a certos candidatos vencedores foi, sem dúvida, maior do que o esperado pelo próprio partido.

2) Consolidou-se, ao mesmo tempo, o valor do voto como instrumento de manifestação popular. Somos, mais do que antes, um povo que amadurece politicamente e aprende a se expressar de modo pacífico e ordeiro. Resta, agora, encontrar canais para que o povo possa manifestar melhor suas aspirações concretas. Isto exigirá dos governantes capacidade de ampla colaboração com as organizações populares. Será preciso um imediato tirocínio na arte de receber e ouvir o povo e de governar com ele.

3) Outra lição é o esvaziamento da dispendiosa máquina publicitária. Não ganhou quem mais gastou. Pelo contrário, o esbanjamento de recursos na propaganda serviu para desmerecer o candidato. Isto ensina muito para futuras campanhas. A vitória da prefeita Erundina revela a fragilidade das pesquisas prévias, não raro tendenciosas, e mostra a surpreendente força dos movimentos populares e o mérito pessoal de quem sempre militou em bem dos humildes.
4) Dissolveu-se o partido hegemônico. Não há herdeiro único. Muitas siglas venceram. Isto é um bem. Surge o desafio do pluralismo democrático. Ainda não são claros, porém, os programas e definições que distinguem os partidos. Depois do primeiro impacto do esfacelamento no quadro político, será preciso que os eleitos aprendam, no respeito mútuo, a assegurar a colaboração indispensável em vista do bem comum. O ponto de convergência devem ser as metas sociais urgentes para melhorar a condição de vida do povo brasileiro, especialmente dos mais pobres.
5) O povo falou claro. Quer caminhos novos para o país. Não há desespero. Há vontade de mudança. É preciso captar este anseio e abrir, quanto antes, espaço de cooperação para que o povo continue a se expressar e dar sua contribuição. Nosso povo é pobre, mas é muito capaz de participar. Temos que aproveitar a ocasião providencial para entrar numa fase construtiva e solidária que promova a dignidade da pessoa humana, com justiça e liberdade, conforme o constante ensinamento de João Paulo II.

Nas urnas de 15 de novembro o povo recuperou muito da confiança em si mesmo. O povo brasileiro não é mais apenas o povo do carnaval e do futebol. Afirmou-se agora como agente principal das transformações sociais e políticas.

Novos direitos da criança

01/04/1989

Há 30 anos, em 1959, a Assembleia Geral da ONU aprovou, por unanimidade, dez princípios que constituem a "Declaração dos Direitos das Crianças". Estas normas, sem força de lei, reconheceram a situação peculiar da pessoa humana no período frágil, vulnerável e dependente de sua vida, a necessidade de ser auxiliada para alcançar o devido desenvolvimento. Foi notável a influência dos princípios para o aperfeiçoamento das leis em muitos países.

Em 1979, Ano Internacional da Criança, a ONU acolheu a proposta da Polônia de elaborar um novo texto, ampliando os direitos da infância, com força de lei, comprometendo os países que a assumissem. Nasceu assim a ideia de uma convenção sobre os direitos das crianças. Dez anos de trabalho permitiram recolher pacientemente sugestões e expectativas de governos, instituições das Nações Unidas de 50 organizações que defendem os direitos da Infância em nível nacional.

O projeto da convenção encontra-se agora na fase conclusiva de aperfeiçoamento do texto pela Comissão de Direitos Humanos e Comissão Econômica e Social das Nações Unidas. Prevê-se a votação pela Assembleia Geral da ONU em sua última sessão de 1989. Os artigos entrarão, então, em vigor apenas sejam ratificados pelo menos por vinte países. Espera-se, no entanto, que haja grande adesão ao documento, que poderá ser o ponto de encontro do mundo inteiro, expressão concreta do anseio de justiça e paz.

Terminou ontem, 31 de março, em Paris, a reunião entre representantes dos continentes, convocada pela Unicef para estudo do texto e propostas de como acionar nos diversos países uma campanha de conhecimento e apoio à Convenção dos Direitos das Criança. Organizações familiares, comunidades religiosas e educativas, hão, sem dúvida, de se unir com a colaboração dos meios de comunicação social, refletir sobre esses artigos e procurar aplicá-los e aperfeiçoá-los para um comportamento adequado em bem da criança.

O documento merece aplauso e será, sem dúvida, ratificado e assumido pelo Brasil que, em sua Constituição, demonstrou pioneirismo, afirmando "prioridade absoluta" e promoção dos direitos da criança e do jovem.

Os artigos da convenção denotam progresso na garantia do desenvolvimento integral da criança, incluindo o aspecto espiritual e religioso. O texto abrange três áreas:

1) afirmação de direitos fundamentais, como direito a um nome e nacionalidade, ao serviço de saúde e educação, ao lazer e descanso, com especial atenção aos deficientes e órfãos;
2) a proteção contra atos e práticas nocivas, como a separação dos pais, exploração comercial e sexual e violência;
3) a participação ativa da criança na vida da sociedade, com direito de ser ouvida e levada em consideração nas decisões que lhe dizem respeito.

Há alguns pontos que são verdadeira inovação no direito, como respeito à cultura de origem, étnica e religiosa, em caso de migração da criança, a necessidade de assegurar a reeducação física, psicológica e reinserção social, quando a criança for vítima de abuso, negligência ou exploração. Insiste, ainda, o texto no direito ao ambiente familiar.

Neste contexto de tantos valores, permite-me, na reunião de Paris, lembrar uma lacuna que requer sério aprofundamento. É a questão do direito que a pessoa humana, antes do nascimento, tem à vida. Não se pode negar ao nascituro o direito fundamental de viver. Recordei, ainda, o dever das Nações Unidas de colaborarem para uma solução equitativa para o problema da dívida externa nos países em via de desenvolvimento que, reduzindo de muito a possibilidade de programas adequados de educação e saúde, atinge a vida de milhões de crianças. A criança reúne a todos. No encontro da Unicef, os representantes da URSS e dos Estados Unidos estavam um ao lado do outro. Africanos, asiáticos e latino-americanos conversavam como irmãos. Promovendo novos direitos da criança, os povos se aproximam e reencontram a alegria da fraternidade. A criança não é só futuro. Ela é, hoje, o agente unificador da humanidade.

Pela vida do Líbano

22/04/1989

São 15 anos de violência e sofrimento no Líbano. Esta terra, considerada antes modelo de convivência pacífica entre grupos culturais e religiosos diferentes, veio se transformando aos poucos em lugar de tensões e conflitos até a morte. É certo que a longa permanência de milícias armadas no interior do Líbano e as lutas dos últimos anos deixaram profundas feridas na atual geração. Mas, é igualmente verdade que, ainda hoje, os libaneses acreditam na possibilidade de superarem as divisões e se reconciliarem, reencontrando com rapidez, a sabedoria secular que permitiu, numa democracia pluralista, viverem, em fraternidade, maronistas e drusos, melquitas e armenos, sunitas e xiitas, e tantos outros grupos.

O grande problema, no entanto, não são os libaneses, mas a lenta e progressiva asfixia, causadas pelas tropas estrangeiras, que ocupam mais de 80% do território. A situação, que prometia se resolver com a eleição do sucessor de Gemayel, deteriorou-se ainda mais com o duplo governo e as injunções externas da Síria e Israel. Nestes últimos meses os encontros armados, o bombardeio absurdo de cinco mil tiros de canhão ao dia, a destruição de hospitais, a morte de inocentes, estão levando Beirut, e as restantes áreas, ao caos, pela falta de víveres e pelo terror, que se apodera da população.

A palavra firme do santo padre e seus veementes apelos aliam-se a outras vozes corajosas, clamando pelo diálogo, pela paz e liberdade. No entanto, diante da triste realidade, o que causa espanto é a insensibilidade da maior parte do mundo. A França e outros países enviaram víveres e remédios. O apoio dado até agora é insuficiente. Os anseios humanitários de alguns países ficam paralisados por interesses escusos e alianças políticas suspeitas.

Não podemos assistir, atônitos, à cruel agonia de um país que tem direito de viver. O Líbano não pode desaparecer. Estamos no século da Declaração dos Direitos Humanos e do desarmamento. É indispensável e urgente a união de todos para suprir a grave omissão desses 15 anos e obter das Nações Unidas uma intervenção eficaz, que faça cessar imediatamente o conflito, crie o diálogo entre as partes e assegure a recuperação do território libanês. A paz no Médio Oriente não pode ser obtida pela brutal eliminação do Líbano. A paz é fruto da Justiça e respeito ao direito fundamental – a liberdade dos povos.

Que fazer? Nesta suprema angústia voltemo-nos para Deus, pedindo, com insistência que desarme os corações, una, no perdão, muçulmanos e cristãos, apague a ânsia de vingança, cure as feridas e faça renascer a fraternidade.

É preciso, também, agir por meio dos governos das nações de maior influência. Papel importante é o da Liga Árabe junto à Síria, e dos países ocidentais no diálogo com Israel.

Está em questão o futuro da humanidade. Não se trata, somente de constatar quanto a paz foi prejudicada, quando, em algum continente, lutam países e facções. Há algo mais. O futuro da humanidade está em perigo, porque estamos incinerando valores indispensáveis para a sobrevivência digna entre os povos. Não podemos acreditar na solidariedade e convivência fraterna e, ao mesmo tempo, deixar cair os braços, com displicência, e assistir à destruição do Líbano.

Ainda é tempo de unir nossos esforços. É grande no Brasil a comunidade descendente de libaneses. São sete milhões. É dever do Brasil, com sua competente tradição diplomática, através do Conselho de Segurança da ONU, conclamar todas as nações para uma atuação urgente pela vida do Líbano.

O clamor de Pequim

10/06/1989

Ficamos todos estarrecidos com as cenas da violenta repressão em Pequim. Não é admissível que o Exército do Povo atire contra universitários e civis desarmados, que insistiam de modo pacífico em promover direitos fundamentais da pessoa humana.

Que desejam os estudantes e os que a eles se associam? Querem mudanças no sistema que propiciem maior liberdade e participação política. Insistem em desaprovar o autoritarismo da classe dirigente e os privilégios da burocracia. Repetiam na praça da Paz Celestial críticas semelhantes às de Lech Walesa, Alexander Dubcek e do iugoslavo Milovan Djilas e de outros interessados em abrir, dentro dos ideais socialistas, caminho para o pluralismo e a democracia. Os estudantes esperavam a possibilidade de um diálogo. Não aconteceu.

Veio à repressão. Os dirigentes urgiram o cumprimento da lei marcial. O 27º Exército investiu com tanques e armas automáticas contra os manifestantes, matando milhares de civis. Esperemos que não sejam exatos os números chegados de Hong Kong que se referem a sete mil mortos. Seguiu-se a desordem e o clima de confusão e medo. Fala-se de divisão e confronto entre unidades rivais do Exército. Nas grandes cidades falta o abastecimento. Alastrou-se em várias regiões a rebelião com distúrbios e choques entre tropas e população. Os estrangeiros deixam o país. Anuncia-se infelizmente, um período de punição. Repete-se a história triste da delação, arbitrariedade e prisões.

Nos dias anteriores à repressão o mundo livre chegou a pensar que o Exército do Povo não abriria fogo contra a população. Estávamos em plena época de abertura chinesa. Como pode o governo de um país dar ordens para atirar contra os próprios filhos? Esta atitude revela o desvario de um regime que reforça o autoritarismo, recusa o diálogo e fecha-se no próprio sistema. Prefere não ouvir para não aprender. O repúdio da verdade gera o uso da força e a violação dos direitos fundamentais. Um regime que, para se manter, assassina os jovens, atesta impotência de seus princípios e só consegue se firmar pelo recurso à violência.

O mundo livre não pode se calar diante de tanta brutalidade. Não basta reprovar o covarde massacre. É preciso que a comunidade internacional se empenhe para que os direitos humanos sejam respeitados. São indispensáveis reformas políticas e econômicas que superem os privilégios burocráticos e o controle férreo da liberdade.

É hora de rezarmos pela juventude chinesa. Peçamos a Deus que mude o coração dos dirigentes para que ouçam as reivindicações de seu povo.

Também na China a paz dependerá do respeito pleno à dignidade da pessoa humana e às condições de convivência na verdade e no diálogo. As aspirações do povo não podem ser asfixiadas pelos tanques e metralhadoras. O povo chinês que veio dando sinais de profunda transformação interna tem que reencontrar o caminho da abertura. Não pode a China contrastar com a onda benéfica de democratização que surge hoje no chamado Segundo Mundo. A paz é fruto da justiça e da liberdade.

Não podemos nos esquecer do clamor da praça de Pequim.

Apelo ao Congresso

01/07/1989

Este é o título do documento apresentado ao Congresso Nacional por dez bispos da Presidência e Comissão Episcopal de Pastoral da CNBB, na quarta-feira, 28/06. Trata-se de um apelo insistente e fraterno para que os nossos representantes elaborem e aprovem, o mais rapidamente possível, as leis complementares exigidas pela Constituição e pela crise do momento nacional. Com efeito, a nova ordem democrática depende, em grande parte, dessas leis que permitirão aplicar a Lei Magna e indicar soluções.

A aprovação dessas normas complementares será a maneira mais eficaz para garantir o término do período de transição e dar condições para que seja bem sucedido o processo de eleição do novo presidente da República.

Na parte introdutória, os bispos enumeram os principais obstáculos à consolidação da nova ordem democrática: tentativas de reduzir conquistas populares já estabelecidas pela Carta Magna, a corrupção que destrói o senso do bem comum, a fuga de capitais, a deterioração da qualidade de vida na população de baixa renda, a ameaça de hiperinflação sob o peso dos encargos da dívida externa. Diante destes obstáculos, o texto reafirma os princípios que a 27ª Assembleia Geral da Conferência dos Bispos estabeleceu ao redigir sua declaração pastoral sobre "Exigências éticas da ordem democrática".

Os dois fundamentos éticos da nova ordem são a dignidade da pessoa humana, que se realiza no trabalho, e o princípio da solidariedade, que supera as desigualdades sociais injustas.

Segue-se o elenco dos direitos e deveres que necessitam, com prioridade, de regulamentação.

Regulamentar o processo inflacionário é apelo urgente. É necessário encontrar um caminho possível para vencer a persistente inflação, que martiriza a população mais pobre. A exemplo de outros países, temos que descobrir as medidas legislativas mais eficazes para sanar, a curto prazo, o processo inflacionário. Como prova de verdadeiro patriotismo, é preciso um empenho conjunto das lideranças de todos os partidos. Esta iniciativa merecerá o reconhecimento e a colaboração da sociedade.

O apelo dos bispos foi entregue ao presidente do Congresso, senador Nelson Carneiro, e ao presidente da Câmara, deputado Paes de Andrade, na presença de vários parlamentares. O evento teve dois objetivos: manifestar confiança e apreço à instituição do Congresso Nacional e apresentar a expectativa, nestes tempos difíceis, de que senadores e deputados podem oferecer ao país as leis adequadas de que necessita.

O Conselho Nacional de Igrejas Cristãs do Brasil, que integra, além da Igreja Católica, a Igreja Cristã Reformada, Igreja Episcopal, Igreja Evangélica de Confissão Luterana, a Igreja Metodista e a Igreja Presbiteriana Unida, expressou sua adesão por carta de seu presidente, pastor Gottfried Brakemeier.

Unidos na oração, comunhão e mesma esperança, precisamos consolidar a nova ordem democrática. A construção desta sociedade livre, digna e solidária é direito e dever de todos. A hora é agora.

Em quem votar?

12/08/1989

Estamos a poucos meses da eleição presidencial. Para o regime democrático é indispensável a participação constante dos cidadãos na vida política do país. A expressão da corresponsabilidade pelo destino da pátria se traduz, de modo privilegiado, pelo exercício do voto consciente e livre.

Em quem votar?

Muitos perguntam quem é o candidato da Igreja. Insistem até na conveniência de que, entre tantos presidenciáveis, seja indicado aquele que mais mereça o apoio das comunidades. Cabem aqui algumas considerações:

1) A Igreja não tem candidato nem partido. Ela tem valores e critérios em vista do bem comum. A Assembleia do Episcopado Católico, em abril deste ano, elaborou de modo conciso as "Exigências Éticas da Ordem Democrática", como subsídio para o discernimento dos cristãos. Os critérios elencados no texto foram oferecidos pela contribuição das próprias comunidades e dioceses. À luz do Evangelho, são apresentados os princípios básicos da dignidade, solidariedade da pessoa humana e as principais decorrências que não podem faltar à sociedade democráti-

ca. Neste sentido é de se esperar que sejam respeitados e assumidos por todos os presidenciáveis. Aliás, a aceitação ou rejeição desses valores ajudará como critério de escolha do candidato para o cristão e as comunidades.

2) Entre as exigências éticas, sublinhamos o respeito à vida desde a concepção, a salvaguarda das populações indígenas, a garantia da liberdade religiosa, o compromisso com a educação e saúde do povo, dando prioridade absoluta às crianças, o dever de criar condições para a livre participação política dos cidadãos, para o trabalho com salário digno, o respeito à família, a repartição mais equitativa da terra e solo urbano, com busca de soluções para as favelas e cortiços.

3) No plano da atuação pessoal são indispensáveis ao candidato a competência e o testemunho de vida séria e honesta, comprovada no exercício das responsabilidades anteriormente assumidas. Requer-se ainda a capacidade de governar de modo participativo, valorizando a contribuição dos demais, mesmo que pertençam a outros partidos. O bem comum merece e requer a colaboração de todos para além de ressentimentos, retaliações e diferenças na campanha política. Fica um forte apelo aos presidenciáveis para que evitem demonstração de força, ataques pessoais que prejudiquem não só a campanha mas a concórdia social.

4) Pertence ao regime democrático o pluralismo partidário. Nenhum partido consegue responder plenamente às justas aspirações do povo. Os candidatos devem apresentar seus programas. A isto corresponde a liberdade de escolha por parte dos cidadãos. Os meses de campanha podem contribuir para a formação política do Brasil. Na hora do voto apenas um candidato será eleito mas deverá se beneficiar das propostas trazidas pelos demais presidenciáveis e o povo terá crescido na compreensão dos problemas e na busca de soluções.

5) Qualquer declaração de voto por parte de membro da Igreja tem valor meramente pessoal. Isto não impede que haja um esforço de discernimento nas comunidades para ajudar na identificação do candidato que melhor realize os critérios em vista do bem comum, desde que haja pleno respeito à escolha de outros membros da comunidade.
6) A eleição do presidente, ainda que importante, não é tudo. Neste período realiza-se a elaboração das leis complementares da Constituição dos Estados, das leis orgânicas dos municípios. Isto requer a participação do povo.

Os meses passam rápido. O novo governo terá que se defrontar com as enormes dificuldades que conhecemos. Desde já aprendamos a nos unir, não só para sair da crise econômica mas para, com a graça divina, construirmos um Brasil no qual os milhões de empobrecidos tenham acesso à vida digna de filhos de Deus.

O Líbano precisa viver

19/08/1989

A situação do Líbano, há 14 anos em guerra, agravou-se nos últimos meses, com frequentes confrontos armados e o covarde bombardeio, atingindo a população civil e destruindo Beirute, uma das mais belas cidades do mundo. Nesta semana os combates se intensificaram. Forças sírias estreitaram o cerco, procurando quebrantar a resistência do general Michel Aoun. Sobre a capital foram lançadas 11 mil bombas. Explosões e incêndios espalharam medo e desespero. Diante da situação dramática do povo libanês é preciso que se faça ouvir a voz, a repulsa das nações livres. A cada dia que passa cresce o número das vítimas. É a fome, a falta de serviços básicos; pelas estradas, prófugos que perderam tudo buscam salvar a vida; crianças abandonadas perambulam pelas ruas.

As grandes potências reuniram-se, há poucas semanas, em Paris, para celebrar dois séculos de liberdade e fraternidade e reafirmar direitos humanos. A festa se estendeu por todos os continentes. Nesta mesma época acelerou-se a agonia do Líbano, desamparado pelas nações livres e relegado à agressão da Síria. No dia 15 de agosto, o Santo Padre fez, em nome de Deus, veemente apelo ao governo sírio para suspender o bombardeio. Referiu-se "ao genocídio que está se perpetrando diante dos olhos do mundo inteiro, ameaçando a paz internacional". Com firmeza, considerou moralmente culpados os países que "não defendem os fracos embora possam e devam fazê-lo". Manifestou que sente um "imperativo interior de ir pessoalmente até o Líbano", para marcar com sua presença de pastor a solidariedade com o povo martirizado.

O Líbano conta com 3 milhões de habitantes e abriga, num território de 10 mil km2, 17 grupos religiosos diferentes que aprenderam durante séculos a respeitar o pluralismo e viver em concórdia. Foi assim até 1975. A guerra dos 14 anos não é conflito entre libaneses. Não tem cunho religioso. Existem problemas internos na comunidade libanesa, em especial quanto às reformas constitucionais para harmonizar reivindicações entre cristãos e muçulmanos. Mas estas questões podem ser resolvidas pelo diálogo que caracteriza a história deste país pacífico. A luta atual resulta da interferência externa sobre o território libanês. Meio milhão de refugiados palestinos recebeu acolhida no Líbano. Aos poucos fortificaram-se e houve hostilidades com a fronteira de Israel, que, em 1978, invadiu o Líbano. Sírios e libaneses deram através da história exemplo de convivência cordial. No entanto, as tropas da Síria, sob pretexto de salvar a unidade do Líbano, acabaram por ocupar quase 70% do território. Isto acarretou tensão e conflitos entre os grupos muçulmanos e cristãos.

A solução para a paz está na retirada dos 40 mil soldados estrangeiros e no respeito à soberania e autodeterminação do Líbano, com eleições livres. O mundo não pode assistir com apatia o massacre do povo libanês. É indispensável a atuação do Comitê Tripartite da Liga Árabe, composto por Marrocos, Argélia e Arábia Saudita. O Conselho de Segurança das Nações Unidas acaba de convocar seus membros para analisar a questão. Louvamos a recente manifestação da Itália e França. Além das diligências diplomáticas é preciso a solidariedade de todo o mundo livre. O Brasil, que conta com a maior comunidade libanesa no exterior, tem especial obrigação de empenhar-se pela paz no Líbano.

Rezemos para que as dramáticas palavras do Santo Padre pelo imediato "cessar fogo" sejam ouvidas pelas nações beligerantes. Só o recurso a Deus pode converter o coração endurecido da humanidade para que assuma o dever de salvaguardar o direito do Líbano à liberdade.

Participar com esperança

26/08/1989

Reuniram-se, em Brasília, os membros do Conselho Permanente que acrescenta à Presidência e aos oito bispos da Comissão Pastoral os 15 bispos que representam os Regionais. Foram temas prioritários a Pastoral da Juventude e a análise da conjuntura nacional, tendo em vista a próxima eleição de novembro.

A propósito da situação do país, os bispos fizeram um apelo às comunidades, – Participar com Esperança – alertando para três pontos urgentes:

1) É preciso consolidar o novo ordenamento jurídico, completando a transição democrática do país. Insistem, assim, na importância das leis complementares e ordinárias e nas novas Constituições dos Estados, para que torne possível aplicar a Constituição e vir ao encontro dos anseios do povo. Reafirmaram a esperança de que as comunidades locais participem ativamente, à luz do Evangelho, na elaboração das leis orgânicas dos municípios. É neste nível que se abre para o povo maior possibilidade de colaboração.

2) Vem, a seguir, a questão dos critérios para a escolha do futuro presidente. É dever de todos participar nas próximas eleições. "A Igreja não tem partido, nem indica candidato."

Ela afirma, no entanto, os requisitos necessários para uma escolha correta. Citam os bispos as qualidades pessoais de coerência no testemunho de vida, competência, honestidade e garantia, à luz da vida passada, de prudência, firmeza e compromisso com as justas causas populares. O candidato deve ser capaz de promover, sem violência, sem distúrbio, mas com coragem, a transformação profunda da inaceitável situação social do Brasil. O documento recorda quais são as principais exigências e clamores do povo, entre elas a política agrícola, que garanta a permanência do pequeno agricultor no campo, a execução da reforma agrária justa e eficaz, a distribuição social do solo urbano, a preservação do meio ambiente, o direito dos trabalhadores, as medidas quanto à dívida externa e o respeito à vida digna e à própria cultura das populações indígenas.

3) O último ponto refere-se à necessidade de o povo manter-se alerta, informado, mobilizado e organizado para exercer responsavelmente a cidadania e exigir a correta atuação das autoridades.

Com efeito, a democracia "consiste na simultânea realização da liberdade da pessoa humana e participação de todos nas decisões econômicas, políticas, sociais, culturais que dizem respeito a toda sociedade" (*Exigências éticas...*, n. 66).

Democracia não se confunde com permissividade moral. Mas para isso requer-se que todos colaborem na urgente tarefa da educação ou reeducação dos comportamentos individuais, familiares e sociais, hoje tão perigosamente deteriorados entre nós.

O pronunciamento termina alimentando a convicção de que, se isto acontecer, poderá o povo "com a graça de Deus, viver a Esperança Cristã, que não admite desânimo".

Diante da situação dramática do Líbano, os bispos decidiram convocar as comunidades para, no dia 17 de setembro, domingo, oferecerem a Deus preces pela plena liberdade e paz social neste país irmão. No mesmo sentido, enviaram carta ao presidente da República, solicitando, em nome do Brasil, gestões diplomáticas pelo imediato "cessar fogo" e saída das tropas de ocupação.

O pleno exercício da cidadania, no regime democrático que almejamos para o povo brasileiro, inclui a solidariedade fraterna para com os irmãos cuja dignidade é tão cruelmente desrespeitada.

O município e a crise

02/09/1989

No recente pronunciamento do Conselho Permanente da CNBB, lembraram os bispos a importância do município como lugar privilegiado de participação do povo na vida política. Isto vale, especialmente, para cidades menores e médias, nas quais a população conhece melhor os problemas locais e os representantes eleitos.

Abre-se, agora, o período para a discussão das leis orgânicas municipais e espera-se que os vereadores consigam encontrar os meios adequados para possibilitar efetiva colaboração dos munícipes. É chegada a oportunidade de fazer que o corpo de leis seja adaptado às necessidades e costumes da população de cada região. Com o amadurecimento da responsabilidade cívica, aumenta, também, a exigência de participação mais ativa em promover o bem comum do próprio município.

É neste nível que alguns dos graves problemas do Brasil podem começar a ser resolvidos. O contato assíduo que tenho tido com as prefeituras de mais de 60 municípios em Minas Gerais vem confirmando a verdade dessa afirmação. Há lugares onde a comunidade local consegue se organizar e trabalhar em conjunto, com a participação do prefeito e de outras instâncias administrativas.

Vão motivando a população, discutindo as questões e, aos poucos, encontram soluções para os desafios.

Assim, em Rio Casca, pequeno município de Minas Gerais, a conjugação de esforços da Prefeitura, paróquia e outras entidades está conseguindo realizar três tipos de obras de grande valor social: o centro de atendimento a crianças excepcionais, creches em áreas de pobreza e um amplo lar para idosos. A creche atual é provisória. A equipe médica entende-se bem com os educadores, que trabalham, em conjunto, no atendimento de 80 crianças. Apresentaram-me, com ufania, uma linda menina, sorridente e saudável, que meses antes, ao chegar, anêmica, parecia incapaz de sobreviver. Com forte apoio do pároco, a nova creche de dois andares está quase terminando. A família vizinha cedeu um terreno para horta comunitária. Do outro lado, a senhora já idosa deixou a área livre de sua casa para recreação da meninada. Está inaugurado o centro para crianças excepcionais. Construído com esmero, ocupa lugar central na cidade. Mais afastado está o lar para idosos, em fase de acabamento, fruto da tenacidade de um grupo de abnegados. Quartos com banheiro, sala-de-estar, tudo planejado com simplicidade, bom gosto e amor, para oferecer ambiente digno aos anciãos inválidos, sem amparo familiar.

Em outros municípios da área, há experiências promissoras de assentamento de lavradores sem-terra, construção de casas populares em mutirão, melhoria de escolas e hospitais, hortas comunitárias, centro de recreação e cursos de formação profissionalizante para a juventude.

Essas realizações para serem bem sucedidas requerem duas condições. A primeira consiste no interesse e participação da comunidade que, superando rivalidades locais entre partidos ou facções políticas, congrega as forças, em vista das iniciativas para o bem do povo. A segunda é que o município possa dispor de verba conveniente para essas promoções, com apoio de outros municípios vizinhos e do Estado sempre que o projeto necessitar.

Diante do sofrimento do povo, que precisa ter acesso ao trabalho e a condições dignas de vida, o município permanece na primeira instância de solução. As comunidades cristãs são chamadas, como expressão da própria fé e confiança em Deus, a dar exemplo de solidariedade e participação para o bem comum. Aos cristãos compete, conforme a palavra dos bispos, vencer o desânimo e a perplexidade, assumir a própria responsabilidade cívica e colaborar para que o Brasil supere, quanto antes, a sua crise.

Rezar pelo Líbano

30/09/1989

As recentes propostas da Liga Árabe, em favor do cessar-fogo, acatadas pelo general Aoun por Salém Hoss, representantes dos dois governos de Beirute, abrem uma fresta de luz na densa atmosfera de sofrimento e medo que envolve o Líbano. No dia 15 de agosto, o santo padre expressou a firme vontade de realizar uma visita de solidariedade ao povo libanês num anseio de contribuir para a paz e reconstrução do país.

Diante da precariedade das diligências diplomáticas, João Paulo II, há três dias, acaba agora de enviar carta aos bispos da Igreja Católica, solicitando orações pelo Líbano. É preciso falar e agir em favor de paz, mas é necessário, sobretudo, rezar. E faz um apelo comovente à força da fé e da oração: "Nós que acreditamos em Deus, não temos outra 'arma' senão a de súplica que elevamos, do fundo de nossa miséria, a Deus, Pai de todos". Quando uma parte da família humana e cristã está ameaçada e é vítima de violências injustificadas, não podemos apresentar senão gritos de medo e desespero desses irmãos, na hora em que o país se encontra ameaçado de aniquilamento.

Convida, por isso, o santo padre a todos para um dia de oração pela paz no Líbano; será a 4 de outubro, festa de são Francisco de Assis, santo que pregou a força do amor contra o ódio. No Brasil, a CNBB já se antecipou, marcando de acordo com o santo padre, o domingo dia 17 de setembro. Continuemos rezando pelo Líbano. Deus ouvirá as nossas preces.

A voz firme de João Paulo II vem socorro de um povo que está no fim de suas forças, extenuado por 14 anos de conflito e meses de bombardeio. É incompreensível a omissão até hoje por parte das grandes nações. Há uma dívida enorme de todos nós para com o Líbano.

Como ficar indiferentes diante da chacina de um povo inocente? Seria um dos maiores remorsos do mundo e do qual teremos que dar contra Deus.

Há duas razões pra intensificarmos nossa prece.

A primeira é o valor único do Líbano e de seu patrimônio humano e espiritual, com a tradição secular de colaboração entre muçulmanos e cristãos num pluralismo aceito e vivido de fato. Se o Líbano viesse a desaparecer, seria a causa da liberdade a sofrer um dramático revés.

A outra razão é o fato de que quando direitos e deveres previamente firmados são impunemente desprezados, ficam ameaçadas as relações entre os povos e a própria paz universal. Neste caso todos seremos vencidos.

Um apelo especial é feito pelo santo padre aos muçulmanos, em nome da solidariedade humana e da pertença comum à grande família dos que acreditam em Deus, membros de uma religião o Islã, em que a justiça e paz são eloquentemente ensinadas.

É o momento de todos se unirem para que não se vendam mais armas e cessem os combates, cresça o diálogo e possam os libaneses desembaraçados de quaisquer ocupantes, elaborar em conjunto um projeto de vida nacional fundado sobre o direito e o reconhecimento das particularidades culturais de seu povo.

Que Deus coloque lado a lado muçulmanos e cristãos, construindo a paz e a plena liberdade do Líbano. Seja essa a nossa oração.

Quinhentos anos

21/10/1989

Em setembro, o santo padre comunicou de modo público sua anuência à realização da 4ª Conferência Geral do Episcopado Latino-Americano. Trata-se de um evento de grande importância pastoral para o continente. Com efeito, para esse encontro serão escolhidos representantes do episcopado das nações da América Latina, a fim de tratar de um tema de evidente atualidade: "A nova evangelização para uma nova cultura".

A assembleia será, oficialmente, convocada para 1992, por ocasião do 5º centenário do início da evangelização em nosso continente. Foi, por isso, escolhida a cidade de São Domingos, lugar do desembarque de Colombo. Marcar com uma celebração dos 500 anos de anuncio do Evangelho, não significa esquecer as injustiças do período da colonização, mas reconhecer a contribuição da mensagem de Jesus Cristo e dos valores fundamentais que oferece para a vida pessoal e a formação da sociedade nos países sul-americanos. A assembleia será a oportunidade de identificar, na história da evangelização, o heroísmo de tantos missionários, a beleza e a força transformadora de sua mensagem, as dificuldades e falhas na pregação e na vivência dos cristãos, sobretudo no tratamento das populações indígenas e na grave injustiça da escravidão africana. Será, também, a ocasião de constatar a presença dos valores cristãos, da profunda religiosidade expressa na fé e confiança em Deus, na certeza da transcendência da vida para além da morte, e nas formas de amor gratuito e fraterno do povo mais simples.

A atenção da assembleia de 1992 se centrará na "Nova Evangelização" projetada sobre a presença da Igreja nas diversas culturas do continente. Diante da diversidade das situações humanas existentes, hoje, no continente, há de se procurar que a evangelização seja nova, como diz o santo padre, em seu ardor, em seu método e expressão. Deseje-se, pois, revitalizar o substrato cultural católico para que a fé em Jesus Cristo seja mais assumida na vida pessoal e na formação de vidas mais dignas e justas. Pretende-se olhar, assim, para o terceiro milênio, em busca de uma cultura, fruto da capacidade de discernir e assumir o patrimônio cultural subjacente a valores científicos hodiernos, desenvolvendo os valores profundos da tradição cristã.

A conferência de São Domingos será preparada durante estes quatro anos, conforme um programa, tendo por base um texto elaborado a partir de consultas ainda em curso, e que será discutido em todos os países. A redação abrange uma parte histórica, outra de análise da realidade pastoral e a terceira de iluminação teológica. Nestes meses, há reuniões de aperfeiçoamento da redação inicial. A primeira foi em Brasília, de 10 a 13 de outubro, com a presença dos bispos da Argentina, Chile, Paraguai, e Brasil e dos membros da Presidência do Celam. Quem viveu os anos da Conferência de Medellín (1968) e de Puebla (1979) experimentará, sem dúvida, grande alegria, percebendo o alcance da preparação e realização deste futuro encontro pastoral sul-americano. É preciso estreitar os laços de amizade e colaboração entre povos semelhantes pela história, cultura e valores religiosos.

A verdadeira evangelização ajudará os povos de nosso continente a descobrir e assumir, à luz da fé, as exigências de comportamento pessoal, familiar, social e político que sejam coerentes com a dignidade e solidariedade evangélica. A futura Conferência terá importância, não só pelo evento em São Domingos, em outubro de 1992, mas pelo que há de significar o enorme trabalho de revitalização da fé e de valorização da cultura ao longo da preparação destes anos.

Amor ao Brasil

04/11/1989

Está chegando o dia da eleição presidencial. Para muitos o voto se define ao longo destas semanas de intensa apresentação de programas políticos. Há ainda muitos indecisos. Não há dúvida de que tem havido um interesse político maior, mesmo entre as faixas mais pobres da população.

1) A primeira obrigação do cristão é de entender a sua responsabilidade patriótica e o dever religioso de participar pelo voto, pelo acompanhamento na elaboração das leis e nas iniciativas para o bem comum. Segue-se daí a necessidade de constantemente rezar pessoal e comunitariamente para obter de Deus as luzes e bênçãos necessárias.

Sem o auxílio de Deus não poderemos superar a crise atual. A graça de Deus há de alimentar sempre a esperança.

2) Durante a campanha política houve troca de acusações entre os candidatos, atos que denotaram agressividade e até violência, que criaram animosidade e tensões injustificadas. Temos que colaborar para que as eleições transcorram num clima de ordem e de paz, de respeito ao pluralismo partidário e de compreensão para com o amadurecimento, ainda vagaroso, do senso político. Haverá outras eleições pela frente, que hão de consolidar a participação consciente ao regime democrático.

3) É preciso que nos preparemos para o tempo após as eleições, quando todos serão chamados a cooperar para que o novo presidente, a partir do ano que vem, consiga com urgência programar e executar as medidas indispensáveis à caminhada para assegurar condições dignas de vida ao povo sofrido. Que o futuro presidente, que desejamos dê exemplo de desprendimento dos próprios interesses e dedicação ao país, seja o mais capaz de captar as justas aspirações populares e de convocar a cooperação das forças políticas de todos os partidos.

4) Fica o apelo, não só aos peritos em economia, para que com urgência consigam equacionar o problema da inflação e da dívida externa, mas também a conclamação humanitária e cristã àqueles que detêm forte poder aquisitivo para que saibam renunciar as vantagens financeiras e se disponham a investir mais na promoção da educação e saúde. Vivemos um período em que é necessário traduzir o amor patriótico no empenho para minorar os sofrimentos das áreas rurais empobrecidas e dos bolsões urbanos de miséria. Amar o Brasil é promover os concidadãos. O apelo maior é aos movimentos populares, sindicatos, associações de bairro, comunidades eclesiais para que ofereçam a própria participação, sem a qual não haverá democracia.

Volto ao tema da oração. Não podemos ser meros espectadores no momento em que, diante de Deus, somos chamados a assumir o protagonismo da participação política, isto é, da promoção convicta, organizada e solidária do bem de nossos irmãos.

Nossa Senhora Aparecida, padroeira do Brasil, ajude-nos a cumprir a nossa missão!

Consolidar a democracia

11/11/1989

No regime presidencial, é evidente a importância da próxima eleição e de um governo honesto e competente. No momento, apesar da confiança no processo eleitoral, a ninguém passa desapercebida a dificuldade de se prever o resultado. Até bem poucos dias antes do 15 de novembro, nem sabemos exatamente se todos os candidatos que se apresentam são elegíveis. Constatamos o constrangimento de boa parte dos eleitores, temendo na última hora a alteração no quadro de candidatos. Diante da precariedade da eleição presidencial, e sem negar o seu valor, é necessário continuar contribuindo para o bem do país e encontrar outras pistas de solução para nossos problemas. Nesse sentido temos que potenciar a instância municipal.

Graças a Deus, há muitos prefeitos que estão se empenhando para o bem do país. Convém, portanto, investir mais nos planos diretores e na elaboração das leis orgânicas municipais, prefeitos e vereadores, recentemente eleitos, vêm demonstrando sensibilidade maior pela participação popular. Podemos, assim, tentar resolver, em nível municipal, alguns problemas que requerem resposta imediata.

O maior desafio é o da educação. Com efeito, não é aceitável que crianças fiquem sem escola ou que sejam insuficientemente atendidas. Comecemos, portanto, melhorando o sistema escolar para o próximo ano. É preciso construir e restaurar prédios, assegurar aos professores a retribuição adequada e encontrar como garantir aos alunos a merenda escolar. Os municípios deverão conceder prioridade em erradicar o analfabetismo e garantir escolaridade a toda criança, evitando a evasão do curso.

O segundo ponto que merece urgente atenção é o da saúde do nascituro e do recém-nascido. O programa da Pastoral da Criança, em colaboração com o Ministério da Saúde e a Sociedade de Pediatria, tem atingido cada vez mais o interior e as áreas urbanas de maior pobreza. Um número crescente de voluntários assessora o quadro médico e assume o acompanhamento da criança nos primeiros meses, por meio de ações básicas do Unicef. Onde isso já se verifica, consegue-se reduzir notavelmente a mortalidade infantil.

O terceiro ponto é a necessidade de multiplicar empregos em nível municipal. Para isso é indispensável investimento, não só com verbas da Prefeitura, mas graças ao auxílio organizado de empresários e instituições locais, capazes de compreender a importância do trabalho para a solução da questão social. Vale aqui a criatividade das hortas comunitárias da formação do cinturão verde nas cidades, na manutenção de praças e monumentos, da promoção de pequenas coorporativas etc. Aqui fica o voto de confiança nos prefeitos e vereadores que podem intensificar esforços para resolver o assentamento das famílias sem-terra e a construção de casas populares.

O desfecho da eleição presidencial está sujeito a alguma margem de desencanto, que só aos poucos poderá ser superada pelo amadurecimento do senso cívico e da vontade de cooperar para o bem comum. Temos que corrigir as falhas na apresentação dos candidatos e na escolha feita pelos eleitores. Ainda existe a atração

Política

do populismo, o vazio das promessas e o aliciamento do clientelismo. Exercendo, com paciência e constância a participação política, havemos de consolidar, pelo menos a médio prazo, a democracia em nosso país. Os altos e baixos da campanha fazem parte deste processo. Confiamos em Deus. Peçamos que nos ajude a não só votar de modo consciente, mas a somar esforços, através de todos os meios já a nosso dispor para promovermos o bem do Brasil.

É tempo de união

18/11/1989

É tempo de união. O primeiro turno da eleição presidencial vai chegando a seu termo. Aí estão os números, indicando a grande abertura de preferência. Há diversidade de resultados, conforme as regiões do país. Há liberdade do voto. O 15 de novembro ficará em nossa história como o dia festivo em que celebramos o Centenário da Republica, vivendo o direito de eleger de novo o presidente do Brasil. Todos notamos no povo a alegria de outros tempos e a esperança de fase nova para o país.

A mensagem deve agora ser de união, de esforços no desejo de contribuir para o bem do povo brasileiro. Os candidatos expressaram a vontade de promover o bem do povo. Acreditamos na sinceridade desta afirmação. Agora, é preciso pô-la em prática, somar esforços para favorecer a tranquilidade do país e as condições dignas de vida, sem as quais não há verdadeira democracia e fraternidade cristã. São Paulo, na Carta aos Efésios, apresenta Cristo como aquele que destrói o muro da inimizade e que de dois povos faz um só. É uma bela imagem que faz pensar no templo de Jerusalém, onde os pátios separavam gentios de judeus, mulheres e homens, e sacerdotes. Muros e compartimentos dividiam os filhos do mesmo pai. Jesus veio reconciliar a todos com Deus em um só corpo. Por meio de seu amor na cruz, matou a inimizade e anunciou a paz. Não há mais estrangeiros. Somos concidadãos, membros da mesma família de Deus.

Política

Compreendemos melhor hoje a afirmação de São Paulo, ao vermos pela televisão a alegria dos moradores de Berlim, abrindo as portas da muralha brutalmente erguida após a guerra, passando contentes de um para o outro lado. Nos anos passados muitos alemães morreram tentando ultrapassar o muro. Os guardas, agora, desarmados, saúdam-se com amizade. O povo canta e se rejubila. Com misteriosa prece derrubam paredes e enormes blocos de cimento para franquear, de modo definitivo, a passagem entre os dois lados da cidade.

Ainda hoje, a humanidade precisa aprender a lição de Jesus. Há muita ofensa, dominação, barreira e ressentimento entre nós. Na mesma família, os parentes se desentendem. Vizinhos não se saúdam. Injustiças e preconceito distanciam os filhos de Deus. A própria campanha política criou algumas separações e tensões difíceis de superar. Para nós no Brasil, após o primeiro turno da eleição presidencial fica o dever de avaliarmos o período precedente. Sem dúvida, cresceram o senso crítico e a participação política. Houve, no entanto, troca de farpas, agressividade e violência entre presidenciáveis e seus seguidores. Ressentimentos podem se endurecer e tornar-se verdadeiros muros. É preciso que não fiquem resíduos dessas desinteligências. Quanto antes, temos que colaborar para restabelecer o relacionamento fraterno e respeitoso das diferenças – sempre aberto ao diálogo.

O tempo de preparação ao Natal nos convida à conversão pessoal, à oração em comunidade, à reconciliação em família e ao esforço constante, ao entendimento na Igreja e na sociedade civil. Vamos rezar com fé, pedindo a Jesus Cristo pela intercessão de Maria, nossa mãe e senhora, que nos conceda a união profunda dos corações e a graça de trabalharmos em comum pelo bem do povo brasileiro.

O mais importante na democracia é a vivência sincera da união de cada um, da liberdade e da solidariedade para o bem de todos.

Vencer a violência

25/11/1989

As notícias da violência em El Salvador vêm entristecendo a todos pela brutalidade e covardia com as quais são eliminados inocentes e indefesos. Entre as vítimas encontram-se muitas crianças e pessoas idosas. Já não se sabe mais por que se morre. O povo é obrigado a fugir dos lugares, onde os grupos armados se defrontam, perde-se o respeito pela pessoa humana. A televisão mostrou o horrendo assassinato dos professores jesuítas da Universidade Centro Americana e da senhora e sua filha que serviam a mesma comunidade. Foram mortos durante a noite por membros do Esquadrão da Morte. Nos dias anteriores houve ameaças, explosão de bombas, campanhas violentas na imprensa, agredindo aqueles que buscavam o entendimento entre grupos em conflito. Veio depois o crime premeditado, a tortura e o assassinato. Há mais de 10 anos o povo de El Salvador sofre os efeitos dessa luta fratricida. Lembro-me de que no dia 30/03/80, quando participava dos funerais do arcebispo de San Salvador, Dom Oscar Romero, vivi na praça diante da catedral horas de pavor, com bombas e tiroteio que causaram a morte de dezenas de pessoas completamente estranhas ao conflito político. Desde então, milhares de pessoas fugiram de El Salvador, mais de 80 mil morreram vítimas da violência.

Política

1) A situação de desespero deste país irmão demonstra mais uma vez que os métodos violentos não são capazes de construir o entendimento e a paz. Fecham o coração, perturbam os critérios morais, geram ódio e vingança. Cria-se um processo sem fim de brutalidade sempre maior.

O hediondo atentado contra o novo presidente do Líbano mostra a que ponto de insanidade pode chegar o coração humano.

2) É preciso encontrar o caminho do respeito à vida e aos direitos humanos, do diálogo e das forças da razão. O uso da força e da arbitrariedade só faz reprimir a liberdade e criar regimes que por longos anos, oprimem pelas armas, pela delação e pelo medo populações inteiras. A história recente de vários países do Leste europeu revela que o anseio de justiça permanece sempre vivo no coração humano, aguardando a destruição do muro e a alegria da libertação.

3) Diante da perversidade e da violência, não basta a reação espontânea do repúdio. Temos que assumir diante de Deus o compromisso da fraternidade que nos obriga a formar a opinião pública para que resgate as atrocidades cometidas, pressione os grupos beligerantes para que cessem a luta armada. É evidente que a conivência das nações que vendem armas e tiram proveito das guerras tem grave responsabilidade no caos moral em que vivemos. Nosso compromisso com a paz só terminará quando as relações entre os povos forem marcadas pelo direito, pela solidariedade.

4) Para o cristão o compromisso vai mais longe. Na sociedade conflitante, o discípulo de Jesus Cristo deve se empenhar para que, além do cessar-fogo, haja a mudança do coração capaz de chegar até o perdão a quem nos ofende. Esta é a mais sublime lição de Jesus.

Ele nos ensina que a única força capaz de vencer a violência é o amor. Para conseguir amar assim, é preciso muita oração e a graça de Deus.

Igreja e política

02/12/1989

1) A Igreja, em virtude de sua missão evangélica, preocupa-se com a realização plena da pessoa humana e, portanto, também, com a dimensão política. A Igreja atua prioritariamente no nível das exigências éticas que presidem as decisões e ações políticas. É próprio da Igreja apresentar princípios, critérios e valores que favoreçam a formação do senso crítico e a consolidação da prática democrática, na convicção de que esta só será efetiva com o acesso dos empobrecidos a condições dignas de vida.

2) A atuação da Igreja situa-se além dos partidos e candidatos. As exigências éticas, explicitadas pela Igreja, devem ser patrimônio do partido e do candidato que se propõem construir a sociedade justa e fraterna.

3) A Igreja toma posição clara e firme em relação a temas ligados à dignidade da pessoa humana. Assim, entre outros pontos, defende direito à vida, opondo-se ao aborto, à tortura e à eutanásia. Rejeita o racismo, a opressão e o uso de violência. Alerta para o risco do estatismo que limite a liberdade e contra o regime de crescente concentração de bens que agrava as desigualdades sociais. Empenha-se em promover a justiça no uso da terra, nas relações de trabalho e na solução da dívida externa.

4) Uma vez que os processos concretos são sempre limitados, torna-se indispensável o pluralismo partidário, o empenho constante em apresentar e aperfeiçoar programas que melhor respondam às justas aspirações da população. Segue-se, também, o direito de escolha livre por parte dos eleitores e a consequente alternância de preferências, conforme a urgência do momento histórico e o desempenho partidário. É preciso na atual conjuntura que os partidos e as demais forças vivas do país se empenhem em chegar a um consenso em pontos básicos para vencer a crise, evitar a hiperinflação e a inviabilidade democrática.

5) As comunidades de Igreja mostraram diversidade de preferências partidárias, manifestando a liberdade de opção. A posição da Igreja, reafirmada em seus documentos, é de não optar oficialmente por partidos e candidatos. As declarações de voto por parte de membros da hierarquia não implicam, portanto, envolvimento da Igreja. São meramente pessoais e causam ambiguidades e reações. Cresce a perplexidade quando os meios de comunicação classificam pessoas e opõem grupos de Igreja, não raro interpretando intenções para além dos fatos.

6) A unidade da Igreja não se expressa pela coincidência partidária, mas pela seriedade em escolher, de modo consciente e livre, o próprio candidato, em respeitar a opção feita pelos outros e em zelar no processo eleitoral pelas condições de verdade e garantia da concórdia social. Neste sentido compete aos candidatos respeitar a livre escolha dos membros das comunidades, sem tentar aliciá-los, utilizando atos de cunhos religioso para fins políticos.

7) Olhemos para o futuro. O candidato eleito deverá, decididamente, cumprir, com fidelidade, a Constituição. É isso que dará estabilidade democrática ao país. Quanto aos eleitores, preparem-se para saber vencer e saber perder. Após 17 de dezembro, o que importa é unir forças, em clima de paz social e trabalho pelo bem

comum, para que se realizem as mudanças já previstas em lei e as que os poderes públicos, com a constante participação popular, hão de promover.

8) Que os cristãos procurem recorrer a Deus pela oração pessoal e em comunidade – superando preconceitos, ressentimentos e radicalismos – para que haja neste momento histórico o reto discernimento e a decisão de colaborar, mesmo com sacrifício, para o bem do Brasil.

Encontro do século

09/12/1989

Assim a imprensa europeia definiu a visita de Mikhail Gorbatchev ao papa João Paulo II, no dia 1/12. No aniversário da evangelização da Lituânia, em setembro de 1987, impressionou-me constatar fortes limitações à liberdade religiosa, tanto nos países bálticos como na Ucrânia. A Catedral de Vilnius transformada em pinacoteca. A Igreja S. Casimiro, padroeiro do povo lituano, abrigava o Museu do Ateísmo. Começavam, no entanto, os primeiros tempos da glasnost e da perestroika. Gorbatchev crescia na aceitação do povo soviético. Para alegria dos lituanos, as duas igrejas já foram devolvidas ao culto. Há dois meses, em Roma, o papa realizou seu grande desejo de atender os católicos da Bielo Rússia, com a sagração do bispo de Minsk e do primeiro bispo, após a guerra, destinado a reassumir, na Polônia, a função de núncio apostólico.

Nossa geração viveu até pouco tempo o sofrimento da perseguição à Igreja, com deportações para a Sibéria, prisioneiros em trabalhos forçados e restrições inexplicáveis à liberdade de consciência. É preciso, agora, pedir a Deus que os primeiros passos de distensão e reconhecimento do direito à liberdade religiosa possam inaugurar tempos realmente novos. Esperamos, assim, que a perestroika conduza à devolução das igrejas, à liberdade de entrada nos seminários e congregações religiosas e ao ensino religioso nas escolas. Há, sem dúvida, algo de providencial no encontro do papa com o representante do Estado soviético. O colóquio não teve intérprete, nem testemunha. Ao santo padre, eslavo, foi possível conversar com Gorbatchev, na sua língua pátria. Tudo isso acontece 72 anos depois da revolução comunista. Não é difícil para nós, católicos, ter presente as palavras da promessa de Nossa Senhora nas aparições de Fátima, referindo-se à futura conversão da Rússia. M. Gorbatchev convidou o santo padre para visitar a União Soviética. Apesar do clima de respeito mútuo, o santo padre terá expressado a M. Gorbatchev que antes conceda aos católicos da Ucrânia o pleno direito de serem reconhecidos oficialmente e de poderem exercer o culto sem restrições.

É grande a euforia que acompanha a queda do Muro de Berlim, os abraços, as visitas entre alemães do Leste e Oeste, as mudanças políticas em várias repúblicas soviéticas. No entanto, continuam hostilidades e guerras em várias partes do mundo. Quem pode esquecer a tensão em Beirute? Acabamos de acompanhar entristecidos os assassinatos em El Salvador, o levante em Manila, os terríveis atos de terrorismo em Bogotá e contra o presidente Herrhaufen, do Banco Alemão.

O Natal de Jesus Cristo está se aproximando com a mensagem de paz aos homens de boa vontade. Há, ainda, um longo caminho a percorrer. A verdadeira paz requer o respeito à dignidade e à liberdade de cada um, e à expressão das próprias convicções religiosas. A distensão de que tem dado exemplo Gorbatchev, conquistando a simpatia do mundo ocidental, tem sentido enquanto promete reconhecer o direito à liberdade religiosa, e busca desarmamento e caminhos de diálogo. Dentro desse contexto vamos vivendo no Brasil a campanha eleitoral do segundo turno. As dificuldades econômicas não podem ser agravadas com desentendimentos e agressividade entre partidários dos candidatos.

As comunidades cristãs se reúnem e rezam para preparar o Natal. Vamos incluir o agradecimento a Deus, pedindo que o "encontro do século" faça ecoar no tempo do Natal, pelo mundo inteiro, a esperança de mais solidariedade entre os povos. No mesmo espírito fraterno e com mais razão confiamos em que o presidente eleito, para além da divergência partidária e da emotividade da campanha, saberá, com a graça de Deus, cumprir a missão de unir todos os brasileiros.

Diálogo com os candidatos

16/12/1989

No fim de novembro os dois candidatos a presidente manifestaram desejo de fazer breve visita à sede da CNBB para apresentar intenções e programas, conhecer expectativas e aspirações e também para ouvir as preocupações dos pastores quanto às exigências éticas que não podem faltar à vida política do país.

A data fixada para o diálogo dos dois candidatos foi o período de 12 a 14/12, coincidindo com a presença da direção da CNBB, em Brasília. A assessoria do dr. Fernando Collor fixou para o encontro com a CNBB a manhã do dia 13. Os articuladores da campanha de Luiz Inácio Lula da Silva preferiram o dia 14 pela manhã. Para assegurar maior proveito do diálogo, preparou a presidência da CNBB um texto idêntico para os dois candidatos com o título "Contribuição da Igreja para o bem do Brasil", contendo os pontos considerados mais importantes a esta altura do processo eleitoral. O candidato do PRN não compareceu no dia marcado. Os assessores informaram, horas mais tarde, que houve falha na organização da agenda, esclarecendo que a visita se dará em data futura, a combinar. O candidato Luiz Inácio Lula da Silva e alguns colaboradores foram recebidos pelo presidente da CNBB na sede da entidade, na quinta-feira, pela manhã. Durante quase uma hora, em conversa cordial, o candidato ofereceu suas ponderações e planos de governo e ouviu o comentário do texto que tive a oportunidade de anteriormente preparar e que foi divulgado pela imprensa. Insisto nos seguintes pontos mais relevantes do temário:

a) o candidato eleito deverá decididamente cumprir com fidelidade a Constituição, assegurar a colaboração de membros de outros partidos e incentivar a participação de todos nas decisões que dizem respeito a toda a comunidade.

b) Todo empenho se voltará para garantir à população os meios necessários a uma vida digna: atendimento à saúde, acesso ao trabalho com justa remuneração, à moradia, à terra, por meio de reforma agrária justa e pacífica. Com especial insistência foi lembrado o direito fundamental à vida que exclui o aborto, a tortura e a eutanásia. Igual insistência merece a promoção do direito à sobrevivência e cultura própria das populações indígenas.

c) É preciso apoiar a causa dos trabalhadores, promovendo a justiça, a função social da empresa, o clima de diálogo, a participação nos sindicatos e os demais direitos.

d) Prioridade absoluta deverá receber a criança e o adolescente do Brasil. Na atual conjuntura é central a questão da educação. Isto inclui a salvaguarda do direito de educar, o esforço de alfabetização, uma eficiente rede de escolas públicas, bem como a promoção de escolas comunitárias, a garantia do ensino religioso e a valorização do magistério com salário adequado.

O bem do país requer nas lides políticas – isto vale para as futuras campanhas – a justiça, a concórdia, a grandeza que sempre inclui a estima, o respeito mútuo entre todos os candidatos. Permito-me lamentar que o nível dos debates pela TV ficou prejudicado pela insistência dos candidatos em atingir a pessoa do contendor, em vez de dedicar o tempo a discutir os programas de governo.

Após a eleição, pedimos a Deus que o novo presidente seja capaz de superar ressentimentos e radicalismos, unir forças, realizar a reconciliação nacional. Conte para isso com a colaboração dos demais para promover, num clima de paz e fraternidade, as indispensáveis transformações econômicas e sociais que permitam, quanto antes, o acesso da população empobrecida a condições de vida dignas de filhos de Deus. É a Deus que confiamos o futuro do Brasil.

Quem fará feliz o Ano-Novo?

30/12/1989

O ano de 1989 misturou alegrias e sofrimentos. É difícil verificar o saldo, pois há dores que purificam, fazem crescer na paciência e são semente de graça futura. Entre os eventos negativos que entristecem a alma e ferem o coração há os atos de terrorismo, os sequestros, a violência nos combates, do Líbano, os assassinatos em El Salvador, a situação do Panamá, as vítimas do tráfico de drogas na Colômbia, as repressões brutais de Pequim e da Romênia. Na retina fica gravada a fotografia do jovem chinês, de pé, sozinho, impávido, diante dos tanques na praça da Paz Celestial. Onde estará hoje, este rapaz? Talvez tenha sido sacrificado pela insânia do despotismo. Sua atitude, no entanto, é profética: a força dos ideais de liberdade, o respeito aos direitos humanos é maior do que o poderio militar.

No mesmo ano de 1989, constatamos o empenho pelo desarmamento entre as grandes potências da Europa, a convenção da ONU dos direitos da criança, a recente eleição no Chile, a inesperada queda do Muro de Berlim e os demais efeitos da perestroika do Leste Europeu. Milhões de espectadores maravilharam-se ao comtemplar pela TV, no dia 1/12, o "Encontro do Século" entre o santo padre João Paulo II e Mikael Gorbatchev, seguido pelo colóquio em Malta. É verdade que estamos ainda distantes da realização do anseio cristão de um mundo fraterno, mas fatos como esses fundamentaram a esperança de tempos novos marcados pelo diálogo e solidariedade.

No Brasil, a inflação acumulada atinge 1.700%, com a consequente desigualdade social e o empobrecimento de largas faixas da população. Permanece o desafio da moradia, da justiça distributiva no uso da terra, da alfabetização, do atendimento à saúde e da retirada dos garimpeiros das áreas indígenas. No entanto, temos que agradecer a Deus e aos atuais governantes o encaminhamento do processo democrático que, após 29 anos, assegurou ao povo, em condições de paz, a eleição do presidente por voto direto.

Ficam agora, as aspirações para o novo ano. A chuva e as enchentes deixam centenas de cidades em estado de emergência. É preciso, com rapidez, acionar as reservas de solidariedade nacional para atender os milhares de desabrigados. Na área política, vencidas as desavenças e ressentimentos, temos que criar uma colaboração para equacionar e promover, sem perda de tempo, medidas que respondam às expectativas populares, especialmente as que incentivem, em nível municipal, a participação do próprio povo.

Cresce, no entanto, a convicção de que para realizarmos a verdadeira transformação econômico-social torna-se indispensável a mudança profunda de atitudes. Devemos, diante de Deus, enfrentar a situação de extrema pobreza de nosso povo simples. Não basta o esforço do governo para superar a corrupção e programar investimentos de cunho social. Temos que viver a alegria cristã de uma sociedade fraterna, na qual a nossa fé possa descobrir a dignidade de cada pessoa humana e desperte em nós a vontade e a generosidade de fazermos o que estiver ao nosso alcance para uma distribuição mais equitativa dos benefícios do desenvolvimento.

Pedimos a Deus que faça feliz o ano novo. Mas Deus pede de nós que façamos felizes os outros, no ano de 1990, assumindo o dever da solidariedade e justiça social.

Feliz Ano-Novo!

Ianomâmis

13/01/1990

A situação dos índios ianomâmis continua calamitosa e com risco de agravar-se. Segundo relatórios médicos, a epidemia no Paapiú, que veio dizimando a tribo, confirma todas as apreensões procedentes de mortalidade dos índios, causada pela invasão de garimpeiros a partir de 1987. O que acontece nessa região poderá suceder em outras áreas indígenas, para as quais venham a se deslocar os garimpeiros. Alastrou-se a oncocercose, surgiram as doenças venéreas, aumentaram doenças de pele. Houve assassinatos de índios, a sangue frio por parte de alguns garimpeiros. Com a destruição da mata, a caça desaparece. Os rios ficam poluídos pelo uso do mercúrio na mineração, que mata os peixes e torna a água não potável, acarretando um quadro diarrético agudo, que associado à desnutrição causa criminosa mortalidade dos ianomâmis. Estes fatos se fundamentam nos relatórios do Cimi, Funai, Ibama, SBPC, Abba, e nos depoimentos recentes da Ação pela cidadania.

Diante desta catástrofe, entende-se que em 20/10/88 a ação cautelar do juiz da 7ª vara da Justiça Federal de Brasília, tenha interditado 9 milhões de hectares contendo duas florestas nacionais e os 19 territórios em que foi ilegalmente dividida a área Ianomâmi. A mesma ação determinou a retirada dos garimpeiros pela Polícia federal, com o auxílio dos ministérios do Exército e da Aeronáutica.

Reconhecia-se, assim, o direito dos índios ás suas terras, garantido pelo artigo 231 da Constituição. O presidente da República. Dr. José Sarney, recentemente compreendendo a gravidade do caso, que assume aspectos de genocídio, autorizou a interdição das pistas ilegais de aviação e o início da remoção dos garimpeiros para outras áreas. Parecia enfim a clara decisão de cumprir a lei e de responder ao clamor dos índios e dos defensores de direitos básicos da pessoa humana. Essa diligencia não se refere apenas às populações indígenas ameaçadas, mas incluí a preocupação com os milhares garimpeiros. Daí a providencia de medidas de urgência indispensáveis a uma fase de transição. Não pode, no entanto, ser aceita a demanda de garimpagem, à custa de direito de sobrevivência dos ianomâmis e outras populações indígenas.

Somos, por isso, obrigados a denunciar o "termo de compromisso", anunciado a 09/01, endossando a proposta do governador do Estado de Roraima e que estabelece a criação de três novas áreas de garimpagem em plenas terras tradicionalmente indígenas, interditadas em força da Constituição, que só permite a extração de lavra das riquezas minerais, em terras indígenas, com autorização expressa do Congresso Nacional e ouvidas as comunidades afetadas. Estamos, portanto, diante de desrespeito a Carta Magna e que abre o grave precedente de atender o Estado do Direito, no momento em que o representante do poder executivo viesse a descumprir as medidas de autoridade judicial. Em toda essa questão é preciso, diante de Deus, perceber a gravidade dos princípios éticos, de defesa do direito à vida, do direito dos inocentes à proteção da segurança pública, e a obrigação comum de que a lei justa seja cumprida.

A Ação pela Cidadania, formada pelas instituições da sociedade interessadas no cumprimento da Constituição, base para toda justiça e concórdia social, e na força pacífica da afirmação de direitos, enviou telegrama ao sr. presidente da República, ao ministro da Justiça, ao diretor-geral da Polícia Federal, confiante no anseio comum que têm em servir a pátria e promover o pleno respeito aos direitos das populações indígenas, bem como o justificado reassentamento dos garimpeiros, desde que em área não indígena.

Violência policial

20/01/1990

Entre as esperanças de uma sociedade justa está a expectativa da superação da violência. Infelizmente, os fatos demonstram que em vez de diminuir tem aumentado a violência e crescido o medo no meio da população. Nem é preciso lembrar que os programas de televisão continuam difundindo cenas de crime e brutalidade que perturbam desde cedo, a consciência das crianças e adolescentes e injetam na sociedade doses sempre maiores de desajuste, perversidade moral, levando a acreditar no poder da força física e na justiça feita pelas próprias mãos. O Estado de Direito requer respeito as exigências da lei e, em particular, o reto exercício da autoridade judicial e do serviço de segurança pública. Se, por um lado, o crime e a infração à lei devem ser eficazmente tratados com punição justa, por outro lado, é indispensável que se cumpram os ditames da lei natural e positiva, na proibição de maus-tratos e tortura e de prisão ilegal, e que se façam os convenientes esforços para a recuperação do infrator.

Na semana passada, reuniu-se em Belo Horizonte o Conselho Nacional de Segurança Pública, convocando os secretários de Estado, para renovar seu compromisso de serviço no zelo pela defesa da vida dos cidadãos, no cumprimento da lei de criação de condições de concórdia social. Esforço louvável, sem dúvida, e que merece apoio ao trabalho cotidiano e árduo da polícia em nossas cidades. Desejamos, também, reconhecer o empenho maior na capacidade dos membros do corpo policial e constantes riscos aos quais são obrigados a se expor no exercício de sua missão. No entanto, há certos fatos que atingem a atuação policial que necessitam de pronto atendimento para que sejam apurados e devidamente punidos, de modo que não aconteça mais.

Terminou ontem, em Cachoeira do Campo, mais um encontro de responsáveis pela Pastoral do Menor, em nível nacional. O relatório que cobre vários Estado do Brasil, demonstra que infelizmente, há vários casos de violência policial que continuam impunes. Alguns depoimentos surpreendem pela brutalidade. Permitindo-me referir ao crime contra o adolescente Paulo Roberto Oliveira Soares, de 16 anos, no desejo de contribuir par apuração do caso e, em especial, na esperança de que injustiças como essa não se repitam mais. Paulo, estudante de quinta série, de bom comportamento, residente no conjunto habitacional Parque Piauí, em Teresina, saiu de casa a pedido de sua mãe, no dia 20 de novembro, para efetuar o pagamento da prestação de sua casa na Cohab.

No caminho foi abordado por três policiais que apreenderam como ladrão de bicicleta. Sua mãe, desesperada por ver que não voltava à casa, procurou-o por toda a parte, mostrando fotografia de seu filho. No segundo distrito, enviaram-na ao Pronto Socorro, onde encontrou Paulo Roberto em fim de sua vida em estado de coma. Tinha sido espancado de tal forma que veio a falecer em decorrência das torturas e traumatismo craniano, provocado por um projétil de bala, como consta no exame de corpo de delito. São decorridos 30 dias sem que as testemunhas tenham sido ouvidas. Fatos como esse exigem da sociedade uma ampla colaboração para que nunca mais sucedam.

Em boa hora, entra em análise, no Congresso Nacional, o estatuto da criança e adolescente, que há de contribuir para um reto exercício da autoridade policial e para pôr fim à arbitrariedade. Estabelece a necessidade, para apreensão no flagrante delito, da ordem escrita da autoridade e a presunção por inocência até à sentença final. É indispensável a comunicação à família no caso em que venha ser detido.

Não podemos desistir e nem desanimar diante das dificuldades. O bem é mais forte do que o mal. Confiamos em Deus e também no respeito à lei, na educação da juventude e no aprimoramento do exercício da segurança pública.

Nova área para os garimpeiros

27/01/1990

Os garimpeiros precisam trabalhar não há dúvida. Devem, no entanto, em sua atividade profissional, zelar pela conservação da natureza, evitar a poluição dos rios e, especialmente, respeitar as terras indígenas. A proposta feita, há dias, de se criarem três áreas de garimpagem no território ianomâmi contrariava a Constituição e a ordem da Justiça Federal.

Um fato novo veio trazer luz a essa situação complicada. Na quarta –feira, dia 24 de janeiro, convocados pelo ministro Luis Roberto Ponte, chefe da Casa Civil, reuniram-se representantes das principais entidades interessadas na vida dos ianomâmis e dos garimpeiros. Neste encontro, o dr. Ovídio Martins historiou, com maestria, as diversas fases do conflito e apresentou, em nome do ministro da Justiça, os termos gerais do decreto a ser assinado pelo presidente da República. Chegando-se, assim, rapidamente, a um acordo que contempla a necessidade de trabalho dos garimpeiros e salvaguarda os direitos indígenas. Com efeito, o decreto estabelece a reserva de Uraricaá, Santas Rosa, com 100 mil hectares, fora da área interditada pela Justiça em favor dos ianomâmis.

A Polícia Federal, com auxílio da Aeronáutica, dentro de 120 dias deslocará para essa região os que ocupavam as terras interditadas. Para efetivar essa decisão, haverá mais aviões operando e serão liberados recursos financeiros especiais a cargo da Funai.

A determinação vem consolidar o Estado de Direito no Brasil e confirma a confiança nos atuais poderes governamentais para solução dos problemas indígenas e o devido atendimento aos garimpeiros.

O grupo de trabalho reconhece a atuação corajosa da Procuradoria Geral da República e do bispo de Roraima em defesa dos índios e dirigiu mensagem de louvor ao senhor presidente da República, ao ministro da Justiça e ao diretor chefe da Polícia Federal.

Além das providências para a pronta realização do decreto, há duas medidas que precisam ser encaminhadas e que necessitam da ampla colaboração da sociedade. A primeira é a de evitar que, no futuro, outros grupos de garimpeiros venham a ocupar as mesmas terras indígenas ou perturbar outras tribos. Para isso é indispensável que sejam desativados os campos de aviação ilegais e que se mantenha constante supervisão da polícia. A outra medida, mais complexa, refere-se à revisão do trabalho dos garimpeiros. Merecem maior atenção do governo, para exercerem sua atividade sem depredar a natureza, para que tenham condições dignas de vida e não sejam vítimas da violência, do contrabando e da exploração de terceiros.

A alegria diante do novo decreto vem misturada de tristeza. Infelizmente, para muitos índios e garimpeiros, a decisão chega com atraso. A malária e a tuberculose continuam destruindo vidas. Aqui fica o apelo ao Ministério da Saúde e às entidades de beneficência para que, quanto antes, intensifiquem seus serviços em socorro dos sobreviventes.

Hora da solidariedade

03/02/1990

Em 1980, quando o santo padre desceu no aeroporto de Teresinha, encontrou centenas de milhares de fiéis à sua espera. Vinha vê-lo e saudá-lo com afeto. Entre as faixas havia uma, larga e bem visível, com os dizeres "O povo passa fome". Isto impressionou a todos e, principalmente, o santo padre. Quando terminou sua exortação, convidou a multidão para rezar o pai-nosso. Com voz firme e clara introduziu a prece as palavras da faixa, dizendo com fé a Deus: "Pai nosso, este povo passa fome, o pão nosso de cada dia dai-nos hoje". Passaram-se dez anos. Apesar do crescimento econômico do país, de seu parque industrial e da agricultura, somos vítimas da inflação, da dívida externa e da desigualdade social. A comida tem diminuído na mesa do pobre. A fome vai se fazendo sentir nos bolsões de miséria.

Em janeiro, as creches entraram em férias. Num bairro pobre de Rio Casca, MG, as crianças pequeninas vinham, em grupos, ao portão do centro comunitário para gritar, pedindo sopa. A cena era de cortar o coração. Reabriu-se logo a creche para atender os menores.

A verdade todos a conhecemos. Nos últimos meses a vida encareceu demais para o pobre, o salário não acompanha o preço dos alimentos. Aumentou a desproporção entre a retribuição do trabalho e seu valor aquisitivo. A conhecida cesta básica, embora insuficiente, torna-se inatingível para a maioria dos operários. Isto sem falar de outros gastos indispensáveis como aluguel, luz, gás, água, transporte e remédios. O que fazer?

Aqui ficam algumas sugestões e apelo à sociedade, enquanto se promovem estudos e medidas mais justas em relação ao mercado de trabalho e à política de salário.

Para as crianças está de volta o ano letivo. É preciso garantir uma adequada merenda escolar. O mesmo vale para creches e centros comunitários, governamentais e não governamentais, incluído as obras filantrópicas e religiosos que necessitam de convênios para cumprir sua missão. Em nível municipal, principalmente na área rural, há iniciativas que podem ajudar, a curto prazo, para o alimento infantil. São as hortas comunitárias. Elas têm o duplo valor, além de reforçar a merenda escolar, ensinam a criança a fazer a própria horta.

Como medida de emergência, é chegado o momento de multiplicar cestas básicas que suplementam o salário, e, em especial, socorram famílias no desemprego, doenças e extrema necessidade. As comunidades cristãs procurem dar o exemplo não só por em iniciativas para transformar as estruturas injustas, mas nas atitudes pessoais e familiares procurem diminuir a desigualdade social. É hora da verdadeira solidariedade evangélica, que seja exemplo para sociedade brasileira.

É claro que a situação só poderá ser devidamente superada por um programa nacional voltado para as classes desfavorecidas. Nosso problema não é propriamente econômico. É de distribuição equitativa de recursos e benefícios. Cresceu o egoísmo que desconhece a necessidade de recursos e benefícios. Cresceu o egoísmo que desconhece a necessidade dos outros. Aí vem o Carnaval. Além dos gastos enormes, os meios de comunicação social contribuem, infelizmente, para alienar por semanas o povo com a péssima colaboração do chamariz para desmandos morais ao vivo pela TV. É um desserviço à causa pública que só atrasa as medidas de justiça social.

Enquanto aguardamos as decisões políticas do novo governo, vamos acionando as instâncias da solidariedade. Que o exemplo comece pelos mais favorecidos e pelos governantes, renunciando voluntariamente os gastos e comodidades supérfluas para readquirir a credibilidade diante do povo.

A verdade cruel permanece como faixa aberta diante da consciência nacional e cristã. O povo está com fome. Qual a resposta da nossa solidariedade com os mais pobres?

Investir nos jovens

10/02/1990

Seis de fevereiro ficará uma data querida na história da cidade de Ouro Branco (MG). A Empresa Aço-Minas, em colaboração com o esforço educativo do Senai, abriu um curso de profissionalização para jovens da cidade e das áreas vizinhas. A nova obra recebeu o nome de dr. Nansen de Araújo, cuja vida esteve sempre ligada aos empreendimentos industriais e à promoção dos operários.

Os prédios são simples e aproveitam instalações já existentes na Aço-Minas, restauradas com esmero e formando um conjunto agradável para os jovens. No ato inaugural, na manhã de terça-feira, o presidente da Aço-Minas, dr. Celso Mello de Azevedo, focalizou o ambiente de cordialidade que anima a iniciativa, mostrando que o curso é fruto também da colaboração de operários da firma que já passaram pela experiência do Senai. Compareceu ao ato o dr. José de Alencar Gomes da Silva, dando seu apoio em nome da Fiemg. O evento não significa apenas mais uma escola do Senai. É mais do que isso. Dois valores sobressaem entre operários e dirigentes. Em primeiro lugar, a estreita colaboração entre os membros da Aço-Minas, sem diferença de cargo, simpaticamente semelhantes até pela mesma camisa que todos usavam.

Peço a Deus que o mundo do trabalho possa, aos poucos, consolidar relações fraternas de efetiva colaboração e amizade entre os membros da mesma empresa, unidos na consciência da mesma dignidade.

O segundo valor é, sem dúvida, o interesse da empresa não só pela vantagem da capacitação técnica dos operários, mas pela formação integral dos próprios jovens. Citei o fato da inauguração em Ouro Branco pela sua dimensão simbólica. O futuro do Brasil depende em grande parte de uma educação renovada que assegure aos jovens de nossas cidades condições de uma adequada preparação ao trabalho técnico, ao mesmo tempo em que completam seus estudos básicos. Nesse sentido, o esforço educativo do Senai, a colaboração do Sesc, do Sesi, as escolas profissionais salesianas, as escolas agrícolas do tipo Mepes – Movimento de Educação Promocional no Espírito Santo –, as obras Kolping e outras precisam ser apoiados e promovidos em larga escala.

Aqui fica a proposta para as secretarias Municipais e Estaduais de Educação, que podem a curto prazo oferecer a milhares de jovens a oportunidade de obter um trabalho conveniente, de escapar da marginalização e do risco da droga que ameaça cada vez mais nossa juventude. Não basta repetir que os jovens são a esperança do Brasil. É necessário oferecer a eles, rapazes e moças, oportunidades de vencer na vida. A educação para o trabalho assumida com alegria e competência, contribui, desde cedo, para formar hábitos de disciplina pessoal, colaboração em comunidade, surgimento de lideranças que muito ajudam a descobrir valores morais e religiosos indispensáveis à sociedade solidária.

Em Ouro Branco, impressionou-me o olhar de muitos jovens operários. Estavam felizes. A nós compete apoiar essas iniciativas para que muitos outros jovens tenham razão para se alegrar.

Escravidão jovem

17/02/1990

Visitei, há dias, no Rio de janeiro, mais uma clínica de recuperação de jovens dependentes de tóxico. É grande o sofrimento, percebendo como a droga destrói a felicidade e a saúde de tantos rapazes e moças na flor da idade. Conhecemos a luta contra o tráfico de entorpecentes na Colônia e outros países da América Latina.

No início desta semana, em Roma, aconteceu mais um crime, consequência da dependência do tóxico. O rapaz de 19 anos passou da droga ao crime e, com violência, procurou extorquir do pai 25 mil dólares. A família não possuía esta quantia. O filho ameaçou dinamitar a casa e investiu contra o pai com uma faca. Num momento de desespero, o pai foi rapidamente ao quarto e voltou com uma arma na mão. Atirou contra o próprio filho, que veio a falecer pouco depois.

É preciso defender os nossos jovens contra a difusão dos tóxicos. Neste trabalho temos todos que nos unir. O primeiro ponto a ser enfrentado é o comércio da droga. A sociedade que privilegia o enriquecimento fácil favorece sempre mais o tráfico dos tóxicos. É um crime grave pelos efeitos terríveis que acarreta contra a juventude e pelo clima de violência que promove. Aliás, os traficantes procuram evitar para eles mesmos a dependência que criam nos outros. Basta constatar a situação que hoje existe em tantos países.

Quanto aos que consomem a droga, especialmente os jovens, encontramos fraqueza diante dos desafios da vida e busca de emoções novas e evasivas que alienam cada vez mais da realidade. O problema torna-se mais sério quando a juventude fica frustrada por falta de oportunidade de emprego e de estudo.

Um fator que influencia negativamente é a carência de ambiente familiar e a separação dos pais. Quando o jovem não encontra em seu lar afeto, compreensão e diálogo para aprender enfrentar as dificuldades, torna-se presa fácil da ilusão da droga.

Como ajudar os jovens? Os pais precisam criar um relacionamento de confiança que permita aos filhos aconselharem-se com eles. É necessário, também que se esforcem para adquirir um conhecimento sobre os efeitos das drogas, para avaliar, com objetividade, a situação e facilitar a recuperação. Repreender sem amor e castigar são atitudes que podem afastar o jovem quando ele mais precisa de auxílio.

A colaboração da escola é fundamental para formar a mocidade na consciência do dever social e no conhecimento dos efeitos psicológicos e físicos que os tóxicos produzem. Poderão, assim, vencer, com mais facilidade, a pressão do grupo, a curiosidade e a crise da adolescência. É claro que a orientação individual oferecerá condições de salvar um jovem desde o início dos primeiros sintomas de dependência.

A falta de idealismo que atinge, hoje, parte de nossa juventude, vítima do engodo de programas televisivos, do consumismo e da perversidade moral continua, infelizmente, prejudicando um número cada vez maior de vidas.

Aos pais cabe a missão mais importante: amar e compreender seus filhos. A nós compete colaborar, com o mesmo amor e compreensão, para que se consiga, quanto antes, libertar a juventude da escravidão dos tóxicos. Procuremos abrir para nossa mocidade caminhos novos de trabalho, esporte, dedicação artística, participação política e, em especial, formação moral e religiosa.

Dignidade divina da criança

12/05/1990

A Convenção dos Direitos da Criança foi aprovada pelas Nações Unidas em novembro do ano passado. Colocou-se em relevo a dignidade da criança, insistindo nos valores da liberdade, da paz, da justiça. Em Brasília, o Senado leva adiante textos sobre o direito da criança que promete renovar o modo de tratá-la em nosso país. Aguardamos, com esperança, a aprovação desses artigos pelos quais tantos brasileiros têm se empenhado.

Os jornais não escondem a situação dramática a que estão relegados tantos menores. Nesta semana, estarreceu-nos a notícia, em Vitória, da tia que, doente mental, cuidava da sobrinha e nela batia constantemente. A criança de quatro anos veio a falecer. A tia, levada para a prisão, foi linchada pelas outras detentas. Fatos como esse denotam o abandono dramático em que vivem outras crianças. Programa de educação, os cuidados de saúde, os serviços sociais devem se multiplicar. Cabe, no entanto, ao cristão contribuir para que em todas essas iniciativas seja explicitada a dignidade divina da criança. O educador deve estar possuído dessa convicção. É preciso manifestar a criança, desde cedo, a sua dignidade de vida. Deus ama cada pessoa, em si mesma, de modo único. Todos nós temos um valor pessoal que não se repete. É preciso oferecer à criança a alegria da experiência de chamar Deus com o nome de Pai, de poder Nele confiar.

A atitude cristã para com os pequeninos insiste em imitar o amor que Deus tem pela pessoa humana. Na raiz do esforço educativo da família e da comunidade está o amor à criança em si mesma. Quem ama a criança não deve amá-la pelo que ela possui, mas pelo que ela é. Estamos acostumados a viver numa sociedade egoísta, em que cada um busca sua vantagem pessoal. O amor gratuito à criança vai nos libertar e ensinar a alegria de buscar o bem do próximo. Esta é a grande experiência do amor cristão. A exemplo de Jesus, "feliz é aquele que dá".

No momento em que nos dispomos a trabalhar em educação e a conceder prioridade à criança, temos que compreender a importância dessa atitude fundamental que deriva da dignidade divina de cada pessoa humana. Entendemos, então, que voltar-se para a criança e empenhar-se pelo seu direito de nascer, crescer, de amar e ser amada, requer uma conversão de nossa sociedade e de cada um de nós em particular.

Em boa hora a 28ª Assembleia dos Bispos em Itaici colocou em precedência a educação. Há muito que fazer. No entanto, cabe aqui um exame de consciência para que nossas comunidades se abram, com a graça de Deus, para uma nova atitude frente à criança.

Na perspectiva cristã, apoiamos todo o empenho de defender e promover os direitos humanos. É preciso ir mais longe. À luz do amor de Jesus Cristo, somos levados a aprofundar as relações humanas, e dentro desses valores, devemos educar as crianças. Assim, não basta lutar pela paz; é preciso perdoar e amar os inimigos, rezar por eles e fazer-lhes o bem. O cristão procura a liberdade, mas deve saber conceder aos outros o tempo para descobrir todos os aspectos da verdade. O cristão empenha-se pela justiça social, mas deverá, num esforço de solidariedade fraterna, chegar até a partilha de seus bens, mesmo com sacrifício do que lhe é necessário.

Quando se esforça para construir um mundo justo, vive a esperança da promessa de Deus que ultrapassa o horizonte da morte.

    Há muito que fazer para respeitarmos e promovermos a dignidade divina da criança. É ela que fundamenta, em última análise, a Convenção dos Direitos e o atual esforço do nosso Congresso para conceder à infância a prioridade que lhe compete.

Oriente Médio e a paz

11/08/1990

Por muitos anos a paz não era ameaçada com tanta brutalidade. Depois da euforia das mudanças do Leste europeu, a queda do muro de Berlim, da redução de armas nucleares, quando apesar da complexidade dos processos para recuperar liberdade, pensávamos entrar em poucos, num período de diálogo e respeito aos direitos fundamentais, eis que somos surpreendidos pela ação militar do Iraque.

Desde então, reúnem-se os representantes da ONU. Pronunciam-se chefes de governo. Deslocam-se tropas para a área do Golfo Pérsico. Cresce a ameaça do confronto bélico. Ouve-se falar da terrível guerra química. Mas por que tanta insanidade? Não há razão que justifique a anexação do Kuait. Tudo é feito com total menosprezo aos direitos dos povos. Estamos diante de um dos mais graves desafios à paz mundial.

Infelizmente, a violência infiltrou-se também em outros níveis da sociedade. Com que tristeza constatamos o tráfico de drogas, criando clima de ameaças e mortes e o flagelo inaceitável de sequestros numerosos, organizados com perfídia. Pensamos na injustiça social acarretando o empobrecimento de populações desfavorecidas, vítimas da destruição e do desespero. As tensões sociais na área do trabalho multiplicam-se no Brasil deixando-nos perplexos porque direitos salariais reconhecidos por lei permanecem atrasados, causando greves com prejuízo para a população. Por que tanta dificuldade em estabelecer um entendimento entre as partes com pleno respeito e diálogo franco e objetivo, no qual se fixam, com lealdade, os limites do que, no momento, é possível?

Tudo isto nos faz refletir diante de Deus sobre a atitude que devemos assumir. As notícias de toda essa violência despertam repulsa, deixando-nos apreensivos pela segurança pública e pessoal e levam-nos a trabalhar pela paz universal. No momento, podemos colaborar mais para transformar esse ambiente de violência. Há dois níveis de atuação. O primeiro refere-se a nossa atitude diante de Deus. É necessário reaprender as lições do Evangelho. A oração sincera obtém força para compreender o primado da verdade e do bem e as exigências éticas. Para vencer a violência é preciso aumentar o amor. Sem perdão fraterno as relações humanas serão sempre conflitantes opressivas e levarão a vingança. O único meio de pôr fim à brutalidade é de não ser violento. É muito difícil. Mas é a solução. Paga-se o mal com o bem. Enquanto dentro de cada um de nós não nascer e crescer a descoberta do valor de cada pessoa humana e a confiança na força do bem, não haverá condições subjetivas para a paz.

O outro nível que no momento torna-se urgente para superar a violência é o lamentável abuso, nos meios de comunicação, das cenas de brutalidade, de desmando moral, de destruição sistemática do vínculo familiar. Surgiu uma competição desonesta entre canis de TV que se esforçam por desvirtuar a beleza do corpo e das expressões de doação próprias do amor conjugal querido por Deus, com a manipulação indiscriminada de apelo ao erotismo e a desordem de paixões que levam a desrespeitar a dignidade da pessoa humana e da família, abrindo caminhos para toda violência. O momento é de oração.

A sinceridade de nossa fé e o recurso a Deus pela paz no Oriente Médio exige muito de nós. Requerem a oração, o perdão e a retidão de nosso comportamento. Só assim a nossa prece será agradável a Deus e a paz voltará ao coração humano.

Tempo de eleições

25/08/1990

Nas semanas que precedem a data das eleições há, nos canais de televisão, tempo destinado a apresentação dos candidatos. É sem dúvida, um progresso o fato de poderem os eleitores conhecer melhor as diversas opções de partidos e postulantes. Houve tempo em que, além da fotografia e alguma propaganda pelas ruas, pouco se sabia do candidato. Neste ponto, hoje, mesmo no interior e nas periferias, aumentaram o conhecimento e a participação política.

No entanto, há aspectos negativos evidentes nesta fase de propaganda televisiva. É lamentável que candidatos, de comprovada sensibilidade política e capacitação para ajudar o povo, dediquem os minutos disponíveis para referirem-se a períodos anteriores de governo, insistindo nas críticas e apenas interessados, ao que parece, mais em diminuir o contendor do que apresentar seus objetivos e soluções, se eleitos. Então assim desperdiçando a oportunidade única de colaborar para educação política do povo, mantendo-o alheio ao processo. Além disso, os programas agridem os sentimentos dos telespectadores, disseminando o espírito de conflito e desrespeito aos candidatos de outros partidos. É de desejar que o eleitor venha a optar pelos candidatos que revelam postura digna no trato com seus concorrentes e que dão, desde agora, o testemunho de querer se dedicar à concretização das expectativas do povo, através da restauração da dignidade da função pública e de projetos indispensáveis ao bem comum. Estamos longe, infelizmente, desse ideal, mas é nosso dever procurar alcançá-lo.

Neste momento de campanha eleitoral, qual é atuação da Igreja no campo político? O cristão tem o dever de colaborar e de se empenhar para que as exigências éticas sejam respeitadas e promovidas na vida política. Isto requer um trabalho constante que possibilite a cada um assumir a própria cidadania. Assim, as comunidades cristãs são chamadas a oferecer a seus membros a formação, à luz do Evangelho, para que cumpram o dever de participarem na política, não só pela seriedade do voto e pelo acompanhamento da trajetória dos eleitos, mas preparando-se, inclusive, para desempenhar cargos públicos.

Várias dioceses têm intensificado a conscientização política. Entre as iniciativas marcantes, lembramos os grupos que já neste pleito atuam, refletindo sobre a situação do povo e as medidas mais urgentes na defesa da vida, política agrária, direito à moradia, justiça no trabalho, educação, saúde, em especial em relação às populações carentes e indígenas. Há um ponto que não pode faltar as reivindicações dos cristãos: é a defesa da família contra a permissividade moral e as injustiças sociais. Chamamos a atenção para os "Dez mandamentos do bom candidato", elaborado na Arquidiocese de Belo Horizonte. O importante é compreender que somos corresponsáveis, diante de Deus, pelo bem da pátria e, em concreto, pelo aperfeiçoamento do processo eleitoral, indispensável ao regime democrático que almejamos.

Dois direitos da criança

08/09/1990

Neste mês, dois eventos vão concretizar a prioridade da criança na promoção dos direitos da pessoa humana. Saudamos as decisões governamentais que se devidamente colocadas em prática, hão de abrir nova fase para o país. Trata-se do Programa Nacional de Alfabetização e do incentivo a vacinar o maior número de crianças.

O ano de 1990, em nível internacional, é dedicado a erradicar o analfabetismo. Tem havido notáveis esforços durante os últimos anos no Brasil para assegurar a educação básica aos que não a receberam na infância. Além das iniciativas governamentais, ressaltamos os 30 anos de atividade do MEB, Movimento de Educação de Base, que ainda hoje atua nas áreas menos atendidas da Amazônia e Nordeste.

No dia 11 de setembro será lançado, oficialmente, através do Ministério da Educação, o Programa Nacional de Alfabetização e Cidadania. É importante a referência explícita de formar o cidadão, superando mero aprendizado do ler e escrever, e procurando inseri-lo na vida da comunidade.

O programa abrange as crianças através da escola e, também, milhões de adultos que até hoje aguardam a alfabetização. Os métodos serão diversificados, conforme as necessidades locais, criando múltiplas oportunidades de participação. Estamos convencidos de que a educação é direito primordial da pessoa humana e a base para a sociedade justa e solidária.

Na Assembleia da CNBB deste ano, os bispos católicos reafirmaram, à luz do Evangelho, o direito à educação e o dever de cooperarmos, para que todos tenham a oportunidade de recebê-la. Cada diocese procurará os meios mais adequados para atuar. É preciso conjugar os esforços de todos os segmentos da sociedade para que se realize a alfabetização. Sejam incentivadas as iniciativas já existentes, marcadas pela experiência e abnegação de muitas instituições. Acrescente-se, agora, o novo programa nacional que poderá estender a milhões de brasileiros os benefícios anunciados.

O segundo direito da criança é o de ser vacinada contra doenças que podem causar debilidade, cegueira, paralisia e até a morte. A partir de 1980 tem-se conseguido, no Brasil, êxito contra a poliomielite, uma vez que 95% das crianças, com menos de 5 anos de idade são vacinadas. A meta, agora, é preservar a vida dos menores contra o sarampo (36% ainda não são vacinados), contra a difteria, tétano e coqueluche (45% não são vacinados), contra a tuberculose (27% não vacinados). Há vacinas disponíveis nos postos de saúde que deixam de ser utilizadas e acabam perdendo a validade. Urge, portanto, que pais e responsáveis assegurem o direito da criança à vida, garantindo as vacinas preventivas.

O próximo dia 22 de setembro será, no Brasil, o Dia da Vacinação. O Grupo de Defesa da Saúde da Criança, formado pelo Unicef, Sociedade Brasileira de Pediatria, Organização Pan-Americana de Saúde (Opas), Pastoral da Criança da CNBB, Conselho Nacional das Igrejas Cristãs (Conic) e outras instituições, em colaboração com o Ministério da Saúde, empenham-se para que, em breve tempo, toda criança brasileira possa ser vacinada.

619

No fim deste mês haverá o Encontro Mundial da Cúpula pela Criança das Nações Unidas. O Brasil estará presente. No mundo inteiro, cerca de 15 milhões de menores de cinco anos morrem a cada ano, vítimas, em especial, das doenças preveníveis.

O nosso compromisso cristão com a criança exige, também, reduzir a mortalidade infantil, a desnutrição e o analfabetismo. Amar o próximo, como Jesus Cristo nos ensina, é zelar pela salvação eterna de cada irmão e empenhar-se para que, já nesta vida, todos tenham condições de se desenvolverem com dignidade, como convém a filhos de Deus.

O Brasil em primeiro lugar

22/09/1990

A pergunta que ocorre é logo: primeiro lugar em quê? E se respondermos que se trata de criança, pensarão que se queira aludir a aspectos negativos de analfabetismo, desnutrição ou à situação sempre dolorosa de menores abandonados pela sociedade.

No entanto, aqui se pretende elogiar o nosso país. E com razão. A legislação federal para a infância brasileira denominada Estatuto da Criança e do Adolescente, com 267 artigos, foi sancionada no dia 13 de julho deste ano pelo presidente da República. Esta legislação é reconhecida por organismos internacionais como das melhores do mundo. O Brasil alcança o primeiro lugar em garantir os princípios propostos na Convenção Internacional dos Direitos da Criança, assumida pela ONU em novembro de 1989.

Estão, portanto, de parabéns, todos os que se empenharam por essa grande causa humanitária. O mais belo nesse longo processo iniciado com as ementas populares em 1988 é que ele resultou da participação ampla de crianças, adolescentes, educadores, trabalhadores sociais, religiosos, advogados, juristas, promotores, juízes que, todos, trouxeram a colaboração de suas expectativas e experiências. Dezenas de movimentos e instituições se uniram no Fórum Nacional de Entidade Não Governamentais de Defesa das Crianças e Adolescentes, procurando coordenar a elaboração da nova lei. Mérito especial tiveram algumas entidades, entre as quais alegramo-nos em citar o esforço da Semana Ecumênica do Menor de 1988, reunindo as igrejas cristãs que redigiram 68 artigos a síntese da contribuição dos educadores do Brasil como proposta para lei complementar. Não podemos esquecer a contribuição dos Centros de Defesa dos Direitos, da OAB, da Sociedade Brasileira de Pediatria, do Movimento Nacional de Meninos e Meninas de Rua e da Frente Nacional de Defesa dos Direitos da Criança e do Adolescente.

Surgiu a Frente Parlamentar pelos Direitos da Criança com deputados e senadores de todos os partidos. O resultado de tanta colaboração evidenciou-se nas votações do projeto, por adesão unanime das lideranças de todos os partidos da Câmara dos Deputados e no Senado.

O novo estatuto começa indicando em que consiste a afirmação constitucional, art. 227, que a eles assegura "absoluta prioridade" na defesa dos direitos fundamentais. Isto significa: primazia em receber proteção e socorro em qualquer circunstância, precedência no atendimento por serviço ou órgão público de qualquer poder, preferência na formulação e execução das políticas sociais públicas e destinação privilegiada dos recursos públicos nas áreas relacionadas com a proteção à infância e a juventude.

O novo sistema legal considera, agora, a criança e o adolescente como sujeitos de direitos e como cidadãos com responsabilidade social. Há uma notável mudança de enfoque pedagógico, atuação direta da sociedade que participará, por exemplo, de conselhos tutelares e muitos outros pontos positivos.

São tempos novos que surgem para o Brasil. Sabemos todos qual o sofrimento de milhões de crianças carentes, abandonadas desde cedo, sem lar, educação e cuidados de saúde. Temos, no entanto, leis de que com razão nos orgulhamos, e que podemos aos poucos resgatar as grandes injustiças contra os mais indefesos de nossa sociedade.

A Semana Ecumênica do Menor, que termina no dia 22, realiza-se em São Paulo pela décima vez e lança para o Brasil o desafio de concretizarmos em nível de municípios e Estados as novas leis do país. Neste mesmo dia 22 na ONU, dezenas de países assinarão a Convenção dos Direitos da criança, desta vez, e graças a Deus, o Brasil pela sua legislação federal merece o primeiro lugar.

Nações Unidas e as crianças

29/09/1990

Ontem e hoje, em Nova York, reúne-se, nas Nações Unidas, a cúpula formada pelos países que ratificam a Convenção dos Direitos da Criança. Esta data merece permanecer em destaque na história do início do novo século, pois poderá melhorar, de modo definitivo, o tratamento das crianças em dezenas de países.

O Brasil, que assina a convenção, já possui o novo estatuto que entrará em vigor a 12 de outubro. Trata-se da Lei 8.069/90 que ordena o direito constitucional da criança e do adolescente, em harmonia com as atuais decisões da ONU. A lei brasileira vai além do texto da ONU, e representa o fruto da participação de milhares de pessoas interessadas em assumir com eficiência a situação do menor.

É preciso que, quanto antes, nos convençamos de que a atual Constituição, no artigo 227, estabelece: "É dever da família, da sociedade e do Estado assegurar à criança e ao adolescente, com absoluta prioridade, o direito à vida, à alimentação, à educação, ao lazer, à profissionalização, à cultura, à dignidade, ao respeito, à liberdade e à convivência familiar e comunitária, além de colocá-los a salvo de toda forma de negligência, discriminação, exploração, violência, crueldade e opressão".

Política

Estamos, agora, convocados para pôr em prática esta vigorosa legislação, aplicá-la aos níveis estadual e municipal, criando, assim, condições dignas de vida para a criança brasileira. A nova lei abre espaço para a atuação em conselhos tutelares, órgãos encarregados de velar pelo cumprimento dos direitos da criança e do adolescente, cujos membros são eleitos pelos cidadãos para três anos de mandato. Pela nova Carta à população em suas organizações representativas está conclamada para colaborar na elaboração das políticas e controle das ações em nível municipal, estadual e nacional. Ao princípio de descentralização político-administrativa une-se a mais ampla participação das entidades não governamentais.

Voltemos a atenção para a realidade brasileira, 50 milhões de crianças e adolescentes sobrevivem em famílias cuja renda não ultrapassa dois salários mínimos ao mês. Calcula-se que 30% de nossa infância encontra-se em situação de miséria. Mais de 15 milhões de crianças são vítimas de desnutrição. Os trabalhadores infantis passam de 10 milhões e recebem ao mês, em média, a quinta parte de um salário mínimo. A criança é, assim, forçada, desde cedo, a privar-se do estudo e do justo lazer para consumir sua saúde em atividades superiores às suas forças. O atual Programa Nacional de Alfabetização acaba de confirmar a triste condição de milhões de crianças sem escola. Acrescentemos a isso as vítimas de deficiências mentais, visuais e outras, por falta de atendimento. O quadro fica mais dramático ao pensarmos na difusão dos tóxicos, no aliciamento ao crime e na exploração sexual de menores. A prostituição infantil demonstra até que ponto nossa sociedade sacrifica os menores, prejudicando-lhes toda a vida.

Temos leis adequadas para reverter este quadro e permitir que as crianças e adolescentes possam exercer seus direitos fundamentais. Resta agora iniciar o esforço de mudança de mentalidade para reconhecer e promover esses direitos.

O Dia da Criança, mais do que momentos de brinquedos e festas, que são também oportunos, deve ser o dia do compromisso com os menos favorecidos. São os milhões de crianças carentes. Procuremos merecer as bênçãos de Deus, para que se realize o entendimento nacional, lembrados de que os primeiros destinatários devem ser a infância e a juventude.

Mensagem de vida

15/12/1990

Nesta semana a Comissão Especial da Câmara dos Deputados analisou a proposta de plebiscito para a pena de morte, aprovando-a por sete votos a cinco. O presidente da Comissão tinha solicitado mais 40 sessões para ampliar a discussão de tema tão grave. A votação interrompeu o debate e causou surpresa. A questão da pena de morte deve ser avaliada com objetividade e à luz dos princípios maiores da dignidade da pessoa humana. Estamos, sem dúvida, concordes quanto a necessidade de frear a violência e salvaguardar a justiça e a segurança da sociedade, e estabelecer penas adequadas aos que desrespeitam a vida. No entanto, o dispositivo legal da pena de morte não é a solução. Menos ainda é questão que se resolva por meio de plebiscito.

Desejamos a convivência justa e pacífica na sociedade, baseada na afirmação da dignidade da pessoa humana, cujo último fundamento está na relação ao próprio Deus. Deve-se, portanto, investir sempre mais no alicerce da vida familiar, na garantia de condições honestas para o desenvolvimento de cada cidadão. Trata-se de educar para o exercício da liberdade com pleno apreço à vida, respeito dos direitos dos outros e cumprimento dos próprios deveres.

Infelizmente, difunde-se sempre mais o materialismo prático, destituído de horizontes éticos, que destrói, aos poucos, o reconhecimento da dignidade da pessoa. Segue-se daí a supervalorização da dimensão econômica que leva à prática da violência e a sistemas de injustiças, que com frieza, subordinam a vida a interesses egoístas e de lucro.

O importante é reconhecer a verdadeira causa da violência e dos desatinos na sociedade e não agravá-los com recurso a novas formas de violência.

A história recente demonstra que a introdução legal da pena de morte em nada diminuiu a multiplicação dos crimes. Pelo contrário, agravou-os. Além disso, a administração da Justiça torna-se difícil e com graves riscos de condenações falhas. O clima de aprovação da morte gera no seio da sociedade o recurso a formas desregradas de aplicação da justiça pelas próprias mãos, instaurando a facilidade de vingança e a anomia em relação ao direito de viver.

A decisão deste problema não tem a ver com o plebiscito o instrumento adequado. Com efeito, na área do direito, valem a verdade e a força das razões. No plebiscito, o voto da maioria pode, como é sabido, ficar prejudicado pelo clima de emotividade, pelas influências do momento e sucumbir à falácia dos pseudoargumentos. Pouco a pouco, veio crescendo em meio a população a permissividade diante do aborto, da atuação dos justiceiros, assassinos de menores e adolescentes, e a propensão ao linchamento. Daí, a necessidade premente de uma profunda ação educativa que ofereça a todos condições de redescobrir o apreço à dignidade da pessoa e a fidelidade às exigências éticas que pautam a convivência humana.

Acreditamos que os membros da Câmara dos Deputados serão os primeiros a reconsiderar a votação prematura da Comissão Especial e hão de levar adiante a análise serena das razões que colocam a pena de morte entre as pseudossoluções. A sociedade, que é formada no respeito aos valores morais, encontrará meios adequados para garantir a observância da lei e a segurança social, sem recorrer à destruição da vida.

O Natal de Jesus Cristo é a mensagem de vida, que nos ensina a superar os mecanismos da morte e acreditar, com o auxílio de Deus, na força maior da justiça e da fraternidade.

Reconstruir a paz

19/01/1991

A consternação é grande no mundo inteiro diante das notícias da guerra no golfo Pérsico. Continuamente convencidos de que a violência não é solução para as questões políticas. A prova aí está. Lançamento de bombas sobre pontos-chave do Iraque acarretam a morte de muitos cidadãos. A resposta iraquiana vai atingindo cidades da Arábia Saudita e Israel. Cresce a apreensão nas áreas envolvidas e espalha-se, cada vez mais, a ameaça de atos terroristas. O uso da violência gera reações igualmente violentas e provoca a vontade de revidar o golpe.

Temos que superar esta atitude de quem confia no poder destrutivo dos aviões de combate e dos mísseis. É um caminho suicida, que leva as nações a armar-se sempre mais. O bem da humanidade requer um esforço completamente diferente, sem o qual estaremos banindo para longe a paz. A nova ordem internacional baseia-se nos direitos e deveres, cujo fundamento é a dignidade da vida humana e o respeito recíproco entre países. Não basta, portanto, aguardar o fim desta guerra insana. Precisamos alcançar a firme convicção de que o recurso às armas é absurdo. Se não mudarmos o modo de pensar, hão de aumentar as fábricas de armamento e a descoberta de engenhos de destruição mais sofisticados.

Ante este desvario da história, a solução é outra. Temos que reconstruir a paz. Esta é a vontade de Deus. O profeta Isaías anuncia os tempos messiânicos como período de paz, quando as espadas serão transformadas em arados. Jesus Cristo ensinou-nos a reconciliação e o amor universal. Sua mensagem é a paz. Declarou bem-aventurados os pacíficos, que serão chamados filhos de Deus. Neste sentido, compreendemos os veementes apelos para o entendimento e a concórdia feitos pelo Santo Padre e por tantos líderes religiosos e políticos. Em resposta, grande parte da humanidade, diante dos mísseis da morte, em vigílias de oração e penitência, suplica a Deus a conversão do coração e a transformação definitiva do relacionamento humano em busca da paz.

Não basta o "cessar-fogo" entre os atuais beligerantes. Temos todos muitos erros a corrigir. Aí estão os anos de restrição de liberdade no Leste europeu, a repressão na China e Lituânia, a situação do Líbano, a condição dos palestinos, guerrilhas e lutas tribais na África. Pensemos na opressão econômica dos países ricos e no peso insuportável da dívida externa.

A necessidade de revertermos esta situação está clara no "Encontro Mundial de Cúpula" em bem das crianças, assinando por mais de 150 países em setembro de 1990. Para obter as metas de redução de um terço da mortalidade infantil, de 50% dos índices de desnutrição e promover a escolaridade básica de pelo menos 80% das crianças pobres, são necessários US$ 20 bilhões ao ano. Este gasto equivale a dez dias das despesas militares do mundo de hoje. O relatório do encontro propõe a imediata diminuição dos gastos militares, a conversão da dívida externa em investimentos sociais para a criança e o redirecionamento de recursos, deslocando as verbas de serviços de alto custo, que atingem a poucos, para serviços de baixo custo que beneficiam a muitos.

Vamos construir a paz a todo custo. O caminho é o acatamento à lei de Deus, o respeito à pessoa humana, o cumprimento dos deveres e a decisão de vencer ódio, discriminação e ressentimentos e promover estruturas sociais mais justas. Unamo-nos na oração, para que estes dias de sofrimento da guerra ajudem a humanidade e reencontrar mais depressa a Vontade de Deus, a confiança no amor que supera o ódio e reconcilia os povos. Bem-aventurados os que constroem a paz.

Guerra nunca mais

02/02/1991

Os dias passam e aumentam a tristeza e a angústia diante da guerra do Golfo Pérsico.

Nesta semana, realizou-se em Roma a reunião da Comissão Pontifícia de Justiça e Paz, por ocasião do centenário da encíclica *Rerum Novarum* de Leão 13. Os 30 membros, representados dos vários continentes, dedicaram-se a rezar pela paz e buscar soluções para restabelecer, conforme os constantes apelos do Santo Padre, a concórdia entre as nações beligerantes. Este recurso à oração tem-se multiplicado pelo mundo inteiro, unido, na mesma celebração, fiéis de várias regiões. Neste espírito de confiança em Deus, é possível superar as distâncias e os preconceitos e acreditar na fraternidade universal.

Na perspectiva da análise do conflito cresce a convicção de que a guerra não é caminho para a paz. As injustiças que se constatam, entre as quais a invasão do Kuait, devem ser superadas, os direitos respeitados, mas através de meios que assegurem o entendimento e não aumentem a violência e o ódio. A compreensão da ineficácia do uso das armas para resolver a questão do Golfo levou, há três dias, o almirante Buracchia a rever sua posição e a pedir para ser liberado do comando naval italiano.

Com efeito, há aspectos importantes da guerra atual que obrigam, ainda mais, a buscar outros caminhos na solução dos conflitos entre os povos. Em primeiro lugar, a força destrutora dos explosivos acarreta prejuízos imprevisíveis e incontroláveis. O mesmo vale para o uso de armas químicas e bacteriológicas, poluição de mares e rios, envolvendo a perda de inúmeras vidas inocentes. O segundo aspecto, igualmente grave, é a ameaça de terrorismo, sem fronteiras. A consequência é o ódio e o anseio de vingança que se vai apoderando de grandes grupos e pode-se estender por várias gerações. Tudo isso torna a guerra inaceitável. Os meios para reparar as agressões e restabelecer a justiça devem ser outros, a começar do diálogo constante e do recurso às sanções internacionais.

Entendemos porque, principalmente os jovens, resistem ao uso de armas e organizam manifestações sempre maiores pela paz. Nestes dias são numerosas as vigílias de oração e jejum. Em Turim, no dia 25 de janeiro, a organização juvenil Sermig concedeu o prêmio de paz a uma vila em Israel, a 15 km de Jerusalém, chamada Neve-Shalom. Aí vivem, há mais de dez anos, famílias mulçumanas, judias e católicas, partilhando o trabalho e educando os filhos num clima de amizade e profundo respeito aos valores religiosos e culturais de cada grupo.

As mesmas comunidades jovens de Turim redigiram uma carta a Sadam Hussein, solicitando a imediata cessação da guerra e o restabelecimento da ordem, oferecendo o esforço dos jovens para reconstruir, quanto antes, as áreas destruídas pela guerra e realizar a fraternidade entre os povos.

A nova geração tem que aprender a lição do Golfo: guerra nunca mais. No Mundo em que é tão vasta a injustiça, o mal não será vencido pelo mal, nem só pela justiça, mas pelo perdão sincero. Daí a importância da oração que alcança a graça de Deus, converte o coração, educa para a paz e leva à prática do amor fraterno.

Direito à vida e pena de morte

23/03/1991

Quando todos valorizam a vida, não há lugar para a pena de morte. Estamos, sem dúvida, de acordo, quanto à necessidade de frear a violência, salvaguardar a justiça, garantir a segurança da pessoa e sociedade, e estabelecer penas adequadas aos que desrespeitam a vida. No entanto, o dispositivo legal da pena de morte não é solução. Menos ainda é questão que se resolva por meio de plebiscito.

Há duas verdades fundamentais que nos levam convictamente a defender a vida, dom de Deus. A primeira é a capacidade que todos temos de superar o mal e de refazermos o caminho do bem. Ninguém é tão mau que não possa se converter. Que faríamos nós, diante de Deus, se não houvesse a possibilidade do perdão? A colaboração do próximo e a graça divina podem transformar radicalmente nosso comportamento. Paulo, de perseguidor dos irmãos, tornou-se apostolo e mártir da fé. A segunda verdade é da responsabilidade fraterna. Quando alguém erra, a culpa é nossa também, pois temos o dever de colaborar para a vida e recuperação dos outros. Maior ainda é esta obrigação para quem crê no Evangelho de Jesus Cristo.

Há, além disso, considerações que ajudam a compreender por que rejeitar a pena de morte:

1) as nações que aplicaram esta pena não viram diminuir a incidência no crime. Ao contrário, isto exacerbou a criminalidade, criando a convicção de que vale tudo para quem vai mesmo morrer.

2) O clima de aprovação da morte gera no seio da sociedade o recurso a formas desregradas da aplicação da justiça, instaurando a facilidade da vingança. Cresce a tendência de fazer justiça pelas próprias mãos, com aumento de linchamentos, sem defesa e identificação de culpados.

3) A administração da justiça humana é precária. Apesar de louváveis esforços dos magistrados, há, infelizmente, lugar para falsas acusações e falhas processuais, abrindo campo até para condenação de inocentes.

Ainda recentemente os jornais noticiaram a inocência de seis irlandeses que passaram 16 anos na prisão, condenados à pena perpétua. É lamentável o clima de degradação moral em meio a nosso povo. Prova desta triste degenerescência é a permissividade diante do aborto, da atuação de justiceiros que assassinam inocentes e da insensibilidade diante da miséria e da violência. Nesse ambiente de desequilíbrio de valores, é evidente que a decisão sobre a pena de morte não pode ser adequadamente resolvida por meio de plebiscito. Na área do direito, vale a verdade. No plebiscito, o voto da maioridade pode, como é sabido, estar prejudicado pelo clima de emotividade, pela propaganda dos meios de comunicação social, que levam a pessoa a ceder diante da falácia dos pseudoargumentos.

O que fazer? O importante é reconhecer a verdadeira causa da violência e dos desatinos na sociedade e não agravá-los com recurso a novas formas de violência. Deve-se, portanto, investir no alicerce da vida familiar, na promoção de condições dignas para o desenvolvimento de cada cidadão e na ação educativa que ensine o valor da pessoa, o reto uso da liberdade e a fidelidade às exigências éticas que pautam a convivência humana.

É urgente a reformulação do sistema judiciário e carcerário que dê garantias reais para que os responsáveis pelo crime sejam punidos e ajudados a se regenerar. Requer-se, ainda, o esforço por parte dos meios de comunicação social para que não incentivem a violência e impunidade do crime, mas assumam a missão de educar para honestidade, o trabalho, a verdade e a paz social.

Acreditamos que os membros do Congresso Nacional serão os primeiros a defender a tradição brasileira, tanto jurídica como religiosa, de respeito à vida.

O país dos cedros e a paz

15/06/1991

No dia 22 de maio foi firmado o tratado de "Fraternidade e Cooperação" entre a Síria e Líbano, que deverá ser formalmente ratificado pelos dois parlamentos nacionais. Esse acordo realiza quando estava previsto no Tratado de Taif de 22 de outubro de 1989, assinado sob a proteção da Liga Árabe. Na época, muitos chamavam a atenção para a dependência do país dos cedros para com a nação síria. Com efeito, não é fácil que um país como o Líbano seja capaz de firmar pactos, enquanto não tiver alcançado a liberdade plena em seu território, com a volta de tropa de outros países para as suas terras. Uma nação deve recuperar sua plena autoridade e autonomia para decidir quais acordos mais lhe convém. Continuamos almejando a soberania nacional para o Líbano.

É verdade que as armas pesadas dos diversos grupos foram entregues. Assim, os drusos enviaram para Damasco comboios de armamentos. Samir Geagea devolveu a Israel e a Bagdá o que deles recebera. Também os xiitas de Amal e os membros do Hezbollah aceitara depor as armas. Apesar disso, permanece tenso o ambiente. Há desconfiança, medo e ameaças.

Depois de 16 anos de guerra fraticida, merece o Líbano reencontrar a verdadeira autonomia e paz. Houve grande omissão por parte das nações com esse país, vítima da cobiça e da violência dos vizinhos. Antes da guerra, o Líbano ofereceu ao mundo exemplo de entendimento fraterno, de convivência pacífica entre dezenas de grupos religiosos e culturas diferentes. Era grande o respeito de uns para com os outros, manifestando exemplo de solidariedade no pluralismo das convicções religiosas. Sunitas e cristãos, xiitas e drusos cresciam formando uma só pátria. Durante os anos de conflito, mesmo após os sofrimentos dos campos palestinos de Sabra, Chatila e Bouy e do assassinato de Kamal, pai de Jumblat, príncipe druso, em Chouf, o povo ainda acreditava na união interna do país e desejava ardentemente ficar livre das influências estrangeiras para poder reconstruir a concórdia e a paz.

Atualmente o Líbano, com pouco mais de 2 milhões de habitantes, conta inda com 600 mil católicos. Na quarta-feira, dia 12 de junho de 1991, o papa João Paulo II anunciou um sínodo especial para o Líbano, com o fim de auxiliar os católicos a dar "testemunho da própria fé" numa sociedade profundamente marcada por 16 anos de guerra. Milhares de fiéis reunidos na Sala Paulo VI, no Vaticano, ouviram, ao final da audiência, o santo padre invocar a Deus e anunciar o próximo sínodo. Toda a igreja, acrescentou o papa, está convidada a viver esta iniciativa "com profundo espírito de solidariedade". Manifestou a confiança de que os irmãos das outras igrejas cristãs do Líbano cooperem, oferecendo a sua oração e auxílio. Estendeu seu apelo aos libaneses muçulmanos para que apreciem o esforço dos concidadãos católicos, percebendo seu desejo de aproximação fraterna, numa sociedade de verdadeira convivência e sincera colaboração para a reconstrução do país.

O patriarca maronita Nasrallah Sfeir, presente em Roma, declarou que o futuro sínodo será um acontecimento pastoral de enorme importância, contando com o interesse dos cristãos do mundo inteiro. Acrescentou a esperança de que no país dos cedros, hoje destruído pelas bombas, o sinal da cruz faça surgir vida nova para além das incertezas e do medo que hoje angustiam os corações. Fez votos para que muitos cristãos que, ao longo dos anos, deixaram o país, possam voltar sem demora à pátria.

Há três anos, tive a oportunidade de conhecer de perto a situação do Líbano, levando, em nome da Igreja do Brasil, uma palavra de conforto aos fiéis e ao povo em meio às lutas fratricidas. Num hospital, encontrei uma jovem cristã inválida, vítima do disparo de um soldado. Sem ódio, sem mágoa, ela pedia que Deus perdoasse quem a feriu. Nunca mais esqueci a beleza e a paz de seu sorriso. Sorriso de quem sabe perdoar. Que a jovem libanesa possa servir de exemplo para todos que nestes anos se hostilizaram. Desça sobre o Líbano a graça da reconciliação. Recupere sua completa liberdade. As nações vizinhas respeitem sua soberania e cooperem para a plena reconstrução e a paz do país dos cedros.

Presidente Gorbatchev

24/08/1991

Permitam-me um testemunho modesto e sincero. Acompanhamos nestes dias as vicissitudes pelas quais passa a União Soviética: afastamento do presidente, perplexidade do povo diante da invenção militar e, agora, a recondução complexa, com incidências econômicas e políticas, que dificilmente podem ser aferidas por nós. No entanto, neste contexto constatando a volta do presidente, desejo dar um depoimento de que vivi, há quatro anos, por ocasião da visita ao episcopado lituano, na celebração dos 600 anos de cristianismo.

Na época, era desejo da Santa Sé que alguns bispos de vários países expressassem sua solidariedade e união espiritual com a Igreja da Lituânia. Foi feito pedido oficial ao governo soviético para obter licença de entrar na Lituânia. Para isto, requeria-se convite do patriarca Pimen, de Moscou. As diligências foram demoradas, mas chegaram a bom termo. Assim, em setembro de 1987, a delegação do Brasil dirigiu-se à União Soviética, passando antes por Roma, para uma audiência com o santo padre João Paulo II, que externou seus anseios e nos abençoou.

Quem tem presente os 70 longos anos de revolução comunistas, sabe quanta restrição à liberdade, principalmente religiosa, aconteceu nas repúblicas soviéticas. Foram anos de deportação, encarceramento, trabalhos forçados sem precedentes da história.

Basta pensar na situação da Lituânia, que vimos mais perto, e que enfrentou a migração compulsória de parte enorme de sua população e dos demais países bálticos para os campos da Sibéria. Milhões de pessoas deram a vida pela pátria e pela fé.

Em 1987, eram já visíveis os sinais de mudança na política interna da União Soviética. Usavam-se pela primeira vez os termos perestroika e glasnost.

Aqui começa o testemunho pessoal. Entre maiores expectativas do mundo católico estavam a devolução das igrejas ao culto, o reconhecimento de institutos religiosos, a entrada sem restrição no seminário e a liberdade religiosa para os uniatas, cristãos unidos a Roma e de rito oriental que viviam na clandestinidade. Outro anseio era a nomeação de representante da hierarquia católica para a região da Bielorrúsia e a volta à Ucrânia do episcopado uniata. Estes temas foram longamente discutidos com os membros do ministério de culto e com a hierarquia ortodoxa. Era possível perceber as grandes dificuldades que permaneciam apesar das recentes aberturas políticas.

Lembro-me ainda de como fiquei impressionado contemplando a catedral de Vilna transformada em pinacoteca e a venerada igreja de S. Casimiro abrigando o museu lituano de ateísmo. A viagem foi ocasião de muita reflexão e profunda súplica a Deus para a recuperação da liberdade religiosa. Ao voltarmos, estivemos ainda com o papa contando-lhe as demonstrações de fé que presenciamos no povo. Já no Brasil, em nome da CNBB, escrevi longa e respeitosa carta ao presidente Gorbatchev, expressando a confiança em ver a perestroika atingir a vida religiosa do país. Referia-me a todos os pontos assinalados pelo santo padre e ao desejo de ver, quanto antes, a URSS abrir-se à plena liberdade de culto. A carta foi entregue oficialmente pelo embaixador do Brasil. Longe de mim a pretensão de que este documento tenha, si mesmo, acelerado a abertura religiosa. A consciência do próprio povo e outras vozes mais autorizadas terão influído para isto. Mas o importante é que nos meses seguintes todas as reedificações foram concedidas. Este é o testemunho. Não posso avaliar as outras incidências da crise nos últimos dias. Desejo, no entanto, prestar este depoimento, na certeza de que, nos últimos anos, sob o governo Gorbatchev, a União Soviética modificou, de modo evidente, a política de restrições religiosas. Daí, o reconhecimento ao atual presidente da URSS.

Sabem as comunidades cristãs como a oração destes anos, em resposta, à mensagem de Nossa Senhora de Fátima, terá contribuído para que a Lituânia e os outros países da União Soviética tenham reencontrado a própria liberdade religiosa.

Amazônia internacional?

21/09/1991

Ninguém deve aprovar a perda da soberania sobre o território nacional.

Temos presenciado nesses últimos anos o empenho de tantos povos em reconquistar a independência política e assegurar, para isso a plena liberdade na posse do próprio território. Com razão, pois, defendemos a integridade de nossas fronteiras como exigência da soberania brasileira e da cooperação para o bem universal.

Circula, no entanto, grave acusação de que missionários e grupos religiosos pretendem internacionalizar a Amazônia. A notícia gerou desconfiança sobre os missionários, visando a restringir sua liberdade de ação nas áreas indígenas. Instituiu o Congresso uma Comissão Parlamentar de Inquérito. Acabam, agora, de se realizar, em Roraima, sessões desta CPI, que deixa a desejar até o momento pela falta de objetividade na apuração dos fatos e renovadas acusações contra a atuação missionária.

Situação semelhante aconteceu no período da Constituinte, com a intenção nítida de influir na redação da Lei Magna no que se refere aos direitos indígenas. Houve, na época, por um órgão da imprensa, campanha difamatória contra a Igreja, levantando suspeitas descabidas, com base em três documentos forjados:

uma declaração do Conselho das Igrejas, na Suíça, atas e cartas envolvendo o Conselho Indigenista Missionário, Cimi. As provas de falsidade dos supostos documentos foram vigorosamente apresentadas na CPI de 1988 e tornaram-se bem conhecidas. Graças a Deus, o texto da atual Constituição explicitou bem os direitos dos povos indígenas.

Eis que, três anos mais tarde, voltam os mesmos ataques, insistindo em acusar os missionários de querer internacionalizar a Amazônia. Qual a intenção dessa campanha? A meta, pelo que parece, é a de alterar a Constituição quanto às terras indígenas, modificando, assim, as restrições óbvias à exploração de madeira e minério nessas áreas.

Ante as acusações, alguns pontos devem ser estabelecidos:

1) É notório e benemérito o esforço abnegado por parte das missões religiosas. Seus membros motivados pela fé e pelo idealismo cristão atuam em regiões difíceis, procurando viver e trabalhar em meio aos índios. Tem sido longo o aprendizado histórico para evitar falhas e respeitar as lideranças, organizações e culturas indígenas, e oferecer os valores do Evangelho que se destina a aperfeiçoar a pessoa humana em todas as culturas.

2) Muito diferente é a situação de algum grupo missionário que não agiu conforme a motivação religiosa ou de pessoas que se apresentam como missionários para penetrar, com outros objetivos, nas áreas indígenas. Cabe, sem dúvida, que os fatos – se existem – sejam identificados e coibido o eventual abuso. Não se confundam, porém, esses casos com a atuação benemérita das missões religiosas.

3) É preciso mostrar que os fatores da atual campanha difamatória não pretendem apenas atingir os missionários, mas os índios brasileiros, abrindo na Constituição brechas para ambição lucrativa e espoliativa.

4) Durante a CPI houve acusações explícitas à atuação da diocese de Roraima. É dever de justiça repudiar esses ataques malévolos e de afirmar a solidariedade e apoio a Dom Aldo Mongiano e aos missionários na defesa dos ianomâmis e grupos indígenas.

Reconhecidos com vigor o mérito e patriotismo dos missionários e dos que promovem os índios brasileiros e suas organizações, podemos, no entanto, perguntar: será que não está havendo, infelizmente, outro tipo de internacionalização, quando se facilitam concessões a empresas estrangeiras para explorar a riqueza da Amazônia, em detrimento dos índios e do povo brasileiro?

Cumpra-se a lei

28/09/1991

Este é o título da declaração que, na quinta-feira, representantes da Ação pela Cidadania entregaram ao senador Mario Benevides, presidente do senado, e ao deputado Ibsen Pinheiro, presidente da Câmara. O texto denuncia o tratamento que meninos e meninas empobrecidos vêm recebendo em nosso país e afirma a necessidade do cumprimento da Constituição e do Estatuto da Criança e do Adolescente.

Na França registra-se, por ano, 50 mil casos de maus-tratos e sevícias contra a criança. Não é diferente a situação na Itália e Inglaterra conforme notícias divulgadas anteontem, 26/09, no Encontro Internacional sobre a Criança, em Veneza. No Brasil, infelizmente, continuam os casos de violência e assassinatos de adolescentes. Daí a importância do documento assinado por entidades e pessoas, que unem esforços para defesa dos direitos inerentes à cidadania, mediante a mobilização da sociedade civil para o cumprimento da lei.

O texto reconhece a segurança como direito do cidadão. Acrescenta, no entanto, que "a melhor forma de promover a segurança é respeitar a lei". Do contrário, cai-se no arbítrio e termina-se lesando a própria segurança de pessoa e da sociedade. Hoje, sob o pretexto da segurança, são tristemente executadas crianças e adolescentes. Defende-se, além disso, "operações de arrastão" e outros procedimentos discriminatórios e intoleráveis perante a lei. Estes fatos são atestados no depoimento do relator da CPI. Operações repressivas, organizadas por forças policiais, com a cobertura de membros do Poder Judiciário em alguns casos, apresentam evidentes características de ilegalidade e afronta à Constituição e ao Estatuto da Criança e do Adolescente.

Com efeito, foram detidos centenas de meninos de rua em Belo Horizonte.

Para ser preso bastava estar na rua, pobre e maltrapilho. Isto causa indignação.

Atos de brutalidade não podem resolver a questão dos menores de rua. Fomentam o medo e tornam a sociedade sempre mais agressiva. O caminho para recuperação dos menores infratores não é a repressão arbitrária, violenta, mas o esforço para atingir as causas profundas do abandono e descanso em que vivem milhões de crianças.

Requer-se ação imediata, criando condições dignas de vida para a população carente e, em especial, em bem da família. Quando menores agridem a sociedade é preciso muita pedagogia e amor para corrigi-los e reabilitá-los.

O presidente Fernando Collor assinou a Convenção Internacional sobre os Direitos da Criança e tem demonstrado decisão em apurar crimes de extermínio de menores e em desenvolver, através do Ministério da Criança, uma política que promova com prioridade a infância e adolescência. O Estatuto da Criança e do Adolescente, aprovado pelo Congresso, é lei vigente que começa a ser aplicada, abrindo novas perspectivas para enfrentar pela raiz esta questão crucial. É indispensável, também, para isso um posicionamento construtivo formador de opinião prática, acenando para soluções e cooperando para mudança de mentalidade de nosso povo. Na verdade, o maior desafio para todos nós é a mudança da mentalidade que nos leve a converter o coração e reconhecer diante de Deus a dignidade de toda criança. Para isso será necessário garantir na organização da sociedade a hierarquia de valores, respeitando a prioridade da pessoa, acima da acumulação de bens materiais, em benefício próprio que gera situação crônica de injustiça social.

Saudamos, com alegria, a realização da Semana Ecumênica do Menor, em São Paulo, que reúne, há 11 anos, os esforços das igrejas cristãs na luta pela vida e esperança. A Ação pela Cidadania coloca a questão na perspectiva certa, reafirmando mais uma vez que a base de todo regime democrático está não só em dotar o país de leis justas, mas em zelar pelo seu cumprimento.

Pacto pela infância

16/11/1991

Trata-se de uma iniciativa promissora, que merece e requer o apoio da inteira sociedade. A 13 de novembro, reuniram-se em Brasília para implementar o "Pacto pela Infância", firmado a 03/10/91, pessoas e entidades comprometidas com a criança.

Sob a coordenação da Unicef, estavam presentes o ministro da Criança, os presidentes da LBA e CBIA, representantes de ministérios e secretarias de Estado, membros do Congresso Nacional, presidente da OAB, ABI, entidades nacionais de comércio, indústria, comunicação social, organização de trabalhadores e instituições específicas para crianças e adolescentes, Fórum Nacional das Entidades de Defesa, Movimento Meninos de Rua, Pastorais da Criança e do Menor da CNBB, organizações religiosas e filantrópicas, institutos de pesquisa e reflexão, Ibase, Inesc, numa lista de mais de 90 adesões, quase todas representando organizações de muita atuação no país.

Nada mais urgente do que este compromisso.

A sociedade vai se convencendo da dramática condição em que se encontram meninos e meninas carentes no Brasil. Aumentaram os atos de violência e crimes hediondos, conforme a CPI sobre o extermínio de crianças e adolescentes. Quatro mil e seiscentos e onze menores foram assassinados nos últimos três anos. Isto levou o Amparo ao Menor Carente, "Amencar", a lançar em São Leopoldo (RS) uma campanha nacional em favor da vida: "Diga não à morte". Com efeito, não podemos calar diante da brutalidade e covardia de que continuam sendo vítimas crianças indefesas.

No Brasil, mais grave é o crime terrível do aborto de tantas vidas, perpetrado com impunidade e aval silencioso da sociedade. Outras vidas apenas nascidas morrem pela desnutrição e doenças comuns e superáveis.

Conforme o IBGE, a proporção de crianças e adolescentes vivendo em famílias pobres – com renda mensal per capita de até meio salário mínimo – era de 50,5% em 1989. Isso significa que entre 59 milhões de brasileiros, na faixa de zero a 17 anos, a metade está em situação de quase miséria.

Nem a consciência cristã, nem o senso humanitário de nosso povo podem aceitar, sem indignação, esta clamorosa injustiça. Entende-se, portanto, que tenha surgido, enfim, o "Pacto pela Infância", reunindo as forças da sociedade para enfrentar com ações concretas e imediatas esta calamidade de que somos todos, de algum modo, corresponsáveis.

O texto começa convocando a união de todos em torno dos direitos assegurados na Constituição às crianças. Segue-se a indicação de ações urgentes:

a) preservar e promover a saúde da criança desde o ventre materno, tendo presente as metas de redução das taxas de mortalidade infantil, mortalidade materna e desnutrição crônica, acesso à água limpa e saneamento básico;
b) garantir o ensino de 1º grau a todos os brasileiros, que nenhuma criança fique sem estudar – em 1989, quase sete milhões de crianças encontravam-se fora de escola e, entre as de 12 a 15 anos, mais de 40% não tinham atingido quatro ou mais anos de estudo;

c) "dar um basta imediato e vigoroso à violência contra a criança, encerrando o ciclo da impunidade", graças ao esforço conjunto do Executivo, Legislativo e Judiciário na identificação e punição de criminosos.

Para que estas metas possam ser quanto antes obtidas, com especial aplicação do Estatuto da Criança e do Adolescente, foi aprovado pelos presentes a proposta de convocar os governadores de Estado, que, por sua vez, procurarão reunir os prefeitos para a elaboração de um programa municipal de emergência a serviço da criança. Aqui há algo novo e de grande eficácia, que não devemos nunca mais perder. É o empenho para um trabalho em comum, conjugando esforços de todos, de todas as entidades governamentais e não governamentais, articuladas a começar do nível municipal. Eis aí um verdadeiro farol de esperança. Confiamos em Deus. Unidos, conseguiremos o resgate da cidadania brasileira a começar pelo compromisso com a vida da criança.

Violência no campo

07/12/1991

É triste, mas a violência continua fazendo vítimas no campo. Basta lembrar os fatos de Rio Maria e Marabá, no Pará. A CPI investiga, procura apurar os casos e prepara relatório que possa trazer à luz o levantamento objetivo das injustiças na zona rural. Na quinta-feira, à noite, 05/12/91, compareceram ao Congresso cerca de cem pessoas para apresentar, mais uma vez, a gravidade do problema da terra aos membros do Legislativo. Acompanhava este grupo Adolfo Pérez Esquivel, Prêmio Nobel da Paz de 1980, bem conhecido pela coragem em denunciar as violações à Justiça e promover os direitos humanos em nosso continente. Havia viúvas e mães de vítimas da violência em vários Estados, com o anseio de que seja apurada a responsabilidade dos que mataram seus entes queridos. Empobrecidas, cansadas de esperar, durante anos, apuração dos fatos, reuniram-se no saguão do Congresso para, com o apoio do presidente da OAB e de várias entidades, fazer valer o direito à justiça e resgatar o testemunho da vida de seus familiares.

De luto, traziam lenços amarrados na cabeça com o nome dos maridos e filhos assassinados: Bento, Olair, Alonso, Domingos, José Machado, Expedito e muitos outros. Estava presente dona Olinda, mãe do padre Josimo, assassinado em Imperatriz, a 10 de maio de 1986.

Somente em 1989, houve aproximadamente 500 conflitos de terra, causando 56 assassinatos, 134 ameaças de morte e a prisão ilegal de 401 lavradores. Casas e roças foram destruídas, forçando o abandono da terra. A situação, portanto, continua extremamente grave e exige a ação coesa da sociedade para coibir essas constantes violações do direito à vida e à propriedade.

Houve em 26 anos (1964-1991), conforme levantamento da Comissão Pastoral da Terra, 1.630 assassinatos de lavradores, índios, advogados e religiosos. A maior parte não tem sequer inquérito policial. Há morosidade por parte da Justiça para concluir os processos e punir os criminosos. Foram realizados apenas 26 julgamentos por homicídio, sendo que dez concluíram com a absolvição de todos os envolvidos. A impunidade fomenta o abuso, cada vez maior, da violência.

Na tarde de quinta-feira, o deputado Waldir Pires recebeu da mesa do Congresso o encargo de acolher o grupo das vítimas da violência. Entregaram-lhe o pedido de que não se interrompam as atividades da CPI até que haja soluções adequadas.

Frente à concentração da terra e da renda, à expulsão de pequenos produtores e à destruição do meio ambiente, torna-se indispensável um novo "Programa de Terra" que assegure o assentamento de trabalhadores rurais com crédito financeiro, assistência técnica e incentivos fiscais e condições dignas de vida. Um sistema de adequada distribuição de terra, diversificado conforme as regiões, poderá reduzir e até frear o êxodo rural. Ajudará a enfrentar o desafio do desemprego e a salvaguardar os grandes valores de nossa população rural: os laços mais estreitos da família, a solidariedade no trabalho, o conhecimento e conservação da natureza, a sabedoria dos medicamentos caseiros. Isto permitirá ainda o aumento da produção agrícola.

Muito se espera, agora, do Fórum Nacional contra a Violência, que ontem teve seu 8º encontro na Procuradoria Geral da República.

É preciso que nossos legisladores procurem saldar a dívida social em relação aos milhões de brasileiros que foram obrigados a deixar o campo. Entendemos, portanto, a insistência com que o santo padre, 14/10/91, em São Luís, afirmava que "o elevado grau de concentração da propriedade de terras no Brasil exige uma justa reforma agrária".

O tempo litúrgico do Advento deve preparar-nos ao Natal de Cristo. Paz na terra. As mães viúvas, os órfãos dos lavradores assassinados clamam por uma nova ordem social, sem violência e com a garantia de seus direitos. A paz nascerá das leis justas e da vontade de implementá-las. Mas isto depende, também, da indispensável conversão de corações.

Meninos sem família

08/02/1992

Muitas dessas crianças e jovens estão em nossas ruas. Quem não os conhece? Vendem balas, limão, alho. Limpam para-brisas. Engraxam sapatos. Pedem esmolas, sujos e maltrapilhos, amedrontam até os passantes. Alguns acabam atraídos pelo roubo e descambam no uso da cola e da droga.

Onde está a família desses menores? No centro de São Paulo, educadores afeitos ás lides da rua aproximam-se desses jovens e, ao ganhar a confiança deles, procuram informações sobre os pais e os irmãos. Pouco a pouco, vão descobrindo que muitos desses meninos e meninas de rua estão ainda ligados a alguém da família. Todo esforço é, então, o de convencer o menor a voltar para casa e preparar os parentes para recebê-lo. Nem sempre é fácil. Mas é o melhor modo de salvar esses adolescentes. Nada substitui o vínculo familiar. O projeto "Axé" atua com uma equipe especializada e idealista de 50 educadores nas ruas de Salvador. Através de um paciente trabalho de visita ás famílias, já conseguiu a volta ao lar de centenas de meninos de rua. É o mesmo método que a Pastoral do Menor segue em muitas capitais do país.

Quando não há condição de reintegrar o menor de rua em casa de parentes, é preciso obter alguma forma de amparo que se assemelhe ao próprio lar. Famílias substitutas aceitam a guarda da criança e chegam até a adotá-la. Conheço em Mariana (MG) um casal admirável. Ele, Sebastião, é humilde e respeitado por todos. Vende pipocas na praça Gomes Freire. Luta com sacrifícios enormes. Mas ele e sua esposa já conseguiram, com muito afeto e a duras penas, criar mais de 60 crianças carentes. O importante não é o dinheiro, mas o amor sincero e generoso de quem assume a criança para educá-la como filho.

A grande solução para o desafio dos meninos de rua é, ante de qualquer outro meio, a volta aos pais e parentes e a dedicação dos que os substituem. Mas para isso é fundamental que se consolide a própria instituição da família brasileira, não só a fim de acolher a volta de suas criança e adolescentes, mas para que eduque com amor os próprios filhos.

Temos, portanto, que procurar sempre unir a criança a seus pais. Notável neste sentido, é o esforço pedagógico da rede de escolas agrícolas, que, além de capacitar profissionalmente a juventude rural, garante, durante anos, a sua permanência na própria família, graças ao método da presença periódica e alternada na escola e no lar.

Há mais de mil municípios que já formaram os Conselhos previstos nos Estatutos da Criança e do Adolescente e começarão a atuar na perspectiva de promoção da família. Reconhecemos o mérito da Presidência da República ao insistir na prioridade que a Lei Magna concede aos direitos da criança e do adolescente. Prova disso foi a indicação de ministro especial. Hoje, numa visão social mais ampla, poderíamos ter uma "Secretaria para a Criança, o Adolescente e a Família" integrando a atuação e os orçamentos da CBIA, que trataria das situações de risco, da LBA, para atendimento à criança de 0 a 6 anos, e do Conselho Nacional de Promoção e Preservação da Família. Daí poderiam surgir orientações adequadas para a política habitacional, de trabalho e salários, de saúde e educação, de televisão e meios de comunicação social que concedam prioridade à família.

Contribuiremos, assim, para que não haja mais meninos e meninas abandonados pelas ruas. Não só. Estaremos reencontrando a vontade de Deus, que estabeleceu o vínculo conjugal e familiar como fonte e garantia do desenvolvimento da vida pessoal e da sociedade.

Reunião de governadores

16/05/1992

Trata-se de um encontro diferente. Está em questão a vida da criança e o futuro do Brasil. Aguardamos com esperança esta reunião de 27 governadores com o propósito de analisar a situação das crianças e adolescentes e de firmar um plano concreto de ação, que assegure a sobrevivência e o desenvolvimento de 60 milhões de brasileiros. O importante evento será no dia 20 de maio, em Brasília. Os participantes já confirmaram seu comparecimento, o que demonstra, graças a Deus, a vontade comum de somar forças em bem da criança, para além de interesses partidários ou regionais. Na ocasião será assinada uma declaração de quatro pontos: compromisso com a saúde e com o ensino fundamental da criança, defendê-la contra as formas de agressão e violência e de implementar as metas estabelecidas na reunião de cúpula pela criança, promovida pelas Nações Unidas, em 1990.

Está em curso uma ampla mobilização nacional por iniciativa de 40 organizações não governamentais, coletando assinaturas para o manifesto em que se pede aos governadores que demonstrem, em clima de união cívica, a vontade política de cumprir a Constituição e o Estatuto da Criança e do Adolescente, tornando efetiva a prioridade absoluta determinada pela lei.

Esse movimento humanitário é acionado pelo Pacto pela Infância, que congrega representantes da sociedade civil organizada e membros do Executivo, Legislativo e Judiciário. Todos percebemos a urgência dessas medidas e sentimentos o dever de aplaudir a acolhida pessoal dos governadores a esta reunião. Anuncia-se o comparecimento do presidente da República que, em cerimônia especial, receberá o texto do Pacto pela Infância e ouvirá a leitura da declaração assumida pelos governadores. A palavra do presidente completará o ato sem precedentes.

Esse esforço conjunto em bem das nossas crianças não podia mais tardar. Pela primeira vez, temos aqui a convergência coesa e convicta do governo e dos demais setores da sociedade.

A declaração dos governadores, apenas debatida e ratificada, será dada a conhecimento e deverá marcar uma nova fase na promoção da infância brasileira. As metas são claras. Quem não percebe o direito que toda criança tem à educação básica e o melhor atendimento à saúde? Infelizmente, um número elevado de menores fica, todos os dias, exposto a riscos de saúde que dificultam seu desenvolvimento e até a sobrevivência. A mortalidade infantil e a desnutrição atingem índices inaceitáveis. Quem luta pela justiça e pelo direito à vida não pode permitir o descaso diante de assassinatos de crianças e jovens, agravados pela impunidade dos responsáveis.

O manifesto dirigido aos governadores propõe ainda a implementação dos conselhos estaduais da criança e do adolescente, a instalação dos conselhos tutelares em todos os municípios e o funcionamento da Justiça da Infância e Juventude.

A prioridade absoluta da criança requer, no entanto, que sejam seguidas as diretrizes da Constituição sobre os recursos federais e estaduais e do percentual para a educação, bem como a concessão dos recursos necessários à saúde.

Aqui fica o apelo para que não haja corte orçamentário nas verbas da CBIA e LBA, indispensáveis para garantir projetos governamentais e convênios com entidades não governamentais em bem da infância e juventude mais carente. No horizonte dessa tão esperada reunião de governadores está a criança brasileira, que tem direito a amor, carinho e vida digna e feliz. Para isso, não basta, no entanto, a vontade política dos governadores e da Presidência. Requer-se o empenho de todos, à luz dos princípios cristãos e do compromisso com os deveres da cidadania.

Ética na política

27/06/1992

Para onde vai o Brasil? Como superar a crise? Vamos nos perguntando uns aos outros, sem ter respostas claras e convincentes. No entanto, para encontrarmos soluções corretas, uma atitude é indispensável: estarmos unidos, somando luzes e esperanças.

Nessa perspectiva, a vigília cívica de 23 de junho, em Brasília, revelou como pessoas e entidades estão ainda empenhadas em superar barreiras e individualismos e descobrir caminhos para nosso país. O salão Petrônio Portela, no Senado Federal, acolheu milhares de cidadãos, vindos de vários Estados. Estavam ali para confirmar a convicção de que sem valores morais não pode haver verdadeira ação política.

A história dos povos, sem excluir a experiência dos últimos anos, mostra quanto a corrupção é capaz de minar as bases da convivência, da organização social e da confiabilidade governamental. Ética na política: eis aí o ideal a ser alcançado.

Na noite de terça-feira, as diferenças entre partidos, entidades e grupos cederam lugar ao patriotismo. Todos sentiam-se irmanados na consciência comum da cidadania e no compromisso de levar adiante a realização da democracia.

Requer-se para isso o esforço constante de conversão pessoal e de aprimoramento das instituições. Precisamos corrigir quanto antes, velhos hábitos de autoritarismo, de busca de privilégios, de enriquecimento fácil e de comportamentos que marginalizam a participação de grandes camadas da população.

O respeito dos valores éticos na ordem sociopolítica deve ser a pedra angular de uma sociedade solidária, conforme os princípios cristãos.

Seguem-se daí consequências urgentes. É preciso que o exemplo venha de cima. Os que assumem funções de responsabilidade na condução dos negócios públicos esforcem-se por ter um comportamento de integridade moral que promova o bem comum acima dos interesses pessoais.

Sem mudança de atitude ética não conseguiremos retificar a vida política do Brasil. Não nos faltará para isso a graça de Deus.

Outra exigência ética inadiável refere-se ao fator tempo. Não se atrasem soluções viáveis, das quais depende a sobrevivência digna dos mais carentes.

Enquanto a situação de crise permanece complexa, é urgente ultrapassar a fase de denúncia, protesto e apatia para passar a ações construtivas. A promoção efetiva do bem comum e os gestos concretos de fraternidade hão de vencer o egoísmo que está na raiz da acumulação indébita de bens e poder. Nada é mais gratificante e capaz de alimentar o idealismo do que a alegria de colaborar para que os empobrecidos tenham condições dignas de trabalho e vida. Assim, a curto prazo, podemos e devemos, especialmente em nível municipal, unir forças de governo e organizações populares para promover iniciativas que trarão, já agora, esperança e conforto a nosso povo.

Três ações conjuntas não podem faltar:
a) esforço para garantir moradia; a casa é indispensável para a coesão e estabilidade familiar;

b) empenho em debelar o analfabetismo e assegurar a educação básica para crianças e adolescentes;
c) atenção maior à saúde, com a promoção da medicina preventiva, saneamento básico, tratamento de água.

A experiência destes últimos anos comprova quanto, em nível municipal, com competência e união de forças, tem sido possível realizar.

O amor gratuito e solidário que o Evangelho nos ensina é a melhor expressão dos valores éticos e está na raiz e no termo de toda ação política.

Mariana, capital

18/07/1992

Final da tarde no céu de Mariana. Praça engalanada. Bandeiras do Brasil, dos estados e municípios. Soldados a cavalo com uniforme do século 18. Bandas de música e povo. Mariana, capital do Estado por um dia.

A data da festa de Nossa Senhora do Carmo inspirou os bandeirantes, vindos de Taubaté em 1696, a denominar o nascente povoado de Ribeirão do Carmo. Mais tarde, Vila e residência de governadores, tornou-se, em 1745, cidade e primeira sede de bispado com o nome de Mariana, em homenagem à esposa de Dom João VI, Maria Ana d'Áustria.

O professor Roque Camello, que muito se empenhou para que fosse reconhecido o "Dia de Minas Gerais", propõe ao plenário da Constituinte mineira, em 1989, que no dia 16 de julho, simbolicamente, o governador do Estado transferisse a capital para Mariana. É o que estabelece a nova Constituição no artigo 256. Assim, Mariana, berço religioso, histórico e artístico de Minas, vê-se recompensado, por um dia, como capital primaz dos 728 municípios do Estado. No dizer de Roque Camello, "Mariana ostenta um rosário de primazias", primeira vila, primeira cidade, primeira comarca, primeira diocese, primeira capital, primeira localidade onde houve eleição livre.

Tudo isso é parte da história e da beleza desta cidade que ainda hoje encanta pelas ruas, igrejas, museus e pelo som do mais famoso órgão do continente, fabricado em 1701. No entanto, Mariana é mais do que isso. É seu povo humilde, paciente, ordeiro, que sabe conservar tradições e riquezas do passado, mas que faz o bem no escondimento.

A solenidade deste ano foi diferente. Houve missa de ação de graças na catedral em honra à padroeira. Na presença do governo do Estado foram entregues cinco medalhas de mérito legislativo de Mariana. A seguir o prefeito distinguiu 29 entidades e pessoas com a Medalha do Dia de Minas Gerais.

Que houve de diferença?

Na praça considerada o maior monumento barroco do mundo, com o pelourinho, a Igreja do Carmo, a Igreja de São Francisco, o prédio da Prefeitura Municipal e Câmara, entre hinos e aplausos foram convocados ao palanque não só autoridades, mas pessoas simples, de incansável dedicação à comunidade. Assim, aí estava dona Letícia do Patrocínio, exemplo de fé em Deus e amor ao próximo, com 20 anos de trabalho gratuito na cozinha da sopa de Tia Liça, sempre aberta aos pobres. A seu lado, dona Amanda Fernandes, consagrada à educação das crianças. Receberam medalhas: Amadeu da Silva, da Banda União; duas irmãs do hospital e do colégio da Providência; dona Efigênia Maria; Luís Antônio da Silva, soldado PM, incentivador do esporte entre adolescentes; Benedito Alvarez, restaurador da Igreja e outros abnegados munícipes. Bela lição de civismo e carinho.

É preciso reconhecer, também, a ação do governo municipal. O jovem prefeito Cássio Brigolini Neme e a Câmara dos Vereadores conseguiram notável progresso no campo da educação, ampliando e construindo escolas, a ponto de duplicar em dois anos o número de alunos. Na área da saúde, o tratamento da água, o novo Policlínico e o atendimento odontológico no interior. Eis alguns exemplos do que é possível realizar mesmo em tempo de crise, quando há união e amor à cidade. Valeu a festa. As crianças comiam pipoca e brincaram felizes, misturando-se entre os músicos da banda e as fileiras de soldados. Os sinos das igrejas e a brisa da tarde encheram o coração de alegria.

Em Mariana o povo rezou pelo Brasil, e Minas Gerais teve um dia abençoado de fé cidadania e esperança.

Lições da crise

08/08/1992

Nosso povo reage diante da atual crise de modo diversificado. No entanto, boa parte da população enfrenta o momento atual sem perder a confiança nas instituições democráticas. Este é um saldo positivo de grande valor e que desejamos agradecer a Deus.

Diante dos recentes acontecimentos, vêm-se reunindo grupos representativos da sociedade para avaliar a situação e buscar saídas para a crise. No dia 6 de agosto foi a vez de Bolo Horizonte. Um denominador comum nestes encontros é a indignação ante a corrupção impune e o reconhecimento da necessidade de respeitar a ética na vida política.

Há, no entanto, lições preciosas que daí decorrem. Uma delas – a mais importante – é a percepção de que os valores éticos são a pedra angular de todas as relações entre pessoas e instituições. Este princípio vale não só para a política, mas para a inteira sociedade. Somos, assim, convocados para um amplo exame de consciência nacional, identificando as falhas no campo econômico, como o aumento indiscriminado de preços e os grandes negócios em que se procura a vantagem de poucos em detrimento do bem do povo. O mesmo acontece, infelizmente, na área dos meios de comunicação, que por ganância buscam programas de TV, de forte audiência, sem escrúpulos para com as exigências da moral.

Política

A lição de revisão comportamental atinge a todos. Não se trata apenas de evitarmos a deterioração dos valores morais em nossa conduta, mas de captarmos os demais deveres inerentes à cidadania. A política não é tarefa de alguns. Somos todos chamados a dar nossa participação e a promover o bem comum. Temos que vencer a omissão e a apatia e assumir, com maior responsabilidade, nosso compromisso cívico. Começa pela obrigação de votar de modo consciente, informando-nos sobre o candidato, partido e suas propostas. Continua pelo acompanhamento da atuação dos eleitos e pela cooperação nos conselhos municipais de educação e saúde, da criança e do adolescente, das organizações pela moradia, cultura, lazer e outras iniciativas. Estamos dispostos a colaborar? Eis o compromisso ao qual não podemos nos eximir. O processo de participação política é de lento aprendizado, e a democracia só se constrói com a colaboração de todos.

O monumento ensina-nos a discernir. Apesar dos sobressaltos políticos, não podemos perder de vista as metas fundamentais, respeitando sempre a prioridade da criança e do adolescente. Não é admissível angariar adesão de pessoas e partidos à custa de cortes orçamentários nos setores vitais para a população. Lamentamos, com veemência, a redução da verba destinada à merenda escolar.

A mesma lição de discernimento leva-nos a reforçar as instituições democráticas para que sejam capazes – como navio na tempestade – de enfrentar e superar os desafios. Reconhecemos a importância das comissões parlamentares, que reúnem membros dos vários partidos, analisando e tentando resolver problemas urgentes como o assassinato de menores, a esterilização em massa e, agora, os procedimentos acusados de corrupção. O amadurecimento democrático requer, no entanto, que não haja atropelos, evitem-se pronunciamentos precipitados e proceda-se amplo direito de defesa, sabendo aguardar os resultados finais. Segue-se, depois, o indispensável empenho em corrigir falhas e ordenar a vida política do país.

Nesta fase de purificação coletiva, pedimos a Deus que nos ajude a aprender muitas lições e que alimente a união e a esperança. Procuremos alcançar as prioridades dos valores éticos. Garantiremos, assim, a retidão do processo democrático, em vista de uma sociedade que respeite a justiça e a solidariedade. Neste caso, a crise há de ser benéfica.

No meio do nevoeiro

19/09/1992

Como nos dias frios em Ouro Preto, paira sobre a nação um persistente nevoeiro, que não permite ver, com clareza, o caminho a seguir. Requer-se cautela, moderação e muita paciência. A névoa passará, mas já agora algumas atitudes são indispensáveis em nível nacional.

Nos tempos difíceis e turbulentos, torna-se ainda mais necessário o recurso a Deus pela oração, jejum e conversão pessoal. Em todo país, as comunidades oferecem suas preces e mantêm viva a confiança.

É o momento de fortalecer as instituições democráticas para que as soluções sejam tomadas conforme a Constituição e no pleno respeito aos direitos individuais e coletivos. Foi árdua a caminhada até conseguirmos as conquistas democráticas. Há ainda um aprendizado a ser feito no amadurecimento da cidadania. Não podemos perder a fidelidade ao processo democrático. Neste sentido, entendemos sempre melhor a necessidade de cumprir as leis, consultar os peritos, observar os prazos e garantir a oportunidade de esclarecimentos e defesa.

Por outro lado, é indispensável que a espera própria ao método não seja entendida como paralisia no processo ou desinteresse popular.

Continuam, portanto, a vigilância do povo, as manifestações coletivas, a presença em reuniões e passeatas. Expressam a participação popular, mas, coerentes com o exercício da cidadania devem ser pacíficas e respeitadoras da dignidade, excluindo palavras ofensivas, agressões, desordens e todo sentimento de ódio e desamor.

Precisamos assegurar sempre mais a prioridade dos valores éticos e do correto comportamento cívico. Há algo, porém, que causa desilusão e prejudica gravemente o exercício da cidadania. É a atuação de alguns políticos que se deixam atrair por vantagens pessoais e interesses de grupos, aceitando recente concessão de verbas para seus projetos. Não se percebe o critério desta insólita distribuição, quando permanecem urgências inadiáveis como nos setores de saúde e educação. A confiança no congresso é condição essencial de estabilidade democrática.

Quem não constata, nas últimas semanas, o sofrimento do povo, diante da vertiginosa ascensão no preço dos remédios e alimentos? Hospitais e postos de saúde carecem do material necessário. O pagamento do transporte, gás, luz e água, ficou em forte desequilíbrio em relação aos salários. Preocupa ainda mais o fato de que o desemprego cresceu, e a última publicação do IBGE confirma o número assustador de famílias sem recursos para sustentar seus filhos. O povo atravessa uma fase de empobrecimento sem precedentes.

Diante dessa situação, urge recuperar o sentido moral na atuação política, evitando escândalos e corrupção, e promovendo quanto antes condições dignas de vida para a população.

Pedimos a Deus que nos ajude a encontrar a solução justa para a crise presidencial. Não basta, no entanto, apontar desmandos e corrigir as lesões contra o bem comum. Fica a pergunta: E depois? Como acertar daqui para frente o caminho político do Brasil? Temos todos que cooperar. Aproximam-se as eleições municipais.

Em quem votar? Além da competência, o candidato deve dar testemunho de vida seria e honesta, comprovada no exercício de responsabilidades anteriormente assumidas. No meio do nevoeiro e da crise penosa, procuremos colocar na direção dos municípios pessoas comprometidas com valores éticos dedicadas a promover, em primeiro lugar, o bem do povo.

Já é tempo de aprendermos a lição.

O calendário político

26/09/1992

Vai sendo cumprido o calendário político para averiguar a corrupção em nosso país. A participação popular tem crescido; robustecendo a confiança nas instituições democráticas e oferecendo as garantias de que, após a plena manifestação da verdade, serão respeitadas as exigências da Justiça. O caminho democrático, embora pareça demorado, promove dois benefícios: o amadurecimento no exercício da cidadania e o empenho de observar os requisitos constitucionais, de modo a evitar os efeitos da paixão ou revanchismo.

A atuação das forças democráticas no Brasil tem valor exemplar para o futuro do continente. Mostra que é possível, dentro da fidelidade à Constituição, sem golpe populista e sem ceder à inaceitável tentação dos processos violentos, chegar à apuração dos escândalos, punir desacertos, mesmo se situados em altos níveis do governo.

Em todo este lento e penoso caminho, temos que respeitar as exigências éticas. Isto vale, especialmente, para o comportamento dos representantes do povo, que precisam colocar o bem comum acima do anseio de permanecer, a todo custo, no poder. Também a participação popular deve fazer seu aprendizado, através do discernimento de valores e da mobilização constante que assegura o cumprimento da Constituição.

Enquanto o calendário vai sendo observado, temo que agendar outras decisões inadiáveis para o Brasil.

A Conferência de Santo Domingo, de 12 e 28 de outubro, reforça, à luz do Evangelho, o grande desafio comum a outros países, mas prioritário no Brasil. É o de erradicar a miséria e de reduzir, rapidamente, as desigualdades sociais. Como tornar verdadeira entre nós a fraternidade que Cristo proclama? De que modo assegurar que o ingente esforço em superar a corrupção resulte na solução dos graves problemas da sobrevivência do povo? Não basta garantir condições apena de bem-estar material. Há exigência mais profundas que atingem o nível ético, a dignidade da pessoa e sua transcendência. A mensagem do Evangelho ilumina-nos, com a certeza da filiação divina e da fraternidade universal, a necessidade do perdão recíproco e a promessa da vida eterna. Daí se segue a exigência de superar o egoísmo que a todo momento pode lesar a convivência solidária, introduzindo na economia a perversidade do lucro abusivo, a ambição de poder na política, abrindo de novo as portas para toda corrupção do enriquecimento ilícito.

Algumas atitudes podem auxiliar na construção de uma sociedade justa. A primeira é a vontade decidida de promover os desfavorecidos, incorporando no exercício da cidadania as grandes massas populares. Em nível pessoal, temos todos que nos educar para a austeridade e a partilha. Os que dispõe de recursos evitem o luxo e o desperdício.

Há um ponto que tem forte valor simbólico, para a sociedade fraterna, é a desproporção entre os salários, aumentando a brecha entre ricos e pobres. A começar dos altos cargos públicos, é preciso escalonar melhor a relação entre os salários, estabelecendo ao mesmo tempo um adequado piso salarial e o justo limite nas retribuições mais elevadas. O exemplo de parcimônia e solidariedade seja dado pelos futuros legisladores municipais.

Estamos preparados para uma nova ordem social?

A comunidades continuem cada dia em oração pelo Brasil. O calendário político progride, fixando a próxima votação sobre o impeachment e a eleição municipal de 3 de outubro. Mas, em sincronia, é indispensável que sejam quanto antes estabelecidas as datas das inadiáveis transformações sociais, marcando o advento da verdadeira fraternidade.

Acreditar no Brasil

03/10/1992

Na avaliação destes dias há aspectos positivo que desejamos agradecer a Deus.

Nosso povo foi agraciado com uma transição governamental realizada dentro da lei, no pleno respeito ao processo democrático. Somos testemunhas dos desacertos de outros momentos de nossa história, e quem não vê o que sucede, ainda hoje, em outros países mergulhados em turbulências políticas? No Brasil, amadureceu o exercício da cidadania. Guardaremos na memória os passos, desde o início da CPI até 29 de setembro, dia da portentosa votação no Congresso Nacional. O modo como se deu a transição presidencial tornou-se exemplar, à luz da imprensa internacional, para o futuro de outras nações. Somos gratos a Deus e ao desempenho dos políticos que souberam conduzir o país nestes dias de nevoeiro. É inegável que, mesmo prescindindo da prova de responsabilidade dos fatos, vinham sendo lesadas a confiança e as condições de efetiva governabilidade. Durante longas semanas, o país, atribulado pelas notícias de corrupção, viveu em estado de contínua efervescência e apreensão. Cabe, agora, apurar, com objetividade, a consistência das acusações, dar condições de plena defesa à parte acusada e retornar, quanto antes, o clima de trabalho e concórdia social.

Outra graça maior foi a do comportamento do povo, que acompanhou os acontecimentos, participou das manifestações e desceu ás ruas. Não consta que tenha havido ocorrências policiais. Pelo contrário, surpreendeu sempre o modo ordeiro e pacífico das enormes aglomerações populares. A juventude encantou-nos com o exemplo de moderação e entusiasmo patriótico sem precedente.

Muita gente, nestes dias, reuniu-se para rezar pelo Brasil, pedindo a Deus que nos ajudasse a superar esta fase difícil de nossa democracia. A oração, agora, é ainda mais necessária para agradecer a Deus e alimentar em nós a esperança de que o Brasil se volte para as urgentes metas sociais em bem do povo empobrecido.

Depois de tantas vicissitudes, temos que colaborar para que não sucedam mais abusos na atuação do governo, vencer possíveis ressentimentos e unir as forças vivas do país, recuperando tempo e energias desperdiçadas.

Um operário amigo, diante da TV, ao constatar a vitória em favor do *impeachment*, comoveu-se e disse: "Sei que deveria estar contente, mas fico triste pensando em tanta coisa errada que aconteceu e ainda sucede em nosso país". Ao lado, um grupo de jovens conversava. Um deles perguntou: "Será que alguma coisa vai mudar mesmo?".

Eis o desafio. Temos muito o que aprender. Precisamos todos cooperar. A esperança é grande.

Para os que serão eleitos hoje, abre-se um horizonte promissor. Futuros prefeitos e vereadores viveram os dias de setembro e captaram os fortes anseios do povo por uma sociedade marcada pelas exigências éticas. Os novos políticos precisam responder a esta expectativa dando uma bela demonstração de cumprimento do dever e de dedicação ao povo, podem contar com a cooperação da sociedade brasileira, especialmente da juventude despertada sadiamente para participar das metas e programas.

Mais do que nunca é tempo de confiar em Deus e acreditar no Brasil.

Febem

07/11/1992

O horror da chacina do Pavilhão 9 continua questionando nossas consciências. Agora, a rebelião da Febem. Arquivos queimados. Centenas de menores voltaram às ruas. Problemas antigos. Desafios constantes ao Estado e à sociedade. Será preciso enorme esforço para enfrentá-los de modo adequado.

Duas componentes requerem solução. A primeira é a continuidade do fluxo migratório do campo para as cidades. A família, vítima do êxodo rural, perde sua coesão, desagrega-se e entra na miséria e mendicância. Multiplicam-se, assim, as crianças e adolescentes sem casa e sem afeto. Para obviar esse drama é indispensável a sadia política agrícola, com distribuição mais equitativa da terra e serviços de educação e saúde. O novo governo precisa, com denodo, tomar as decisões políticas em benefício da população rural.

O segundo componente identifica-se com o caos da grande cidade, em cujo vértice os meninos de rua são os primeiros a ser engolidos. No começo guardam ainda o vínculo familiar. Depois, passam a viver na rua. Aí crescem o mau exemplo, a violência e a iniciação ao furto. Para as meninas é ainda pior, por causa da prostituição, e maior incidência de doenças. A polícia recolhe estes adolescentes e leva-os à Febem. Nesta fase, uma série de erros envolve os menores. Presos sem autorização, maltratados, não raro pela polícia, ficam detidos em ambiente de grande promiscuidade, iniciantes e veteranos, num intercâmbio de experiências deletérias.

Durante 12 anos morei perto da Febem em São Paulo. Inúmeras vezes visitei as dependências da instituição. Reconheço que ouve esforço de pessoas abnegadas a cada mudança de direção da Febem. Infelizmente, urgia mudança radical de método com maior preparo dos educadores e, sobretudo, a organização de retaguarda para assumir os encaminhamentos que os casos requeriam.

Não é difícil compreender que os rapazes da Febem, em número excessivo, custodiados num regime de prisão, com a imaginação exacerbada pelas façanhas dos companheiros, tornavam-se incontroláveis, provocando contínuas rebeliões. Diante desse quadro, que pensar?

Há outras soluções que devem ser aplicadas em conformidade com o Estatuto da Criança e do Adolescente, que merece todo apoio.

Muitos adolescentes não são da capital. Convém que voltem a lugares mais próximos de sua origem, onde será mais fácil orientá-los.

Os muitos que pertencem a São Paulo precisam de uma rede de serviços. Uma equipe de educadores especializados entra em contato com os menores na rua e convida-os a frequentar salas e centros de acolhida. Os casos são diferentes. Alguns serão logo reintegrados na própria família ajudados por acompanhamento dos formadores. Para os que se desvincularem do núcleo familiar, é possível, pouco a pouco, reuni-los em lares, onde são iniciados à convivência, ao estudo e ao trabalho, com auxílio de serviço médico.

Muito depende dos educadores, que devem ter verdadeira vocação para devotar-se a estes meninos. Temos no Brasil notáveis recuperações de menores.

Aqui fica o apelo ao governo, a fim de investir mais nas instituições religiosas e filantrópicas que têm demonstrado aptidão e competência nesta difícil missão. Cada município é chamado a unir forças e organizar todo atendimento aos menores com os novos Conselhos da Criança e do Adolescente.

As situações mais graves de jovens dependentes de tóxico e marcados pelos crimes vão requerer como é obvio reclusão e tratamento especial.

O problema a enfrentar é árduo. Não podemos desanimar. As comunidades cristãs precisam dar exemplo. Com a graça de Deus, mãos à obra.

Ética e cassinos

12/12/1992

Volta o tema dos cassinos. Há sempre um grupo que insiste na sua reabertura, fechando os olhos aos graves efeitos negativos que a medida acarreta. A questão, em estudo no Congresso, acaba de ser votada na Comissão de Constituição e Justiça conforme o projeto 989/91, apresentado pelo deputado Décio Knop que propõe a abertura de cassinos em cidades de cunho turístico com até 300 mil habitantes. A notícia é constrangedora e esperamos que, após atenta consideração em plenário, seja rejeitada em favor do povo brasileiro.

As razões contra os cassinos são fortes e conhecidas:

1) Quem aposta na sorte denota anseio de ganhar dinheiro fácil. Cessa a perspectiva de trabalho sério e a cooperação para o bem dos demais. Inverte-se, assim, a hierarquia de valores da juventude.

2) A curiosidade inicial pelo jogo e o desejo de distrair-se degenera rapidamente na sofreguidão de ganhar muito e tornar-se vício que acaba por consumir os recursos necessários à família. A história dos cassinos atesta ainda hoje a destruição de lares e de muitas vidas.

3) Amplia-se a vida noturna com os desmandos que acarreta para a pessoa e o ambiente familiar. As sequelas são

óbvias: abuso do álcool, dependência da droga, aumento da prostituição.

4) Quem sai lucrando em tudo isso? São os proprietários de casas de jogo. Forma-se uma verdadeira máfia onde corre o dinheiro sem freio e até a violência.

5) Alguns alegam que haverá incentivo ao turismo e aumento de empregos. As vantagens econômicas são parcas e têm como contrapartida a forte deterioração do nível moral. É preciso gerar empregos, mas sem lesar os valores éticos, infelizmente tão violados em nosso país.

No último dia 2 de dezembro a votação da comissão pareceu ignorar todos esses graves danos morais e abrir caminho para a reabertura de cassino.

Sinto o dever de estranhar, com veemência e tristeza o resultado desta votação, mais ainda pelas circunstâncias em que se realizou. Que aconteceu? Vários membros da comissão não estavam presentes porque nem sabiam que o assunto entrava em pauta naquele dia. Ao mesmo tempo, no Congresso havia outras votações que exigiam o comparecimento de deputados. Não é costume decidir questões não incluídas na pauta, principalmente quando são polêmicas. Menos ainda é admissível passar ao voto antes de uma discussão objetiva e que seja isenta da pressão de grupos interessados na reabertura dos cassinos.

Um povo empobrecido e sofredor como o nosso precisa ser compreendido pelos seus representantes no Congresso e atendido, quanto antes, em suas justas reivindicações. Cassinos não se destinam ao povo e nem merecem ser discutidos quando as prioridades são evidentemente outras.

O tempo de Natal renova em nós a beleza da mensagem cristã e o compromisso evangélico de promover a pessoa humana, afastando tudo que atenta contra sua dignidade.

Súmario

Prefácio 9
Apresentação 11

PARTE I – RELIGIÃO

Por uma religião libertadora 15
Festa de *Corpus Christi* 22
Mil anos de cristianismo 25
Fidelidade ao pastor 27
Ano mariano 29
Vocação cristã 31
CNBB em reunião 34
A padroeira do Brasil 37
Dez anos de pontificado 39
Imaculada Conceição 41
Natal feliz 43
Campanha da Fraternidade 45
Grupos de rua 48
Dez anos de Puebla 50

Semana Santa	53
Mensagem de paz	56
Assembleia da CNBB	58
O encontro em Itaici	60
A maior riqueza	63
Festa de *Corpus Christi*	65
A herança de Abraão	68
7º Encontro de Comunidades	71
A serviço do Evangelho	73
Semana do Menor	76
A Padroeira do Brasil	79
Mês missionário	81
Natal para o Brasil	84
Audiência com o Santo Padre	86
Deus é bom	88
Experiência de fé	91
Agradecimento aos irmãos	93
A paixão de Jesus	95
Morte e vida	97
Presente de Páscoa	99
Assembleia anual da CNBB	101
Corpus Christi	104
Teólogos e pastores da Igreja	107
Santo Inácio de Loyola	110
A vocação	113

Pontos para reflexão	115
A Palavra de Deus	118
Sínodo episcopal	121
Sínodo episcopal (2)	124
Sínodo episcopal (3)	127
Última fase do Sínodo	130
A vinda de Jesus Cristo	133
Imaculada Conceição	136
Natal de esperança	139
A força da oração	141
Missionários pela paz	144
O Santo Padre vem ao Brasil	146
Encontro com o Papa	149
Autêntica vida cristã	152
A morte não mata mais	155
Assembleia em Itaici	157
Assembleia de Itaici (2)	160
Assembleia de Itaici (3)	163
América Latina	166
Clero em oração	169
A maior glória de Deus	172
Nossa Senhora da Glória	174
Bem-vindo, Mensageiro da Paz!	177
Natal da esperança	180
Esperança, outra vez	182

Amigo das crianças 185
Liturgia da esperança 188
A serviço da vida e da esperança 191
Obstáculos à liberdade cristã 194
Natal antecipado 197
Construir a esperança 200
O jejum que agrada a Deus 203
Quaresma e campanha 206
Semana Santa 209
Vigília pascal 212
Cristo vencedor da morte 215
30ª Assembleia da CNBB 218
Oração e trabalho 221
Unidade dos cristãos 224
As seitas 227
A força da Eucaristia 230
A ferramenta de Santo Domingo 233
Rezar pelo Brasil 236
Senhor, abençoai o Brasil 239
Jejum, por quê? 241
8º Intereclesial 243
Santo Domingo 246
Santo Domingo 2 248
Santo Domingo 3 251
Igrejas cristãs 254
Onde moras? 257
Natal de Jesus 259

Parte II – Sociedade

A postura de Dom Luciano diante dos paradoxos
e contradições da sociedade brasileira 265
Dom Luciano e os excluídos 267
A vida como valor fundamental 277
Educação e inclusão 279
Lições do acidente 281
Caminhos da juventude 283
Grandes desafios 286
Cooperativa de solidariedade 289
Cultura e educação 292
A dignidade da mulher 295
Criança esperança 298
A vida do povo vale mais 300
8ª Semana Ecumênica do Menor 302
Ética e cidadania 305
A Pastoral Operária 308
Em defesa do povo ianomâmi 311
Legado de Francisco Mendes 314
Ação pela cidadania 317
Respeito à vida 319
A esperança se constrói 321
Sistema carcerário 324
Pastoral da Terra 326
Esperança no horizonte 329

Educação é prioridade 331
É preciso sempre dialogar 334
Erradicar a poliomielite 337
A solução é a solidariedade 339
Semana do Migrante 341
Ilusão do cassino 343
Educação e democracia 345
Meninos do Brasil 348
Romaria do trabalhador 351
Escola família 354
Obrigado, Luiz Sales! 357
Modo de ver as coisas 360
A prioridade é a educação 363
Descobertas 366
A vida vale muito 369
Desemprego 372
Copa do Mundo 374
A saúde do povo 376
Valorizar já a educação 378
Nossos monumentos 381
A terceira idade 384
Os ianomâmis: apelo urgente 387
Vencer a fome 390
Onde morar? 393
Investir em educação 396

Paz para todos 399
O perigo das estradas 402
Campanha da Fraternidade 404
Fraternidade no trabalho 407
Tempo de conversão 410
Ano cem 413
Cassino dá prejuízo 416
Família em foco 418
Amor de mãe 420
Fornos apagados em Itabirito 422
A serviço da vida e da esperança 425
Gestos que fazem bem 428
Migrantes temporários 431
Esperança para os povos indígenas 433
Meninos e bombeiros 436
União pela moradia 439
Esperança para os ianomâmis 442
Semana do Excepcional 444
Menores de rua 447
Semanas sociais 450
Dignidade do trabalhador 453
Direito à educação integral 456
Caminhos a nosso alcance 459
Investir no campo 462
Utopia e cortiços 465

Os sinos de Vila Rica 468
Juventude, caminho aberto 470
Amor sem fronteiras 473
Menores e carnaval 476
A Obra Kolping abre caminhos 479
Vila Barraginha 482
De braços abertos 485
ECO-92 488
ECO-92, e depois? 490
Estamos juntos 493
TV e liberdade 496
Paixão pela vida 499
Vida e esperança 502
Pavilhão 9 505
Rejeição ou solidariedade 508
Luta contra Aids 510
Luta contra a miséria 513

PARTE III – POLÍTICA

16 ou 18? 528
A raiz é a mesma 531
Direito do menor 534
Violência no campo 537
O poder da Igreja 539
Eleições 541

Votar bem 544
Lição das urnas 546
Novos direitos da criança 548
Pela vida do Líbano 551
O clamor de Pequim 554
Apelo ao Congresso 556
Em quem votar? 558
O Líbano precisa viver 561
Participar com esperança 564
O município e a crise 567
Rezar pelo Líbano 570
Quinhentos anos 572
Amor ao Brasil 575
Consolidar a democracia 577
É tempo de união 580
Vencer a violência 582
Igreja e política 584
Encontro do século 587
Diálogo com os candidatos 590
Quem fará feliz o Ano-Novo? 593
Ianomâmis 595
Violência policial 598
Nova área para os garimpeiros 601
Hora da solidariedade 603
Investir nos jovens 606

Escravidão jovem 608
Dignidade divina da criança 610
Oriente Médio e a paz 613
Tempo de eleições 616
Dois direitos da criança 618
O Brasil em primeiro lugar 621
Nações Unidas e as crianças 624
Mensagem de vida 627
Reconstruir a paz 630
Guerra nunca mais 633
Direito à vida e pena de morte 635
O país dos cedros e a paz 638
Presidente Gorbatchev 641
Amazônia internacional? 644
Cumpra-se a lei 647
Pacto pela infância 650
Violência no campo 653
Meninos sem família 656
Reunião de governadores 659
Ética na política 662
Mariana, capital 665
Lições da crise 668
No meio do nevoeiro 671
O calendário político 674
Acreditar no Brasil 677
Febem 679
Ética e cassinos 682

Impresso na gráfica da
Pia Sociedade Filhas de São Paulo
Via Raposo Tavares, km 19,145
05577-300 - São Paulo, SP - Brasil - 2016